Die Mitte der Welt

Die Mitte der Welt

Andreas Steinhöfel

CARLSEN

Außerdem von Andreas Steinhöfel im Carlsen Verlag:

Rico, Oskar und der Diebstahlstein
Rico, Oskar und das Herzgebreche
Rico, Oskar und die Tieferschatten
Rico, Oskar und das Vomhimmelhoch
Rico, Oskar und das Mistverständnis
Dirk und ich
Wenn mein Mond deine Sonne wäre
Anders
Froschmaul
Der mechanische Prinz
Defender
David Tage Mona Nächte
O Patria Mia!
Es ist ein Elch entsprungen
Beschützer der Diebe
Glitzerkatze und Stinkmaus
Trügerische Stille
Paul Vier und die Schröders

MIX
Papier | Fördert gute Waldnutzung
FSC® C014496

Völckersstraße 14–20, 22765 Hamburg
Umschlaggestaltung und -typografie: formlabor
Umschlagfotografie: shutterstock.com © KPegg
Herstellung: Karen Kollmetz
Satz: Dörlemann Satz, Lemförde
Druck und Bindung: GGP Media GmbH, Pößneck
ISBN: 978-3-551-58395-6
Printed in Germany

Dieser Schacht war nun entweder wirklich überaus tief, oder aber sie fiel ihn sehr langsam hinunter, denn sie konnte sich während des Sturzes in aller Ruhe umsehen und überlegen, was mit ihr jetzt wohl geschehen sollte.

Lewis Carroll, *Alice im Wunderland*

Aber was weit, weit am gegenüberliegenden Ufer vorging, war unmöglich zu erkennen; dafür gab es keinen Namen, man konnte keine Farben und keine Einzelheiten unterscheiden.

Boris Pasternak, *Ljuvers Kindheit*

Prolog

Glass

Eines nasskalten Aprilmorgens bestieg Glass, die linke Hand am Griff ihres Koffers aus abgewetztem Lederimitat, die rechte am Geländer einer wackeligen Gangway, einen Ozeanriesen, der im Hafen von Boston zum Auslaufen nach Europa bereitlag. Menschen wimmelten über den Pier, Wasser schlug aufgebracht gegen die Kaimauer. In der Luft hing ein stechender, übelkeiterregender Gestank, eine Mischung von verbranntem Teer und faulendem Fisch. Glass legte den Kopf in den Nacken und betrachtete mit zusammengekniffenen Augen die dickbauchigen Wolkenbänke, die sich über der Küste von Massachusetts stapelten. Nieselregen jagte gegen den dünnen Mantel, der ihre unmöglich mageren Beine umschlackerte. Sie war siebzehn Jahre alt und im neunten Monat schwanger.

Abschiedsrufe erklangen, weiße Taschentücher flatterten im Wind, Motoren erwachten zum Leben. Inmitten der wogenden Menschenmenge, die sich am Pier versammelt hatte, um Verwandten und Bekannten Lebewohl zu winken, stand ein Kind. Lachend erhob es eine Hand und deutete in den grauen Himmel. Hoch oben, auf salzigem Wind, tanzten Möwen wie die Papierfetzen bei einer Parade zur Feier des Unabhängigkeitstages. Die unschuldige Geste rührte Glass und reichte beinahe aus, ihren Entschluss, Amerika zu verlassen, ins Wanken zu bringen. Doch plötzlich hatte der Dampfer es eilig. Mit einem wehmütigen Tuten legte er ab und ließ den Hafen hinter sich. Sein Bug drückte tief ins Wasser. Glass wandte dem Festland den Rücken zu. Sie schaute nie zurück.

In den folgenden Tagen sahen die anderen Passagiere das Mädchen am Bug des stampfenden Schiffes stehen, den grotesk angeschwollenen Bauch gegen die Reling gepresst, den Blick unverwandt auf das Meer gerichtet. Glass hielt den neugierigen Blicken und dem Flüstern der Menschen trotzig stand. Niemand wagte es, sie anzusprechen.

Eine Woche nachdem sie Amerika für immer hinter sich gelassen hatte, spürte Glass auf der Zunge den Geschmack von salzigem Tang; am Mittag des achten Tages betrat sie die Alte Welt. Noch Stunden später hatte Glass das Gefühl, der Boden schwanke unter ihren Füßen. Vom Schiff aus hatte sie Stella mehrfach telegrafiert, dass sie auf dem Weg nach Visible sei, wo sie auf unbestimmte Zeit bleiben wolle. Ihre ältere Schwester, die sie zuletzt als kleines Mädchen gesehen hatte, deren letzter Brief aber keine vier Wochen alt war, hatte keine Antwort zurückgekabelt. Das war nicht zu ändern. Glass hatte nicht Tausende von Seemeilen hinter sich gebracht, um jetzt unverrichteter Dinge und hochschwanger wieder umzukehren.

Es dauerte den verbleibenden Tag und eine halbe Nacht, um den Rest der nach Süden führenden Strecke mit der Eisenbahn zurückzulegen – in Zügen, die immer kürzer, immer unbequemer und immer langsamer wurden. Nichts an der Landschaft, die da draußen an ihr vorbeizog, erinnerte Glass an Amerika. In Amerika war der Himmel weit, der Horizont endlos, bestenfalls begrenzt von beinahe unüberwindlichen, verschneiten Gebirgsketten, und die Flüsse waren träge, uferlose Ströme. Hier aber schien das Land zu schrumpfen, je weiter man sich von der Küste entfernte. So weit das Auge reichte, hatte alles – die mit Schnee überzuckerten Wälder, die froststarren Hügel und Berge sowie die dazwischen liegenden Dörfer und Städte – die überschaubaren Maße einer Spielzeuglandschaft, und selbst die breitesten Flüsse schienen in ihrem Lauf gezähmt. Nach dem letzten Umsteigen saß Glass, die Hände auf dem Bauch gefaltet, allein in ihrem überheizten Abteil, starrte müde zum Fenster hinaus in die tintenschwarze Nacht und überlegte, ob sie den richtigen Schritt getan hatte. Schließlich fiel sie in unruhigen Schlaf. Im Traum sah sie einen unscheinbar braunen Vogel, der von einem gewaltigen Adler mit goldenen Schwingen verfolgt wurde. Tief unter ihnen der Ozean, schossen Jäger und Gejagter in Zickzacklinien durch den sturmzerrissenen schwarzen Himmel, bis der kleine Vogel der Erschöpfung nachgab, seine Flügel an den Körper legte und sich fallen ließ. Wie ein Stein schlug er auf dem Meer auf, wo er zwischen aufgewühlten, blaugrauen Wellen versank.

Glass schreckte auf, als der Zug ruckend zum Stillstand kam. Unvermittelt krampfte sich ihr Unterleib zusammen, und zum ersten Mal befürchtete sie ernsthaft, dass bald die Wehen einsetzen könnten. Sie spähte nervös zum Fenster hinaus und erblickte in einem Halbkreis aus trübgelbem Licht ein kleines Bahnhofsgebäude sowie ein verwittertes, kaum lesbares Schild. Sie war angekommen.

Schneidende Kälte empfing sie auf dem Bahnsteig. Die wenigen Menschen, die ebenfalls den Zug verließen, flatterten durch die Dunkelheit wie aus dem Schlaf geschreckte Tauben. Von Stella war nichts zu sehen. Der Bahnhofsvorsteher, ein betagter, misstrauischer Mann, klärte Glass in einer aus harten Konsonanten bestehenden Sprache und heftig gestikulierend darüber auf, dass es am Ort keine Taxis gebe. Stellas Briefen zufolge war

Visible leicht zu Fuß zu erreichen, es lag höchstens eine Viertelstunde außerhalb der Stadt, am Waldrand jenseits eines schmalen Flusses. Entnervt von den Blicken des alten Mannes, die wie neugierige Hände ihren Bauch abtasteten, und unablässig die lausige Kälte verfluchend, stapfte Glass in die Richtung, die ihr der Bahnhofsvorsteher gezeigt hatte, nachdem sie mehrfach Stellas Namen wiederholt hatte.

Sie hatte die Brücke, die den Stadtrand mit dem angrenzenden dichten Wald verband, kaum überquert, als ihr Unterleib sich wie ein Akkordeon ruckartig zusammenzog. Krämpfe jagten in Wellen durch ihren Körper, gefolgt von einer dumpfen, ziellosen Übelkeit. Glass atmete tief durch und zwang sich, ruhig einen Fuß vor den anderen zu setzen. Blindlings draufloszulaufen war sinnlos. Kurz hinter der Brücke hatte ein Waldweg die asphaltierte Straße abgelöst. Der Boden war fest gefroren, er lag unter einer dünnen, verharschten Schneedecke. Wenn sie jetzt rannte, wenn sie darauf ausrutschte, wenn sie stürzte ...

Aus dem Unterholz erklang ein leises Knacken. Für einen schreckerfüllten Augenblick glaubte Glass langgestreckte, dahinhuschende Schatten neben sich zu sehen, streunende Hunde, Wölfe vielleicht, zusammengetrieben von Hunger und Kälte. Sie blieb wie angewurzelt stehen, hob abwehrbereit ihren Koffer, der ihr plötzlich viel zu klein erschien, und lauschte, in halb gläubiger, halb ungläubiger Erwartung eines drohenden Knurrens, in den Wald.

Nichts.

Die nächste Wehe ließ auf sich warten, und Glass marschierte weiter, von plötzlicher Wut auf sich selbst erfüllt. Nichts wusste sie über dieses Land, auf das sie sich so kurz entschlossen eingelassen hatte, nichts, nicht einmal, ob es hier Wölfe gab oder nicht.

Und dann teilten sich die Baumreihen, und ihre Wut verebbte, als sich vor ihr Visibles Silhouette unvermittelt in den Nachthimmel erhob. Überrascht sog Glass Luft durch die zusammengebissenen Zähne. Nie hatte sie sich das Haus so groß vorgestellt, nie so wirklich … nicht wie ein Schloss. Sie erkannte die Umrisse von Zinnen, Erkern und kleinen Schornsteinen, unzählige verriegelte Fenster, eine überdachte Veranda. Hinter zwei hohen Fenstern im Erdgeschoss brannte schwaches, orangerotes Licht.

Glass wollte eben einen erleichterten Schritt zwischen den Bäumen hindurch machen, als ohne Vorwarnung ihre Knie nachgaben. Sie sackten einfach ein, als hätte man ihr einen Teppich unter den Füßen fortgerissen. Glass stürzte nach vorn. Instinktiv riss sie die Arme hoch, der Koffer entglitt ihr, und noch ehe sie auf dem harten Boden aufschlagen konnte, schlossen sich ihre Hände um den Stamm einer vor ihr aufragenden jungen Birke. Warme Flüssigkeit rann an ihren Schenkeln herab, wurde sofort zu Eiswasser und versickerte in ihren kurzen Strümpfen. Die Innenflächen ihrer Hände schmerzten, sie hatte sich die Haut aufgerissen. Keuchend zog sie sich an der Birke empor. Die nächste Wehe fuhr durch ihren Körper wie ein Axthieb.

Glass umklammerte den Baumstamm, warf den Kopf in den Nacken und schrie auf. Undeutlich nahm sie wahr, dass jemand aus dem Haus gelaufen kam, eine junge Frau mit langen Haaren, in der Dunkelheit von dumpfem Rot, eine Farbe, die Stellas Haar nie besessen hatte. Und Glass' nächster Schrei galt nicht dem winzigen Mädchen, das sich beinahe mühelos zwischen ihren Beinen in die Welt drängte, sondern den aufgeregten Worten dieser jungen Frau, denn Stella war tot, sie war tot, war tot, und es gab keine Möglichkeit, hier und jetzt eine Hebamme zu Hilfe zu rufen, denn die Telefonrechnungen waren seit langem nicht beglichen worden, die Leitung abgestellt. Also hastete die junge Frau zurück ins Haus und kam mit Decken wieder, in die sie das Mädchen bettete, während Glass sich weiterhin gegen den Baum stützte, wo sie so lange presste und keuchte und schrie, bis ein erster Sonnenstrahl den Horizont berührte und endlich auch der Junge, um so vieles widerwilliger als seine Zwillingsschwester, ihren Körper verließ.

So wurden Dianne und ich geboren: Nassen, kleinen Tieren gleich fielen wir auf verkrusteten Schnee, und dort wurden wir aufgehoben von Tereza, die uns fortan Freundin und Begleiterin sein sollte, Ratgeberin und zweite Mutter. Es war auch Tereza, die mir später Paleiko schenken sollte, den launischen Puppenmann aus schwarzem Porzellan.

Er ist etwas ganz Besonderes, Phil. Manchmal wird er mit dir sprechen und dir Fragen beantworten.

Warum heißt er so komisch?

Das ist ein Geheimnis.

Doch das war viele Jahre später, an einem warmen Sommertag, als keiner von uns an Schnee und Eis dachte. Glass, obwohl sie es besser wissen müsste, besteht noch heute darauf, jener weit zurückliegende Morgen sei ein magischer Moment gewesen, da sich zum Zeitpunkt von Diannes und meiner Geburt der Tag von der Nacht und der Winter vom Frühling trennte. Tatsache aber ist, dass, erst drei Tage nachdem Dianne und ich das Licht der Welt erblickt hatten, ein warmer, föhnartiger Wind aufkam. Er schmolz den letzten Schnee, er verwandelte Visibles Garten in ein Meer aus farbenprächtigen Krokussen und schwankenden weißen Schneeglöckchen, und er hielt eine ganze Woche lang an.

Teil eins

Keller und Dachböden

Martins Handtuch

DIE MEISTEN MÄNNER, mit denen Glass Affären hatte, bekam ich nie zu Gesicht. Sie kamen spätabends nach Visible oder nachts, wenn Dianne und ich längst schliefen. Dann schlugen Türen, und unbekannte Stimmen mischten sich in unsere Träume. Morgens fanden sich hier und dort verräterische Spuren ihrer Existenz: ein noch warmer Becher auf dem Küchentisch, aus dem hastig starker Kaffee getrunken worden war; die Verpackung einer Zahnbürste im Badezimmer, achtlos zerknüllt und zu Boden geworfen. Manchmal war es nicht mehr als ein verschlafener Geruch, der in der Luft hing wie ein fremder Schatten.

Einmal waren es Telefone. Dianne und ich hatten das Wochenende bei Tereza verbracht, und als wir nach Hause kamen, standen die Apparate in unseren Zimmern, angeschlossen an frisch verlegte Kabel, der Putz an den Wänden noch feucht. Glass hatte sich einen Elektriker geangelt. »Jetzt hat jeder von uns seinen eigenen Apparat«, stellte sie zufrieden fest, Dianne im linken Arm, mich im rechten. »Ist das nicht fantastisch? Findet ihr das nicht wahnsinnig *amerikanisch*?«

ICH LIEGE MATT auf meinem Bett, als das Telefon klingelt. Die Julihitze hat mich erschlagen, sie kriecht selbst bei Nacht durch die Zimmer und Flure wie ein müdes Tier, das nach einem Schlafplatz sucht. Ich weiß, wer der Anrufer ist, weiß es seit drei Wochen. Kat – eigentlich Katja, aber bis auf ihre Eltern und einige Lehrer gibt es niemanden, der sie bei ihrem vollen Namen nennt – ist aus dem Urlaub zurück.

»Ich bin wieder da, Phil!«, schreit sie am anderen Ende der Leitung.

»Unüberhörbar. Wie war's?«

»Ein Albtraum, und hör auf zu grinsen, ich weiß, dass du das gerade tust! Ich bin total elterngeschädigt, und die Insel war ein verdammtes Dreckloch, du kannst es dir nicht vorstellen! Ich will dich sehen.«

Ich blicke auf die Uhr. »In einer halben Stunde auf dem Schlossberg?«

»Ich wäre *gestorben*, wenn du keine Zeit hättest.«

»Willkommen im Club. Ich hab mich in den letzten drei Wochen fast zu Tode gelangweilt.«

»Hör zu, ich brauche länger, ungefähr eine Stunde? Ich muss noch auspacken.«

»Kein Problem.«

»Ich freu mich auf dich ... Phil?«

»Hm?«

»Ich hab dich vermisst.«

»Ich dich nicht.«

»Dachte ich mir. Arschloch!«

Ich lege den Hörer auf, bleibe auf dem Rücken liegen und blinzele eine Viertelstunde lang das blendende Weiß der Zimmerdecke an. Zypressenduft wird vom Sommerwind in Wellen durch die geöffneten Fenster getrieben. Dann wälze ich mich aus dem verschwitzten Bett, greife nach Boxershorts und T-Shirt und tapse auf knarrenden Dielen durch den Flur in Richtung Dusche.

Ich hasse das Badezimmer auf dieser Etage. Der Rahmen der Tür ist verzogen, man muss sein ganzes Gewicht dagegenstemmen, um sie zu öffnen. Dahinter wird man von zersprungenen schwarzen und weißen Kacheln, von Rissen in der Decke und rieselndem Putz begrüßt. Das veraltete Leitungssystem benötigt drei Minuten, bis es endlich Wasser liefert; im Winter ist der daran angeschlossene rostige Boiler nur durch heftige Fußtritte dazu zu bringen, sich entnervend langsam aufzuheizen. Ich drehe den Wasserhahn auf, lausche dem vertrauten asthmatischen Pfeifen der Leitung und bedauere nicht zum ersten Mal, dass Glass sich nie mit einem Klempner eingelassen hat.

»Wegen der *Rohrleitungen*?«, hat sie erstaunt gefragt, als ich sie irgendwann auf die praktischen Möglichkeiten einer solchen Liaison angesprochen habe. »Wofür hältst du mich, Darling – für eine Nutte?«

VISIBLES ARCHITEKT muss genauso verrückt gewesen sein wie meine Tante Stella, die vor über einem Vierteljahrhundert das bereits im Verfall begriffene Haus während einer Reise durch Europa entdeckt, sich in seinen für diesen Teil der Welt völlig untypischen Südstaaten-Charme verliebt und es auf Anhieb gekauft hatte. *Für eine Handvoll Peanuts, Kleines,* schrieb sie damals Glass begeistert und stolz nach Amerika. *Ich habe sogar etwas Geld übrig, um es in die dringend notwendige Renovierung zu stecken!*

Stella war finanziell unabhängig. Sie hatte die typische Karriere amerikanischer Highschool-Schönheiten hinter sich, die sich über ihre Zukunft erst dann Gedanken machen, wenn diese schon im Begriff ist, Vergangenheit zu werden: frühe Heirat, frühe Scheidung, zu spät eintrudelnde, aber relativ großzügige Unterhaltszahlungen. Große Sprünge konnte Stella mit dem

Geld nicht machen, aber es reichte für ein halbwegs sorgenfreies Leben. Es reichte für den Kauf von Visible.

Das von einem weitläufigen Grundstück umgebene Haus stand, wie Stella an Glass schrieb, auf einer Anhöhe am äußersten Rand einer winzigen Stadt, jenseits des Flusses. Die zweigeschossige Fassade mit dem säulengestützten Vorbau, die kleinen Erker und die hohen Flügelfenster, das von unzähligen Giebeln und Zinnen gekrönte Dach: All das war auf Kilometer gut sichtbar für jeden. Folgerichtig nannte Stella, auf der Suche nach einem passenden amerikanischen Namen, das gesamte Anwesen – das Haus, den dahinterliegenden Holz- und Geräteschuppen sowie den weitläufigen, an den Wald angrenzenden Garten, in dem mannshohe Statuen aus verfärbtem Sandstein wie erstarrte Wanderer herumstanden – Visible. Wie sich schnell herausstellte, reichte nach dem Kauf Visibles das übrige Geld kaum aus, auch nur einen Bruchteil der Renovierungskosten zu decken. Das Mauerwerk bröckelte, das Dach war an mehreren Stellen undicht, der Garten glich einem Urwald.

Visible scheint darauf zu warten, in sich zusammenzusinken und von besseren Zeiten träumen zu können, schrieb Stella in einem ihrer immer seltener werdenden Briefe nach Boston. *Und die Bewohner der Stadt warten ebenfalls darauf. Sie mögen dieses Haus nicht. Die großen Fenster machen ihnen Angst. Weißt Du, warum, Kleines? Weil es ausreicht, diese Fenster aus der Ferne zu sehen, um zu wissen und zu fühlen, dass sie zu einem weiten Blick auf die Welt zwingen.*

Ich bin mit Fotos von Stella groß geworden, unzählige Aufnahmen, die Glass einige Monate nach dem Tod ihrer Schwester aus deren Unterlagen geklaubt und im Haus verteilt hat. Man begegnet ihnen überall, in der düsteren Eingangshalle, im Treppenhaus, in beinahe jedem Zimmer. Wie kitschige Heiligenbildchen hängen sie in billigen Rahmen an den Wänden, sind aufgestellt auf wackeligen Kommoden und Tischen, drängen sich auf Simsen und Fensterbänken. Mein Lieblingsporträt von Stella zeigt ihr kantiges, von der Sonne gebräuntes Gesicht. Sie hatte große, klare Augen mit unzähligen Lachfältchen. Es ist das einzige Foto, auf dem meine Tante weich und verletzlich wirkt. Aus allen anderen Bildern spricht eine Mischung aus kindlichem Trotz und stürmischer Herausforderung. Stella sieht darauf aus wie in Feuer gehärteter, gerade im Ausglühen begriffener Stahl.

Drei Tage bevor Glass auf Visible ankam, war meiner Tante der weite Blick auf die Welt zum Verhängnis geworden. Beim Fensterputzen war sie aus dem zweiten Stock des Hauses auf die Auffahrt gestürzt, wo tags darauf der Briefträger sie entdeckte. Sie lag wie schlafend auf dem kiesigen Boden, den Kopf auf einen Arm gebettet, die Beine leicht angezogen. Ihr Genick war gebrochen. Später fand Glass das Telegramm, das sie selbst vom Schiff aus nach Visible gekabelt hatte, und den Entwurf einer Antwort, die ihre ältere und einzige Schwester nicht mehr hatte abschicken können: *Kleines, freue mich auf Dich und Nachwuchs. Liebe, Stella.*

Stellas Tod berührte Glass tief. Sie hatte ihre Schwester abgöttisch geliebt, auch nach deren Weggang aus Amerika. Die Mutter der beiden war früh gestorben, am Großen K, wie Glass es nannte, und der Vater hatte sich an geistigen Getränken deutlich interessierter gezeigt als am Schicksal seiner Töchter. Dass beide nach Europa verschwanden, nahm er so betrunken wie gleichgültig auf. Niemand weiß, was aus ihm geworden ist. Als ich Glass irgendwann auf meinen Großvater ansprach, sagte sie knapp, der amerikanische Kontinent habe ihn verschluckt und werde ihn hoffentlich nie wieder ausspucken. Nach der ersten Trauer um Stella betrachtete sie deren Tod von der pragmatischen Seite.

Einer von Glass' Lieblingssprüchen ist, dass nichts geht, ohne dass etwas anderes dafür kommt. Der Tod hatte ihr Stella genommen und dafür Tereza gegeben: kein schlechter Tausch.

Ein ortsansässiger Anwalt wurde von der Stadtverwaltung damit beauftragt, die Papiere der toten Amerikanerin zu sichten und ausfindig zu machen, ob es Verwandte in Übersee gab. Der vielbeschäftigte Mann schickte eine Praktikantin nach Visible, eine junge Frau mit langen roten Haaren, die sich – nach einem ersten gehörigen Schrecken – recht geschickt dabei anstellte, zwei neuen Verwandten Stellas in die Welt zu helfen. Tereza stammte aus der Stadt, der sie jedoch schon vor Jahren den Rücken gekehrt hatte, um irgendwo im Norden Jura zu studieren.

In der vor Kälte starrenden Nacht, die Diannes und meiner Geburt vorausging, war Tereza, die sich für die Dauer ihrer Untersuchung mit einem Schlafsack in Visible einquartiert hatte, fündig geworden. Stella hatte tatsächlich ein Testament hinterlassen. Darin erklärte sie ihre Schwester Glass zur alleinigen Erbin Visibles und ihres gesamten Nachlasses. Die Sache gestaltete sich schwierig, es gab rechtliche Probleme – Glass war nicht volljährig, sie war Amerikanerin, und sie besaß keine Aufenthaltserlaubnis. Dass sie nur Englisch sprach, machte die Angelegenheit nicht einfacher.

Tereza nahm Glass unter ihre Fittiche und setzte sich bei dem Anwalt für sie ein. Der Mann mochte Tereza, er fand Gefallen an Glass, und er hatte Freunde, die wiederum Freunde in hohen Positionen hatten. Mehr als zwei Augen wurden zugedrückt, Gesetze vorsichtig gebeugt, Bestimmungen geschickt umgangen und wohlwollende Schreiben verfasst. Schließlich durfte Glass bleiben, doch das war nur ein erster Schritt. Stella hatte kaum Barvermögen hinterlassen, aber Geld war das, was Glass dringend benötigte. Visible zu verkaufen kam für sie nicht in Frage. Das Haus war mehr als nur Stellas Vermächtnis – es war das Dach über den Köpfen ihrer winzigen neuen Familie. Wieder war es Tereza, die sich einschaltete. Über Freunde an der Universität versorgte sie Glass mit Schreibarbeiten, die aus der Erledigung umfangreicher englischer Korrespondenz oder im Zusammenfassen von Artikeln aus internationalen Fachzeitschriften bestanden.

Ein Jahr bevor Tereza das Studium beendete, starb ihr seit langem verwitweter Vater, ein halbwegs berühmter, emeritierter Professor für Botanik, der einzige Gelehrte, den die Stadt je hervorgebracht hatte. Plötzlich war Tereza eine vermögende, aber heimatlose Frau – sie mochte das Haus ihres Vaters nicht allein bewohnen, und so verbrachte sie ihre Semesterferien regelmäßig in Visible. Sie hütete Dianne und mich, während Glass zunächst Sprachkurse besuchte und sich dann in der Abendschule zur Sekretärin ausbilden ließ.

Dianne und ich waren inzwischen vier Jahre alt und zutraulich wie junge Hunde. Wir hatten Tereza sofort ins Herz geschlossen. Als Gegenleistung ruinierte sie unsere Milchzähne mit Popcorn, das sie allabendlich zubereitete, bevor sie uns in die Betten steckte. Dort kauten wir das klebrig süße Zeug aus zersprungenen bunten Schüsseln, während Tereza uns Märchen vorlas. Meistens schlief sie darüber noch vor uns ein, dann deckten wir sie mit einer Wolldecke zu und steckten ihr Maiskörner in die Nasenlöcher. In unsere Liebe zu ihr mischte sich eine gehörige Portion Ehrfurcht; schließlich hatte Tereza, wie die Hexen in den Märchen, rote Haare. Sie konnte kleine, panische Nervenbündel aus uns machen, wenn sie damit drohte, uns in Frösche zu verwandeln.

Nach dem Examen arbeitete Tereza in einer Anwaltskanzlei.

Zwei Jahre später hatte sie genug Erfahrung gesammelt, um in der nächstgrößeren Stadt eine eigene Kanzlei zu eröffnen, und natürlich benötigte sie eine Sekretärin. Der Zeitplan war perfekt. Dianne und ich standen kurz vor der Einschulung, so dass Glass halbtags arbeiten konnte. Später, als wir gelernt hatten uns selbst zu versorgen, übernahm sie den Job ganztags. Dann stieg sie morgens in ihr Auto – der alte Ford von Terezas Vater – und kehrte am frühen Abend zurück, stets mit einem kleinen Geschenk für uns: giftgrüne, klebrige Dauerlutscher, ein schmales Bilderbuch, eine Schallplatte, die vom vielen Abspielen bald zerkratzt war.

Wenn Dianne und ich aus der Schule nach Hause kamen, wärmten wir tags zuvor zubereitete Mahlzeiten auf. Wir benötigten weder Ermahnungen noch Aufsicht, um unsere Hausaufgaben zu erledigen. Freie Zeit verbrachten wir fast ausnahmslos draußen, im Dschungel des Gartens, in den an das Anwesen angrenzenden Wäldern oder am nahen Fluss. Glass war stolz auf unsere Eigenständigkeit. Da sie mehr als einmal darauf hinwies, dass von ihrem Job unsere Existenz abhing, wagten Dianne und ich nicht ihr anzuvertrauen, dass wir uns, allein gelassen in dem großen Haus, vor Visible fürchteten. Die verwinkelten Zimmer, viele davon ungenutzt, die unendlich langen, sich verzweigenden Flure, die hohen Wände, von denen beim leisesten Schritt kleine, sich ins Unendliche fortpflanzende Echos widerhallten – all das war uns nicht geheuer. Visible war unheimlich, ein düsteres, hohles Gehäuse, und nichts erfüllte uns mit mehr Schrecken, als wenn Glass uns vorschlug, darin Verstecken zu spielen. Dianne und ich besaßen ein gemeinsames Zimmer im Erdgeschoss; erst später, als wir die Rückzugsmöglichkeiten in die Stille und Leere der oberen Stockwerke zu schätzen gelernt hatten, richteten wir uns, jeder für sich, dort ein. Ich nahm mir ein Zimmer, das eine unbegrenzte Aussicht über den Fluss hinweg auf die Stadt bot, die an den Hängen des Schlossbergs lag, dessen Spitze wiederum von einer nichtssagenden Burg aus dem frühen Mittelalter gekrönt war. In diesem Zimmer stellte ich fest, dass ich über eine gänzlich andere Mentalität verfügen musste, als Stella sie besessen hatte, denn der Blick durch die hohen Fenster auf die dahinterliegende Welt war mir nie weit genug.

Das kalte Wasser der Dusche hat mich auf Trab gebracht. Ich ziehe Shorts und T-Shirt an und gehe durch den labyrinthischen Flur zur geschwungenen Treppe, die nach unten in die Eingangshalle führt. Weder von Dianne noch von Glass ist etwas zu sehen oder zu hören. Vielleicht haben beide vor der unbarmherzigen Sommerluft kapituliert und schlafen.

Sobald ich ins Freie trete, schlägt mir die Hitze ins Gesicht. Ich schnappe mir mein an der Hauswand lehnendes Fahrrad und lasse mich die holprige, unbefestigte Auffahrt hinabrollen.

Der Garten hat Ähnlichkeit mit einem wogenden Getreidefeld. Zu beiden Seiten der Auffahrt kämpft meterhohes Gras mit farbenprächtigen Wiesenpflanzen um einen Platz an der Sonne. Wilder Efeu krallt sich in die Rinde von alten Obstbäumen und Pappeln, hangelt sich an den Stämmen nach oben und klettert über die Regenrinne zum Haus, um dort in Kaskaden wieder herabzufallen.

Während der ersten fünf oder sechs Jahre in Visible bemühte sich Glass, diesen Wildwuchs zu zähmen, den Urwald zu unterwerfen und eine Art Garten anzulegen. Ihre Gefechtskleidung bestand aus einer grünen Kittelschürze, rosa Plastikhandschuhen und gleichfarbigen Gummistiefeln; ihre Waffen waren Gartengeräte, die ausgereicht hätten, die Wüste Nevadas in fruchtbares

Land zu verwandeln. Dianne und ich, unsererseits ausgestattet mit kleinen eisernen Haken und Schippchen, umwuselten ihre Beine, wenn unsere Mutter zum Kampf ausrückte, und hielten uns stets in ihrer Nähe auf. Doch alles Zupfen, alles Jäten und Roden war vergebens, der heroische Kampf gegen das standhafte Heer von Unkraut zum Scheitern verurteilt.

»Als würde die Natur sich gegen mich wehren«, beschwerte sich Glass, wenn sie abends erschöpft und müde am Küchentisch saß, die Hände trotz der Plastikhandschuhe mit Blasen übersät. »Wo ich diese Scheißpflanzen haben will, wachsen sie nicht, und wo ich sie loswerden will, schießen sie ins Kraut!«

Sie stellte einen Gärtner ein, stundenweise. Martin war kaum älter als Glass, ein junger Mann mit schwarzem Haar und strahlenden grünen Augen. Er kam Gott weiß woher, und genau dorthin verschwand er auch wieder. Dianne machte von Anfang an keinen Hehl daraus, dass sie ihn nicht ausstehen konnte, und ging ihm aus dem Weg, aber ich war von Martin begeistert. Wenn er an heißen Sommertagen nach getaner Arbeit von draußen in die kühle Küche kam, wo Glass ihm geeiste Limonade servierte, setzte ich mich auf seinen Schoß und verbarg mein Gesicht in seinem nass geschwitzten Unterhemd. Ich mochte den Duft, den er verströmte, er roch nach Gras und dem offenen blauen Himmel. Während er mit Glass sprach, kraulten seine Hände meinen Nacken, die Finger trocken und angenehm weich, trotz der harten Gartenarbeit. Später, wenn Martin duschte und mir dabei Geschichten erzählte, sein Lachen nie weiter entfernt als das Ende des nächsten Satzes, die Haut glänzend von abperlendem Wasser, saß ich auf dem heruntergeklappten Klodeckel, den Kopf in die Hände gestützt, und betrachtete seine kräftigen Arme, die breiten, sonnengebräunten Schultern und die Stelle, an der seine schlanken Beine zusammenliefen. Das Handtuch, mit dem er sich trocken rieb, nahm ich beim Schlafengehen heimlich mit in mein Bett, wo ich es als Decke benutzte. Dass Glass wie selbstverständlich Martin mit in *ihr* Bett nahm, erfüllte mich mit einer bis dahin nicht gekannten Eifersucht, die mir nächtelang den Schlaf raubte.

Falls Dianne all das registrierte, fiel es mir nicht auf. Erst viele Jahre später wuchs in mir die Gewissheit, dass ihr damals selbst das kleinste Detail nicht entging und dass meine Zwillingsschwester ebenso schlaflose Nächte verbrachte wie ich, wenn auch aus einem völlig anderen Grund: Dianne hasste Glass wegen ihrer Männergeschichten.

Dumbo auf dem Turm

KAT UND ICH sitzen nebeneinander auf der Schlossmauer. Unsere Beine baumeln über die Brüstung, an der ein warmer Luftzug emporsteigt. Unter uns liegt die Stadt – ausgebreitet wie eine buntgemusterte Karte, begrenzt von bewaldeten Hügeln, eingefasst vom dreifach gewundenen, blauschimmernden Band des Flusses. In den drei Wochen von Kats Abwesenheit hat es mich oft hierhergezogen. Es beruhigt mich, die Welt so klein zu sehen.

»Kein Geigenunterricht heute?«

»Nicht am ersten Tag nach dem Urlaub. Aber üben müsste ich.« Kat sieht mich von der Seite an. »Ob du es glaubst oder nicht, ich hab das Spielen richtig vermisst.«

»Du hättest das Ding ja mitnehmen können.«

Kat schüttelt den Kopf, wie in nachträglicher Fassungslosigkeit. »Weißt du, ich hab mal was im Fernsehen über Malta gesehen: den Brückenkopf zwischen Afrika und Europa. Kreuzritter und so ein Zeugs. Und Windmühlen. Im Fernsehen haben sie Windmühlen gezeigt. O Mann, und dann diese beschissenen Deckchen, die sie da überall und ständig häkeln ...«

»Wie waren die Typen? Die Malteser?«

Der Knuff, den sie mir versetzt, katapultiert mich um ein Haar ins Leere. Von hier oben bedeutet ein Sturz fünfzehn Meter freien Fall und eine Landung zwischen hohen Brennnesseln.

»Hey ...!«

»Selbst schuld. Mann! Ich erzähle dir hier meine Passionsgeschichte, und du denkst nur an die Typen!«

»Komm schon.«

»Okay.« Ihr Grinsen entblößt eine breite Zahnlücke zwischen den oberen Schneidezähnen, die seit Jahren erfolgreich dem nächtlichen Einsatz einer Klammer trotzt. »Sie waren hässlich und hatten dicke, breite Ärsche – reicht das? Außerdem hat Daddy mich bewacht wie eine Bulldogge, ich meine, selbst wenn ich etwas gewollt hätte –«

»– hättest du dich dabei von niemandem abhalten lassen. Auch nicht von deinem Vater.«

»Ach komm, du weißt schon.« Ich erhalte einen weiteren Knuff.

»Vorsicht, ja? Du tust gerade so, als könntest du dir deine Freunde aussuchen.«

»Er hat Mama und mich völlig fertiggemacht, wie immer, ehrlich. Kulturterror und all das. Du kannst froh sein, dass du keinen Vater hast.«

Kats Augen suchen einen unbestimmten Punkt irgendwo hinter dem Horizont. Sie weiß, dass sie keine Antwort von mir erwarten kann. Wenn es um ihren Vater geht – wenn es um *irgendeinen* Vater geht –, fühle ich mich hilflos, dem Thema nicht gewachsen. Ich denke nicht gern darüber nach. Tue ich es doch, beschleicht mich ein Gefühl, das dem gleicht, das in mir beim Gedanken an einen Sturz von dieser Mauer aufkommt. Mit dem Unterschied, dass ich bei einem Sturz wüsste, was mich unten erwartet.

Als hätte sie meinen Gedanken erraten, sagt Kat: »Warum erzählst du nie etwas von Nummer Drei?«

»Weil es nichts zu erzählen gibt«, sage ich genervt. Wann

immer sie sich bisher nach meinem Vater erkundigt hat, habe ich ihr einsilbige Antworten gegeben. Dabei wird es, wenn es nach mir geht, auch bleiben.

»Komm schon … irgendwas.«

»Glass hat nie über ihn geredet.«

»Tatsache?«

»Sie hat …« Ich suche nach den richtigen Worten und starre dabei auf die im Sonnenlicht glänzenden roten Dächer der Stadt. Man kann die über ihnen vibrierende Luft sehen, die von der Hitze in kräuselnder Bewegung gehalten wird. »Sie hat einen Strich gezogen. Es gibt ein Leben, das sie in Amerika führte, über das sie mit Dianne und mir nie gesprochen hat. Gut, ich weiß ein bisschen über meine Großeltern, aber das sind langweilige Geschichten über langweilige Leute.«

Irgendwann in der ersten Hälfte des letzten Jahrhunderts waren unsere Vorfahren von Europa nach Amerika gegangen, unzufrieden mit der wirtschaftlichen und der politischen Situation in ihrer Heimat. Sie überquerten den Atlantik in kleinen, schlecht kalfaterten Schiffen, sie meisterten Stürme und Kälte, Hunger und Krankheit, und bald darauf verteilten sich ihre Nachkommen wie vom Wind getriebener Löwenzahnsamen über den Kontinent, den sie Gottes eigenes Land nannten, *Home of the Brave, Land of the Free.* Und tapfer waren sie tatsächlich gewesen, auch frei, nur Wurzeln hatten sie nie wirklich geschlagen. Die wenigsten waren in den großen, aufstrebenden Städten gelandet. Der weitaus größere Teil machte sich, beseelt von Pioniergeist und erfüllt von einem Freiheitswillen, der kein Hindernis scheute, auf den beschwerlichen Weg zur *frontier*, der mythischen Grenze im Westen, hinter der, so glaubte man, das Ende des Regenbogens auf einen wartete.

»Und mein Vater ...«, fahre ich fort. »Es ist nicht so, als hätte ich nie versucht, etwas über ihn rauszukriegen. Aber Glass macht dann einfach dicht.«

»Es nervt dich, oder?«

»Irgendwie schon«, gebe ich widerwillig zu. Dass Nummer Drei sie hatte sitzenlassen, ist der einzige mir bekannte Grund, der meine Mutter zum Sprung über den Großen Teich bewegt hat. »Es ist so ... unvollständig.«

Ich denke an die Liste, die ich vor einigen Jahren zufällig zwischen Glass' Papieren gefunden habe, eine Liste, die ihre Männer aufführte, säuberlich durchnummeriert und mit Namen und den Daten versehen, an denen, wie ich annahm, Glass mit ihnen geschlafen hatte. An einer Stelle stand lediglich eine Zahl. Es war ein Leichtes gewesen, vom Tag meiner und Diannes Geburt bis zu dem Datum zurückzurechnen, das neben der Nummer Drei stand.

Ich weiß nicht, ob diese Liste heute noch existiert. Damals hatte sie etwa fünfzig Einträge. Ob das eine große oder kleine Zahl ist, vermochte ich nicht zu beurteilen. Auf mehr als zehn Jahre verteilt erschienen mir fünfzig Affären nicht besonders viel, was daran liegen mochte, dass die wenigsten Männer, wenn Glass sie überhaupt mit nach Hause gebracht hatte, öfter als einmal in Visible aufgetaucht waren. In meiner Erinnerung schieben sich ihre Gesichter wie graue Phantomzeichnungen übereinander, vage und austauschbar. Sie haben keinen Anteil an meinem Leben genommen, und so bleiben sie, auch wenn sie Namen besitzen, letztendlich dasselbe für mich, was sie für Glass waren: Nummern auf einem weißen Blatt Papier. Natürlich gibt es Ausnahmen – Martin mit den grünen Augen und dem Geruch nach Gartenerde ist eine davon, und später war da Kyle, der Bogenschnitzer mit den schönen Händen –, doch über allen Ausnahmen thront jener Mann, der anstelle eines Namens mit der Zahl Drei auf der Liste steht.

»Hättest du gerne einen? Einen Vater?« Kat hat etwas Moos aus den Mauerritzen gezupft, das sie zwischen den Fingern zu einer kleinen grünen Kugel zusammenrollt. »Ich meine, vermisst du ihn irgendwie?«

»Wie sollte ich ihn vermissen?«, schnappe ich. »Ich hab ihn schließlich nie gekannt.«

Kat weiß sehr genau, dass sie in gefährlichen Gewässern fischt. Sie kann ein echtes Miststück sein. Mit dreister Beharrlichkeit wird sie ihre Finger auf genau die wunden Stellen meiner Seele legen, vor denen selbst ein Psychiater zurückschrecken würde. Schwarze Löcher. Komm ihnen zu nahe, und bevor du weißt, wie dir geschieht, verschlucken sie dich. Doch was für mich schwarze Löcher sind, nennt Kat ›weiße Flecken auf der Landkarte deiner Psyche‹. Geduldig füllt sie diese Flecken aus, wann immer sich ihr eine Gelegenheit dazu bietet, und es kümmert sie herzlich wenig, wenn sie dabei Grenzen übertritt.

So wie jetzt.

»Du weißt immerhin, dass er in Amerika lebt«, bohrt sie weiter.

»Amerika ist groß«, sage ich gereizt. »Und dass er noch lebt, ist nur eine Vermutung. Also jetzt tu mir einen Gefallen und halt endlich die Klappe, okay?«

»Okay. Friede.« Die Mooskugel wird entschlossen weggeschnippt, sie trudelt auf der warmen Luft nach unten und landet am Fuß der Schlossmauer zwischen den Brennnesselbüschen. Ich erhalte eine versöhnliche Großaufnahme der Zahnlücke. »Vanilleeis?«

Im Sommer vor meiner Einschulung beschloss Glass, dass etwas mit meinen Ohren geschehen müsse.

»Sie sind zu groß, Phil«, erklärte sie. »Und sie stehen ab. Du siehst aus wie Dumbo.«

Wir saßen auf einer Steppdecke am Flussufer, von hochgewachsenem, rosarotem Springkraut vor der Nachmittagssonne geschützt, weitab von der Stadt, weitab von ihren Bewohnern. Meine Mutter griff in eine mit Getränken und klebrigen Erdnussbutter-Sandwiches gefüllte Kühlbox, holte eine Flasche Cola heraus und setzte sie an die Lippen. Sobald sie die Flasche wieder absetzte, würde es kein Entrinnen mehr geben.

Dass ihr meine Ohren nicht gefielen, erfüllte mich mit Unbehagen. Ich sah zu Dianne hinüber, die bis zu den Knien im träge dahinströmenden Wasser stand, wo sie die Unterseiten flacher Steine nach Schnecken absuchte. Niemand hätte uns für Zwillinge gehalten. Schon deshalb nicht, wie ich jetzt dachte, weil Dianne gänzlich unauffällige Ohren besaß.

»Wer ist Dumbo?«, fragte ich vorsichtig.

»Ein Elefant.« Glass stellte die Cola zurück in die Kühlbox. »Seine Ohren schleiften über den Boden, beim Laufen ist er ständig darüber gestolpert. Sie waren einfach *zu groß*.«

Dianne kletterte aus dem Fluss, sprang geschickt über ein paar Steine, schlug sich durch hüfthohes Gras und hielt Glass im nächsten Moment wortlos einen Stein unter die Nase, an dem ein besonders hübsches, rundes Schneckenhaus klebte.

»O Gott, bring das weg!«, rief Glass angeekelt. »Ich kann dieses glitschige Zeug nicht ausstehen!«

Sie legte sich zurück, schloss die Augen und sah deshalb auch nicht, wie sich Dianne, bevor sie zurück ins Wasser marschierte, um dort nach neuen Glitschigkeiten zu suchen, die Schnecke versuchshalber in ihr linkes Ohr steckte. In ihr nicht abstehendes linkes Ohr von normaler Größe, wie ich neidisch bemerkte.

Ich blieb auf der Decke sitzen, im Bann schrecklichster Vorahnungen. Ich erwartete, dass Glass das Thema erneut aufgriff – dass sie mir erklärte, was mit zu großen und abstehenden Ohren *gemacht* wurde, damit diese nicht über den Boden schleiften –, aber sie war eingeschlafen, und da sie auch auf dem Nachhauseweg nicht wieder darauf zu sprechen kam, betrachtete ich, wenn auch zögernd, die Angelegenheit schließlich als erledigt.

Der frühe Abend verging mit dem erfolglosen Versuch, die unglückliche Flussschnecke aus Diannes Ohr zu entfernen. Glass fuhrwerkte mit dem Inhalt von drei Küchenschubladen in Diannes Gehörgang herum, mit dem wenig überraschenden, aber schmerzhaften Resultat, dass der Fremdkörper irgendwann gegen das Trommelfell drückte. Schließlich murmelte sie etwas von der *eustachischen Röhre*, und ich wusste nicht, was ich mehr bewundern sollte – dass meine Mutter ein so kompliziertes Wort aussprechen konnte oder dass sie, ohne mit der Wimper zu zucken, ihre Lippen um Diannes Nase schloss und so kräftig hineinpustete, dass ich tatsächlich erwartete, die Schnecke wie ein Schnellfeuergeschoss aus dem Ohr und durch die Küche fliegen zu sehen. Als auch das nicht half, schob Glass uns fluchend ins Auto und fuhr mit uns in das städtische Krankenhaus, wo ein geduldiger junger Notarzt mit Hilfe mehrerer Spülungen und einer feinen Pinzette das Unglück behob.

»Ich heiße Clemens«, sagte er zu Dianne. »Und du?«

Dianne gab keine Antwort.

Der Arzt lachte. Ich beobachtete, wie seine sonderbar rosigen Hände mit der Pinzette hantierten. Seine Fingernägel waren ganz kurz geschnitten.

Die Schnecke war selbstverständlich tot, doch ihr schmutzig braunes Gehäuse hatte, wie durch ein Wunder, den Eingriff völlig unbeschadet überstanden. Als wir wieder im Auto saßen, ließ Dianne das Schneckenhaus über ihre geöffnete Handfläche rollen. »Darf ich es behalten?«, fragte sie.

»Du kannst es dir von mir aus ... ach, Scheiße, von mir aus behalt es«, gab Glass zurück.

Es krachte, ein Ruck ging durch den Wagen, als sie in den falschen Gang schaltete. Ich wusste, dass sie wütend war, unsagbar wütend, weil sie wegen einer kaum erbsengroßen Schnecke dazu gezwungen gewesen war, einen fremden Menschen um Hilfe zu bitten, auch wenn es ein sehr netter fremder Mensch gewesen war. Viele Jahre später fand ich Clemens auf der Liste wieder. Hinter seinem Namen stand die Nummer 24.

Bis wir zu Abend gegessen hatten und schlafen gingen, war es dunkel geworden. Glass kam in unser Zimmer und trat an mein Bett, das Licht war bereits gelöscht, Dianne schon eingeschlafen. Sie hatte die Schnecke unter ihr Kopfkissen gelegt, am nächsten Morgen war das Gehäuse in hundert Splitter zerbrochen.

Als Glass sich über mich beugte, hatte ich das Gefühl, mit ihrer Stimme allein zu sein.

»Wegen deiner Ohren ...«

Es war Diannes Schuld! Hätte sie diese blöde Schnecke in Ruhe gelassen, wäre Glass nicht dazu gezwungen gewesen, stundenlang über Ohren nachzudenken.

»Dir ist hoffentlich klar«, sagte die Stimme, »dass sie dasselbe mit dir machen werden, was sie mit Dumbo gemacht haben.«

»Wer?«

»Die da draußen.«

Vor dem nachtblauen Viereck, das der Rahmen des weit offenen Fensters aus der Dunkelheit stanzte, sah ich den Schattenriss einer Hand vorbeiwischen. Die Bewegung umfasste alles und jeden – die Stadt, ihre Bewohner auf der anderen Seite des Flusses, den Rest der Welt, das Universum –, und in ihrer Allumfassenheit machte sie mir Angst.

»Was *haben* sie mit Dumbo gemacht?«

Die angespannte Erwartung hatte mich flüstern lassen, und jetzt bildete ich mir ein, dass die Stimme mit einer Antwort zögerte. Stille legte sich um mein pochendes Herz wie ein zu enger, rauer Mantel.

»Sie stellten ihn im Zirkus auf einen zwanzig Meter hohen Turm«, antwortete die Stimme endlich. Die Dunkelheit wurde noch dunkler. »Er musste in ein Becken voller Grießbrei springen. Und alle haben gelacht!«

Anfangs flösste Oberschwester Marthe mir höllischen Respekt ein. Wann immer ich sie mit kampfbereit gesenktem Haupt durch die Flure des Krankenhauses eilen sah, stellte ich mir vor, wie sie vor langer Zeit zu einem Eroberungsfeldzug angetreten war, der mit der erfolgreichen Einnahme von Station 303 geendet hatte. Erst später bemerkte ich, dass unter dem Panzer ihrer stets frisch gestärkten Blusen ein butterweiches Herz schlug.

»HNO«, schnaubte sie auf meine erste an sie gerichtete Frage, und ich sah ein an einer feinen silbernen Halskette befestigtes Kreuz aufblitzen, »heißt Halsnasenohren!«

Unabhängig von deren Alter bezeichnete sie ihre Patienten als Kinderchen, und wer, wie ich, an den Ohren behandelt wurde, gehörte zum enger gefassten Kreis der Löffelchen. Sie weigerte sich standhaft, von der weichen Aussprache meines Vornamens Gebrauch zu machen, und nannte mich Pill.

Pill, mein Löffelchen.

Bei allem Respekt, den sie mir abverlangte, fühlte ich doch instinktiv, dass Oberschwester Marthe in der kalten, von fremdartigen Gerüchen erfüllten Welt des Krankenhauses ein Hafen der Sicherheit war. Um in diesem Hafen anzulegen, musste ich, wie alle anderen Löffelchen auch, nicht mehr tun, als meine großen Ohren als Segel zu benutzen, vorzugsweise dann, wenn Oberschwester Marthe sich unbeobachtet durch anderes Personal wusste. Dann ließ sie ihren Mutterinstinkten freien Lauf, sprach weich und zärtlich, und wenn man Glück hatte, wurde man an ihren dicken Busen gedrückt und hinter den wahlweise abstehenden oder bereits malträtierten Ohren gekrault.

Der Arzt, der dafür sorgen sollte, dass mich wegen dieser Ohren niemand jemals auslachen würde, hieß Dr. Eisbert.

Dr. Eisberts Stimme war dunkel und vertrauenerweckend. Er hatte tiefe, scharf eingegrabene Falten, die sich von seinen Nasenflügeln bis hinunter zu den Mundwinkeln zogen und die ich mit einigem Misstrauen beäugte. Solche Falten, beschloss ich später, bekam man vom Lügen. Dr. Eisbert erläuterte mir den Verlauf der Operation. Hinter jedem meiner Ohren würde ein winziger Schnitt gemacht werden, um Knorpelmasse entnehmen zu können.

»Sie schneiden mir die Ohren nicht *ab*, oder?«

»Nein. Nur ein kleiner Schnitt«, versicherte er mit seiner Brummbärstimme. »Anschließend nähen wir alles wieder zusammen, und du bekommst einen hübschen kleinen Turban. Du wirst aussehen wie ein orientalischer Prinz.«

»Tut es weh?«

Dr. Eisbert schüttelte den Kopf. Ich ließ mich zufrieden zurück in die Kissen sinken. Ein orientalischer Prinz genoss königliche

Immunität. Niemand *da draußen* würde auf die Idee kommen, ihn aus zwanzig Meter Höhe in ein Becken voller Grießbrei springen zu lassen.

Tief in meinem Inneren blieb ich dennoch unruhig. Halsnasenohren war keine Station unseres kleinen städtischen Krankenhauses, sondern die einer Spezialklinik. Visible lag mehr als zwei Autostunden entfernt, entsprechend selten waren Besuche von Glass und Dianne oder Tereza. Vor allem Glass, die Krankenhäuser für die Brutstätten exotischer Bakterien und überhaupt für Orte der Grausamkeit und des Todes hielt, um die man nach Möglichkeit einen weiten Bogen schlug, hatte keinen Zweifel daran gelassen, dass mit ihr kaum zu rechnen war. Sie trug die Hauptverantwortung für meine jämmerliche Lage und konnte mir sowieso gestohlen bleiben. Auf Diannes Anwesenheit legte ich ebenfalls keinen großen Wert, weil ich immer noch der Überzeugung war, dass sie durch das dumme Experiment mit der Flussschnecke zu meinem Unglück beigetragen hatte. Es wäre ihr recht geschehen, wenn die Schnecke für immer und immer in ihrem blöden Kopf geblieben und bei jeder Bewegung laut klackernd darin herumgekullert wäre. Tereza war die Einzige, nach deren Trost ich mich sehnte, aber die hatte alle Hände voll mit ihrer neuen Anwaltskanzlei zu tun. Ich fühlte mich alleingelassen und einsam. Eingeschüchtert von den neonfahlen Korridoren des Krankenhauses, von denen ich befürchtete, sie würden mich verschlingen, wenn ich hinausging, wagte ich kaum, mein Zimmer zu verlassen. Die meiste Zeit verbrachte ich damit, unzählige Malbücher geduldig mit Buntstiften auszumalen.

Am Vorabend der Operation ertönten aus dem Nachbarzimmer mörderische Schreie und die dröhnende Stimme Oberschwester Marthes. Es war unschwer zu erraten, dass sie in ein Gefecht mit einem der Löffelchen geraten war.

»Lass mich!«, brüllte eine Kinderstimme. *»Lass mich!«*

»Wirst du wohl –«

»Nein!«

Metallisches Scheppern erklang, gefolgt vom Klirren zerspringenden Geschirrs. Ich huschte aus dem Bett und öffnete die Tür. Ein kleines, weißes Etwas hastete an mir vorbei durch den Flur. Um seine Stirn flatterten aufgelöste Bandagen, darunter blitzten zwei ebenso zornige wie entschlossene grüne Augen. Oberschwester Marthe stürmte hinterher. In ihrer rechten Hand schwang sie drohend eine Spritze.

»Bleib sofort – Pill, Tür zu und ins Bett, *ins Bett!* – bleib sofort stehen, du ...«

Die wilde Jagd schoss erneut an mir vorüber, diesmal in entgegengesetzter Richtung. Der Abstand zwischen dem panisch quietschenden Löffelchen und seiner Verfolgerin war deutlich geschrumpft. Beide verschwanden aus meinem Blickfeld, dann belegte ein letzter spitzer Schrei des Flüchtlings, dass der ungleiche Kampf zugunsten der Spritze entschieden war.

Keine guten Aussichten.

Stunden später, die Station war längst zur Ruhe gekommen, weckte mich das vorsichtige Tapsen nackter Füße aus unruhigem Schlaf. Das Löffelchen mit den grünen Augen, von einem bis zu den Knien reichenden Nachthemd umwallt, den Kopf eingewickelt in geisterhaft leuchtende Bandagen, huschte durch die offen stehende Tür. Vor meinem Bett blieb es stehen und bohrte sich in der Nase.

»Meinem Papa gehört eine Schule«, sagte es.

Dem hatte ich nichts Vergleichbares entgegenzusetzen. Ich

kannte meinen Vater nicht, ich kannte nicht einmal seinen Namen. Ich wusste nur, dass er in *Amerika* lebte. *Amerika* war das magische Wort, das ich vor dem Einschlafen vor mir herzusagen pflegte wie ein Gebet, immer und immer wieder.

Das Mädchen, scheinbar wild entschlossen, sich mit mir zu unterhalten, ließ sich von meiner ausbleibenden Antwort nicht entmutigen. »Wirst du auch an den Ohren operiert?«

Das war sicherer Boden. Ich nickte. »Meine Mutter hat gesagt, ich würde aussehen wie Dumbo, der Elefant. Er musste von einem Turm runter in Grießbrei springen. Alle haben ihn ausgelacht.«

»Aber später konnte er fliegen mit seinen großen Ohren, und er war berühmt und ein Star.«

»Wer?«

»Dumbo. Darf ich in dein Bett?«

Ich schlug die Decke zurück und rutschte zur Seite. Das Mädchen, das Dumbo kannte und dessen Vater eine Schule gehörte, krabbelte zu mir und kuschelte sich an mich. Ihr Verband drückte gegen mein Gesicht, er roch nach Salbe und Desinfektionsmitteln. Über dem linken Ohr war er leicht erhoben. Die Stelle war dunkel von verkrustetem Blut.

»Tut es weh?«, fragte ich voller Mitgefühl.

»Arschweh.«

Glass, die kräftigen Flüchen selbst nicht abgeneigt war, hätte mich für die Benutzung dieses Schimpfwortes mit zweiwöchigem Erdnussbutter-Entzug bestraft. Plötzlich stieg Wut in mir auf. Meine eigene Mutter hatte mich … nun, *angelogen* mochte nicht die richtige Bezeichnung sein, aber sie hatte einen Teil der Wahrheit verschwiegen. Den wichtigsten Teil. Was mich anging, so liefen Lügen und Verschweigen auf dasselbe hinaus. Ich würde niemals fliegen können wie Dumbo. Ich würde nie berühmt und ein Star werden. Dass Dr. Eisbert mit seiner tiefen Stimme gelogen hatte, stand zweifelsfrei fest. Ich hasste ihn. Der orientalische Prinz würde einen blutbefleckten Turban tragen. Die Operation würde wehtun.

»Arschweh«, wiederholte ich erschauernd. Ich berührte das Mädchen bei der Schulter. »Wie heißt du?«

»Katja. Und du?«

»Phil.«

»Wenn ich will, kriege ich hier jeden Tag Eiskrem. Am liebsten habe ich Kirsch.«

»Ich Vanille … Darf ich dein Nachthemd anziehen?«

Wir stiegen aus dem Bett und zogen uns aus. Nackt fühlte ich mich unwohl, im Gegensatz zu Katja. Als ich ihr meinen Schlafanzug entgegenhielt, schüttelte sie den Kopf.

»Brauch ich nicht.«

»Aber meine Mum sagt, es gibt hier überall Bakterien.«

»Quatsch.«

Ich war kleiner als sie, ihr Nachthemd reichte mir bis zu den Waden. Es war weich und duftig; es fiel, als ich es über Kopf und Schultern gleiten ließ, an meinem Körper herab wie kühles Wasser. Zurück im Bett schmiegte Katja sich an mich, nackt bis auf den schrecklichen Kopfverband und so allen Bakterien der Welt schutzlos preisgegeben. Ich legte einen Arm um sie, um sie zu schützen. Sie schlief sofort ein, während meine Fingerspitzen langsam über den ungewohnt glatten Stoff des geblümten Nachthemdes wanderten. »Amerika«, flüsterte ich mit geschlossenen Augen.

Die Welt war zu einem gefährlichen Ort geworden. In ihrem Zentrum warteten, wie Spinnen im Netz, gewissenlose Ärzte, die ihre Skalpelle kaltblütig an kleinen Kindern schärften. Mit Spritzen bewaffnete Krankenschwestern hetzten wehrlose Löffelchen durch die neongrünen, labyrinthischen Eingeweide gigantischer Krankenhäuser. Auf Mütter konnte man sich, was Hilfe anging, nicht verlassen. Sie waren Verräter am Ruhm, am Vertrauen und am eigenen Kind. In Zukunft würde ich mich vorsehen müssen.

Die Zukunft ist nie weiter als der nächste Augenblick entfernt. Als ich ein tiefes, beunruhigtes Grunzen hörte und die Augen öffnete, stand Oberschwester Marthe wie ein Racheengel vor meinem Bett. »Immer auf der Flucht! Ihr Löffelchen seid doch alle gleich.« Ich sah, wie die gestärkte Bluse energisch glatt gestrichen wurde. »Der Herrgott sieht es nicht gern, wenn Jungen und Mädchen sich ein Bett teilen.«

Der Herrgott, dachte ich, musste wahrscheinlich auch keine Angst vor einer Operation haben, bei der ihm Knorpelmasse hinter den Ohren entfernt werden sollte. Der Herrgott, entschied ich bitter, war letzten Endes überhaupt dafür verantwortlich, dass ich mit zwei von ihm fehlfabrizierten Löffelchen in Halsnasenohren gelandet war.

Es überraschte mich keineswegs, dass er auch mit dem Nachthemd nicht einverstanden war. Oberschwester Marthe hatte bereits die Decke zurückgezogen und Katja behutsam aus meinem Bett gehoben, als ihr Blick auf mich fiel und sie stockte.

»Warum trägst du das, Pill?«

»Ich hab Angst.«

»Du musst keine Angst haben. Niemand will dir wehtun.«

»Doch. Katja hat es gesagt.«

»Zieh das Nachthemd aus. Der Herrgott –«

»Nein!«

Der Herrgott konnte mir gestohlen bleiben. Trotzig zog ich die Decke unter mein Kinn und wappnete mich innerlich gegen das zu erwartende Donnerwetter.

Es blieb aus. Vielleicht war es die Nacht und die Stille, oder es war die warme Haut des in ihren Armen liegenden Löffelchens, die Oberschwester Marthe erweichte. Mit einem Kopfschütteln und einem letzten missbilligenden Blick auf das geblümte Nachthemd verließ sie das Zimmer.

Katjas nackter Körper verschwand fast gänzlich in den starken Armen, doch trotz ihres zarten Rückens, trotz des zur Seite gerollten Kopfes mit den mitleiderregenden blutigen Flecken auf dem Verband sah sie nicht zerbrechlich aus. Ich überlegte, ob ich meine Angst vor dem Krankenhaus verlieren würde, wenn ich genügend Kirscheis aß. In die Dunkelheit starrend, streichelte ich über das Nachthemd.

»Amerika, Amerika, Amerika …«

IN DER DUMPFEN MITTAGSHITZE liegt der Marktplatz mit seinem unter Taubenmist verschwindenden Kriegerdenkmal und den Häuschen im Zuckerbäckerstil wie ausgestorben. Die Luft steht still, nichts rührt sich. Wer einigermaßen bei Verstand ist, hält sich im Schwimmbad auf oder bleibt zu Hause.

Kat und ich setzen uns an einen Tisch in der hintersten Ecke der lärmend bunten Eisdiele und bestellen gigantische Portionen Vanille und Kirsch. Eine Weile beobachten wir die Kinder, die ab und zu hereinkommen, um ihre abgezählten Groschen auf den Tresen zu knallen und dann mit Eis zu verschwinden, das zu zerlaufen beginnt, sobald sie es in den verschwitzten kleinen Händen halten.

»Übrigens hat Daddy neulich erzählt, wir bekämen einen Neuen«, unterbricht Kat die behäbige Stille. Am Montag enden die Sommerferien, Schule wird langsam wieder ein Thema.

»Neu … Ist er von hier?«

Kat nickt.

»Hängengeblieben?«

»Vom Internat geflogen.« Sie fischt eine klebrige Maraschinokirsche aus ihrem Becher, bevor sie lauernd hinzufügt: »Reine Jungenschule.«

»Und?«

»Und …? Was meinst du, warum die dort jemanden rauswerfen? Vielleicht ist der Typ einem seiner Mitschüler an die Wäsche gegangen.« Die Maraschinokirsche zerploppt zwischen perlweißen Zähnen. »Lässt diese Vorstellung dein einsames Herz nicht höherschlagen?«

»Und deins?«

»Also, falls du auf Thomas anspielst …«

Thomas ist im Jahrgang über uns. Im vergangenen Winter ist Kat für einige Wochen mit ihm zusammen gewesen – gerade lange genug, wie sie mir verkündete, um ihre Jungfräulichkeit zu verlieren und anschließend festzustellen, was sie mit Sicherheit *nicht* vom Leben will. Wozu, unter anderem, auch Thomas gehörte. Kat trägt die Tatsache, dass er ihr noch immer nachtrauert, vor sich her wie eine nach zähem Kampf errungene Trophäe. Obwohl sie Thomas damals mehrfach versichert hat, ich sei nicht mehr als ihr bester Freund, wissen wir beide, dass er maßlos eifersüchtig auf mich ist.

»Und wenn ich auf ihn anspiele …?«

»Ach, vergiss es.« Kat grinst. »Oder zeig mir einen Typen, der nicht nur gut aussieht, sondern der auch einen IQ über 130 hat und der ab und zu an was anderes denkt als an Fußball, Autos und melonengroße Titten.«

»Er sitzt neben dir.«

»Du zählst nicht, Darling.« Sie imitiert Glass. Sie wirft sogar auf dieselbe charakteristische Art die langen blonden Haare über die Schultern. »Und *wenn* du zähltest, wäre damit der Ärger bei mir zu Hause vorprogrammiert.«

Es wäre Ärger, den Kat willkommen heißen würde. Vor über zehn Jahren, in Halsnasenohren, haben wir festgestellt, dass wir aus derselben kleinen Stadt stammen. Seit dem dieser Entdeckung folgenden heiligen Schwur ewiger Freundschaft ist unsere Beziehung Kats Eltern ein Dorn im Auge gewesen. Ich war der Sohn *dieser Frau* – Glass und ihr notorischer Lebenswandel waren schon damals Stadtgespräch –, also wurde Kat der Umgang mit mir untersagt. Ihr Vater ist der Direktor des städtischen Gymnasiums; es gelang ihm, dafür zu sorgen, dass wir bereits in der Grundschule auf verschiedene Klassen verteilt wurden. Nach dem Schulwechsel kümmerte er sich persönlich darum, dass seine einzige Tochter nicht in meinen unmittelbaren Dunstkreis geriet. Ich habe oft überlegt, ob er wirklich so dumm war, nicht zu merken, dass er Kat und mich umso enger aneinanderschmiedete, je entschiedener er uns voneinander fernzuhalten versuchte.

Kat hatte sich schon damals, aus welchen Gründen auch immer, in den Kopf gesetzt, mich zum Freund zu wollen, und sie ließ nie locker. Sie wurde älter, und im Lauf der Jahre kämpfte sie ihre Eltern müde. Stur setzte sie sich über alle Verbote und Vorbehalte hinweg, mit jenem Gleichmut und der Kampfbereitschaft, die mich so sehr für sie einnehmen. Sie kennt keine Vorurteile. Als hätte ihr bei ihrer Geburt eine Fee ins Ohr geflüstert, dass die Welt ein Ort ohne Geheimnisse sei, lässt sie alles gelten – man kann Kat in Erstaunen versetzen, aber man kann sie nicht wirklich überraschen. Im Kern ihres Wesens ist sie das barfüßige Löffelchen geblieben, das einem verängstigten kleinen Jungen fraglos sein Nachthemd überlässt. Dass schon damals ihre Motive ganz und gar nicht purer Selbstlosigkeit entsprangen, ist eine andere, aber unschuldige Geschichte: Wer will schon ohne Freunde leben?

Ich bin zurückhaltender als Kat, weniger bereit zu grenzenloser Offenheit. Es gibt Dinge, die ich ihr verschweige, weniger aus Misstrauen – niemandem vertraue ich so sehr wie Kat –, sondern weil es sich dabei um Dinge handelt, die ich noch nicht fertig durchdacht habe. So wie mein Verhältnis zu Nummer Drei.

»Noch einen Vanillebecher?«, unterbricht sie meinen Gedankengang. »Phil …?«

»Was? Oh, ich weiß nicht –«

»Vanille ist gut für die Seele.«

»Sagt wer?«

»Sage ich.«

»Mir ist schlecht.«

»Du musst dich dazu zwingen. Geht auf meine Rechnung.«

Sie grinst und winkt bereits nach der Bedienung. Wir bringen es an diesem Nachmittag auf jeweils vier Eisbecher. Kat erzählt Einzelheiten des missglückten Urlaubs. Wir lachen viel. Wir ergehen uns in Spekulationen über das kommende Schuljahr und mögliche kommende Lieben. Es ist einer dieser heißen, himmelblauen Tage, die nach Vanilleeis und Sommer und Zukunft schmecken, einer der Tage, an denen das Herz ohne vernünftigen Grund höherschlägt und an denen man jeden Eid schwören würde, dass Freundschaften nie enden.

Weiter Blick

ALS ICH NACH VISIBLE zurückkomme und die Haustür hinter mir schließe, höre ich ein entferntes Murmeln aus der Küche, gefolgt von einem nervösen Lachen. Fehlanzeige mit der Milch, die ich mir eigentlich holen wollte. Glass hat offensichtlich Kundschaft.

»Das UFO.«

Ich mache einen Satz zur Seite und habe Mühe, nicht das Gleichgewicht zu verlieren. Unmittelbar neben mir ist eine hagere Gestalt aus dem Boden gewachsen, die mich aus kühlen Augen mustert.

»Dianne! Du erschreckst mich noch mal zu Tode!«

Sie wirkt nicht, als könne mein plötzliches Ableben sie erschüttern. Wenn ich mich recht erinnere, hat Dianne schon immer alles getan, um überhaupt nicht zu wirken. Ihr glattes braunes Haar ist nachlässig aus dem Gesicht gestrichen. Sie ist blass, und wie immer trägt sie, trotz der Sommerhitze, einen viel zu weiten schwarzen Rollkragenpulli und einen erdfarbenen, bis auf den Boden reichenden Rock.

»Warum lauschst du schon wieder?«, flüstere ich. »Du weißt, dass Glass das nicht mag.«

Dianne zuckt widerwillig die Achseln. Ich habe mich schon mehr als einmal gefragt, was sie davon hat, sich heimlich die Geschichten der Kundinnen anzuhören. Früher haben wir das gemeinsam getan, aus purer kindlicher Neugier heraus. Ich ließ bald wieder davon ab, zum einen, weil mir ein tieferes Verständnis für das fehlte, um was es bei den Unterhaltungen zwischen Glass und ihren Besucherinnen überhaupt ging, zum anderen, weil das Schluchzen und Weinen, das Toben und die geflüsterten oder herausgebrüllten Racheschwüre der Frauen sich irgendwann zu gleichen begannen. Aber vielleicht ist es genau das, was Dianne an den Lauschereien festhalten lässt, um über die Gefühle anderer in Kontakt mit der Welt zu bleiben.

»Lass dich nicht erwischen«, rate ich ihr.

Sie macht eine abfällige Handbewegung, ohne mich dabei anzusehen. »Ich bin nicht blöde, Phil.«

»Ich sag's ja nur.«

Glass fühlt sich an eine Art Schweigepflicht gebunden. Sie spricht nicht viel über ihre Kundinnen, die sie meist an den Wochenenden oder abends, wenn sie von ihrem Job in Terezas Anwaltskanzlei nach Hause kommt, berät. Eine Bezahlung dafür, dass sie den Frauen zuhört, ist keine Voraussetzung, doch die meisten lassen unaufgefordert Geld da, kleine oder größere dankbare Summen, die Glass eisern für unvorhergesehene Ausgaben spart – *for a rainy day,* woran sie Dianne und mich ab und zu erinnert. Zu diesem Zweck thront mitten auf dem Küchentisch Rosella, ein gigantisches Sparschwein aus rosafarbenem Porzellan, dem von seinem Schöpfer ein Lächeln ewiger Glückseligkeit unter den dicken Rüssel geritzt wurde. Glass hat Rosella auf einem Flohmarkt erstanden, billig, weil das linke Ohr abgebrochen ist.

»Wie lang ist das UFO schon hier?«, flüstere ich.

»Seit einer halben Stunde.« Dianne sieht mich noch immer nicht an. »Sie will sich scheiden lassen.«

»Tut sie nicht.« Ich ziehe meine Turnschuhe aus und stelle sie auf den untersten Treppenabsatz. »Das hatte sie schon ewig vor und es dann doch bleibenlassen.«

»Sie hätte es besser getan. Ihr Mann ist ein Dreckschwein. Er treibt es mit einer anderen Frau, und das UFO ist so blöd und wäscht danach die Laken aus.«

»Jedem, was er braucht. Ich war übrigens in der Stadt. Hab Kat getroffen.«

Dianne dreht sich um und gleitet, lautlos wie Rauch, in Richtung Küche, um besser lauschen zu können. Ich weiß nicht, warum ich immer wieder den Versuch mache, sie für mich zu interessieren. Falls Glass und ich ihr nicht völlig gleichgültig sind, lässt meine Schwester sich das nicht anmerken. Dianne ist schon immer in sich zurückgezogen gewesen, doch seit ein paar Jahren gleicht ihre Existenz der eines in Bernstein gegossenen Insekts. Die Gelegenheiten, zu denen wir uns miteinander unterhalten, werden immer seltener. Früher sind wir täglich unterwegs gewesen, haben gemeinsam die Gegend erkundet, die Wälder durchstreift, den Lauf des Flusses abgeschritten, bis unsere Füße müde wurden. Wenn Dianne heute das Haus verlässt, dann allein; stundenlang bleibt sie fort, und wenn ich sie frage, wohin ihre einsamen Spaziergänge sie führen, erhalte ich keine Antwort. Unsere Gespräche erschöpfen sich im Austausch von Belanglosigkeiten.

Ich gehe die Treppe hinauf, verfolgt vom Lachen des UFOs.

DAS UFO HEISST IRENE. Vor zwei Jahren, als ihr Mann sie schon längst betrog und Einsamkeit und Verzweiflung wie Motten an ihr fraßen, verkündete sie, in einer lauen Sommernacht Fotos von unidentifizierten Flugobjekten aufgenommen zu haben. Die grobkörnigen, leicht verwaschen wirkenden Schwarz-Weiß-

Bilder, die ihre Behauptung stützen sollten, zeigten tatsächlich einige geheimnisvolle helle Flecken vor einem dunklen Hintergrund. Sie sorgten in der Stadt schon bald für beträchtliche Aufregung, denn nachdem die Fotos durch die Hände aller Nachbarn und Bekannten gegangen waren, hatte die erfolgstrunkene Irene sich dazu überreden lassen, sie an die lokale Presse weiterzugeben. Unter der Überschrift *UFOs über uns?* wurden sie in der überregionalen Wochenendausgabe veröffentlicht. Eine Woche darauf behauptete in einem Leserbrief an derselben Stelle Dr. Hoffmann, der einzige Gynäkologe der Stadt, bei den Fotos handele es sich um *Ultraschallbilder eines weiblichen Uterus*. In Stammtischgesprächen ließ er bierselig verlauten, genauer gesagt handele es sich um den Uterus der armen Irene, die Gott weiß wie in den Besitz von Kopien der Aufnahmen gekommen war und diese abfotografiert haben musste. Ich muss nicht erwähnen, dass sich von den Nasenflügeln Dr. Hoffmanns beidseits tiefe Falten zu seinen Mundwinkeln herabziehen, womit mein uralter, an Dr. Eisbert, den Schlächter ungezählter armer Löffelchen, geknüpfter Verdacht, solche Falten kennzeichneten Lügner, eine späte Bestätigung erfuhr.

Als Glass von der ganzen Sache hörte, regte sie sich über die Indiskretion des Frauenarztes mindestens ebenso auf wie über die Formulierung *weiblicher Uterus*. In einem unbeantwortet gebliebenen Brief schrieb sie dem Gynäkologen, man solle ihm wegen grober biologischer Unkenntnis in seine *männlichen Eier* treten und ihm die Approbation entziehen. Irgendjemand fühlte sich zu noch drastischeren Maßnahmen berufen, denn wenige Tage später schmückte ein krakeliger Schriftzug in giftgrüner Sprühfarbe die Front der hoffmannschen Arztpraxis, der unmissverständlich dazu aufforderte, dem verdammten Weiberfeind den Schwanz abzuschneiden. Was wiederum dazu führte, dass Visible eines frühen Abends Besuch von einem Polizeibeamten erhielt, einem uniformierten, leicht verpickelten jungen Mann, der unglaublich nervös war, was sich in einem hochroten Kopf, ständigem Herumgezerre an seinem engen Hemdkragen, vor allem aber in einer vermehrten Speichelsekretion äußerte. Der Speichelfluss zwang ihn dazu, beim Sprechen kleine Pausen einzulegen, weil er immer wieder schlucken musste.

»Dieser Brief stammt von Ihnen, richtig?«, sagte er, noch vor der Haustür stehend, und wedelte mit dem Schreiben, das Glass an Dr. Hoffmann gerichtet hatte.

»Worauf Sie Ihren süßen kleinen Hintern verwetten können«, erwiderte Glass, was bei dem Beamten den ersten Schluckanfall auslöste.

Sie führte den Mann in die Küche, erkundigte sich, ob er angerückt war, um ein amtliches Verhör durchzuführen, und bestand, als er verneinte, auf Diannes und meiner Anwesenheit. Dann setzte sie Tee auf, und es entspann sich ein halbstündiges, hauptsächlich von Glass bestrittenes und, wie ich fand, überaus lehrreiches Gespräch, in dem es um männliche Geschlechtsteile, deren allgemeinen Nutzen und ihre mögliche Behandlung durch beleidigte Frauen ging.

Irgendwann löste der junge Beamte, der sich inzwischen als Herr Assmann vorgestellt hatte, seinen obersten Hemdenknopf. »Ich frage Sie jetzt ganz offen«, forderte er abschließend, »ob die Schmiererei an der Hauswand des Doktors von Ihnen stammt.«

»Und ich frage Sie ganz offen«, gab Glass zurück und löste damit einen letzten heftigen Schluckanfall bei ihm aus, »ob ich wie eine Frau aussehe, die öffentlich zur Verschwendung von Rohstoffen auffordern würde.«

Dianne hatte, genau wie ich, der Unterhaltung ohne ein Wimpernzucken gelauscht. Wir müssen unheimlich auf den Polizisten gewirkt haben, wie wir regungslos nebeneinander am Tisch saßen, keine Miene verzogen, praktisch unhörbar durch die Nasen atmeten und so, alles in allem, den Eindruck mordbereiter Wachsfiguren vermittelten. Vor uns auf dem Tisch stand Rosella. Mit ihrer gutmütigen Schnauze, dem fehlenden linken Ohr und den großen Augen war sie der einzig neutrale Blickfang, der sich dem verwirrten Beamten während der Befragung bot, doch selbst dieses harmlose Sparschwein starrte er an, als erwartete er, dass jeden Moment Reißzähne aus dem rosigen Porzellan wuchsen.

Als Assmann Visible schließlich verließ, glich das einer Flucht; er schwankte und stolperte die Auffahrt hinunter
und verschwand im rostroten Sonnenuntergang wie ein einsamer betrunkener Sheriff in einem alten Technicolorfilm. Von seinem Tee hatte er keinen Schluck getrunken. Ich erzählte Dianne nie, dass ich Wochen später, auf der Suche nach Flickzeug für mein Fahrrad, eine Sprühdose mit giftgrünem Deckel im Holzschuppen hinter dem Haus fand, aber ich war mächtig stolz auf sie.

Was Irene anging, so fiel sie, einer verqueren männlichen Logik folgend, die das Opfer kurzerhand zur Täterin erhob, in Ungnade, und damit wurde sie zu einem Fall für Glass. Früher oder später wurde jede unglückliche Frau aus der Stadt oder der näheren Umgebung, die sich keinen teuren Psychiater oder billigen Liebhaber leisten konnte, ein Fall für Glass.

»Ist wie eine Lebensversicherung, Darling«, hat Glass mir einmal erklärt. »Solange sie Angst davor haben, ich könnte ihre kleinen Geheimnisse ausplaudern, fressen mir die Jenseitigen aus der Hand.«

Sie nennt die Bewohner der Stadt die Jenseitigen, weil sie auf der gegenüberliegenden Seite des Flusses leben. Für mich sind sie die Kleinen Leute – eine Bezeichnung, die noch aus meinen Kindertagen stammt, als ich mir Menschen, die mich ängstigten, als winzige, leblose Puppen vorzustellen pflegte.

Wir haben nie ein gutes Verhältnis zu den Kleinen Leuten gehabt. Wer nicht aus einer der alteingesessenen Familien stammt, wird von den Stadtbewohnern mit einem Misstrauen behandelt, das Generationen überdauern kann. Glass jedoch hatte von jeher gegen mehr als bloßes Misstrauen anzutreten. Nachdem sie damit begonnen hatte, in unregelmäßigen Abständen Männer von außerhalb nach Visible mitzubringen, und weil sie aus ihren rasch wechselnden Liebschaften keinen Hehl machte, schlug ihr von allen Seiten offene Abneigung entgegen. Sie erhielt hässliche Briefe und obszöne Anrufe. Einmal wurde ihr, als sie zum Einkaufen in die Stadt gefahren war, der Lack ihres Wagens zerkratzt. Sie hatte sich nur für zehn Minuten in einem Laden aufgehalten; als sie wieder herauskam, war in die Fahrertür, groß und gut lesbar, das Wort *Huhre* geritzt worden. Glass klebte ein Pappschild unter die Kratzspuren, auf dem in dicken schwarzen Lettern stand: *Hure schreibt sich mit nur einem H*, und fuhr damit eine Stunde lang durch jede Straße der Stadt, den rechten Fuß hart auf dem Gaspedal, laut hupend, Mord in den Augen. Erst später, als der Kreis sich schloss – als Glass damit begann, die Lebensweisheiten, die sie zu einem guten Teil ihren Männergeschichten verdankte, ihren vom Schicksal oder von jähzornigen Ehemännern gebeutelten Kundinnen zu verkaufen –, wurde ihr eine Art zähneknirschender Toleranz zuteil. Die Anrufe und Briefe wurden weniger, schließlich blieben sie ganz aus. Doch nach wie vor wäre es niemandem eingefallen, sie in den Vorbereitungsausschuss des alljährlich mit großem Tamtam begangenen Stadtfestes zu berufen oder ihr einen Posten als Vorsitzende im örtlichen Rosenzüchterverein anzubieten.

Dianne und ich blieben von Anfeindungen lange verschont. Für die Jenseitigen waren wir bedauernswerte kleine Geschöpfe, die das Pech gehabt hatten, von einer zu jungen, völlig verantwortungslosen Mutter in die Welt gesetzt worden zu sein. Aber wir gehörten nicht in ihre Welt – nicht weil wir nicht bewusst dazugehören wollten, sondern weil wir fühlten, dass wir anders waren. Ich hätte nicht einmal sagen können, woran das lag, ob an angeborener Arroganz, anerzogener Abneigung, einer tief verborgenen Unsicherheit oder an einer Kombination all dieser Dinge. Tatsache war, dass wir uns von den Kleinen Leuten, alt wie jung, wie durch eine gläserne Mauer getrennt fühlten, durch die wir die Stadtbewohner vermutlich mit der Akribie von Ameisenforschern studiert hätten, wenn wir nur je die dazu notwendige Geduld aufgebracht hätten. Wie die Sache lag, wurden sie uns jedoch schlichtweg egal.

Umgekehrt war das nicht der Fall. Unsere Altersgenossen fürchteten sich vor Dianne und mir, und wie jede durch nichts zu begründende Angst, so bot auch diese einen fruchtbaren Nährboden für Aberglauben. In den Schulpausen flüsterten unsere Mitschüler einander zu, ein Blick von mir könne jedermann in Stein verwandeln, ein einziges Wort Diannes ließe Haare in Flammen aufgehen oder eine flüchtige Berührung unserer Hände könne sie ihrer kleinen Stimmen berauben. Dennoch gingen die Kinder nie so weit, uns tätlich anzugreifen – das geschah nur ein einziges Mal, bei der Schlacht am Großen Auge, wo Dianne dafür sorgte, dass ihnen die Lust auf weitere Kämpfe für alle Zeiten verging –, aber sie verhöhnten uns mit Schimpfworten, die genauso schmerzten wie Schläge. Schließlich klappten wir zu wie Muscheln, die ihre Perlen vor räuberischen Händen schützen.

»Kinder sind Wachs in den Händen der Welt«, sagte Tereza, als ich ihr davon berichtete. »Offene Bücher mit leeren Seiten, die von uns Erwachsenen beschrieben werden. Was in den ersten Kapiteln steht, kriegst du den Rest deines Lebens nicht mehr aus der Wäsche.«

Ich wusste, dass sie Recht hatte, denn ich sah, wie die Bücher beschrieben wurden. Es gab Mitschüler, die jeden Morgen von ihren Müttern zur Schule gebracht und zur Mittagszeit wieder von ihnen abgeholt wurden. Es waren diese Mütter, die Dianne und mich musterten, um dann ihren Kindern fantastische Dinge über uns in die Ohren zu flüstern, und anschließend warfen uns die Kinder mitleidige oder befremdete Blicke zu, wenn wir mit unseren schäbigen Schultaschen, mal ohne Schirm und Gummistiefel, durchnässt von Regen, dann wieder ohne wärmenden Mantel oder Handschuhe, durchgefroren von eisiger Winterkälte, morgens in der Schule ankamen. In den Augen der Mütter wie in denen der Kinder musste Glass eine Rabenmutter sein, unter deren Gleichgültigkeit Dianne und ich schrecklich zu leiden hatten. Niemand schien auf die Idee zu kommen, dass Glass uns Freiräume ließ, nach denen wir beide lautstark, manchmal unter Protest und Tränen, verlangten. Wenn wir weder Mantel noch Mütze oder Handschuhe trugen, dann deshalb, weil wir uns in die Köpfe gesetzt hatten, den Winter herauszufordern. Dass Schnee und Kälte aus diesem ungleichen Kampf als Sieger hervorgingen, war zweitrangig; wichtig war nur, dass wir den Elementen getrotzt hatten. Und Wärme holten wir uns abends, wenn wir, in Decken gewickelt, mit Glass im zugigen Kaminzimmer von Visible auf dem zerschlissenen Sofa saßen, aneinandergekuschelt, die Füße versteckt in dicken Wollsocken, der hohe, kahle Raum erleuchtet von flackernden Kerzen und dem offenen Feuer. Dort schrieb

Glass in uns: *Seid stark und wehrt euch. Wer euch verletzt, dem tut doppelt weh oder geht aus dem Weg, aber lasst euch niemals vorschreiben, wie ihr zu leben habt. Ich liebe euch, wie ihr seid.*

Sie gab uns das Gefühl, einmalig und einzigartig zu sein, und die Idee, andere Kinder um ihre sie behütenden, flüsternden Mütter zu beneiden, kam mir nie. Worum ich sie jedoch heftig beneidete, waren ihre Väter. Es war nicht etwa so, dass ich mich durch Glass nicht ausreichend beschützt fühlte, auch wenn es einiger Jahre bedurfte, bis Dianne und ich gelernt hatten, den Kleinen Leuten mit der gleichen Dickfelligkeit zu begegnen wie unsere Mutter. Nein, was ich wollte, war eine Art zweite Instanz, ein nach außen gekehrtes, greifbares Abbild der Willenskraft und der Standhaftigkeit, die Glass innewohnten. Glass mochte das Schiff unseres Lebens steuern, aber sie konnte unmöglich, so bildete ich mir wenigstens ein, auch gleichzeitig die Segel halten. Da ein Vater, der sich dazu bereit erklärte, diese Aufgabe zu übernehmen, weit und breit nicht aufzutreiben war und Glass auch keinerlei Anstalten machte, einen ihrer Liebhaber dafür zu verpflichten, suchte ich einen Ersatz. Ich fand ihn in Gable.

Gable ist der einzige Verwandte, von dem Glass widerstandslos erzählt und den ich je zu Gesicht bekommen habe. Er entstammt einer entfernten Seitenlinie der Familie, vor der er schon als Jugendlicher davonlief – ein rebellisches schwarzes Schaf, dem, genau wie Stella, der Blick auf die Welt nie weit genug sein konnte. Mit sechzehn Jahren heuerte Gable im nächstgelegenen Hafen auf dem erstbesten Schiff an und begründete so, ohne es zu wissen, die später von Glass fortgeführte Tradition, vor auftretenden Problemen sein Heil in der Flucht über das offene Meer zu suchen.

»Er ist Seefahrer, Darling.«

»Ist das so was wie ein Pirat?«

»Pirat, Handelsfahrer, Schmuggler, Fischer, Freibeuter ... Er ist ein bisschen was von allem.«

Ein Seefahrer also. Gables Äußeres liefert keinerlei Hinweis darauf, dass er den größten Teil seines Lebens auf dem Meer verbracht hat. In seinem grobflächigen Gesicht sucht man vergebens nach Spuren, die ein solches Dasein angeblich in den Zügen eines Seefahrers hinterlässt: Wetterhärte und gegerbte Haut, dunkle Bräune, tief eingegrabene Falten. Sein stämmiger Körper gleicht dem eines durchtrainierten, muskelbepackten Athleten, hat aber nicht die manchmal damit einhergehende Schwerfälligkeit, und seine kräftigen Hände sind trotz schwerer Arbeit ohne jede Spur von Hornhaut. Als einzige äußerliche Besonderheit fällt eine Narbe auf, die seinen linken Oberarm entstellt und deren Anblick mich als Kind mit Angst erfüllt hat. Die Narbe ist tief und groß, sie kriecht als verwuchertes Gewebe rosig auf der darunterliegenden Haut. Früher kam es mir oft so vor, als wäre sie auf ihre eigene Art lebendig, denn von Mal zu Mal, da Gable uns besuchte, schien sich ihre Form ein wenig verändert zu haben, als wäre sie eine Amöbe, die ihre Pseudopodien mal in diese, dann in jene Richtung ausstreckte und dabei millimeterweise wuchs.

Es ist nicht ungewöhnlich, dass Gable zwei- oder dreimal im Jahr in Visible auftaucht, oft genug unangemeldet. Er ist ziemlich genau zehn Jahre älter als Glass, deshalb nehme ich an, dass er in ihr so etwas wie eine kleine Schwester sieht, um die man sich hin und wieder kümmern muss. Glass macht das rasend. Gables regelmäßige Angebote, ihr Geld zu geben, lehnt sie ebenso regelmäßig ab. Von Glass weiß ich auch, dass Gable verheiratet gewesen ist und für kurze Zeit mit seiner Frau irgendwo an der Westküste

Amerikas gelebt hat. Irgendwann wurde beides aufgelöst, Ehe und fester Wohnsitz. Der Name der Frau ist Alexa, sie hat Gable etwa zu der Zeit verlassen, als Dianne und ich auf der anderen Seite der Welt geboren wurden. Alexa warf Gable seine Rastlosigkeit vor – das Meer zog ihn an wie der Vollmond heulende Hunde – und, schlimmer noch, dass er gefühlsmäßig einem Eisklotz glich. Vielleicht wären die Dinge zwischen den beiden anders gelaufen, wenn Alexa ihren Mann auf seinen Fahrten begleitet hätte.

Wann immer Gable uns besucht, bringt er Geschenke mit. Als ich noch ein kleiner Junge war, versetzten mich diese Mitbringsel zuerst in heillose Aufregung und dann in regelrechtes Entzücken, denn sie entstammten der See. Zu jedem Geschenk nannte Gable die beinahe unaussprechlichen Namen ferner Strände und Inseln; es waren Namen, die wie matt schimmernde Perlen über meine Zunge rollten, wenn ich sie wiederholte: *Tongatapu* – eine schwarze, geheimnisvoll glänzende, fächerartige Koralle. *Semisopochnoi* – ausgetrocknete Seepferdchen mit braunen, festen kleinen Leibern. *Kiritimati* – ein von uralten Muscheln überkrustetes Stück Treibholz. Einmal war es die gigantische Schere eines Krebses, leuchtend rot, wie mit Feuertropfen besprenkelt: *Nomoneas*.

Dianne lehnte die Annahme dieser Kostbarkeiten kategorisch ab. Sie konnte mit Gable nichts anfangen. Früher sah ich sie nie näher als bis auf drei Meter an ihn herantreten, es war, als umgebe ihn ein unsichtbares Kraftfeld, dessen Grenzen sie nicht überschreiten wolle. Andererseits teilte Dianne mit Gable eine merkwürdige Form von Verschlossenheit – beide konnten sich unvermittelt aus einem Gespräch ausblenden und ganz in sich selbst versinken, was mich schrecklich irritierte –, aber natürlich war es genau diese Verschlossenheit, die meine Schwester und

Gable daran hinderte, aufeinander zuzugehen. Dianne blühte wieder auf, sobald Gable uns verlassen hatte, und mehr als einmal stritten wir uns dann um die von ihm zurückgelassenen Schätze, für die sie bis zu seiner Abreise Desinteresse geheuchelt hatte, die sie nun aber für sich beanspruchte.

Bei jedem seiner Besuche wird Gable nicht müde zu beteuern, dies sei das letzte Mal, dass er an Land gegangen sei, wo er sich unwohl fühle und nicht zurechtfinde. Als Kind beneidete ich ihn um sein Erwachsensein. Sein Zuhause waren die Meere und Ozeane. Er orientierte sich an den Sternen und an der Art, wie die Wellen sich unter einem Wind kräuseln, der nur an einer bestimmten Stelle der Welt weht, an fremden Gerüchen und an den wechselnden Farben des Wassers: aufleuchtendes Blau und Türkis, die nahes Land versprechen; ein Schimmern wie von schwarzgrüner Tinte, wo unterseeische Gebirge in nicht auszulotende Tiefen abfallen.

»Nimmst du mich mit?«, bettelte ich regelmäßig.

»Irgendwann, Phil. Wenn Glass es erlaubt.«

Glass hat Dianne und mich zweisprachig aufgezogen, doch mit Gable musste ich nicht englisch reden. Er beherrscht mehr Sprachen, als es Weltmeere gibt, und tief wie ein Ozean war auch seine Stimme.

Abends nahm ich Paleiko mit in mein Bett. Unmittelbar nachdem Tereza mir den Puppenmann aus schwarzem Porzellan geschenkt hatte, war ihr Versprechen in Erfüllung gegangen: Er sprach mit mir. Allerdings hatte Tereza mich nicht davor gewarnt, dass Paleiko ohne Unterlass reden konnte, zu allem eine Meinung hatte und mich mit gutgemeinten Ratschlägen bombardieren würde, die oft genauso unverständlich waren wie die Antworten auf an ihn gerichtete Fragen.

»Wann erlaubt mir Glass, mit Gable zu fahren?«, flüsterte ich. In Paleikos Stirn war ein rosiger Stein eingebettet, ein kleiner Kristallsplitter. Ich glaubte ihn aufleuchten zu sehen, als der porzellankalte Puppenmann antwortete: »Wenn du so weit bist, mein kleiner weißer Freund. Wenn du so weit bist.«

Ich erkor Gable zu dem Vater, den ich mir immer gewünscht hatte, einem Vater, der mich nicht nur tröstend oder beschützend in die Arme nahm, sondern der noch dazu ein Leben von schillernder Exotik führte und mit dem man Abenteuer bestand, gegen die selbst meine kühnsten Träume verblassten. Besonders versessen war ich auf Gables Erzählungen. Wenn er von seinen Seefahrten berichtete, wurde das Meer für mich lebendig. Dann spürte ich das Schlingern des Schiffes unter den Füßen, fühlte die Sonne meine Haut verbrennen oder wurde von dunklen Stürmen geschüttelt, die so gewaltig waren, dass sie den Himmel zerreißen konnten, als wäre er ein dünnes Seidentuch. Wenn Gable wieder gegangen war, war ich tagelang unglücklich und ruhelos, streichelte die von ihm zurückgelassenen Korallen, leckte mit geschlossenen Augen das Salz von den vertrockneten Seepferdchen und gab mich Tagträumen hin, in denen ich Gable auf seinen Reisen begleitete. Und wann immer ich Glass fragte, wann sie mir endlich die Erlaubnis dazu erteilen würde, lauschte sie für einen Moment in sich hinein, bevor sie antwortete: »Noch nicht.«

Die Schlacht am Großen Auge

Im Sommer verwandelt sich Visibles Küche in die Unterwasserwelt eines Aquariums. Der von außen gegen die Fenster drückende Efeu färbt das einfallende Licht grün, so dass man unwillkürlich tief Luft holt, wenn man den Raum betritt.

Glass steht am Herd, wo sie hektisch mit einer Pfanne herumhantiert. Die Luft riecht nach angebranntem Speck und Rührei. Ich sehe nur ihren Rücken und die nachlässig nach oben gesteckten blonden Haare.

»Was machst du da?«

»Wonach sieht es aus, was meinst du? Erster Schultag nach den Ferien. Ich versuche, eine gute Mutter zu sein.«

»Siebzehn Jahre zu spät.«

»Vielen Dank, Darling.« Sie dreht sich zu mir um. »Kommt Dianne auch frühstücken? Will sie auch Rührei oder was – Müsli?«

»Sie hat noch nie Rührei gegessen.« Ich setze mich an den massiven alten Holztisch, der das Zentrum der Küche einnimmt. »Und auch kein Müsli. Ich hab keine Ahnung, wovon sie sich ernährt, wahrscheinlich von gar nichts.«

»Das kommt vom Fernsehen.« Glass kratzt den Inhalt der Pfanne auf einen Teller. »In den US-Serien wimmelt es nur so von abgemagerten Weibern, die alle unter achtzig Pfund wiegen, und davon fällt noch mindestens die Hälfte auf ihre Silikontitten! Manchmal denke ich, ganz Kalifornien macht Werbung für Magersucht.«

»Glass, *du* siehst dir diese Serien an, nicht Dianne.«

»Dann sollte sie es tun, zur Abschreckung.« Der Teller wird unter meine Nase geschoben. »Ich meine, sie ist *wahnsinnig* dünn, findest du nicht?«

»Wie soll man das beurteilen, bei den Klamotten, die sie trägt.«

Glass nimmt mir gegenüber Platz. Sie selbst frühstückt erst im Büro, zu Hause trinkt sie nur riesige Mengen Tee. »Ich komme heute Abend etwas später heim«, sagt sie über den Rand ihrer Tasse hinweg.

»Mhm ...« Ich stochere in dem Rührei herum, auf der Suche nach einem unverbrannten Streifen Speck. »Wer ist es?«

»Könnte es nicht sein, dass ich einfach mal Überstunden mache?«

»Komm schon, wo hast du ihn kennengelernt?«

Sie grinst. »In der Kanzlei. Er ist einer von Terezas Mandanten. Ein gut aussehendes Betrugsdelikt.« Sie bläst vorsichtig in ihren Tee. Manchmal vergesse ich, dass sie meine Mutter ist, sie ist so jung.

»Betrug? Ist er daran beteiligt oder davon betroffen?«

»Habe ich jemals einen Verbrecher angeschleppt?«

»Ein paar von ihnen sahen aus wie Verbrecher.« Ich bin fündig geworden und spieße ein Stück Speck auf die Gabel. »Was sagt Tereza dazu?«

Tereza ist weit mehr als nur ihre Chefin. Sie ist schlechthin alles für Glass – nachsichtige Beichtmutter und beste Freundin, der Fels in der Brandung, wenn das Leben zu stürmisch wird.

»Sie sagt, der Kerl habe einen schlechten Charakter, weil er seine Schnürsenkel nicht richtig bindet oder so was. Angeblich ein untrügliches Zeichen.« Glass zieht unwillig die Nase kraus. »Wahrscheinlich ist sie nur eifersüchtig.«

»Auf den Typen?« Das Rührei ist völlig versalzen, ich schiebe es an den Tellerrand. »Du spinnst.«

»Alte Liebe rostet nicht, Darling.«

»Eitelkeit anscheinend auch nicht. Du bist längst abgemeldet. Tereza hat Pascal.« Tereza und ihre Freundin leben seit mehr als vier Jahren zusammen.

»Wahrscheinlich hast du Recht.« Glass sieht nachdenklich aus einem der grünleuchtenden Fenster. »Weißt du, du hättest sie sehen müssen, als sie mir damals aus der Patsche half. Mindestens einmal pro Woche stand sie vor der Tür, und immer sah sie irgendwie ... *verweht* aus. Ihre roten Haare waren so zerzaust, weißt du. Und dann die grauen Augen, so herausfordernd – ich war wirklich von ihr beeindruckt. Sie hat sich unendlich um mich bemüht. Anfangs war sie jedes Mal bepackt mit Stapeln von Papieren. Dann kam sie immer häufiger einfach so zu Besuch, zwischendurch. Zu dieser Zeit war sie natürlich schon bis über beide Ohren in mich verliebt.«

Das ist lange her. Ich weiß, dass meine Mutter sich nie auf ein Verhältnis mit Tereza eingelassen hat: Tereza steht nicht auf der Liste. Keine Frau steht auf der Liste.

Glass sieht auf ihre Uhr, stürzt hastig den Rest des Tees hinunter und steht auf. »Ich muss los.«

»Viel Spaß heute Abend.«

»Ganz bestimmt.« Sie streicht ihren Rock glatt, fährt mir mit einer Hand durch die Haare und schwebt aus der Küche. »Aber noch nicht zu viel.«

»Klingt, als wäre es was Ernstes.«

»Ich werde vierunddreißig, Darling«, ruft sie aus dem Flur. »Da macht sich eine Frau Gedanken.«

Ich warte, bis die Haustür zugefallen ist und ich den Motor des Wagens anspringen höre, dann kippe ich den Rest des Frühstücks in den Mülleimer und gehe nach oben, um meine Tasche zu packen.

Als ich an der spaltbreit offen stehenden Tür des Badezimmers vorbeikomme, sehe ich hinein – vorsichtig. Obwohl man Glass weiß Gott nicht unterstellen kann, uns Schamgefühle anerzogen zu haben, mag Dianne es nicht, wenn man sie nackt sieht.

Bewegungslos, mit schlaff herabhängenden Armen, steht meine Schwester unter dem dünnen Wasserstrahl der Dusche, die Augen geschlossen, das glatte braune Haar im Nacken klebend. Glass hat Recht gehabt, Dianne *ist* wahnsinnig dünn. Ich erschrecke über ihre abgemagerte Gestalt, die sie sonst so geschickt unter weiten Kleidern und Pullis zu verbergen weiß. Gleichzeitig finde ich sie wunderschön. Die hervorstehenden Beckenknochen fangen das herablaufende Wasser auf wie eine Schale und leiten es zwischen ihre Beine. Die Brüste sind klein und leuchtend weiß, kaum wahrnehmbar mit Ausnahme der dunklen, winzigen Brustwarzen. Über das linke Schlüsselbein zieht sich, am Hals beginnend und vor dem Schultergelenk endend, eine fingerlange, rote Narbe.

»Denkst du manchmal noch dran?« Dianne hat die Augen geöffnet und sieht mich durch den Vorhang aus Wasser an. »An die Schlacht, und an den Brocken?«

»Manchmal, ja.« Meine Stimme klingt brüchig. Ich fühle mich ertappt. Ich schäme mich dafür, hier zu stehen und heimlich meine Schwester zu beobachten.

»Hau ab, Phil.« Sie hebt eine Hand und legt sie schützend über die flammende Narbe, als sei dies die einzige Blöße, die es zu bedecken gilt. »Mach schon, verpiss dich!«

Die Schlacht am Grossen Auge fand an einem strahlend hellen Sommertag statt, unweit jener Stelle am Fluss, an der Glass drei Jahre zuvor entschieden hatte, dass etwas mit meinen abstehenden Ohren geschehen müsse.

Dianne und ich waren seit Stunden unterwegs, wir hatten die bedrückende Atmosphäre Visibles gegen das offene Land und den freien Himmel eingetauscht. Glass musste längst zu Hause sein, doch bis zum Einbruch der Dunkelheit würde sie uns nicht vermissen. Das Korn auf den Feldern stand hoch und gelb, der süße Duft frisch gemähten Heus wurde überlagert von den leicht modrigen, nach vertrocknenden Algen riechenden Ausdünstungen des nahen Flusses.

»Am Großen Auge«, sagte Dianne, »gibt es Forellen.«

»Und? Das weiß doch jeder.«

Das Große Auge lag etwa einen Kilometer flussabwärts von Visible. Der Name klang imposant, dabei bezeichneten wir damit nicht mehr als das Austrittsrohr eines vor langer Zeit begradigten, unterirdisch verlaufenden Baches, das noch dazu eher einem weit aufgerissenen runden Mund als einem Auge glich.

»Wir könnten eine fangen.«

»Womit denn? Etwa damit?« Ich zeigte auf den Bogen aus poliertem Holz, den Dianne trug, und auf den dazugehörigen Pfeil, den einzigen, den sie besaß – ein glatter Zweig mit scharf zulaufender Spitze ohne Widerhaken.

»Ich kann damit schießen«, sagte sie beleidigt. »Ich hab geübt.«

Der Bogen war das Geschenk eines Mannes namens Kyle, den

Glass im Frühsommer mitgebracht hatte. Sein kantiges, von tiefblauen Augen beherrschtes Gesicht war mir unvergesslich geblieben, weil Kyle mehr für Dianne und mich übriggehabt hatte als das kurze, unverbindliche Streicheln über die Haare, mit dem die meisten Liebhaber unserer Mutter von uns Notiz nahmen. Außerdem war er Engländer; Glass hatte etwas davon gemurmelt, er sei Angehöriger der britischen Alliierten und aus der Armee desertiert. Wir fanden das wildromantisch.

Kyle kam mit einem olivgrünen Rucksack und blieb fast vier Wochen in Visible. Lange genug für Dianne und mich, um uns an ihn zu gewöhnen; zu lange für Glass, die schließlich die Notbremse zog. Sie hatte kein Interesse an einer dauerhaften Beziehung.

Eines Abends, Glass war noch nicht von der Arbeit zurück, saßen wir auf der Veranda, Kyle in einem von der Sonne ausgebleichten Korbstuhl, Dianne und ich zu seinen Füßen. Die Luft war frisch und erfüllt vom Zirpen erster, schüchterner Grillen. Kyle hatte einen Ast aus einer Esche hinter dem Haus geschlagen, über dessen Rinde er jetzt die Klinge seines Armeemessers gleiten ließ. Er besaß auffallend schöne Hände mit langen, kräftigen Fingern.

»Eschenholz«, sagte Kyle, »ist etwas, das hält. Das hat dieses Haus bitter nötig – das Haus, ihr, eure Mutter.« Zu seinen Füßen begann sich ein Häufchen feiner, nassgrüner Späne zu sammeln. »Stabilität, versteht ihr? Etwas, das hält.«

Ich schenkte seinen Worten kaum Beachtung. Ich verfolgte den Flug der Rindenspäne und die Bewegungen der schlanken Finger, die das Messer führten wie ein sensibles chirurgisches Instrument.

»Etwas, das hält«, wiederholte Dianne ernst.

Kyle nickte und arbeitete wortlos weiter. Schließlich rieb er den nackten Ast mit einem Stück Tuch sorgfältig trocken, ritzte ihn am oberen und unteren Ende rundum ein und spannte ihn mit einer dünnen, ledrigen Sehne, die er aus seinem schier unerschöpflichen Rucksack kramte. »Wer will ihn haben?«, fragte er. »Phil?«

Ich schüttelte den Kopf.

»Dianne?«

Sie nickte und nahm den Bogen andächtig entgegen. Ihre großen Augen leuchteten voller Bewunderung sowohl für die Waffe als auch für den Mann, der sie geschaffen hatte. »Morgen«, versprach Kyle, »schnitze ich dir dazu den passenden Pfeil.«

Zu Diannes übergroßer Enttäuschung kam er nicht mehr dazu, sein Versprechen einzulösen. In der folgenden Nacht hörten wir Glass und Kyle lautstark streiten, Türen schlugen wütend auf und wieder zu. Am Morgen darauf waren der Bogenmacher mit den schönen Händen und sein grüner Rucksack verschwunden. Kyle hatte jedoch ein Abschiedsgeschenk zurückgelassen – sein Armeemesser –, und in den nächsten Tagen war von Dianne nicht viel zu sehen. Sie hatte sich auf die Suche nach einem würdigen Pfeil für ihren Bogen begeben, und irgendwann wurde sie fündig.

»Wo hast du geübt?«, fragte ich sie jetzt.

Sie machte eine weit ausholende Bewegung mit dem Arm. »Im Wald.«

Wir hielten uns dicht an den Rand des Flusses, wo der Boden weich war und so dicht und verschlungen bewachsen wie ein Urwald. Die erhitzte Luft war lebendig von herumschwirrenden Insekten. Noch vor einem Jahr, schoss es mir durch den Kopf, hätte Dianne nur die Hand ausstrecken müssen, damit Käfer und

Schmetterlinge sich friedlich darauf niederließen. Sie hatte eine fast unheimliche Anziehungskraft auf alle möglichen Tiere ausgeübt, bis Glass ihr Einhalt gebot, in einer Nacht, an die ich nur ungern zurückdachte. An Diannes Liebe zu Pflanzen hatte das allerdings nichts ändern können.

Dianne benutzte ihren Bogen dazu, uns eine Bresche in die widerspenstigen Gewächse zu schlagen und Durchlass zu verschaffen. »Mädesüß, Baldrian, Beinwell«, zählte sie die Namen der würzig duftenden Pflanzen auf, die Tereza uns während ausgedehnter Spaziergänge beigebracht hatte, »Springkraut, Pestwurz – *Petasites hybrides*, aber nur noch die Blätter.«

Eine Viertelstunde lang kämpften wir uns durch das Gestrüpp. Dann starrte uns von der gegenüberliegenden, nur fünf Meter entfernten Uferseite aus seiner tiefschwarzen Höhle heraus das Große Auge an. Über dem Fluss ragte das Rohr in Mannshöhe aus der Mitte eines spärlich bewachsenen, sandigen Hügels. Der Hügel war künstlich angelegt, er diente dem einzigen Zweck, das Rohr zu tragen, aus dem im Frühjahr Schmelzwasser schoss wie Lava aus einem Vulkan. Jetzt, im Sommer, war der Bach zu kaum mehr als einem Rinnsal geschrumpft, das lustlos in den Fluss plätscherte.

»Wir müssen zur anderen Seite.«

Wir ließen Schuhe und Strümpfe am Ufer zurück und wateten, die Füße bis zu den Waden im klaren Wasser, auf das Große Auge zu. Auf dem Grund huschten von Zeit zu Zeit einzelne Elritzen unter flachen Steinen hervor. Je näher wir dem kraterförmigen Trichter kamen, den der aus dem Rohr fallende Bach in das Flussbett gegraben hatte, desto tiefer wurde das Wasser. Bald reichte es uns bis über die Knie und leckte am Saum von Diannes dünnem weißem Sommerkleid.

Sie hob eine Hand. »Nicht weitergehen!«

Vorsichtig trat ich neben sie an den Rand des Trichters. »Da ist eine«, flüsterte ich. »Eine große!«

Wie schwerelos schwebte der dunkle Fisch in halber Höhe der feinkiesigen Mulde. Er wedelte träge mit der Schwanzflosse. Von Zeit zu Zeit kippte er kurz auf die Seite, seine Schuppen fingen dann das Sonnenlicht und glänzten in rosigem Silber.

»Eine Regenbogenforelle!«

Dianne nickte nur, sie ließ den Fisch keine Sekunde aus den Augen. Konzentriert richtete sie den Bogen aus, den Pfeil auf der Sehne.

»Triffst du sie?«

»Genau in der Mitte. Beweg dich nicht.«

Sie hatte von Physik genauso wenig Ahnung wie ich; sie wusste nicht, dass Wasser das Licht bricht. Der Pfeil schnellte geräuschlos von der Sehne und verfehlte sein Ziel um mehrere Zentimeter. Er riss eine Spur kleiner Luftblasen mit sich unter die Wasseroberfläche, sie wirbelten wild umeinander, als der Fisch mit einem letzten rosigen Schimmern davonblitzte.

»Mist!«, zischte Dianne.

»Ich dachte, du hättest geübt.«

Ein gutes Stück von uns entfernt tauchte der Pfeil wieder auf. Er kreiselte kurz auf der Wasseroberfläche, bevor die Strömung ihn ergriff und langsam davontrug. »Ich hab nur den einen. Ich hol ihn mir wieder.«

Weiter flussabwärts wurde das Wasser flacher, dort befand sich eine breite Furt, ausgelegt mit Kopfsteinen, über die in früheren Zeiten Pferdefuhrwerke gepoltert waren. Unmittelbar hinter der Furt knickte der Fluss nach links ab; die ihn säumenden Schwarzerlen und hohes, in dichten Büscheln stehendes Schilf verbargen seinen weiteren Verlauf.

Ich folgte Dianne bis zu der Furt, über die der Pfeil bereits fröhlich hinweggetippert war. Dahinter wurde das Wasser wieder tiefer, der Untergrund steiniger. Ich blieb stehen und sah lachend zu, wie sie mit gerafftem Kleid, den Bogen in einer Hand, durch den Fluss platschte und an Metern aufholte. Sie hatte die Biegung noch nicht erreicht, als eine schrille Stimme über das Wasser schallte.

»Da sind die Bälger von der Dreckfotze!«

Mein Kopf flog in den Nacken, erschreckt drehte ich mich um. Auf dem Hügel über dem Großen Auge standen mehrere Kinder. Sechs mochten es sein oder auch sieben, es war schwer auszumachen, da sie die Sonne im Rücken hatten und ihre Gestalten im Gegenlicht miteinander verschmolzen. Unverkennbar war jedoch, wer sie anführte. Es war der Brocken. Er stand etwas abseits, er hielt die dicken Hände auf die Hüften gestützt, und er versprühte Aggressivität wie eine abbrennende Wunderkerze Funken.

Jeder kannte den Brocken. In der Schule fiel er unangenehm auf, nicht nur wegen seiner hohen Stimme, die in krassem Gegensatz zu seiner auffälligen Körperfülle und Stärke stand, sondern vor allem, weil er ein brutaler Schläger war, von allen gefürchtet, denen er die Gunst versagte, sich zu seinen Freunden zu zählen. Weder Dianne noch ich gehörten zu seinen Freunden. Bis jetzt hatte ich mir eingebildet, auch nicht zu seinen Feinden zu gehören.

»Dianne?«, flüsterte ich. Sie musste die Kinder gesehen, den Brocken gehört haben. Doch sie war nicht mehr da, sie war hinter der Flussbiegung verschwunden.

Fortgelaufen, dachte ich. Meine Beine waren wie gelähmt, meine Füße wie festgefroren in dem plötzlich eisig kalten Wasser. Die Phalanx der Kinder fächerte sich auf, jetzt konnte ich sie zählen. Den Brocken eingeschlossen waren es sieben. Einige von ihnen kannte ich vom Sehen.

»Das Mädchen ist abgehauen!«

»Die kriegen wir schon noch.«

Sie ließen dem Brocken den Vortritt. Er war der Führer des Rudels, er durfte die Beute schlagen; die anderen würden sich mit den kläglichen Resten zufriedengeben. Behände glitt der Brocken den sandigen Hügel herab. Dann verlangsamte er das Tempo, beinahe gemächlichen Schrittes durchquerte er die Furt und kam auf mich zu. Er war einen Kopf größer als ich; als er endlich vor mir stand, musste ich zu ihm aufsehen.

»Deine Mutter ist eine Dreckfotze, weißt du das?«

Wenn er leise sprach, klang seine Stimme weniger schrill. Ich bemerkte, dass einem seiner Schneidezähne eine winzige Ecke fehlte. Seine Nase sprenkelten kleine Sommersprossen.

»Sag es: Meine Mutter ist eine Dreckfotze.«

Ich schüttelte den Kopf. Er würde mich ohnehin verprügeln, und er würde nicht fair kämpfen. Ich würde Schläge beziehen, wie ich sie in meinen schlimmsten Träumen nicht erwartet hätte. Der Brocken würde mich umbringen, und ich würde mich nicht wehren, aus der verrückten Angst heraus, ihm wehzutun. Doch all diese Schrecken zusammengenommen konnten den Gedanken nicht aufwiegen, dass meine Schwester mich im Stich gelassen hatte und davongelaufen war.

»Los, mach schon!« Er versetzte meiner Schulter einen ungeduldigen Schubs. »Sag es: Meine Mutter –«

Die anderen Kinder, zwei Mädchen und vier Jungen, hatten sich inzwischen am Ufer versammelt. Kleine Leute, grinsende Richter, die auf die Vollstreckung eines Urteils warteten. Plötzlich stieg blinde Wut in mir auf.

»Okay.« Ich holte tief Luft und sah dem Brocken direkt ins Gesicht. »Deine Mutter ist eine Dreckfotze.«

Was auch immer das war.

Hinter dem angebrochenen Zahn entstand ein empörtes Schnalzen. Mit unerwarteter Schnelligkeit wurde ein Arm um meinen Hals gelegt und zugedrückt. Eine Faust versank in meinem Magen, einmal, zweimal. Der Schmerz und die ihm folgende Übelkeit waren weniger schlimm als das panische Gefühl, keine Luft mehr zu bekommen. Ich röchelte. Der Brocken zwang mich in die Knie und verdrehte dabei meinen Kopf, die Welt vertauschte oben und unten: Dicht über mir funkelte das Wasser des Flusses, unter mir flirrte Licht, dazwischen verschwamm das dunkle Grün der Bäume.

Zwischen den Bäumen stand Dianne.

Sie war auf der gegenüberliegenden Uferseite aufgetaucht, fünf Meter von uns entfernt. Eine Brise fuhr durch das Laub in den Bäumen. Dianne stand völlig regungslos, den Kopf leicht erhoben, das Gesicht im Wind, als nehme sie Witterung auf. Sie hatte ihren Pfeil wiedergefunden. Er spannte die Sehne des Bogens, und seine Spitze war auf den Brocken gerichtet.

»Lass sofort meinen Bruder los!«

Ich konnte das Gesicht des Brockens nicht sehen, aber ich bekam seine Antwort zu spüren. Der Schraubstock wurde noch fester zugedreht. Ich zappelte schwach, vor meinen Augen waberte purpurner Nebel. Ich wünschte mir, Dianne würde sich beeilen. Ich wünschte mir, sie würde den Brocken töten.

»Warum sollte ich ihn loslassen?«, schrillte er.

»Weil ich sonst schieße.«

»Und wenn du deinen Bruder triffst?«

Dianne überraschte sowohl ihn als auch mich. Vielleicht hatte sie keine Lust dazu, sich auf ein Pingpongspiel von drohenden Fragen und herausfordernden Antworten einzulassen; oder vielleicht war sie der Meinung, eine einzige Warnung müsse ausreichen, um deutlich zu machen, dass sie es ernst meinte.

Etwas sirrte. Ich hörte ein erschrecktes Aufstöhnen und fühlte, wie der Klammergriff um meinen Hals sich lockerte. Luft schoss pfeifend in meine brennenden Lungen, ich stolperte zur Seite, und als der Nebel vor meinem Blick sich lichtete, fiel mein Blick auf den Brocken. Von seinen Fingern tropfte es rot ins Wasser. Ungläubig starrte er den Pfeil an, der in seinem lahm herabhängenden linken Arm steckte, als erwartete er, dass ein Marionettenspieler einen Faden daran knote und ihn in Bewegung versetze.

Plötzlich stand Dianne neben mir und drückte mir einen Stein in die Hand. Er war nass. »Hier«, sagte sie ruhig.

Als hätte sie damit das Signal zum Angriff gegeben, stürmten die übrigen Kinder schreiend auf uns zu. Der Stein setzte den ersten Angreifer sofort außer Gefecht. Ich sah sein erstauntes Gesicht, als ich ihm damit gegen die Schläfe schlug, dann ging die Welt unter in Kreischen und Kratzen, Schlagen, Boxen und Treten. Ich hatte keine Angst mehr davor, im Gegenteil, ich *wollte* den Kindern wehtun, und so schlug ich blind um mich, von einem berauschenden, brausenden Schwindelgefühl erfasst. Wann immer ich auf Widerstand traf, stieß ich einen triumphierenden Schrei aus. Dianne tat es mir gleich, sie fauchte wie eine Wildkatze und schlug dabei mit ihrem Bogen nach links und rechts. Erst als meine Fäuste mehrmals hintereinander nur noch ins Leere getroffen hatten, bemerkte ich, dass unsere Angreifer sich zurückgezogen hatten. Nachdem ich tief Luft geholt hatte, sah ich, warum.

Einer der Jungen, ein Kerl mit stoppeligen roten Haaren und grünen, fast wimpernlosen Augen, hielt plötzlich ein aufgeklapptes Taschenmesser in der Hand. Ich konnte nicht glauben, dass er es tatsächlich benutzen wollte – seine ganze Körperhaltung, vor allem aber sein wie vor sich selbst erschreckter Blick sprachen dagegen, beides drückte Zögern und Umkehr aus. Doch etwas in ihm hatte den Stich längst ausgeführt. Wie eine einmal in Gang gesetzte Maschine, die sich nicht mehr abstellen lässt, machte er zwei unerwartet schnelle, tänzelnde Schritte in Diannes Richtung.

»Nicht!«, rief ich.

Das Messer zuckte. Unmittelbar neben dem Träger von Diannes Kleid bohrte sich die funkelnde, fünf oder sechs Zentimeter lange Klinge bis zum Heft in ihre Schulter. Es gab ein hässliches kurzes Geräusch, als steche man mit einer Gabel in eine zu hart gekochte Kartoffel.

»Scheiße!«, hörte ich jemanden keuchen. Der stoppelhaarige Junge trat zurück. Er hob hilflos beide Hände.

Diannes Augen verengten sich. Auf ihrer Stirn erschien eine steile Falte, als suche sie die Antwort auf eine besonders schwierige Frage. Ihre rechte Hand hielt noch immer den Bogen, die linke tastete erstaunt nach der verletzten Schulter. Die Finger schlossen sich um den Griff des darin feststeckenden Messers.

»Dianne«, flüsterte ich, denn ich sah, dass sie die Hand in einem falschen Winkel hielt, aber meine Warnung kam zu spät. Sie riss sich das Messer aus der Schulter, nicht der Richtung folgend, in der es eingedrungen war, sondern von der Seite her, bis dicht zum Hals hin. Ihr Fleisch klaffte auseinander wie ein aufplatzender Granatapfel, der seine hellroten Kerne ausspuckt.

Dianne öffnete die Hand und ließ das Taschenmesser in den Fluss fallen. »Das tut nicht weh, Phil«, sagte sie.

»Die ist ...«

»Ohhh ...«

»Weg hier!«

Die unerwartete Verletzung des Brockens hatte die Kinder angezogen wie ein mächtiger Magnet; Diannes blutende Wunde stieß sie mit derselben Kraft wieder ab. Aufgeregte Schreie ertönten, Wasser spritzte auf, wirbelnder Sand und Staub stoben in die Luft. Dann hetzten die Kinder, den willenlosen Brocken an seinem gesunden Arm hinter sich herziehend, über den Hügel. Innerhalb von Sekunden war der Spuk vorüber, die Geister waren verjagt.

Dianne sah zum Hügel hinauf, auf dessen Spitze das grelle Sonnenlicht unsere Angreifer verschluckt hatte. »Ich brauche einen neuen Pfeil«, sagte sie. »Er hat ihn mitgenommen. Er gehört mir.«

»Du blutest, Dianne! Wir müssen nach Hause.«

»Weißt du was, Phil?«

»Dianne, wir –«

»Nächstes Mal nehme ich *mein* Messer mit.«

Sie sprach leise. Sie war sehr blass. Ihr Kleid sah aus, als wäre über die ganze Vorderseite Erdbeersoße geschüttet worden. Bis wir Visible erreicht hatten, konnte sie kaum noch laufen. Ich stützte sie und beschmierte mich dabei mit ihrem Blut. Unentwegt flüsterte ich sinnloses Zeug, Worte der Beruhigung, mehr für mich bestimmt als für sie. Dianne stolperte auf die Verandatreppen zu, auf der untersten Stufe sackte sie in sich zusammen und blieb dort sitzen. Ich hatte schon während der letzten Meter begonnen, nach Glass zu schreien. Als sie aus dem Haus gestürmt kam, erfasste sie die Situation mit einem Blick.

Ich ruderte hilflos mit den Armen. »Wir sind –«

»Erzähl es mir später. Dianne, steh auf, sofort ins Auto, mach schon – Phil, Phil, komm her.« Sie zerrte mir mein T-Shirt über den Kopf. »Drück ihr das auf die Wunde und lass nicht los, bis wir beim Arzt angekommen sind.«

Glass gab sich alle Mühe, die Fassung zu bewahren, doch ich spürte ihre unterdrückte Panik; sie sprang auf mich über wie eine bösartige, ansteckende Krankheit. Der Wagen schoss durch den Wald und über die Brücke in die Stadt. Obwohl das T-Shirt unter meiner Hand trocken blieb, wagte ich nicht, es anzuheben. *Nur weil sie mir helfen wollte,* dachte ich und hoffte dabei, dass Dianne, die unbeteiligt geradeaus blickte, nicht auf die Idee käme, die Augen zu schließen, denn dann würde sie vielleicht sterben ... nein, dann würde sie *ganz bestimmt* sterben! Auf meine nackte Brust tropften Tränen, sie kullerten den Bauch herab und sammelten sich in meinem Nabel.

Wie sich herausstellte, war der Blutverlust weitaus geringer, als es den Anschein gehabt hatte. Die Wunde war nur dort wirklich tief, wo das Messer gesteckt hatte, die Klinge, die in schrägem Winkel eingedrungen war, hatte lediglich Muskelgewebe durchtrennt.

»Hätte schlimmer ausgehen können, Fräulein«, sagte der Arzt. »Ein senkrechter Stich, gerade nach unten, und die linke Lunge wäre verletzt worden.«

In Diannes Gesicht war endlich Farbe zurückgekehrt, aber jetzt war ich es, der blass war – ich *fühlte* mich blass, während ich gemeinsam mit Glass beobachtete, wie der Arzt mit ruhiger Hand die Wundränder zusammennähte. Jeden Stich der viel zu großen, chromglänzenden Nadel, die sich in Diannes betäubte Haut bohrte, spürte ich, als gelte er mir selbst.

Diannes Schulter wurde verbunden, Glass wechselte einige Worte mit dem Arzt, dann fuhren wir zurück nach Visible. Im Kaminzimmer setzte sie sich mit uns vor die kalte, offene Feuerstelle. Dianne rollte sich in ihrem Schoß zusammen und schloss die Augen, ich kuschelte mich an ihre Seite. Glass streichelte uns über die Haare.

»Was ist passiert?«, fragte sie.

Ich erzählte es ihr. Sie hörte zu, ruhig und ohne mich mit Vorwürfen zu unterbrechen, wie ich eigentlich erwartet hatte. Nur dann und wann gab sie kleine, zustimmende Laute von sich. Sie glichen dem leisen, unterdrückten Stöhnen, das manchmal nachts aus ihrem Zimmer drang, wenn sie Besuch von einem Mann hatte.

»Gut«, sagte sie, als ich meine Erzählung beendet hatte. »Ihr habt euch gewehrt, das war völlig richtig. Wir sind niemandem Rechenschaft schuldig. Niemandem. Habt ihr das verstanden?«

Ich hatte nichts verstanden, doch ich nickte ernst. Von Dianne kam keine Antwort, vielleicht war sie eingeschlafen, vielleicht war sie einfach zu erschöpft. Ich musterte ihr Gesicht, die schwarzen, verschwitzten Haare, die ihr in der Stirn klebten. Dann fiel mir die Frage ein, die mir seit Stunden durch den Kopf geisterte. »Glass«, sagte ich, »was ist eine Dreckfotze?«

Die Ereignisse dieses Tages bildeten, paradoxerweise, den Auftakt zu der langanhaltenden Hassliebe zwischen Glass und den Jenseitigen. Am späten Abend, Dianne und ich hatten uns gerade die Schlafanzüge angezogen, klopfte es energisch an der Haustür. Glass öffnete, wir versteckten uns schüchtern hinter ihrem Rücken. Draußen stand eine kleine, drahtige Frau mit ungepflegten Haaren, die ihr strähnig in die Stirn hingen. Ihr Gesicht war scharfkantig. Sie trug ein billiges Sommerkleid.

»Ihre Tochter hat meinen Sohn verletzt!«, fuhr sie Glass aufgebracht an. Die schrille Stimme, die der Brocken von ihr geerbt hatte, zitterte. »Dafür zeige ich Sie an, das hätte schon längst jemand tun sollen, Sie –«

»Dreckfotze?«, fragte Glass ruhig. »Haben Sie Ihrem Sohn dieses Wort beigebracht? Mein Sohn hat mich vorhin gefragt, was es bedeutet. Möchten Sie es ihm erklären?«

Sie wartete die Antwort der verblüfften Frau nicht ab, sondern winkte Dianne vor sich und zog ihr das Oberteil des Pyjamas über den Kopf. Mit flinken Fingern löste sie den Schulterverband. Die vernähte Wunde sah schrecklich aus, das schwachgelbe Dielenlicht machte daraus einen schwarzen, verschorften Graben.

»Meine Tochter wurde ebenfalls verletzt. Sie hätte ihre linke Lunge verlieren können. Oder verbluten, die Halsschlagader, verstehen Sie?«

Vorsichtig machte Glass den Verband wieder fest und schob Dianne zur Seite. Sie sprach jetzt nicht mehr, sondern sie *sang*, ihre Worte tanzten wie kleine Schiffe auf unruhigen Wellen und zogen dabei uns alle in ihren Bann.

»Wissen Sie, was ich glaube? Ich glaube, das Problem ist weder Ihr Sohn noch meine Tochter oder irgendein hässliches Schimpfwort. Das Problem ist auch nicht, dass Sie und andere Ihre eigenen Kinder für besser halten als meine. Nein, ich glaube, das eigentliche Problem ist, dass Sie *sehr unglücklich* sind. So unglücklich, dass Sie meinen, andere Menschen schlechtmachen und beschimpfen zu müssen, und dabei benutzen Sie widerliche Worte, die hört dann Ihr kleiner, ebenfalls unglücklicher Sohn, *und darunter müssen meine Kinder leiden, und das werde ich auf gar keinen Fall dulden!*«

Die Mutter des Brockens sah schweigend zu Boden. Ich wusste nicht, warum sie erst jetzt gekommen war, Stunden nach dem Vorfall am Großen Auge. Vielleicht war sie eine schwache Frau. Vielleicht hatte sie sich lange Mut zusprechen müssen, bevor sie sich dazu entschloss, Glass entgegenzutreten. Und jetzt war ihr der Wind aus den Segeln genommen worden.

»Ich mache Ihnen einen Vorschlag.« Vom einen auf den anderen Moment war Glass wieder die Ruhe selbst. Nie zuvor hatte ich sie so erlebt, es war unheimlich. Ich tastete hinter ihrem Rücken nach Diannes Hand. »Ich koche uns eine Kanne Tee, wir setzen uns in die Küche und reden.«

»Ich will das nicht«, sagte die Frau, dabei hatte sie, angezogen von dem Sirenengesang, die Eingangshalle bereits betreten.

»Und ihr«, wandte Glass sich an Dianne und mich, »putzt euch die Zähne und verschwindet in die Betten. Und Licht aus! Ich sehe später noch mal rein.«

Das Letzte, was ich von der Mutter des Brockens sah, war ihr schmaler Rücken. Nur zwei Monate später kam der Brocken nicht mehr zur Schule; seine Mutter hatte mit Kind und Kegel sowohl ihren Mann als auch die Stadt verlassen. Dass kurz darauf auch der kleine, wimpernlose Messerstecher verschwand, erschien mir wie Zauberei; lange glaubte ich, Glass müsse nur ihren betörenden Singsang anstimmen, um so die Welt, wie ich sie kannte, aus den Angeln zu heben oder sie dazu zu bewegen, ihre Umlaufbahn um die Sonne zu ändern.

»Worüber reden die jetzt?«, fragte Dianne, als sie die Tür zu unserem Zimmer hinter sich schloss. »Über uns?«

»Ich weiß nicht.«

Sie legte eine Hand auf den Lichtschalter, mit der anderen zeigte sie auf ihr Bett, wo ihr zerknüllter Pyjama lag. »Willst du meinen Schlafanzug anziehen?«

»Nein.«

»Möchtest du in meinem Bett schlafen?«

Ich schüttelte den Kopf.

»Warum nicht?«

Ich zuckte die Achseln. Ich wusste es nicht.

»Na gut. Dann mach ich jetzt das Licht aus.«

Ich lief im Dunkeln zu meinem Bett und krabbelte unter die Decke. Trotz der bis in die Spitzen meiner Finger und Zehen reichenden Müdigkeit konnte ich nicht einschlafen, ich war zu aufgeregt. Hinter Dianne und mir lag ein glorreicher Tag. Wir hatten gekämpft, und wir hatten in Blut gebadet. Wie Helden hatten wir uns geschlagen und den Sieg über eine Übermacht von Feinden davongetragen. Auf der anderen Seite des Flusses, das wusste ich, fielen auf die schlafenden Dächer der Stadt bereits die ersten Silberfäden, die sich in Kinderträumen zur Legende von der Schlacht am Großen Auge verweben würden. In Zukunft würden wir in Ruhe gelassen werden. Wir waren unangreifbar. Ein riesiges Gewicht wurde von meiner Brust genommen, als sich die Erkenntnis in mir breitmachte, dass ich nie wieder Angst haben musste.

»Du warst toll«, flüsterte ich Dianne durch das Zimmer zu. »Du hast den Brocken genau getroffen. Das war toll!«

»Ich hab danebengeschossen, genau wie bei der blöden Forelle.«

Etwas in ihrer Stimme brachte die Dunkelheit zum Brodeln. Plötzlich wünschte ich mir, Dianne würde nicht weitersprechen, doch da warf die Luft bereits schwarze Blasen, die zischend zerplatzten.

»Weißt du, Phil, ich hatte auf sein Herz gezielt.«

Ich packe meine Tasche, als ich das Zuschlagen der Haustür höre. Dianne geht ohne mich zur Schule. In der Regel geht sie immer zu Fuß, während ich mit dem Fahrrad fahre. Doch heute bilde ich mir ein, dass sie sich ganz bewusst von mir absetzen will – dass die Tür besonders heftig ins Schloss fällt, dass selbst ihre Schritte, die sich über den Kies der Auffahrt entfernen, aufdringlich laut sind. Normalerweise bewegt Dianne sich durch die Welt wie ein Nebelstreif, unsichtbar und so gut wie gewichtslos, als wolle sie dort, wo sie auftritt, keine Abdrücke hinterlassen. Vielleicht ist sie noch immer aufgebracht, weil ich sie unter der Dusche beobachtet habe.

In der Schule sehen wir einander bestenfalls während der Pausen. Es gibt keinen einzigen Kurs, den wir gemeinsam belegen. Früher, in der Grundschule, hatten wir anfangs dieselbe Klasse besucht, aber die Hexenkinder in doppelter Ausführung war zu viel für die Nerven unserer kleinen Mitschüler. Unaufmerksamkeit und panische Aussetzer waren die Folge gewesen; schließlich hatten einige Lehrer Glass höflich, aber mit dem nicht schwer zu interpretierenden Hinweis, dass dies auch für ihre Kinder das Beste sei, darum gebeten, Dianne und mich in verschiedene Klassen zu geben. Bei diesem Arrangement ist es bis heute geblieben, und inzwischen kommt es uns beiden entgegen.

Ich trete ans Fenster, gerade noch rechtzeitig, um Diannes in graubraunen Stoff gekleidete Gestalt zwischen ein paar Bäumen verschwinden zu sehen. Es sind dieselben Bäume, in deren Stämmen ich vor Jahren, nachdem Kyle uns verlassen hatte und Dianne von ihrer Suche nach einem Pfeil zurückgekehrt war, tiefe, zornige Einschnitte entdeckt hatte, wo die Rinde aus ihnen herausgehackt worden war. Damals sammelte ich im Garten weiches Moos und stopfte die größten Löcher notdürftig damit aus, wie Wunden, die es zu verbinden galt.

Roter Schuh in tiefer Grube

DIE DÜNNEN, STRICHFÖRMIGEN NARBEN hinter meinen Ohren funktionieren wie meteorologische Messinstrumente. Mit einem feinen Jucken kündigen sie zuverlässig jeden bevorstehenden Wetterwechsel an. Während ich mein Fahrrad im Unterstand neben dem Hauptgebäude der Schule ankette, werfe ich einen Blick in den Himmel. Er ist von trügerischem Blau, wolkenlos. Nur eine Ahnung von Schwüle versichert mir, dass meine Narben Recht behalten werden und dass nachmittags, vielleicht auch erst abends, Regen oder ein heftiges Gewitter bevorsteht.

Das Gymnasium ist ein architektonisches Überbleibsel der Jahrhundertwende, ein klotziger, vierstöckiger Bau von ebenso unerschütterlicher wie beruhigender Standfestigkeit. Als Kind bildete ich mir ein, seine graubraunen Mauern würden Hunderte von Metern tief in der Erde wurzeln. Vor etlichen Jahren ist lieblos ein moderner Anbau an den rückwärtigen Teil des Gebäudes geklatscht worden, ein flaches, langgestrecktes Konstrukt aus viel Beton und Stahl und noch mehr Glas. Dank dieses schmucklosen, unter der Regie von Kats Vater entstandenen Anhängsels gibt es praktisch drei Schulhöfe: einen vor dem alten Hauptgebäude, beliebt wegen der zahlreichen Schatten spendenden Kastanienbäume, der sich fest in der Hand der älteren Schüler befindet, sowie zwei weitere Höfe links und rechts des Anbaus, die sich die unteren Jahrgänge teilen.

Kat erwartet mich vor dem Haupteingang. Sie ist unschwer auszumachen zwischen all den anderen Schülern, die über den Hof schwärmen und in das Gebäude drängen – nicht etwa, weil sie besonders groß ist oder weil sie die blonden Haare auf eine Art hochgesteckt hat, die ich von Glass kenne, denn Kat vergöttert Glass und ahmt sie nach, wann immer sie kann –, sondern weil der Hauptstrom der Schüler sich vor ihr teilt, wie das Rote Meer sich vor Moses geteilt haben muss. Was wiederum nichts mit Rücksichtnahme zu tun hat, sondern mit Kats Status. Sie ist, genau wie ich, weder besonders beliebt noch besonders unbeliebt. Sie *wäre* vielleicht beliebter, wenn sie nicht den Direktor der Schule zum Vater hätte. Das hält die meisten Leute auf vorsichtigem Abstand, auch wenn mir nie ganz klar geworden ist, warum. Vielleicht vermuten sie, Kat habe eine Art heißen Draht zu Gott. Weniger wundert mich, dass Kats Distanzlosigkeit und die Angewohnheit, jedem auf den Kopf zuzusagen, was sie von ihm hält, ihr nicht gerade Sympathiepunkte einbringen.

»Wartest du auf mich?«, begrüße ich sie. »Oder stehst du für Thomas auf dem Präsentierteller?«

Sie verzieht das Gesicht, als hätte sie in eine Zitrone gebissen. »Der ist schon drin. Mit weidwundem Blick an mir vorbeigezogen. Dianne hab ich übrigens auch schon gesehen.«

»Sie ist vor mir gegangen.«

»Sie hatte irgendeine Freundin im Schlepptau.«

»Dianne?« Ich stelle meine Tasche ab. »Die hat keine Freundinnen.«

»Bist du sicher?«

»Nein.«

Kat grinst. »Vielleicht gründet sie einen Club für Magersüchtige. Die Frau läuft in den gleichen abgeschmackten Klamotten rum wie deine Schwester, und sie ist genauso dürr.«

»Wie heißt sie?«

»Keine Ahnung. Ist nicht aus unserem Jahrgang.« Sie tritt von einem Fuß auf den anderen und wirft einen Blick über meine Schulter, als befürchte sie, jemanden zu verpassen.

Ich wende mich um, kann aber niemanden entdecken. »Sagst du mir jetzt, auf wen du wartest?«

»Mann, schon vergessen? Heute kommt der Neue, der Typ aus dem Internat.«

»Bist du deswegen so zappelig?«

»Ich fühle es, Phil.« Sie nimmt meine Hand, legt sie auf ihre linke Brust und hält sie dort fest. »Genau hier! Der Typ wird meinem Leben eine neue Richtung geben!«

»Was hast du da drin? Einen Kompass?«

»Mein Herz ist da drin, du Idiot! Mein kleines Herz, das sich nach Liebe sehnt.«

»Ach ja?« Zwei Mädchen gehen an uns vorbei und kichern albern. Ich ziehe meine Hand zurück. »Neulich klang das noch ganz anders. Da wolltest du bestenfalls einen Typen, der –«

»Neulich, neulich … Das ist eine Million Jahre her, Phil! Der denkende Mensch ändert seine Meinung.«

»Sagt wer?«

»Sagt Nietzsche.«

»Wer ist Nietzsche? Sieht er gut aus?«

Ein flachsblonder Haarschopf taucht neben uns auf, drängt sich an mir vorbei und geht im nächsten Moment schon wieder in der Menge unter.

Kat reckt den Kopf und sieht ihm nach. »Hey, war das nicht Wolf?«

»Ja, das war Wolf. Was ist, können wir jetzt reingehen?« Ich bücke mich nach meiner Tasche.

»Der Typ ist unheimlich! Der hat den Serienmörderblick.«

»Lass ihn zufrieden, Kat, okay?«

»Oh, Entschuldigung!« Sie fixiert mich mit einem spöttischen Lächeln. »Ich hatte vergessen, dass ihr mal was miteinander hattet.«

»Wir hatten nichts miteinander! Wir waren nur befreundet, und das ist lange her. Wahrscheinlich kann er sich gar nicht mehr an mich erinnern.«

»Du hast selber gesagt, er wäre ein Psycho.«

»Ja, er ist ein armes Schwein, und jetzt konzentrier dich in Gottes Namen auf dein kleines Herz und nerv mich nicht!«

»Meine Güte, sind wir empfindlich heute.« Sie rempelt einen kleinen Jungen aus der Unterstufe an, der neben ihr herläuft. »Er ist empfindlich heute, findest du nicht?«

Der Junge zieht verschreckt den Kopf ein, wie eine Schnecke ihre empfindlichen Fühler, und hastet davon.

»Nun komm schon.« Ich habe genug von Kats Plänkeleien. »Den Neuen kannst du auch in der Pause suchen.«

»Muss ich gar nicht.« Sie geht im Schlendertempo neben mir her und lässt sich auch vom Klingeln der Schulglocke nicht aus der Ruhe bringen. »Wir sind im selben Kurs. Ich hab ein bisschen in Daddys Unterlagen gekramt.«

»Was steht auf dem Programm?«

»Händel. Hast du keinen Stundenplan?«

»Hab nicht draufgeschaut.«

Händel ist Mathematiklehrer. Dass er denselben Namen trägt wie einer der größten Barockmusiker, gibt ihm dann und wann Anlass, sich über die enge wissenschaftliche Verwandtschaft von

Musik und Mathematik auszulassen und darüber, dass ein tieferes Verständnis dieser beiden abstrakten Disziplinen eng an deren Verarbeitung im linken Teil des menschlichen Gehirns gekoppelt ist.

»Die Fähigkeit zur Abstraktion, meine Herrschaften, ist die Grundlage jeglicher Vernunft, folglich der Aufklärung. Ratio, Logik – wer diese Eigenschaft nicht kultiviert, der ist seinen Emotionen so hilflos ausgeliefert wie ein Steinzeitmensch den Naturgewalten. Der wird, tief in seinem Inneren, den Aberglauben nicht ablegen, Blitz und Donner seien ein Zeichen göttlichen Zorns. Der wird sich, meine Damen und Herren, immer nur *ducken*!«

Ich bin miserabel in Mathematik, im Gegensatz zu Kat nicht besonders musikalisch, und die Ausführungen, in denen Händel sich so gern verliert, sind oft derart abstrakt, dass ich ihnen nach dem vierten oder fünften Satz kaum noch folgen kann, wodurch sich der Schluss förmlich aufdrängt, meine linke Hirnhälfte sei verkümmert – auch wenn ich Händel innerlich entschieden widerspreche, was das Ducken angeht. Vielleicht könnte Glass ihm Nachhilfeunterricht erteilen und beibringen, dass amerikanische linke Gehirnhälften anders funktionieren.

»Ich hab nachgedacht«, verkündet Kat, als wir das Hauptgebäude durchquert und den modernen Anbau erreicht haben. Vor uns verteilen sich Schüler auf die Kursräume. »Was wäre – also, nur mal angenommen –, was wäre, wenn du dich wirklich mal in einen Typen verliebst?«

»Wie meinst du das?«

»Na ja, würdest du es geheim halten oder so? Schließlich weiß hier kein Schwein, dass du schwul bist.«

»Du musst nur ein bisschen lauter schreien, dann weiß es bald jeder.«

»Also komm, sag schon.«

»Ich würde gar nichts *geheim halten*. Schon der Ausdruck klingt völlig bescheuert.«

»Du weißt genau, was ich meine.«

Und ob ich das weiß. Es geht um einen der weißen Flecken auf der Landkarte meiner Seele. Wütend und in die Ecke gedrängt bleibe ich stehen.

»Kat, ich lebe nicht auf dem Mond, okay? Ich weiß, dass dieses Kaff in hellen Aufruhr geraten würde, wenn ich mit einem Freund aufträte – was ich tun würde, wenn ich einen hätte. Ich weiß auch, dass irgendwelche Sittenwächter sich weiße Kapuzen aufsetzen, nachts auf Kühen nach Visible geritten kommen und uns eine tote Katze an die Tür nageln würden. Und *du* solltest wissen, dass mir das scheißegal ist!«

Ich gehe weiter, mit schnellerem Schritt als zuvor. Kat trabt neben mir her. »Nun reg dich doch nicht gleich so auf! War doch nur eine Frage.«

Aber eine Frage, mit der sie direkt unter die Gürtellinie gezielt hat und auf die ich bestenfalls eine theoretische Antwort weiß. Mit einem Freund aufzutreten ist eine Probe, die noch darauf wartet, bestanden zu werden. Es wird kein Zuckerschlecken werden – Tereza hat mir das mehr als einmal versichert, und sie muss es wissen –, aber es ist nichts, wovor ich mich fürchte. Die Aura der Unangreifbarkeit, die Dianne und mich seit der Schlacht am Großen Auge jahrelang umgeben und vor Angriffen geschützt hat, ist nie ganz verblasst. Ich bin nicht hilflos, ich kann mich zur Wehr setzen. Davon abgesehen würde ich damit leben können, schräg angesehen zu werden. Ich bin damit groß geworden.

»Weißt du, zur Offenheit gehören in diesem Fall zwei, Phil«, bohrt Kat weiter. »Was würdest du tun, wenn du einen Freund hättest, der keine Lust darauf hat, angemacht zu werden, und der … na ja, der eine Beziehung eben doch lieber geheim halten würde?«

»Beziehung? Das klingt wie heiraten.«

»Und du klingst wie deine Mutter.«

»Glass würde ein Wort wie *heiraten* nie in den Mund nehmen. Sie findet es obszön.«

»Ansichtssache, oder?«, sagt Kat. »Die Leute hier finden es obszön, dass sie stattdessen andere Dinge in den Mund nimmt.«

»Die Leute *hier*«, ich zeige auf die zu beiden Seiten an uns vorbeihastenden, verspäteten Schüler, »sind alt genug, um eigene Ansichten zu haben. Warum sollten sie die Vorurteile ihrer Eltern mit sich herumschleppen?«

»Weil es bequemer ist als nachdenken.«

»Stammt das auch von Nietzsche?«

»Nein, das stammt von mir.«

Wir sind vor dem Unterrichtsraum angekommen. Kat, mit ihrem ausgeprägten Sinn für dramatische Auftritte, lässt mir den Vortritt, um dann mit einem so lauten Schlag die Tür hinter sich zufallen zu lassen, dass uns zwanzig erschreckte Blicke zufliegen und ebenso viele bis dahin munter plappernde Münder offen stehen.

»Ach, das Fräulein Direktor!«, höhnt von irgendwo eine Stimme.

»Dir auch einen schönen guten Morgen, Kotzbrocken«, wirft Kat in den Raum und bringt damit sofort die Lacher auf ihre Seite. Während die Unterhaltungen wieder aufgenommen werden, suchen wir einen Tisch, an dem noch zwei Stühle frei sind. Wir haben uns gerade hingesetzt, als die Tür aufschwingt und Händel den Raum betritt.

Eines der wesentlichen Stilmerkmale des Barock, eine gewisse Üppigkeit und ausladende Fülle, ist auch Händel nicht abzusprechen. Er trägt einen von seiner Liebe zu ausgesuchten Tafelfreuden zeugenden Bauch vor sich her, der ihn dazu zwingt, kleine, beinahe trippelnde Schritte zu setzen. Der so entstehende Eindruck körperlicher Langsamkeit täuscht gewaltig; er steht in direktem Gegensatz zu Händels fulminanter geistiger Beweglichkeit.

Händel ist nicht allein. Der Neue begleitet ihn, in einem Abstand, der groß genug ist, um zu verdeutlichen, dass er sich nicht aus Unsicherheit an den Rockschoß des Lehrers gehängt hat. Neben der Tafel bleibt er stehen, ich sehe ihn nur im Profil. Händel spitzt die Lippen und macht eine beschwichtigende Geste. Wenn man den Grad seiner Beliebtheit an dem Geschrei festmachen kann, das bei seinem Eintreten aufgebraust ist, dann ist er grenzenlos populär. Nachdem der Begrüßungslärm abgeebbt ist, nickt er dem Neuen zu, der sich jetzt der Klasse zuwendet.

»Nicholas«, stellt er sich vor, knapp und ohne seinen Nachnamen zu nennen. Höchstens die Hälfte der anwesenden Schüler nimmt davon Notiz. Ich mustere sein Gesicht und denke, während mein Magen mit der Geschwindigkeit eines abstürzenden Fahrstuhls in Richtung Kniekehlen schießt: *Nun weiß ich endlich, wie du heißt.*

Als wir zwölf Jahre alt waren, schenkte ich Dianne zu Weihnachten einen silbernen Anhänger, der mir beim Herumstöbern zwischen morschen Holzkisten und vermodernden Pappkartons im Keller von Visible in die Hände gefallen war. Im Gegenzug erhielt ich eine gläserne Schneekugel, von der Dianne behauptete, sie ebenfalls gefunden zu haben, ohne sich weiter über den Fundort auszulassen. Vielleicht landeten wir mit unseren Geschenken gerade deshalb Volltreffer, weil wir uns beide keine ernsthaften Gedanken darum gemacht hatten, ob sie dem anderen gefallen würden oder nicht.

Was den Anhänger, einen sichelförmigen Halbmond, betraf, so benahm sich Dianne, als hätte er ihr schon immer gehört und wäre nur kurzzeitig verlorengegangen. Da das Silber angelaufen war, trug sie den Anhänger zu einem Juwelier, der ihn reinigte, zum Glänzen brachte und meine Schwester überredete, sich eine dazu passende Halskette zu kaufen. Ein paar kleine, dunkle Flecken, die der Juwelier nicht zu entfernen vermocht hatte, blieben auf dem Mond zurück, doch das tat Diannes überraschend offener Freude über das Geschenk keinen Abbruch.

Ich hatte meinerseits kaum die Schneekugel ausgepackt, als diese auch schon einen merkwürdigen Zauber entfaltete, der mich für Tage in seinen Bann schlug. Wo immer ich saß oder stand, wurde ich nicht müde, die silbrig weiße Wolke zu betrachten, die aufstieg, wenn ich die Kugel schüttelte. Sobald das schimmernde Gestöber sich lichtete, wurde dahinter ein kleines dunkles Haus sichtbar, aus dessen winzigen Fenstern und Türen orangerote Flammen schlugen. Und wie ich es auch anstellte: Immer blieben einige der Flocken beim Herabsinken auf den leckenden Feuerzungen liegen. Es war dieser Widerspruch, der mich faszinierte. Wie sollte etwas brennen, obwohl Schnee darauf fiel? Was waren das für Flammen, die weder durch Kälte noch durch Eis gelöscht wurden? Als ich Paleiko danach fragte, war seine Antwort darauf ein so leises Flüstern, dass ich ihn nicht verstand.

Wenige Tage nach dem Weihnachtsfest ging Glass mit mir in die Stadt. Mit jedem Atemzug kleine Wolken vor uns hertreibend, stapften wir über frisch gefallenen Schnee durch den schweigenden Wald. Es dämmerte bereits, als wir die Mitte der Brücke erreicht hatten, die über den Fluss führte.

»Zugefroren«, sagte Glass. Sie legte die Hände auf das Geländer. Aus den Augenwinkeln bemerkte ich, dass sie mich musterte.

Ich sah nach unten, wo geriffeltes, blaugraues Eis das Licht der Straßenlaternen reflektierte. Abgeknicktes Schilf und mit Raureif bedeckte Grasbüschel, zu Leblosigkeit erstarrt, säumten die Uferseiten.

»Was geht dir durch den Kopf?«, fragte Glass.

»Gar nichts.«

»Man kann nicht an gar nichts denken.«

»Doch, kann man.«

Ich dachte daran, dass der vereiste Fluss einer Landebahn glich. Vor zwei oder drei Jahren hätte ich vermutlich noch darauf gewartet, dass ein Flugzeug die düsteren Wolken des Winterhimmels durchschneiden und mit wirbelnden Propellern zur Landung ansetzen würde. Mein Vater wäre ihm entstiegen und hätte mich mit nach Amerika genommen. Andere Kinder hatten Weihnachten mit ihren Vätern verbracht.

Glass zog geräuschvoll die Nase hoch. Ihre Hände schlossen sich fester um das Geländer. »Ich bin schwanger, Phil, im dritten Monat«, sagte sie. »Ich will das Kind haben. Deiner Schwester wird das nicht gefallen.«

Die Luft prickelte kalt auf meiner Haut. Ich wusste, dass ich mich freuen sollte. Was ich stattdessen empfand, war Mitgefühl, wie man es einem kleinen Vogel gegenüber hat, der aus dem Nest gefallen ist. Ich konnte nur daran denken, dass das Baby, genau wie Dianne und ich, keinen Vater haben würde. Martins grüne Augen fielen mir ein, der Geruch dunkler Gartenerde, der ihn umgeben hatte. Ich wünschte mir, dass er der Vater war, er oder Kyle, dessen schöne Hände Diannes Bogen geschnitzt hatten. Aber beide Männer waren schon vor Jahren verschwunden.

»Dianne merkt es bestimmt«, sagte ich zu Glass. »Spätestens wenn du einen dicken Bauch kriegst.«

»Ich habe auch nicht vor, es ihr zu verheimlichen.« Sie klang beinahe wütend. »Aber es reicht, wenn sie es später erfährt, okay?«

Ich nickte, wohl wissend, dass ich mich so zu ihrem Komplizen machte, und starrte weiter hinab auf das Eis. Wenn man genauer hinsah, konnte man flachgewalzte Luftblasen erkennen, die sich langsam darunter verschoben. Dann blickte ich erwartungsvoll hinauf in den Himmel, doch die Wolkendecke blieb geschlossen.

Als wir am Marktplatz angekommen waren, hatte es wieder zu schneien begonnen. Der Schnee fiel so dicht, dass er jedes Geräusch verschluckte, selbst der Motorenlärm der Autos, die wie in Zeitlupe durch die Straßen glitten, wurde gedämpft. Gelbe Scheinwerferkegel schufen geisterhaftes Licht. Von ihrem Platz auf dem hohen Podest des Kriegerdenkmals schauten zwei Soldaten aus kalten, leblosen Augen auf Glass und mich herab. Die Weihnachtsauslagen, die in den meisten Schaufenstern noch zu sehen waren, wirkten fehl am Platz. Der Festtagstrubel war vorbei, die Menschen waren in Gedanken schon längst beim Jahreswechsel.

Ich hielt mich dicht an Glass. Sie spazierte ziellos von einem Geschäft zum nächsten, die Wangen hochrot, die Augen glänzend, und schien die abfälligen Seitenblicke nicht wahrzunehmen, mit denen einige Passanten sie musterten. Es machte mich verlegen, dass sie bekannt war wie ein bunter Hund und von den Kleinen Leuten nicht gemocht wurde, und es irritierte mich, dass sie sich offensichtlich einen Teufel darum scherte. Wir näherten uns der

Kirche, die den zum Schlossberg hin ansteigenden Marktplatz nach Norden abschloss, als uns zufällig eine von Glass' Kundinnen über den Weg lief und meine Mutter erkannte. Die Frau zog schnell den Kopf ein, der in ihrem hohen Mantelkragen wie in einem Schildkrötenpanzer verschwand. Wahrscheinlich wäre sie in diesem Moment ebenso gerne im Boden versunken wie ich. Ich ließ nervös die linke Hand in die Manteltasche gleiten, tastete nach dem glatten, kühlen Glas der Schneekugel, die ich seit Tagen mit mir herumschleppte, und blickte in eine andere Richtung.

Deshalb sah ich den Jungen.

Nur wenige Meter von Glass und mir entfernt, stand er auf dem obersten Absatz der dreistufigen Treppe vor dem Kirchenportal. Als er bemerkte, dass ich ihn musterte, huschte der Anflug eines Lächelns über sein Gesicht. Er war größer als ich, vermutlich auch etwas älter. Schwarzes Haar fiel in eine weiße Stirn. Augen, so dunkel wie die Diannes, und unwirklich rote Lippen.

Glass war meinem Blick gefolgt. Plötzlich hob sie einen Arm, und zu meiner großen Bestürzung winkte sie dem Jungen zu. Er konnte gar nicht an Glass vorbeisehen, schließlich stand sie direkt neben mir. Doch er reagierte nicht auf ihr Winken. Er blieb vor dem Kirchenportal stehen, still und regungslos wie eine Wachsfigur. Er lächelte nicht mehr, aber seine Augen leuchteten lebendig und sengten Löcher in meinen Mantel.

»Glass, hör auf damit!«

Meine eigene Stimme kam mir fremd vor. Glass lachte und winkte noch einmal. Ich schlug nach ihrem ausgestreckten Arm, verfehlte ihn, rutschte auf dem eisglatten Pflaster des Gehsteigs aus und landete der Länge nach auf der Straße. Ich schmeckte Blut – ich hatte mir auf die Unterlippe gebissen –, und fluchend wünschte ich Glass zur Hölle, laut genug, dass sie es hören konnte.

Als ich mich wieder aufgerappelt hatte, das Gesicht hochrot vor Scham, war der Junge verschwunden.

»Was soll das?«, herrschte ich Glass an. Ich war so wütend und verwirrt, der Vorfall war mir so peinlich, dass ich sie am liebsten umgebracht hätte. »Warum hast du ihm zugewinkt?«

Anstelle einer Antwort deutete Glass auf einen Mann und eine Frau, die träge, wie vom Wind getriebene Blätter, hintereinander durch das Schneetreiben ruderten. Der Körper des Mannes war verwachsen, beim Gehen zog er das linke Bein nach. Das Gesicht der Frau, zur Hälfte verdeckt von einer verrutschten Pelzmütze, schien von einem betrunkenen Puppenmacher aus unpassenden Bauteilen zusammengesetzt worden zu sein. Ihr Mund war kaum zu sehen, nicht mehr als ein pfenniggroßes Loch, ihr Atmen ein leises Fauchen.

»Sieh sie dir an, die armen Dinger«, sagte Glass leise. Und mit fester Stimme fügte sie hinzu: »Diese Stadt ist eine verdammte Kloake.«

Ich hatte keine Ahnung, wie ihre Bemerkung gemeint war, aber ihr herablassender Tonfall erschreckte mich. Sie legte ihre Hände auf meine Schultern, beugte sich zu mir herab und nickte in Richtung des Mannes und der Frau, die hinter einer Wand aus Schnee verschwanden, so wie das brennende Haus in der Kugel verschwand, wenn ich sie schüttelte.

»Die Menschen hier«, sagte Glass mit einer den gesamten Marktplatz umfassenden Geste, »kleben seit Hunderten von Jahren aufeinander und halten das für völlig normal. Aber dieselben Menschen werden dich dafür hassen, dass du dich früher oder später in einen Jungen verlieben wirst.«

Ich war immer noch wütend auf sie. Aber ich wusste, dass sie die Wahrheit sagte. Visible war ein magischer Ort, und Glass war eine außergewöhnliche Mutter, gemeinsam schufen sie eigene Gesetze, die hier draußen, unter den Kleinen Leuten, keine Geltung hatten. Bisher hatte ich geglaubt, Glass habe mich mitgenommen, um mir ungestört mitteilen zu können, dass sie schwanger war. Doch dafür hätte es genügend andere Gelegenheiten gegeben. Jetzt überlegte ich, ob Sinn und Zweck unseres Spazierganges war, mir ihre Verachtung für die Jenseitigen zu zeigen. Als ich mir den Gesichtsausdruck ins Gedächtnis rief, mit dem sie über die Kleinen Leute gesprochen hatte, fröstelte ich.

Auf dem Heimweg fiel kein Wort. Erst als wir zu Hause angekommen waren, nahm ich allen Mut zusammen und sprach Glass erneut an.

»Warum hast du dem Jungen zugewinkt?«

Sie schlüpfte aus ihren Stiefeln, schüttelte die langen Haare, fasste sie im Nacken zusammen und überlegte. »Weil ich gesehen habe, dass er dir gefiel«, antwortete sie schließlich. »Man kann sich auf der Stelle verlieben, weißt du? Dann vergisst man die Kälte und den Winter.«

»Hast du dich jemals auf der Stelle verliebt?«

Sie straffte die Schultern. »Das ist lange her. Ich mache uns eine heiße Schokolade, Darling.«

Die Stiefel wurden nachlässig in eine Ecke der Garderobe geworfen, dann verschwand Glass durch den unbeleuchteten Flur. Sie konnte sich durch die Dunkelheit bewegen wie eine Katze. Während ich meinen Mantel auszog, überlegte ich, ob sie eben auf meinen Vater angespielt hatte.

Dann war jeder Gedanke verschwunden. Meine Hände, die auf der Suche nach der Schneekugel die tiefen Manteltaschen durchwühlten, förderten nur ein paar verrotzte Papiertaschentücher zu Tage. Auch ein zweites, gründlicheres Durchsuchen blieb erfolglos. Die Schneekugel war verschwunden. Ich geriet in Panik. Sie musste mir bei meinem Sturz aus der Tasche gekullert sein. Aus Diannes Zimmer tönte laut der Fernseher. Ihr würde es gleichgültig sein, dass ich ihr Weihnachtsgeschenk verloren hatte, mir war es das nicht. Ich schloss die Augen, rief mir das Bild der Schneekugel in Erinnerung und wartete auf das schneidende Gefühl des Verlusts. Stattdessen stieg vor mir, deutlich wie auf einer Fotografie, das Gesicht des Jungen mit den leuchtenden Augen auf, und mein Herz zog sich zusammen.

Ich behielt Mantel und Schuhe an und lief zurück zum Marktplatz. Alle Unsicherheit gegenüber den Kleinen Leuten war vergessen. Ich suchte überall, doch die Kugel war und blieb unauffindbar.

Das habe ich nie vergessen: dass man liebt, um die Kälte zu vergessen und den Winter zu vertreiben.

Erst gegen Mitternacht entlädt sich heftig das Gewitter, das während des Vormittags aufgezogen ist und das seitdem unentschlossen und bleischwer auf der Stadt gelegen hat. Ich habe das Licht in meinem Zimmer gelöscht, stehe am offenen Fenster und höre dem Regen zu, wie er prasselnd den Staub von den Bäumen und die Schwüle aus der Luft wäscht. Auch Visible scheint aufzuatmen, es ist, als gehe ein erleichtertes Wispern durch das Haus. Ich zucke zusammen, als direkt vor meiner Zimmertür die Dielenbretter knarren. Draußen flackert der Himmel geisterhaft hell, sekundenlang verleiht unwirkliches Licht jedem Baum, jedem Dachfirst auf der anderen Seite des Flusses neue, scharfe Konturen.

Irgendwo dort drüben wohnt Nicholas. Heute Morgen, bevor er sich in die hinterste Reihe der Klasse gesetzt hat, um mit lang ausgestreckten Beinen bis zum Ende der Mathematikstunde desinteressiert aus dem Fenster zu schauen, hat mich sein Blick nur gestreift. Was bereits ausgereicht hat, meinen Herzschlag zum Stolpern zu bringen. Ich bin mir sicher, dass Nicholas mich nicht wiedererkannt hat. Wir haben uns beide seit jenem Winter vor fünf Jahren verändert. Seine Schultern sind breiter geworden, die Gesichtszüge kantiger, und er trägt die schwarzen Haare länger als damals. Nur seine Augen sind noch genau so, wie ich sie in Erinnerung habe: lebendig, unlesbar und beunruhigend dunkel.

Ich habe kurz mit dem Gedanken gespielt, Kat zu erzählen, dass ich den Neuen kenne, dass ich ihn vor Jahren schon einmal gesehen habe und wie tief diese Begegnung mich beeindruckt hat. So tief, dass ich über die Jahre hinweg zu allen möglichen passenden und unpassenden Gelegenheiten immer wieder daran gedacht habe. Das vernichtende Urteil, das Kat in einer der Pausen über Nicholas verhängt hat, hat mich jedoch vorerst vorsichtshalber den Mund halten lassen.

»Er ist ein Blender.«

»Ein was?«

»Ein Blender. Macht auf einsamen Cowboy, außen hart, innen sensibel. In Wirklichkeit ist er außen weich und innen langweilig. Glaub mir, ich kenne diese Typen, Thomas ist genauso drauf. Den kannst du abhaken.«

»Könnte es sein, dass du sauer bist, weil du dich getäuscht hast? Weil dein kleiner Kompass in die falsche Richtung gezeigt hat?«

»Soll vorkommen.«

Der letzte Satz hatte beinahe wütend geklungen. Ich schwieg und kam mir dabei vor wie ein Verräter, weil ich Kats Abneigung gegen den Neuen weder teilen wollte noch konnte. Ich habe ihr nicht gesagt, dass ich Nicholas attraktiv finde, dass seine Schweigsamkeit mich eher anzieht als abstößt. Kat mag ihn abhaken, aber ich will mir alle Optionen offenhalten. Ich will ihn kennenlernen. Ich muss. Je länger ich in das langsam abklingende Gewitter starre, desto fester wird mein Entschluss. Er nährt sich aus dem Gefühl, dass der Neue mir etwas schuldet. Es ist, als hätte er mir – als hätten *wir uns* – damals in der Winterkälte ein Versprechen gegeben, das ich mit einer zerbissenen Unterlippe und Blut besiegelt habe und das von beiden Seiten noch einzulösen ist.

Das Knirschen von Kies reißt mich aus meinen Gedanken und lässt mich nach unten schauen, gerade noch rechtzeitig, um im Wetterleuchten Diannes schmale Gestalt zwischen den Bäumen verschwinden zu sehen. Ich widerstehe der Versuchung, ihren Namen zu rufen. Sie fühlt sich offensichtlich unbeobachtet, und genauso offensichtlich will sie allein sein. Das Knarren der Dielen vor meiner Zimmertür, das ich vorhin gehört habe, könnte Dianne verursacht haben, als sie durch mein Schlüsselloch geschaut hat, um sicherzugehen, dass ich mich schlafen gelegt habe. Ich bin überrascht, aber noch größer als meine Überraschung ist meine Erleichterung. Das Insekt verlässt seine Höhle aus Bernstein. Dianne trifft sich mit jemandem; ich kann mir kaum vorstellen, dass sie um diese Zeit, bei diesem Wetter, Visible verlässt, um mit sich allein zu sein.

Unvermittelt überfällt mich, obwohl Dianne und ich uns schon vor Jahren voneinander entfernt hatten, so etwas wie Eifersucht. Früher sind wir untrennbar gewesen, Hand in Hand haben wir die Welt zu zweit erlebt. Wir haben unschuldige Doktorspiele miteinander veranstaltet, nach denen wir uns wochenlang nicht bei unseren Namen, sondern nur *Pipi* und *Pillermann* riefen und uns dabei totlachten, und später haben wir gemeinsam eine Schlacht geschlagen. Dann, irgendwann, ohne ersichtlichen Grund, ist meine Schwester verstummt. Sie hat sich wie ein Trugbild vor meinen Augen verflüchtigt. Zu wem auch immer sie jetzt geht, er weiß mehr über sie als ich.

Ich löse mich erst von meinem Platz am Fenster, als das Gewitter abgezogen ist. Der Himmel reißt auf, Wolken treiben auseinander und geben den bis dahin verdeckten Mond frei. Voll und leuchtend steht er über dem Fluss und der Stadt. Paleiko sitzt ruhig im Regal. Unter seinen hellen Augen ziehe ich mich aus und lege mich auf mein Bett. Ich lausche dem gleichmäßigen Rauschen des Regens, dem fernen Rollen des Donners. Visible umgibt mich wie eine Schale. Und plötzlich fühle ich mich wieder, wie der kleine Junge, der ich einmal gewesen bin, als mikroskopisch kleiner Mittelpunkt eines gigantischen, leeren Gehäuses. Ich bin allein. Glass ist von ihrem Treffen mit dem Betrugsdelikt noch nicht zurückgekehrt; Dianne ist gegangen, sie braucht mich nicht. Ich lege die Hände auf die Brust und konzentriere mich auf das Heben und Senken meines Brustkorbs, auf den Rhythmus des Atmens. Ein, aus, ein, aus ...

Dann löst selbst das Gehäuse sich auf, ist nur noch ein Vakuum vorhanden, ein grenzenloses Nichts. Ich bin von einer Einsamkeit umfangen, die weder die Anwesenheit von Glass noch die von Dianne oder Kat auflösen könnte. Selbst *Amerika* ist kein Trost, ist es seit Jahren nicht mehr, kann es auch nicht sein, denn mein Mund ist wie versiegelt und weigert sich, das magische Wort auszusprechen.

Wie von selbst gleiten meine Hände den Bauch herab, bleiben kurz dort liegen, warme Haut auf heißer Haut, um sich dann langsam weiter nach unten zu tasten, wo sie ihren eigenen geübten Rhythmus finden, der schneller ist als mein Atem, schneller als mein Pulsschlag. Ich vertraue darauf, dass das die Einsamkeit vertreibt, aber es macht sie nur noch größer.

»WEISSTE DENN AUCH, wie man das macht, Jungelchen?«, fragte mich Annie Glösser.

»Wie man was macht?«

»Ein schönes Gefühl. Wie man sich 'n schönes Gefühl machen tut.«

Ein schönes Gefühl war es, als achtjähriger Stöpsel neben dieser dicken Frau auf dem Rand des Marktbrunnens zu sitzen und unter einem ungetrübten Sommerhimmel das Eis zu schlecken, das sie mir soeben großzügig spendiert hatte. Ein schönes Gefühl war es, den Tauben dabei zuzusehen, wie sie zu unseren Füßen um die Krümel stritten, die von meiner Eiswaffel bröckelten.

Zu meiner großen Zufriedenheit hatte ich Annie Glösser ganz für mich allein. Schon als sie das erste Mal in Visible erschienen war, hatte Dianne sich geweigert, die dicke Frau auch nur anzusehen. Sie hatte sofort den gleichen Sicherheitsabstand zu ihr eingehalten, den sie sonst ausschließlich für Gable reservierte. Ich konnte mir keinen Grund für ihre Ablehnung vorstellen, denn Annie war das harmloseste Wesen auf der Welt. Vielleicht hatte Dianne einfach das Gefühl, dicken Menschen ausweichen und Platz machen zu müssen, selbst wenn sie saßen.

Annie Glösser bewohnte ein kleines, hell getünchtes Haus, das wie Visible nahe dem Fluss und etwas außerhalb der Stadt stand, wenn auch auf der Seite der Kleinen Leute. Schon von daher glich Annie, wie ich fand, viel mehr Glass, Dianne und mir als den Stadtbewohnern, die höchstwahrscheinlich derselben Auffassung waren, denn Annie war, wie sie es mehr als einmal und nicht nur mir gegenüber selbstkritisch ausdrückte, ein bisschen plemplem. Sie war nach Visible gekommen, weil eine mitleidige Seele, wohl in der irrigen Annahme, sie habe ein Männerproblem, ihr versichert hatte, sie könne die Antwort auf all ihre diesbezüglichen Fragen bei Glass finden. Aber Annie hatte kein Männerproblem. Sie konnte lediglich nicht rechnen. Sie fand sich nicht in der Tageszeitung zurecht, wenn Spirituosengeschäfte oder Supermärkte von nah und fern darin mit Sonderangeboten warben, speziell mit Sonderangeboten für Kirschlikör, und fürchtete daher, beim Einkaufen größerer Mengen übers Ohr gehauen zu werden. Eine einfache Addition bereitete Annie so viel Kopfzerbrechen wie anderen Menschen eine exakte Entschlüsselung der Relativitätstheorie. Glass erklärte ihr, bei der Höhe ihrer Behindertenrente sei es nicht nur völlig schnuppe, welche Marke sie trinke, sondern sie könne sich ohne Weiteres jede einzelne Flasche auch noch mit Blattgold verzieren lassen. Sie schickte Annie wieder nach Hause. »An diese Annie solltest du dich halten, Darling«, riet sie mir. »Geh sie besuchen. Von verrückten Leuten kann man eine Menge lernen.«

Glass konnte nicht ahnen, wie Recht sie damit behalten sollte.

Woraus genau Annies Behinderung bestand, sollte ich nie erfahren. Vermutlich war sie nicht mehr als eines der eher seltenen, aber doch typischen Hervorbringsel *dieser Kloake,* wie Glass die Stadt Jahre später nennen sollte. Sie war harmlos, wurde geduldet, belächelt und musste, wie ich mir mitfühlend ausmalte, als Kind zweifellos eine beliebte Zielscheibe grausamen Spottes gewesen sein.

»Manchma fühlt die Annie sich allein«, gestand sie mir bei einem meiner Besuche. »Deshalb hattse sich rote Schuhchen gekauft.«

Annies unterentwickelte geistige Wendigkeit fand nur scheinbar die Entsprechung in ihrer vermeintlich trägen körperlichen Masse. In Wirklichkeit war Annie erstaunlich beweglich. Auf ihren roten Schuhen tänzelte sie in einer Art erotischer Angriffslust durch die Stadt, wobei sie manchmal kess den Rocksaum hochzog, damit jedermann ihre Waden und fleischigen Fesseln sehen konnte. Wovon Annie so fett war, fand ich nicht heraus. Da ich sie selbst jemals weder Eiskrem noch sonst etwas essen sah, entstand in mir irgendwann der Eindruck, sie ernähre sich ausschließlich flüssig, vermutlich von ihrem geliebten Kirschlikör.

»Was für ein schönes Gefühl?«, fragte ich Annie jetzt und streute den Tauben die letzten Krümel meiner Eistüte unter die hackenden Schnäbel.

»Komms ma bei der Annie vorbei, dann wirsde sehn«, bot sie mir an. Sie schlenkerte mit den Beinen und beobachtete stirnrunzelnd und mit vorgestülpter Unterlippe, wie ihre rotgelackten Schuhe im Sonnenlicht glänzten. Vielleicht fragte sie sich, warum trotz dieses Lockmittels kein Mann sie je ansprach. »Komms ma vorbei, dann zeigtse dir was, die Annie. Kriegste noch 'n Eis als Belohnung.«

Bereits am nächsten Tag stand ich vor ihrer Tür, es war der erste von vielen Besuchen. Das Haus war von einem kleinen Garten umgeben, in dem es üppig grünte und blühte. Annie war die einzige mir bekannte Frau, die mit ihren Pflanzen redete. Manchmal sah ich sie von weitem, eine Gießkanne in der Hand, in dem kurzen, von Rosen umschlungenen Laubengang stehen, der durch einen Teil des Gartens verlief. Sie schwenkte das zerbeulte Kännchen mal hierhin, mal dorthin und plauderte dabei so munter mit dem Grünzeug, als hätte sie ein Kaffeekränzchen einberufen.

Annie legte mir zur Begrüßung ihren dicken Arm um die

Schultern. Da alles an ihr dick und fleischig war, beachtete ich die auf meinem Rücken ruhende wabbelnde Masse gar nicht. Viel auffallender war Annies leicht vorgestülpte Unterlippe, die immer aussah, als sei sie bereit, sich dem nächsten Gläschen Kirschlikör entgegenzuspitzen, oder aber, als wäre ihre Besitzerin beleidigt, und auffallend waren auch Annies große, schläfrige Augen. Kurz bevor das einzige Kino der Stadt für immer seine Pforten schloss, hatte Glass sich mit Dianne und mir im vergangenen Frühjahr Walt Disneys *Bambi* angesehen, einen Film, in dem zu meiner Erleichterung niemand zu große oder zu kleine Ohren besessen hatte. Aber ein Stinktier war darin vorgekommen, der ewig müde Blume, und es waren Blumes blaue Augen, die ich in Annies gutmütigem fettem Gesicht wiederentdeckte.

In ihrem kleinen Haushalt herrschte eine Ordnung, die mich erstaunte. Von Visible war ich verstaubte Räume gewohnt, in denen alte Möbel und vergessene Kisten und Kästen kreuz und quer standen. Hier aber war alles makellos sauber, hatte alles seinen Platz. Auch Annie. Sie lotste mich ins Wohnzimmer, einem gemütlichen Sofa entgegen, in dem sich eine tiefe Kuhle abzeichnete. Dort ließ sie sich prustend hineinplumpsen. Nachdem sie in rascher Folge drei Gläschen Kirschlikör gekippt hatte, schnalzte sie mit der Zunge und tippte sich mit dem Zeigefinger an den Kopf.

»Da is ein Rauschen drin. Das is weiß. Kanns du's hören, Jungelchen?«

Ich kniete mich auf das Sofa, presste mein rechtes Ohr an ihr linkes Ohr und lauschte eine Weile. Tatsächlich hörte ich ein entferntes Rauschen, aber ich hätte lügen müssen, um es als weiß zu bezeichnen, und ob es *das* Rauschen war, wusste ich auch nicht. Ich nickte trotzdem. Ein Eis stand auf dem Spiel.

»Manchma isses da, dann wieder nich«, stellte Annie fest. »Wenn's da is, kriegt Annie Flecken vor die Augen. Rauscht und rauscht, wie wenn man pinkelt, was?«

»Ja.«

Sie nickte, starrte für einen Moment mit ihren schläfrigen Augen ins Nirgendwo und wuchtete sich dann aus dem Sofa. »Nu zeig ich dir was, Jungelchen.«

Sie ging zu einer Kommode, wo sie mit geheimnistuerischem Lächeln einen kleinen Schlüssel aus ihrer Kitteltasche zog und eine der Türen öffnete. Sekunden später hatte sie einen Fernseher auf den Tisch gezaubert – kein echtes Fernsehgerät, sondern eine aus Kunststoff gefertigte Miniaturausgabe in grellem Orange, etwa von den Maßen einer Zigarettenschachtel, die ein winziges Guckloch und einen seitlich angebrachten Druckknopf besaß. Unter Annies Anleitung sah ich durch das Guckloch und drückte auf den Knopf. Der kleine Automat lieferte nacheinander zwölf Bilder, winzige Diapositive. Im Wesentlichen zeigten sie alle das Gleiche: nackte Frauen mit respekteinflößenden Oberweiten und so weit gespreizten Beinen, dass ein ungehinderter Einblick in tiefste anatomische Tiefen gewährt wurde. Ich wusste nicht, was ich davon halten sollte.

»Is Porno, das«, flüsterte Annie dicht neben mir, und auf einer Wolke bitteren Alkoholgeruchs schienen Kirschblüten durch das Zimmer zu schweben. »Schweinisches Zeug.«

»Pornodas«, wiederholte ich andächtig.

»Mach ma die Hosen runter jetzt.«

Ich stellte den Fernseher vor mir auf den Tisch und ließ gehorsam meine Hosen herunter.

»Nu musste an dir spielen, Jungelchen«, sagte Annie sachlich. »Bis das Hähnchen kräht.«

Um an das versprochene Eis zu kommen, kam ich ihrer Aufforderung nach, allerdings ohne bemerkenswerte Resultate zu erzielen. Wahrscheinlich gibt es für einen Achtjährigen nichts Langweiligeres auf der Welt als die ausbleibende Erektion angesichts eines orangefarbenen Plastikfernsehers, der pornografische Aktbilder zeigt. Doch das hielt Annie nicht davon ab, mir mit erstaunlich sanften, augenscheinlich geübten Fingern beizubringen, wie ich meine Hand zu bewegen hatte, wenn das Hähnchen krähte.

»Und, is das 'n schönes Gefühl?«

»Jaja.« Ich wurde ungeduldig. Die ganze Sache interessierte mich ungefähr so sehr wie ein Loch in der Luft oder ein Foto von einem weißen Blatt Papier. »Bekomme ich jetzt mein Eis?«

Annie nickte und rülpste in rascher Folge mehrere Kirschwolken in die Luft. Ich zog die Hosen hoch, und der Fernseher verschwand in seinem Versteck in der Kommode. Annie quetschte ihre dicken Füße in die roten Schuhe, dann spazierten wir Hand in Hand in die Stadt.

»Schon ma Schokolade geklaut, Jungelchen?«, fragte Annie unterwegs.

»Nein.«

»Inne Kirche ins Taufbecken gespuckt?«

Ich schüttelte den Kopf.

»Aber die Annie«, sagte sie. Ihr bellendes, kurzatmiges Lachen musste bis Visible zu hören sein.

Annie schien zufrieden damit, mir etwas fürs Leben beigebracht zu haben, denn mir wurde nie wieder angeboten den Fernseher und das schweinische Zeug zu betrachten. Das war mir nur recht, denn so blieb uns mehr Zeit für ausgiebige Besuche der Eisdiele, von denen ich Dianne, um sie neidisch zu machen, ebenso regelmäßig wie erfolglos berichtete.

Dass ich mich auf immer und ewig lebhaft an jenen Tag und das unerotische Erlebnis auf dem Sofa erinnern sollte, lag daran, dass ich in dem Moment, als ich mit herabgelassenen Hosen neben Annie gesessen hatte, instinktiv wusste, gemeinsam mit ihr etwas Verbotenes zu tun. Das Hähnchen krähen zu lassen, eine Tafel Schokolade zu stehlen oder eine Kirche zu entweihen, indem man in das Taufbecken spuckte, war ein und dasselbe. Es war verboten, und mit diesem Verbot zu brechen, jawohl, das war ein *schönes Gefühl,* wenn auch sicher nicht das von Annie gemeinte.

Gegen Ende des Sommers hatte Annie Glösser einen Unfall, als sie, mit zwei Einkaufstaschen bepackt, durch die Stadt watschelte. In ihrem Kopf musste wohl das übliche weiße Rauschen geherrscht haben; sonst wüsste ich jedenfalls nicht, warum ihre Augen blind waren für die Baugrube, die sich nur wenige Meter voraus an einer Kreuzung vor ihr auftat. Augenzeugen berichteten, Annie sei zielstrebig auf den Unglücksort zugetänzelt, ihr mächtiger Körper habe das rot-weiße, um die Baustelle gespannte Sicherheitsband zerrissen, und für den Bruchteil einer Sekunde habe sie, wie von unsichtbarer Hand gehalten, über der Grube in der Luft gehangen. Dann rauschten die schwere Annie und ihre nicht minder schweren Einkaufstaschen abwärts. Als Annie geborgen wurde – eine zeitaufwendige Aktion, weil Grube und Frau von ungefähr gleichem Umfang waren, so dass man lange rätselte, wie es Annie wohl gelungen war, so passgerecht in das Loch zu fallen –, als Annie also geborgen wurde, war ihr Sommerkleid durch und durch rot gefärbt. Panik brach aus, bis auch ihre Einkaufstaschen ans Tageslicht zurückbefördert worden waren. Darin fanden sich die scharfkantigen Überreste von mindestens sechs zerborstenen Flaschen Kirschlikör, deren Inhalt sich über Annie ergossen hatte, und ansonsten, was mich nicht überraschte, keine weiteren Lebensmittel. Als Annie ins Krankenhaus eingeliefert wurde, stellte man den Verlust von einem ihrer roten Schuhe fest. Er musste in der Grube zurückgeblieben sein, wahrscheinlich wurde er später einfach einbetoniert.

Annie selbst hatte sich bei dem Sturz beide Schlüsselbeine gebrochen. Ich sah sie nie wieder. Dieselben Stadtväter, die sich vor acht Jahren nach Stellas Ableben mangels greifbarer Verwandter rührig gezeigt hatten, wurden aus ähnlichen Beweggründen erneut aktiv und ließen Annie Glösser, ledig, kurzerhand in ein Sanatorium einliefern. Zumindest war das die offizielle Verlautbarung. Die Kinder in der Schule, wie üblich aus geheimnisvollen Quellen gründlicher informiert als die Erwachsenen, brachten es auf den Punkt.

»Die ist im Irrenhaus, die Annie. Da machen die Sachen.«

»Was für Sachen?«

»Da kriegt sie Strom überall reingejagt.«

»Spritzen auch.«

»Und wird in Eis gelegt, bis sie sich nicht mehr rühren kann.«

»Die wohnt in einer Gummizelle.«

»Warum?«

»Damit sie sich nicht den Kopf einrennt vor Wut. Die ist nämlich gefährlich.«

»Und Windeln hat sie um.«

Letzteres war die Nachricht, die mich am heftigsten erschütterte. Dass Annie sich die Knochen gebrochen hatte, tat mir unendlich leid. Sie musste Schmerzen erlitten und wohl auch Angst gehabt haben, dort unten in dem dunklen Loch, bekleckert mit klebrigem Likör. Doch die Vorstellung von einer in Windeln gewickelten Annie brach mir das Herz. Überhaupt war ich mir sicher, dass alles, was im Irrenhaus mit Annie angestellt wurde, ihr ganz bestimmt kein *schönes Gefühl* vermittelte, und in mir wuchs die drohende Ahnung, dass für Annie mit dem Kirschlikör nun wohl genauso Schluss war wie mit dem kleinen Pornodas-Fernseher aus orangefarbenem Plastik. Annie Glössers Schicksal rührte mich so sehr, dass ich für lange Zeit auf die Frage, welchen Beruf ich später einmal ergreifen wolle, mit ›Irrenarzt‹ geantwortet hätte. Nur gab es niemanden, der mir diese Frage stellte.

Noch mehrere Wochen lang strich ich um Annies hell getünchtes Haus herum, in heimlicher Erwartung eines aufschwingenden Fensters oder einer sich einladend öffnenden Tür. Dianne und ich gewannen die Schlacht am Großen Auge, und ich hätte Annie gern davon erzählt. Doch der Sommer verging, Unkraut ergriff Besitz von dem vernachlässigten Garten und erstickte die Pflanzenpracht auf den Blumenbeeten, und als selbst der Herbstwind vergebens an den bunten Fensterläden rüttelte, gab ich alle Hoffnung auf. Ich vergaß aber weder Annie noch, was zu tun war, wenn das Hähnchen krähte. Als ich mich Jahre später zum ersten Mal erfolgreich selbst befriedigt hatte, genau so, wie es mir beigebracht worden war, kaufte ich tags darauf zu Annie Glössers Ehren eine Eiswaffel. Ich setzte mich damit auf den Rand des Marktbrunnens, zerbröselte die Waffel und verfütterte die Krümel an die gurrenden Tauben.

Sonst weckst du sie auf

DIE FEINDSELIGEN, TODBRINGENDEN Dornenranken hatten sich zurückgezogen. Die Fliegen summten wieder und krabbelten an den rußigen Wänden, und dem Küchenjungen war vom Koch eine schallende Ohrfeige versetzt worden. Einer Hochzeit stand nichts mehr im Wege. Ich war mehr als zufrieden. Ich war rundum glücklich.

»Aber warum hat der Prinz Dornröschen geküsst?«, wollte Dianne wissen.

»Weil er verliebt war.«

»Wie konnte er in Dornröschen verliebt sein, obwohl er es gar nicht kannte?«

»Weil das manchmal eben einfach so ist.« Tereza klappte das Märchenbuch zu und ließ sich gegen die Rückenlehne des burgunderrot gepolsterten Sessels fallen, der mit protestierendem Knarren prompt einen Teil seiner Füllung ausspuckte. Sie lehnte sich so weit zurück, dass im Schein der Kerzen, die auf dem Nachttisch neben unserem Bett standen, ihre Augen nicht mehr waren als zwei glimmende, silbergraue Flecken.

Dianne zupfte nachdenklich an einem ihrer Ohrläppchen, die Unterlippe vorgeschoben, sichtlich unzufrieden mit Terezas Antwort. Ihre Skepsis war mir nicht nur unbegreiflich, ich fand sie auch ganz und gar unromantisch. Dass der Prinz das schlafende Dornröschen liebte, war ein Naturgesetz, und Naturgesetze stellte man nicht in Frage. Mich bewegte ein Problem viel praktischerer Natur.

»Wo leben sie denn jetzt, der Prinz und Dornröschen?«

»Wie meinst du das?«

»Du hast gesagt, sie lebten glücklich für alle Zeit.«

»Oh, verstehe ...« Jetzt war es an Tereza, an ihrem Ohrläppchen zu zupfen. »Also, wahrscheinlich leben sie in einem schönen Schloss.«

»So eins wie auf dem Schlossberg in der Stadt?«

»Nein. Das ist zu klein und zu popelig. Richtige Prinzen und Prinzessinnen brauchen mindestens ... na, sagen wir mal, ungefähr hundert Zimmer.«

In meinem Kopf flackerte eine tollkühne Idee auf. »Tereza, gibt es in Visible hundert Zimmer?«

»Ganz bestimmt«, kam es von dem burgunderroten Sessel. »Mindestens.«

Ich war in heller Aufregung. »Dann wohnen Dornröschen und der Prinz vielleicht hier im Haus, und wir haben sie nur noch nicht gesehen?«

Dianne gab ein ungläubiges Schnaufen von sich.

»Könnte sein«, sagte Tereza. Und nach einer langen Pause, die mich fast in den Wahnsinn trieb, fügte sie hinzu: »Wenn ich es mir genau überlege, bin ich sogar *ganz sicher*, dass du Recht hast.«

Ich warf die Decke zurück, sprang aus dem Bett und rannte auf nackten Füßen über den kalten Parkettboden. Vorsichtig öffnete ich die Zimmertür und lugte erwartungsvoll nach draußen in den Flur. Nach links und rechts verlor sich der Korridor in undurchdringliches Dunkel. Weder von Dornröschen noch von dem schönen Prinzen oder dem aus hundertjährigem Schlaf erwachten Hofstaat war etwas zu sehen. Enttäuscht warf ich die Tür zu und stürmte zurück ins Bett.

»Wirklich?«, flüsterte ich. »Hier im Haus?«

Tereza nickte ernst und beugte sich zu uns vor. Ihr Blick richtete sich langsam gegen die Zimmerdecke, ebenso langsam kehrte er zurück. Sie sprach so leise, dass ich nicht sicher war, ob ich die Worte tatsächlich hörte oder sie ihr nicht nur von den Lippen ablas. »Wenn ihr mich fragt, wohnen Dornröschen und ihr Prinz da oben, auf dem Dachboden. In ewiger Liebe leben sie dort. Und doch fehlt ihnen etwas. Wisst ihr, was es ist?«

Dianne und ich schüttelten einträchtig die Köpfe. Während ich gebannt an Terezas Lippen hing und darauf wartete, dass sie weitersprach, schoss mir durch den Kopf, dass es uns unmöglich war, Dornröschen und den Prinzen jemals zu besuchen. Weder Dianne noch ich hatten den Dachboden bisher betreten. Nachts tobten dort oben furchteinflößende Geräusche – Bilche, Marder oder Eichhörnchen, behauptete Glass, vielleicht sogar Mäuse. Doch Dianne und ich waren nicht dumm. Wir wussten, dass es sich bei den Verursachern des Lärms um Schreckgestalten handelte, um ungeheuerlichste Ungeheuer, die seit Anbeginn der Zeit nur darauf warteten, dass zwei kleine Dummköpfe wie wir den Dachboden betraten, um ihnen ebendiese dummen Köpfe mit stumpfen, gelben Zähnen abzubeißen.

»Sag doch endlich!« Ich schlug Tereza mit der Faust auf die Knie. »Sag doch, was fehlt ihnen denn?«

»Dornröschen und dem Prinzen fehlt … Popcorn!«, schrie Tereza, und schon stoben Dianne und ich schreiend vor ihr her in die Küche, die bald darauf vom Geruch ausgelassener Butter und von den prasselnden, winzigen Donnerschlägen aufplatzender Maiskörner erfüllt war.

Den verwunschenen Dachboden zu betreten kam nicht in Frage. Da mich aber die Geschichte von Dornröschen nicht mehr losließ, bedrängte ich Dianne am nächsten Tag, sie mit mir nachzuspielen. Wir plünderten Glass' Kleiderschrank und benutzten alles, was uns in die Hände fiel – bunte, fast durchsichtige Tücher, mit denen unsere Mutter sich die Haare zusammenband, kurze Röcke, Nylonstrümpfe in allen möglichen Farben, Gürtel mit den verschiedenartigsten Ornamenten –, um uns damit in fantastische Gewänder zu hüllen. Wir rannten in den Garten und kamen mit Armen voller duftender Wildrosen zurück, die wir im Schlafzimmer auslegten. Wir benutzten Schminke, Lippenstift und Puder, um uns die Gesichter anzumalen.

Dass nach all diesen Vorbereitungen Dornröschen dennoch nie zur Uraufführung gelangte, lag an Dianne. Ich redete mit Engelszungen auf sie ein, doch sie schüttelte störrisch das wachsbleich gepuderte Gesicht und hielt die karminroten Lippen, mit deren Anstrich ich mir so viel Mühe gegeben hatte, fest aufeinandergepresst. Sie konnte sich einfach nicht dazu überwinden, zu mir auf das Bett unserer Mutter zu klettern und mich wach zu küssen.

Als ich mich abends, aufgebracht und den Tränen nahe, bei Tereza darüber beschwerte, nahm sie mich in die Arme. Sie ließ mich das Gesicht in ihren roten Haaren verbergen, die einen kaum wahrnehmbaren, tröstenden Duft nach Orangen und Mandeln verströmten. »Mach dir nichts draus, Phil«, flüsterte sie. »Ich kann dich gut verstehen. Weißt du, ich wollte immer der Prinz sein. Aber niemand hat mich gelassen.«

»Warum nicht?«

»Das ist eine verdammt gute Frage, mein Kleiner.« Tereza löste die Umarmung und nahm mein Gesicht zwischen ihre Hände.

Ich bekam einen Kuss auf die Stirn gedrückt, dann wuschelte Tereza mir mit einer Hand durch die Haare und fragte: »Hat dir eigentlich schon mal jemand gesagt, wie niedlich deine abstehenden Ohren sind?«

NICHOLAS IST EIN so guter Sportler, dass das Direktorium der Schule mit dem Gedanken spielt, ihm einen eigenen Trainer zur Seite zu stellen. Seine Spezialität ist Langstreckenlauf. Schon bald nennen ihn alle nur noch den Läufer. Er hat einen Sportkurs am frühen Donnerstagnachmittag belegt, der direkt an meinen Kurs in Leichtathletik anschließt. In den folgenden drei Wochen gehe ich nach dem Unterricht nicht direkt vom am Stadtrand gelegenen Sportplatz nach Hause, sondern bleibe eine Stunde länger dort. Ich dusche und ziehe mich um, dann setze ich mich in den Schatten auf eine der Zuschauerbänke, lege mir ein aufgeschlagenes Buch auf die Knie und tue so, als läse ich darin.

Der Sommer hat das Land fest im Griff. Die Tage sind von so blendender, alle Konturen verschärfender Helligkeit, dass einzelne Grashalme wie grüne Speerspitzen wirken, und der Himmel ist wie kristallklares Wasser, in das hineinzustürzen man nur von der Schwerkraft gehindert wird.

Den Blick ins Leere gerichtet, mit scheinbar spielerischer Leichtigkeit, dreht der Läufer Runde um Runde auf dem Rostrot der Aschenbahn. Es macht Spaß, ihm dabei zuzusehen. Normalerweise sind seine Schultern unmerklich nach vorn gezogen, als ob er in ständiger Abwehrbereitschaft lebt. Doch während des Laufens fällt alle Anspannung von ihm ab. Er scheint zu schweben, nicht das kleinste Sandkörnchen wirbelt unter seinen Schritten auf, so dass man den Eindruck gewinnt, seine Füße hätten nie wirklich Kontakt mit dem Boden.

Sowenig der Läufer meine Anwesenheit auf dem Sportplatz wahrzunehmen scheint, so wenig bemerkt er die Seitenblicke, mit denen ich ihn in der Schule mustere. Mathematik ist das einzige Fach, in dem wir denselben Kurs belegt haben. Um Nicholas auf mich aufmerksam zu machen, beschließe ich, Händel zuzuhören, wenn dieser vom Mathematischen ins Philosophische und zur Gedankenakrobatik abdriftet. Ich aktiviere meine linke Gehirnhälfte und gebe mein Bestes, um bei den gelegentlich aufbrandenden Diskussionen mitzuhalten, was von Händel mit einer anerkennend hochgezogenen Augenbraue registriert wird, der Aufmerksamkeit des Läufers aber schlichtweg entgeht.

Es dauert nicht lange, und ich komme mir vor wie ein Idiot. Bevor Kat mein plötzlich erwachtes Interesse an Diskursen über Gefühl und Verstand kritisch hinterfragen kann, ist es auch schon wieder erloschen. Nach vier Wochen stelle ich auch meine Beobachtungen auf dem Sportplatz ein. Ich habe das Gefühl, inzwischen jeden Beinmuskel des Läufers mit Vornamen zu kennen. Er erweist sich als zurückhaltend, wenn auch als längst nicht so schweigsam, wie ich ihn am Anfang eingeschätzt habe. Entgegen meinen Erwartungen stellt er sich auch nicht als Einzelgänger heraus. Nicholas muss niemanden ansprechen, die anderen gehen von selbst auf ihn zu. Auf Fragen gibt er kurze, aber interessierte und von einem unverbindlichen Lächeln unterstützte Antworten, die das unangenehme Gefühl, ihn möglicherweise zu stören, gar nicht erst aufkommen lassen. Nur vor dem Laufen sondert er sich ab. Dann vermeidet er jedes Gespräch, hält sich allein am Rand der Aschenbahn auf, wo er unruhig hin und her tänzelt, bis er das Signal erhält, sich zum Start fertig zu machen. Von diesem Moment an ist jede seiner Bewegungen so vorhersehbar wie die einer mechanischen Aufziehpuppe. Das Laufen nimmt ihn völlig gefangen. Erst wenn er die Ziellinie passiert und mit aufeinandergepressten Lippen einen knappen, immer unzufriedenen Blick auf die Stoppuhr geworfen hat, verwandelt er sich zurück. Dann gesellt er sich zu den anderen Schülern, mit denen er kurz darauf, lachend und im Schulterschluss, den Sportplatz verlässt.

Gute Sportler sind immer beliebt. Seine Anbeter umschwirren Nicholas wie Bienen einen Topf voller Honig.

»Solche Typen wecken uralte Instinkte«, kommentiert Kat meine Beobachtung. »Das Rudel, weißt du.«

»Was ist mit dem Rudel?«

»Es ist auf den Schnellsten und Stärksten angewiesen, um zu überleben. Deshalb fliegen auch die Frauen auf solche Kerle.« Sie grinst. »Sie wittern gutes genetisches Material.«

»Wenn es nur darum geht, warum bist du dann nicht bei Thomas geblieben?«

»Tu nicht so blöd!«, schnaubt sie. »Was ich gesagt habe, galt für die Steinzeit. Inzwischen geht es um viel mehr als das. Oder siehst du vielleicht die Menschheit noch in Rudeln herumrennen?«

»Ehrlich gesagt …«

»Eine Kultur kann sich erst entwickeln, sobald der Verstand ins Spiel gekommen ist. Köpfchen statt Muskeln, Diplomatie statt roher Gewalt.« Sie nickt, mit sich selbst einverstanden.

»Du klingst wie Händel.«

Kat schüttelt den Kopf. »Nein, in diesem Fall wie mein Vater, wenn er einen seiner liberalen Anfälle hat. Und er hat Recht.«

Es ist mir relativ gleich, aus welchen Quellen sich die Popularität des Läufers speist. Tatsache ist, dass er Freunde *hat*.

Der Neid auf die federnde Leichtigkeit, mit der Nicholas auf andere Menschen zugeht, sie um sich schart und an sich zu binden weiß, befällt mich innerhalb kürzester Zeit wie Rostfraß. Die

Liebe braucht länger. Sie kommt langsam, wie eine schleichende Krankheit, und sie krallt sich um mein Herz wie der Efeu, unter dem Visible im Sommer beinahe erstickt.

VOR JAHREN WAR WOLF der einzige Junge, mit dem mich, wenn auch nur für kurze Zeit, so etwas wie Freundschaft verbunden hatte. Er besaß die ausdruckslosesten Augen, die ich je gesehen hatte, und er war wirklich und wahrhaftig verrückt. Seine Seele war zerbrochen und kalt wie flüssiger Stickstoff.

Mit der Schlacht am Großen Auge hatten Dianne und ich uns Respekt verschafft; danach wurden wir nie wieder behelligt. Zugleich aber hatten wir uns gründlich den Weg verbaut, jemals Freunde zu gewinnen – Diannes Pfeil hatte sich tief ins Fleisch der Kleinen Leute gebohrt, es war, als würde er in regelmäßigen Abständen ein schwarzes Gift absondern, das jeden daran erinnerte, dass wir gefährlich waren und gemieden werden mussten. Wenn wir – wie ich fest glaubte – nachts durch Kinderträume geisterten, dann nicht als Helden, sondern als Schreckgestalten. Tagsüber gingen uns die kleinen Träumer ängstlich aus dem Weg, daran vermochte auch die Zeit nichts zu ändern.

Ich redete mir ein, dass ich die Freundschaft anderer Kinder weder benötigte noch vermisste. Beides war eine Lüge. Kat begann gerade erst damit, sich gegen die Zügel zu sträuben, die ihre Eltern ihr anzulegen versuchten; ich sollte sie erst später richtig kennenlernen. Und Dianne war mir oft nicht genug. Manchmal ertappte ich mich dabei, wie ich sie in Gedanken gegen einen Jungen meines Alters austauschte, mit dem ich durch die Felder streifte, den ich in meine Geheimnisse einweihte, der sich gemeinsam mit mir die Knie aufschürfte.

Es war ein Flüstern, das mich, nach dem Eintritt in die fünfte

Klasse, auf Wolf aufmerksam machte, einen blassen, nie ganz anwesend wirkenden Jungen, zu klein für sein Alter, der sich von anderen Kindern fernhielt und der ein ebensolcher Einzelgänger zu sein schien, wie ich selbst einer war. »Er lebt allein mit seinem Vater«, huschte es in den Pausen über den Schulhof. »Seine Mutter hat sich *umgebracht.*«

In der Klasse saß er allein an einem Tisch, so wie auch ich allein an einem Tisch saß. Ich beobachtete ihn. Er wirkte seltsam bewegungs- und kraftlos. Oft schien er durch die anderen Schüler hindurchzublicken auf irgendeinen meilenweit entfernten, unsichtbaren Horizont. Schließlich sprach ich ihn an, mit klopfendem Herzen, und fragte, ob er sich neben mich setzen wolle. Wolf musterte mich aus verhangenen Augen, den Blick voller Misstrauen.

»Warum?«, wollte er wissen.

»Mein Vater ist tot«, sagte ich.

Wochenlang befürchtete ich, Wolf könne hinter meine Lüge kommen und ich würde wieder so allein sein wie zuvor. Doch er fragte mich nie nach meinem angeblich toten Vater aus, er war zufrieden, mich zum Freund zu haben. Es lag nicht in seiner Natur, Dinge zu hinterfragen, er sprach überhaupt kaum etwas, was mir recht war. Gleichzeitig weigerte er sich, bestimmte Fragen zu beantworten. Als ich von ihm wissen wollte, woher er den Schlüssel für den alten Keller der Schule habe, den er mir eines Tages auf seine ruhige, undramatische Art präsentierte, schüttelte er nur wortlos den Kopf. Er hatte strohige, flachsblonde Haare, die ich gerne berührt hätte.

Wir suchten den Keller viele Male auf, stets nachmittags, wenn wir sicher sein konnten, dass die Schule leer und verlassen lag. Der Eingang befand sich am rückwärtigen Teil des Hauptgebäudes – eine niedrige Holztür mit rostgesprenkelten Eisenbeschlägen, die, betrachtete man den ungehindert davor wuchernden Pflanzenteppich, wohl seit Ewigkeiten nicht geöffnet worden war. Hinter der Tür gab es einen Lichtschalter, der jedoch nicht funktionierte. Erst nachdem man über eine schmale, unsichere Treppe nach unten gestiegen und fünf oder sechs Meter durch totale Finsternis und eine erstaunliche Kälte getapst war, ließ sich an einer der Wände ein weiterer Schalter ertasten. Knipste man ihn an, fand man sich in einer eigenen, fremden Welt wieder.

Die einzelnen Kellerräume waren kaum mehr als durch morsche Bretterwände voneinander getrennte Verschläge. Nackte Glühbirnen warfen ihr Licht auf unzählige Stapel ausgemusterter Bücher, auf zerschlissene Atlanten, auf völlig verblasste, von der Geschichte längst überholte Wandkarten. Hier unten war die Zeit rasend vorangeeilt und dann unvermittelt stehengeblieben. Alles atmete Zerfall, selbst die Luft schmeckte alt, staubig und grau.

»Hier gibt es nicht mal Spinnen«, stellte Wolf einmal fest.

Ich haderte lange mit mir, bevor ich zwei der alten Wandkarten stahl. Eine davon war eine aufgeklappte, geodätische Ansicht der Weltkugel, die andere zeigte Nordamerika. Wolf half mir dabei, die Karten aufzurollen. Ich fuhr mit dem Finger die Ostküste der Vereinigten Staaten entlang, Boston war einer von vielen dicken, roten Punkten. Ich nahm die beiden Karten mit nach Visible. Niemand würde sie vermissen.

Erst bei unserem zweiten Besuch entdeckten Wolf und ich die im hintersten Winkel des Kellers aufgestellten Vitrinen. Durch das Glas der Schranktüren musterten uns ausgestopfte Tiere aus falschen, trüben Augen, die Felle räudig und zerlöchert, die Gefieder glanzlos. Zerbrechliche kleine Skelette fanden sich dort, Vogeleier von den unterschiedlichsten Farben und zerfallene Bienenwaben, dünn wie Pergament. Am meisten jedoch faszinierte uns eine Reihe hoher, mit einer blassgelben Flüssigkeit gefüllter Gläser und luftdicht abgeschlossener Zylinder. Fische und Ratten steckten darin, Frösche und Vögel, deren Leiber und Köpfe man geöffnet hatte, um den Blick freizugeben auf kastaniengroße, verknotete Gehirne, auf fremdartige Organe und auf in sich verschlungene Innereien, die allesamt verblasst waren zu einem einheitlichen Grau.

Nach dieser Entdeckung verlor Wolf an allen anderen im Keller gelagerten Gegenständen das Interesse. Immer wieder zog es ihn vor die Vitrinen, auf deren Glastüren seine Fingerspitzen fettige Spuren hinterließen, wo sie den Verlauf längst kollabierter Blutgefäße und die verästelten Netzwerke millimeterfeiner Nervenbahnen nachzeichneten. Einmal lachte ich laut auf, ich weiß nicht mehr, worüber. Wolf zuckte zusammen, als hätte ich ihm einen Schlag versetzt. Er wedelte mit den Armen, sein Gesicht war rot angelaufen. »Du musst leise sein«, zischte er, »sonst weckst du sie auf. Sie schlafen.«

In der folgenden Nacht träumte ich von Tieren, die mich aus toten, milchweißen Knopfaugen anstarrten. Sie zappelten und verrenkten die geöffneten Leiber, während sie vergeblich nach Luft schnappten in dieser gelben Brühe, die sie für die Ewigkeit konservierte. Ich wachte schreiend auf und sah in das über mich gebeugte, bleiche Gesicht Diannes. »Das kommt davon, dass du mich immer alleinlässt«, flüsterte sie.

Sie stieg in ihr Bett zurück, drehte sich auf die Seite und kehrte mir demonstrativ den Rücken zu. Ich fühlte mich miserabel, weil ich sie in den letzten Wochen tatsächlich vernachlässigt hatte, doch stärker als mein schlechtes Gewissen war das Verlangen, das Bedürfnis, die Sehnsucht nach Wolfs Freundschaft.

Er lud mich zu sich nach Hause ein, wo er mir ein Foto seiner Mutter zeigte, die Schwarz-Weiß-Aufnahme einer schönen jungen Frau mit langen, hellen Haaren, die ihr bis fast auf die Hüften fielen. Sie hatte sich umgebracht, als Wolf fünf Jahre alt gewesen war – hatte sich auf ihr Bett gelegt und mit derselben Schere, mit der sie sich zuvor die langen Haare abgeschnitten hatte, vom Ellbogen bis zu den Handgelenken die Schlagadern geöffnet. Wolf saß regungslos neben ihr, den Schoß voller blonder Locken, und beobachtete, wie das Leben seiner Mutter in ein schmutziges Laken versickerte.

Es gab Momente, manchmal nur sekundenlange, in denen ich die Erinnerung an diesen Tag in Wolf auftauchen zu sehen glaubte, in denen seine ohnehin stets verschleierten Augen sich vollends verdunkelten und er für niemanden ansprechbar war. Ich bemerkte diese Momente nur deshalb, weil ich neben ihm saß, unsere Lehrer hielten sie für Unaufmerksamkeit. Einmal fragte ich Wolf, ob er seine tote Mutter genauso vermisse wie ich meinen toten Vater – eine Frage, die eigentlich nur dem Wunsch entsprang, meine Lüge von Zeit zu Zeit aufzufrischen.

»Sie ist nicht tot«, antwortete Wolf, und er legte dabei eine Hand auf meine Schulter, als spreche er mit einem unverständigen Kind. »Sie hat sich nur schlafen gelegt. Wenn sie wieder aufwacht, gebe ich ihr ihre Haare zurück.«

Jetzt wusste ich, warum die toten Tiere in den verstaubten Vitrinen des Kellers Wolf so faszinierten. Mir wurde auch klar, dass er völlig verrückt war, und mehr als einmal flüsterte Paleiko mir zu, mich von diesem blonden Jungen fernzuhalten, dessen seltenes Lächeln flüchtiger war als der Flügelschlag eines Kolibris. Aber Wolf war mein einziger Freund. Allein zu wissen, dass er existierte, erfüllte mich mit einem bis dahin nie gekannten

Glücksgefühl, das ich um nichts in der Welt aufgeben wollte. Was ich für ihn bedeutete, teilte er mir nie mit. Vielleicht brauchte er nur jemanden, der ihn von Zeit zu Zeit bei seinen Reisen in die Dunkelheit begleitete.

Wolfs Vater war ein hellhäutiger, wortkarger Mann, der sich seit dem Tod seiner Frau vor der Welt verbarg und den ich entsprechend selten zu Gesicht bekam. Er schien nie zu lachen, und niemals sah ich ihn Wolf zärtlich berühren. Falls ihm – was ich nicht glaube – bewusst war, dass sein Sohn sich mit dem kleinsten Paria der Stadt eingelassen hatte, war es ihm gleichgültig. Er besaß ein Luftgewehr, und oft zogen Wolf und ich mit dieser Waffe durch die Gegend, sammelten unterwegs Blechbüchsen und anderen Müll, stellten die leblosen Ziele auf Mauervorsprünge und Baumstämme und schossen darauf. Wolf begleitete jeden seiner Schüsse mit einem geflüsterten »Peng!«. Es war ein harmloses, aber verbotenes Vergnügen, dessen größten Reiz die prickelnde Erwartung ausmachte, möglicherweise dabei erwischt zu werden.

Unsere seltsame Freundschaft endete, als wir bei einem unserer Streifzüge ein Vogelnest entdeckten. Das Nest war in eine Astgabel gebaut, viel zu dicht über dem Waldboden. Es saßen fünf junge Amseln darin, von den Altvögeln war nichts zu sehen. Die Jungen hielten sich geduckt. Erst als ich sacht mit einem Finger gegen den Rand des Nests tippte, reckten sie die Hälse und öffneten die hungrigen Schnäbel. »Guck mal, Wolf, wie niedlich!«, sagte ich.

»Peng!«, flüsterte es monoton, und unter der Mündung des Luftgewehrs, das Wolf dem ersten der Vögel auf den schutzlosen, mit dünnem Flaum bewachsenen Rücken gesetzt hatte, platzte der kleine Körper auf und offenbarte Blut und zerrissenes Fleisch.

Ich stand wie erstarrt, während Wolf nachlud und schoss,

nachlud und schoss; bis heute weiß ich nicht, warum ich mich nicht auf ihn stürzte und ihn aufhielt. Schließlich ließ er das Gewehr sinken, steckte einen Finger in das zerstörte Nest und zog ihn wieder hervor. Mit der Sorgfalt einer sich das Fell reinigenden Katze leckte er das klebrig rote Blut und ein paar winzige Federn davon ab, um plötzlich unvermittelt innezuhalten, konzentriert die Augen zusammenzukneifen und in sich hineinzulauschen. Dann setzte er sich auf den Waldboden und begann zu weinen. »Die armen Vögelchen«, klagte er leise. »Die armen Vögelchen.«

Und etwas geschah mit seiner Stirn: Sie kräuselte sich, aber es sah nicht so aus, als habe Wolf auch nur den geringsten Einfluss darauf. Nein, es sah vielmehr so aus, als *würde* seine Stirn bewegt, als fege ein unsichtbarer, bitterer Wind über das Gesicht mit dem viel zu roten Mund hinweg und verursache zwischen Haaransatz und Augenbrauen tiefe Wellen.

Der Anblick entsetzte mich zutiefst. Ich ließ Wolf unter dem Baum zurück und rannte und stolperte, von wilder Scham erfüllt, durch den Wald nach Visible, wo ich mich im Badezimmer einschloss und stundenlang weinte, nicht um die fünf ausgelöschten Leben der Vögel, sondern um das ausgelöschte Leben meines einzigen Freundes Wolf.

Später ging ich, erschöpft und müde, in Diannes und mein Zimmer und nahm Paleiko aus seinem angestammten Platz im Regal. »Warum hat er das bloß getan?«, flüsterte ich.

»Weil er sehr, sehr unglücklich ist«, antwortete Paleiko. »Sein Unglück hat ihn krank gemacht. Krank im Herzen und krank in seinem Kopf.«

»Kann er nicht zu einem Arzt gehen?«

»Vielleicht. Aber ein Arzt kann ihm erst helfen, wenn Wolf das will.«

»Und warum will er es nicht?«

»Weil sein Unglück es ihm verbietet.«

Am selben Tag beschloss ich, Diannes und mein gemeinsames Zimmer zu verlassen und mich im zweiten Stock einzurichten. Ich nahm mein Bett auseinander, um es in meinem neuen Domizil wieder zusammenzubauen, entschied mich dann ganz dagegen und nahm lediglich die Matratze mit. Die Einzelteile des Bettes brachte ich auf den Dachboden, den ich mit klopfendem Herzen zum ersten Mal betrat. Spinnennetze spannten sich zwischen staubigen Holzbalken, an denen unzählige graue Wespennester hingen wie kleine Ballons, die unter der leisesten Berührung knisterten und zu Staub zerfielen. Ich fand uralte, kaputte Möbel, Stapel von vergilbten Zeitschriften sowie Kisten und Kartons, gefüllt mit unbrauchbarem Plunder. Ich entdeckte weder Dornröschen noch seinen Prinzen. Falls die beiden je hier oben existiert hatten, dann waren sie an diesem Tag von Wolf zu sich in die Dunkelheit geholt worden.

WIR STEHEN UNTER dem Blätterdach einer der alten Kastanien auf dem Schulhof. Kat nuckelt Milch aus einem Plastikbecher. Sonnenlicht sickert durch das mattgrüne Laub und fällt auf ihre blonden Haare. Der August nähert sich langsam seinem Ende, die Tage werden merklich kürzer. Der Sommer verblasst und verliert an Kraft.

»Er sammelt Zeugs«, sage ich.

»Was?«

»Der Läufer. Er sammelt irgendwelches Zeugs.«

Ich zeige auf Nicholas, der sich abseits des allgemeinen Pausengetümmels mit ein paar Jungen aus unserem Jahrgang unterhält, zweifellos Mitglieder seines täglich größer werdenden

Fanclubs. Am vergangenen Wochenende hat er bei den Kreismeisterschaften im Langstreckenlauf den ersten Platz belegt.

»Ist mir schon ein paarmal aufgefallen«, fahre ich fort. »Einmal auf dem Weg zum Sportplatz, dann hier auf dem Schulhof. Neulich hat er sogar irgendwas aus dem Papierkorb im Klassenzimmer gefischt.«

»Was denn?«

»Weiß nicht. Ich war immer zu weit entfernt.«

»Du spinnst, weißt du das?«

»Tu ich nicht.«

Als habe er uns belauscht und wie um Kat zu widerlegen, geht Nicholas, ohne sich aus dem Kreis seiner Bewunderer zu lösen, in die Knie. Es sieht aus, als wolle er lediglich einen Schnürsenkel binden. Seine rechte Hand greift nach etwas, das neben ihm auf dem Boden liegt; als er sich wieder aufrichtet, verschwindet die Hand in seiner Hosentasche. Die ganze Aktion erfolgt mit einer solchen Beiläufigkeit, so ohne jeden Versuch, sie zu verheimlichen, dass es mich nicht wundert, dass diese Sammeltätigkeit weder Kat noch sonst jemandem bisher aufgefallen ist. Es ist wie in dieser berühmten Geschichte von Edgar Allan Poe, in der ein paar Leute verzweifelt einen wichtigen Brief suchen und dabei ein Zimmer mehrmals auf den Kopf stellen, nur um schließlich festzustellen, dass das Dokument, gut sichtbar für jeden, seit eh und je in einem Bilderrahmen an der Wand hängt.

»Und?«, wende ich mich an Kat.

»Vielleicht Kastanien«, sagt sie nüchtern. »Die sollte er den Kleinen aus der Unterstufe lassen.«

Ich deute nach oben, in einen der Bäume. »Die kommen frühestens in einer Woche runter.«

Kat zuckt gleichgültig die Achseln. »Soll ich ihm meinen Milchbecher vor die Füße werfen? Vielleicht nimmt er ihn mit. Spart mir den Weg zum Abfallkorb.«

»Tut er bestimmt nicht.«

Es ist nicht Abfall, den der Läufer sammelt. Auf dem Schulhof liegen alle möglichen Dinge herum – achtlos Fallengelassenes und Verlorenes. Man muss sich nur die Mühe machen, genau hinzusehen: hier ein Knopf, dort ein Kamm mit zerbrochenen Zinken; ein Bleistiftstummel, ein Streichholzbrief, eine kleine Anstecknadel, vielleicht ein Geldstück. Ich bin mir sicher, dass nichts davon Nicholas' Blick entgeht. Aber er ist wählerisch, und es ist mir ein Rätsel, nach welchen Kriterien er irgendeinen dieser Gegenstände entweder unbeachtet lässt oder ihn aufhebt und einsteckt.

»Was glaubst du, was er mit den Sachen macht?«

»Frag ihn doch, wenn es dich so sehr interessiert. Oder traust du dich nicht?« Das Pausenklingeln mischt sich in das Knacken des leeren Plastikbechers, den Kat zerdrückt. »Was ist, kommst du?«

Ich folge ihr schweigend. Ohne es zu wissen, hat sie mit ihrer Frage mein derzeit größtes Problem auf den Punkt gebracht: Ich versuche nicht mehr, den Läufer auf mich aufmerksam zu machen. Trotzdem scheinen all meine Gedanken sich nach wie vor hartnäckig auf der Spitze einer Kompassnadel zu sammeln, die unbeirrbar, mit trotziger Beharrlichkeit, auf Nicholas ausgerichtet bleibt. Er spukt schon längst durch meine Träume. Tagsüber ergehe ich mich in Fantasien, in denen seine Arme mich umfangen, in denen seine langen Beine, die auf der Aschenbahn wie gut geölte Maschinen arbeiten, sich an meinen reiben. Ich küsse seine schlanken Hände, die mich fast schmerzhaft an die des Bogenschnitzers Kyle erinnern. Nachts werde ich unvermittelt wach, mit der Gewissheit, dass er eben noch über mich gebeugt neben meinem Bett gestanden hat, und in die Dunkelheit blinzelnd suche ich nach seinem Gesicht mit den kantigen, auseinanderstrebenden Zügen und den funkelnden Augen. Ich wage nicht, ihn anzusprechen. Aus Angst vor einer Abfuhr trete ich mit meiner Sehnsucht auf der Stelle.

In der folgenden Stunde verpasst Händel meinen unerfüllten Wünschen einen zusätzlichen Dämpfer. »Schauen Sie sich das genau an, meine Damen und Herren, und sagen Sie mir, was Sie sehen«, fordert er uns auf, als er den Mathematikunterricht einmal mehr für eines seiner berüchtigten Gedankenspiele missbraucht.

Er trippelt zur Seite. Er hat ein Poster mit Klebstreifen an der Tafel befestigt – das doppelseitige Hochglanzfoto einer nackten Frau, auswechselbar, künstlich, und dennoch aufreizend, wie man es aus jedem beliebigen Männermagazin kennt. Stühle rücken unruhig hin und her, begeisterte Pfiffe erfüllen die Klasse.

»Ich sehe jedenfalls *keinen* nackten Mann«, moniert Kat neben mir, laut genug für Händel, es zu hören. Er deutet eine entschuldigende, leicht ironische Verbeugung in ihre Richtung an, die von Kat mit einem gnädigen Nicken entgegengenommen wird. Ich weiß, dass er Kats Fortschritte beim Geigenspielen seit Jahren wohlwollend aus dem Hintergrund registriert.

»Woher haben Sie das Pin-up?«, ruft jemand aus einer der hinteren Reihen.

»Tut nichts zur Sache.« In der geschnaubten Antwort liegt eine Spur von Missmut. Händel spreizt die fleischigen Finger und hebt mit dramatischer Geste beide Arme, als wolle er der Klasse den Segen erteilen. »Was *sehen* Sie?«

Nicholas straft das Poster mit Missachtung und betrachtet

stattdessen seine Fingernägel. Händels dicke Hände senken sich wieder nach unten, um dann in rascher Folge drei weitere Bilder an die Tafel zu heften: die Reproduktion eines expressionistischen Gemäldes – scharfkantige Flächen und Farben, die Fieberfantasien entsprungen scheinen. Das Werbeplakat einer Versicherungsgesellschaft – Familie mit Kind vor einem Eigenheim, ein springlebendiger Hund tollt durch einen giftgrünen Garten. Schließlich die grobkörnige Vergrößerung der Fotografie einer Küstenlandschaft – Klippen wie Reißzähne eines längst ausgestorbenen Tieres, das Meer ein einziges aufgewühltes, blaues Kochen.

»Sie müssen lernen zu abstrahieren«, sagt Händel. Er ist neben die Tafel getreten, seine Hände sind gefaltet, die Zeigefinger tippen nervös gegeneinander. »Schauen Sie hinter die Dinge, misstrauen Sie der Oberfläche. Lassen Sie sich nicht belügen, und belügen Sie sich nicht selbst! *Was sehen Sie?*«

Ich sehe, wie Nicholas langsam die dunklen Augen schließt und nickt.

Ich betrachte oft die beiden Wandkarten, die ich vor sechs Jahren aus dem alten Keller der Schule mitgenommen habe, Nordamerika und die ganze Welt. Damals, nach dem erschreckenden Vorfall mit Wolf und meinem darauf folgenden Umzug in den zweiten Stock Visibles, hatte ich die Karten sofort an einer Wand meines neuen Zimmers aufgehängt. Ich kramte alle Postkarten aus, die Gable uns je geschickt hatte, und begann, die exotischen Orte, von denen sie erzählten, auf der Weltkarte zu suchen und mit Stecknadeln zu markieren, die rote Köpfe hatten. Grüne Nadeln steckte ich in Länder und Städte, Meere und Inseln, die ich irgendwann besuchen wollte, sei es aufgrund ihrer schönen, geheimnisvollen Namen oder einfach deshalb, weil es dort berühmte Bauwerke oder Naturwunder zu bestaunen gab. Jede grüne Nadel war für mich eine sichtbare Bestärkung meines Willens, der Stadt und Visible eines Tages den Rücken zu kehren.

An der gegenüberliegenden Wand sitzt Paleiko auf seinem Stammplatz, oben im Regal, und starrt quer durch den Raum auf diese Karten. Der großäugige weiße Blick aus dem Schwarz seines Mohrengesichts heraus ist voller Misstrauen und Skepsis. Der in die Stirn gebettete Kristall funkelt wie ein kleiner Stern. Paleiko hat seit Jahren den Mund nicht geöffnet – er wird ihn auch nie wieder öffnen, dessen bin ich mir sicher. Und doch glaube ich manchmal zu sehen, dass seine Lippen sich in einem dunklen Flüstern bewegen.

Du schaffst es nie, Phil.

Doch, du verdammter schwarzer Miesmacher! Eines Tages verschwinde ich von hier.

Das glaube ich erst, wenn ich es sehe.

Du kannst nichts sehen. Du bist blind, deine Augen sind nichts als weiße Farbkleckse auf schwarzem Porzellan. Was soll mich daran hindern, von hier zu verschwinden?

Jeder weitere Tag, den du hier verbringst. Du gewöhnst dich an die Welt der Kleinen Leute. Deine Fußstapfen werden tiefer mit jedem Weg, den du hier zurücklegst. Dein Horizont wird kleiner mit jedem Blick aus dem Fenster.

Du kannst das nicht beurteilen. Ich bin stärker, als du denkst, Paleiko.

Du bist schwächer, als du glaubst.

Tut mir leid, alter Freund, aber so sehe ich das nicht.

Wirklich nicht? Dann bist du der Blinde von uns beiden, Phil.

Ich mag weder Paleikos misstrauischen Blick, noch schätze

ich seine mahnerischen Kommentare. Das Einfachste wäre, die Puppe umzusetzen und ihr so die Sicht auf die beiden Karten, am besten auch auf mich, zu nehmen. Ich tue es nicht, weil ich glaube, dass Tereza mir Paleiko aus gutem Grund geschenkt hat. Wer nicht lernt auf sich selbst aufzupassen, braucht einen Wächter.

An Bord der Nautilus

VISIBLES BIBLIOTHEK IST GROSS, von Helligkeit durchflutet zu jeder Jahreszeit dank einer breiten, zweiflügeligen Glastür. Die Tür wird durch weiße Holzstreben in großräumige Gitter unterteilt, doch der Lack auf den Streben ist längst gesplittert. Verschliertes, seit Ewigkeiten ungeputztes Glas bricht das schräg einfallende Tageslicht in leuchtende Säulen – *Gottesfinger* nennt Glass dieses Phänomen, weil es an aufgefächerte Sonnenstrahlen erinnert, die an manchen Tagen durch plötzlich aufbrechende Wolken auf das Land fallen, um es wie mit Laserstrahlen abzutasten.

Die Flügeltür öffnet sich auf eine kleine, mit einem marmornen Geländer versehene Terrasse. Über drei breite Treppenstufen gelangt man von hier aus in den hinteren Teil des Gartens. Die Stufen sind zersprungen, Unkraut und zarte Schlingpflanzen haben sich im Laufe der Jahre und Jahrzehnte in den Ritzen eingenistet und geduldig nach oben gearbeitet, bis vor die Glastür, gegen die sie im Sommer als grüner Teppich wogen. Im Winter türmen sich vor der Tür vom Wind angetriebene Schneemassen.

Im Inneren der Bibliothek erheben sich an jeder Wand, bis unter die hohe Decke, unzählige Regale. Als Glass nach Visible kam, waren die Regalfächer praktisch leer, sie beherbergten nichts als Staub und zwanzig bis dreißig zerlesene Romane. Stella war keine große Bücherfreundin gewesen. Doch irgendwann mussten sich hier *richtige* Bücher befunden haben, denn in der Luft hing kaum wahrnehmbar der Geruch lederner Einbände und von der Zeit angefressenen, vergilbten Papiers.

Als Dianne und ich die Bibliothek entdeckten, erkoren wir sie kurzerhand zu unserem Spielzimmer. Mit Kreide zeichneten wir die aneinanderliegenden Quadrate von Himmel und Hölle auf den Parkettboden, der unter jedem unserer Sprünge mit ächzendem Knarren nachgab. Später, als der Reiz des Spiels verflogen und das kreidegezeichnete Gitter bis zur Unkenntlichkeit verwischt war, suchte ich die Bibliothek oft allein auf. Ich stellte mich in die Mitte des hohen Raums, badete im einfallenden Licht der Gottesfinger und malte mir aus, wie sich auf magische Weise die Regale zu füllen begannen. Ich musste nur die Augen schließen; sobald ich sie wieder öffnete, würden sich, Rücken an Rücken, Tausende von Büchern aneinanderdrängen, jedes von ihnen ein Schatz, den es zu heben galt.

Lange Zeit blieben die Regale so leer, wie ich sie kennengelernt hatte. Die wenigen Bilderbücher, die Glass mitbrachte, wenn sie abends abgearbeitet nach Hause kam, erschienen mir eines Platzes in der Bibliothek nicht würdig. Andere eigene Bücher besaß ich nicht, Stellas Romane waren für ein Kind uninteressant. Tereza gab mir den Rat, meinen Lesehunger, der von den Märchen und Geschichten angefacht worden war, die sie Dianne und mir bei nächtlichem Kerzenschein, auf dem burgunderroten Sessel sitzend, vorgelesen hatte, über die städtische Bücherei zu stillen. Bald darauf trug ich ganze Arme voller Bücher nach Visible, wo ich den alten Sessel in der Mitte der Bibliothek aufgestellt hatte. Diesen schäbigen Sessel erhob ich zu meinem Thron, auf ihm wurde ich zum Erschaffer von Welten, zum König im Auge eines Sturms von Geschichten, die bei der Lektüre der Bücher um mich herum zu wirbelndem Leben erwachten. Die Rückwände der Regale barsten splitternd unter den mächtigen Schwerthieben von König Artus und seinen Rittern der Tafelrunde; aus dem Parkettboden brach donnernd und von haushohen schwarzen Wellen umtost Moby Dick, der weiße Wal; die Zwerge des Landes Liliput warfen stecknadelgroße Enterhaken nach mir aus; und an Bord der Nautilus erforschte ich neben Kapitän Nemo die Tiefen einer kalten, schreckenerregenden Welt zwanzigtausend Meilen unter den Meeren.

Manche Fluchten waren einfach. Es gelang mir, für Tage, manchmal für Wochen, die Realität völlig auszublenden. Die Abenteuer, in die ich von den entliehenen Büchern entführt wurde, mochten so bunt und so verschieden voneinander sein wie die Geschichten aus Tausendundeiner Nacht, doch sie hatten immer denselben Effekt: Sie umgaben mich wie ein schützender Mantel und verbargen mich so vor den Kleinen Leuten, vor der Welt *da draußen*. Deshalb liebte ich die Bibliothek. Für mich war sie die Mitte der Welt.

Ironischerweise sollten es Bücher aus dem Besitz Diannes sein, die schließlich einige der Regale füllten – keine Bücher im eigentlichen Sinne, sondern an die drei Dutzend dickleibige, von Hand gebundene Folianten mit Buchdeckeln aus samtweichem Leder, deren Seiten einen von Dianne argwöhnisch gehüteten Schatz verbargen: die Herbarien von Terezas Vater. Unzählige Pflanzen aus aller Welt waren darin versammelt, ein winziger Ausschnitt aus dem bunten Kosmos botanischen Lebens, über Jahrzehnte hinweg in geduldiger Forschungsarbeit von dem Professor zusammengetragen, sorgfältig gepresst und katalogisiert.

Die Herbarien gehörten zu den wenigen Kostbarkeiten, die Tereza aus dem Besitz ihres verstorbenen Vaters behalten hatte.

Viele Möbel und allerlei Kleinkram waren auf dem Sperrmüll gelandet oder verkauft worden. Tereza hasste Erinnerungen. Ihrer Ansicht nach nagelten sie die Menschen in der Vergangenheit fest und verhinderten, dass man sich weiterentwickelt. Als sie bei unseren sommerlichen Spaziergängen immer öfter feststellte, dass Dianne ein anhaltendes, weit über die Kenntnis bloßer Namen hinausgehendes Interesse an Pflanzen zeigte, vermachte sie ihr kurzerhand die Herbarien.

Dianne war von den Sammelwerken nicht zu trennen. Keine Woche verging, in der sie nicht die Bibliothek aufsuchte und die alten Folianten sorgfältig abstaubte, um anschließend, auf dem Bauch liegend, für Stunden darin zu blättern. Meist hatte sie dabei einen Weltatlas an ihrer Seite – das einzige Geschenk, das sie je von Gable angenommen hatte –, auf dessen Karten sie die genauen Fundorte einheimischer und exotischer Pflanzen ausfindig machte. Die Namen der Kontinente und Länder standen, neben einer Vielzahl anderer Informationen, auf einem jeder der gepressten Pflanzen beigehefteten Blatt: genauer Fundort, Vegetationsperiode, Beschaffenheit und Besonderheiten des Bodens, die Inhaltsstoffe von Blütenständen, Laub und Wurzeln und deren pharmazeutische Verwendungsmöglichkeiten. Schließlich begann Dianne selbst Pflanzen zu sammeln, und schon bald ergänzten ihre eigenen Herbarien die bereits vorhandenen in den hohen Regalen. Ein kleines Zimmer, schräg gegenüber der Bibliothek, füllte sich mit Utensilien, die man zum Sammeln, Bestimmen und Pressen benötigte: eine Botanisiertrommel, eine Pflanzenpresse, diverse Lupen, sogar ein kleines Mikroskop, das Dianne sich von Glass zum Geburtstag schenken ließ. Mehrere Fächer eines wackeligen alten Regals dienten der Aufbewahrung von bunten Töpfchen und mit

Schraubdeckeln verschlossenen Gläsern, gefüllt mit zerriebenen Blättern, getrockneten Wurzelstücken und Pflanzensamen; jedes einzelne Glas trug ein Klebeetikett, das Dianne mit ihrer krakeligen Kinderschrift beschrieben hatte. Ich schlich mich oft in dieses Zimmer, betrachtete die Schätze voll andächtiger Neugier und studierte die lateinischen Namen auf den Etiketten, berührte aber nie etwas. Noch öfter stand ich vor den Regalen in der Bibliothek und blätterte mich, ziellos und nicht an der Wissenschaft, sondern einzig an Schönheit und Farben interessiert, durch die vielen Herbarien. Ich tue das auch heute noch, und zum Lesen ziehe ich die Bibliothek ohnehin allen anderen Räumen Visibles vor.

Vor drei Jahren hat auch Glass damit begonnen, die Bibliothek aufzusuchen, für die sie bis dahin nicht die kleinste Spur von Interesse gezeigt hat. Wenn ich durch den Garten streife, kann ich sie hinter der Flügeltür beobachten. Sie sitzt auf meinem Thron der Geschichten, ihre Hände liegen ruhig auf den Lehnen. Immer ist sie den Herbarien zugewandt, die Augen mal geöffnet, meist aber geschlossen; in solchen Momenten bin ich mir nie sicher, ob sie schläft oder nur tagträumt. Da ich sie nie in einem Buch oder einem der Herbarien blättern sehe, nehme ich an, dass sie einfach etwas Ruhe und Abgeschiedenheit sucht – obwohl es in Visible unzählige andere Räume gibt, in denen sie beides finden könnte. Glass ist am seltensten von uns allen in diesem Raum, in dem Geschichten beginnen und enden.

WENN ES ÜBERHAUPT irgendein auf Amerikaner gemünztes Klischee gibt, das auf Glass hundertprozentig zutrifft, dann ist es das von der ausgeprägten Vorliebe für Junkfood. Pappiges Weißbrot schleppt sie mit derselben Begeisterung an wie voll entrahmte

Milch. Überzuckerte Cornflakes oder fettfreien, mit Konservierungsstoffen vollgepumpten Schinken hält sie für Grundnahrungsmittel, und vermutlich ist Glass auch die einzige Frau auf der Welt, die sich jemals ernsthaft mit der Frage auseinandergesetzt hat, ob Kartoffeln schon als Trockenpulver geerntet werden.

Als Kind habe ich Glass nur ungern und mit Bauchgrimmen zum Einkaufen begleitet. Mich störte die unverhohlene Neugier, mit der wir in der Öffentlichkeit von den Kleinen Leuten gemustert wurden – als wären wir exotische, aus dem Zoo entlaufene Tiere. Obwohl die Blicke, mit denen Glass gemessen wurde, an ihr abglitten wie an einem zentimeterdicken Stahlpanzer, hatte ich das Gefühl, sie davor beschützen zu müssen. Als Dreikäsehoch nicht zu wissen, wie ich das anstellen sollte, erfüllte mich mit frustrierender Hilflosigkeit. Der trotz dieses Dilemmas vor Jahren gefasste Entschluss, meine Mutter nach Möglichkeit nie allein zum Einkaufen gehen zu lassen, war purem Selbsterhaltungstrieb entsprungen. Irgendwann erwachte in mir die Sehnsucht nach unbehandeltem Obst und nach frischem Gemüse; beides erstand Glass aber nur dann, wenn ich ihr beim Einkaufen quengelnd mit meinen Wünschen in den Ohren lag. Letztlich war es nicht mehr als ein Tauschgeschäft: Ich nahm die unverhohlene, penetrante Neugierde der Kleinen Leute in Kauf für den Genuss reinen Joghurts, aus dem einen nicht rudelweise künstlich aromatisierte Erdbeeren ansprangen, sobald man den Becher öffnete.

Was Glass nie aus dem Supermarkt mitbringt, ist Alkohol, den sie, abgesehen von einem Glas Sekt zum Jahreswechsel oder zu Geburtstagen, mit fast religiösem Eifer ablehnt. Dass sie an diesem Nachmittag gleich vier Flaschen italienischen Weißwein in den Einkaufswagen legt, kann daher nur eines bedeuten.

»Soave?«, sage ich nach einem Blick auf die Etiketten. »Wer kommt zu Besuch?«

»Michael.«

Es dauert einen Moment, bis ich schalte. »Das Betrugsdelikt?«

»Ebendieses.«

»Ich wusste gar nicht, dass du dich noch mit ihm triffst.«

»Du bist ja auch nicht meine Sekretärin, Darling. Ich kann meinen Terminkalender ganz gut allein verwalten.«

Mir fällt ein, dass sie in den letzten vier Wochen mehrmals abends länger ausgeblieben ist. Ich habe mir darüber keine Gedanken gemacht, genauso wenig wie über die Frage, ob Dianne zu weiteren nächtlichen Streifzügen aufgebrochen ist, zu wem und warum auch immer. Meine Gedanken sind zu sehr mit Nicholas beschäftigt gewesen.

»Ich gehe zur Fleischtheke«, sagt Glass. »Holst du schon mal Reis? Du weißt schon, welchen.«

Ich schiebe den Einkaufswagen weiter, lege eine Packung Reis hinein, der mit industrieller Sorgfalt von allen Vitaminen und Mineralstoffen befreit worden ist, und schmuggele ein Pfund Vollkornnudeln darunter. Als Glass von der Fleischtheke zurückkommt, bringt sie in transparente Folie verpackte Filetstreifen mit, deren Farbe von auffälliger Blässe ist.

»Ist das etwa Fisch?«

»Nein. Sie haben eine Horde Schweine mit Pigmentstörungen geschlachtet.« Sie pfeffert die Filets achtlos in den Wagen. »Natürlich ist das Fisch.«

»Aber wir haben noch nie Fisch gegessen. Seit wann –«

»Seit heute.«

Vier Flaschen Wein sind eine Sache. Ein komplettes Essen ist eine völlig andere. »Du *kochst* für ihn?«

Glass hebt beide Hände, wie um einen Angriff abzuwehren. »Kein Grund, aus den Schuhen zu fallen, okay? Warum sollte ich nicht für ihn kochen?«

»Weil du das noch nie für einen Mann getan hast.«

»Dann fange ich eben heute damit an.«

Ihre Nervosität ist beinahe greifbar. Sie angelt wahllos eine Konservendose mit Mais aus dem nächsten Regal. Ich hätte nie für möglich gehalten, dass meine Mutter mir ausgerechnet in einem Supermarkt mitteilen wird, dass sie bei einem Mann mehr oder weniger feste Absichten hat. Festere jedenfalls als sonst. Um mich nicht ansehen zu müssen, studiert Glass das Etikett auf der Konservendose, als hinge ihr Überleben davon ab. Unter anderen Umständen würde ich vermuten, dass sie gerade überlegt, wie man es schafft, ganze Maiskolben in solch kleine Büchsen zu verpacken.

»Glass?«

»Hm?«

»Nimm es mir nicht übel, aber ...«

Jetzt sieht sie auf. »Ja?«

»Du kannst überhaupt nicht kochen! Wenn du diesem Michael imponieren willst, solltest du besser etwas aus der Tiefkühltruhe mitnehmen und ansonsten Geld in einen neuen Lippenstift investieren.«

»Wofür brauchst du einen neuen Lippenstift?«

»Sehr witzig, Mum!«

»Mum mich nicht an, du weißt, wie sehr ich das hasse.« Sie grinst und stellt, offensichtlich erleichtert, den Mais ins Regal zurück. »Gott, du hast ja Recht. Ich nehme was aus der Truhe. Tu mir einen Gefallen, bring den blöden Fisch zurück, okay?«

Ich laufe eilig zur Fleischtheke, wo ich den Fisch einer verärgerten Verkäuferin aushändige. Langsam werde ich unruhig. Glass hat mir versprochen, mich nach dem Einkaufen zur Stadtbücherei zu fahren, wo ich einen Stapel Romane abliefern will, die ich während der Sommerferien gelesen habe. Die Ausleihfrist ist gerade abgelaufen; ich werde Strafe zahlen müssen.

In der Abteilung mit Tiefkühlkost wühlt Glass in einer Truhe herum. Nach einer Minute beginne ich, mir ernsthaft Sorgen um ihre Hände zu machen.

»Du wirst Frostbeulen kriegen, wenn du dich nicht bald für etwas entscheidest.«

»Was hältst du von Cannelloni?«

»Nicht schlecht, die passen zum Wein. Du solltest Salat dazu machen, es gibt fertiges Dressing aus der Flasche und –«

Glass schießt nach oben wie ein Springteufel. Ein Wirbel gefrorener, dampfender Luft tanzt ihr nach. »Phil, ich weiß deine Besorgnis wirklich zu schätzen! Aber ob ich eine gute Köchin bin oder nicht, dürfte kaum etwas daran ändern, dass Michael mich mag, okay?«

»Warum sagst du das mir? Du bist diejenige, die unbedingt kochen wollte. Nur weil du nervös bist –«

»Ich bin nicht nervös! Es gibt Cannelloni, ohne irgendwelchen Schnickschnack, und damit basta!«

»Klingt nicht gerade nach einem Festmahl.«

»Michael soll sich auf mich konzentrieren und nicht auf das Essen! Wenn er sich für Nudelrollen zu fein ist, kann er entweder mich zum Essen einladen oder sich selbst zum Teufel scheren.«

Dort sind bis jetzt alle ihre Liebhaber gelandet.

So gefällt Glass mir wesentlich besser; nicht weil ich etwas dagegen habe, dass sie sich mit Michael oder irgendeinem anderen Mann trifft, sondern weil ich es nicht ertragen kann, sie durch einen Mann verunsichert zu sehen, und sei es nur durch die Frage, ob sie für ihn kochen soll oder nicht. Es passt nicht zu Glass – genauer gesagt passt es nicht zu dem Bild, das ich von ihr habe.

»Würde es dir etwas ausmachen«, sagt sie etwas weicher, »dich heute Abend in der Nähe aufzuhalten? Dir Michael mal anzusehen und so?«

»Du willst wissen, was ich von ihm halte?«

»Genau.«

Ich zucke die Achseln. »Wenn ich dir einen Gefallen damit tue.«

»Tust du.« Glass beugt sich erneut über die Truhe, taucht fast hinein. »Was ist in richtigen Cannelloni drin, Gemüse oder Fleisch? Die haben beides hier.«

»Fleisch … Hackfleisch.« Ich betrachte ihren Rücken und knabbere dabei auf der Unterlippe. »Bin gespannt, was Dianne dazu sagen wird, dass du Michael eingeladen hast.«

»Das ist mir, offen gestanden, scheißegal.«

Ihre Stimme kommt direkt aus der Tiefkühltruhe. Bei der Kälte, die aus dem letzten Satz spricht, erscheint mir das nur angemessen.

»Denkst du dran, dass ich noch zur Bücherei muss?«

»Ich denke an nichts anderes, Darling«, tönt es aus der Truhe. »Diese kleinen weißen Dinger hier – ist das Broccoli, oder was?«

Glass setzt mich vor dem Rathaus ab. Die Bücherei ist in einem Seitenflügel des Gebäudes untergebracht. Eigentlich besteht sie nur aus einem einzelnen großen, aus irgendwelchen Gründen immer unbelüfteten Raum, der das Prädikat *Bücherei* nicht verdient. Die Lesebestände rekrutieren sich allesamt aus abgegriffenen Romanen und Sachbüchern und aus zerfledderten

Bildbänden, deren Seiten schon lange vor meiner Geburt vergilbt gewesen sein müssen.

Herrscherin über die Stadtbibliothek ist, seit ich mich erinnern kann, Frau Hebeler. Sie ist ein spitzwangiges, merkwürdig transparentes Geschöpf, das beinahe so ausgeblichen ist wie die auf wackligen Regalen gegeneinanderdrängenden Buchrücken. Ihre rabenschwarzen – wie ich annehme, gefärbten – Haare trägt Hebeler streng nach hinten gekämmt und im Nacken zusammengeknotet, eine Frisur für die Ewigkeit. Frau Hebeler zeichnet dafür verantwortlich, dass ich nicht an die Existenz glückselig machender, Zufriedenheit auslösender Hormone glaube; falls ihr verkniffener Mund je ein Lächeln zu Stande gebracht hat, ist mir das entgangen. Meist öffnen sich die schmalen Lippen nur, um einem der sich selten hierher verirrenden neuen Leser klarzumachen, dass er lediglich ein geduldeter Besucher ist, der zurückgebrachte Bücher selbstständig in die Regale einzuordnen und bei einer Überschreitung der Verleihfrist mit sofortiger und qualvoller Exekution zu rechnen hat. Hebeler ist die selbsternannte Schutzpatronin von Prosa und Lyrik, nur das gibt ihr Substanz. Ich kenne niemanden, der so sehr von seiner eigenen Unwichtigkeit überzeugt sein könnte, wie sie es ist.

Jemand bewegt sich zwischen den Regalen, als ich die Bücherei betrete. Das ist ungewohnt genug. Hebelers Arbeit besteht zu einem guten Teil im geduldigen Warten auf Kundschaft – als Kind habe ich sie oft vorsichtig gemustert, um festzustellen, ob sie bereits Staub ansetzte. Noch ungewohnter ist, dass die Bibliothekarin heute trotz meiner verspäteten Rückgabe der Bücher nicht ausfällig wird. Ich leiere eine Entschuldigung herunter, während sie einen prüfenden Blick auf meine Karteikarte wirft, doch sie winkt ab, bevor ich den Satz beenden kann.

»Ist ja nicht so, als würde jemand die Bücher wirklich vermissen, was?«, sagt sie wohlwollend.

Und sie lächelt. *Hebeler lächelt!* Routiniert, aber mit einem Schwung, den ich von ihr nicht kenne, klatscht sie den Rückgabestempel auf meine Karteikarte und schiebt den Stapel Bücher achtlos an den Rand des Tresens. Dann sieht sie lauernd darüber hinweg, geradewegs an mir vorbei.

Als ich mich neugierig umdrehe, sehe ich Nicholas zwischen den Regalreihen hervortreten. Jeder Tropfen Blut, den ich besitze, scheint ohne Umwege in mein Herz zu strömen. Was auch immer sich dabei, neben dem schlagartigen Auftritt tödlicher Blässe, in meinem Gesicht abspielt, bringt den Läufer zum Lächeln.

»Tag, Phil.«

»Hallo«, erwidere ich.

Was für ein Fegefeuer von etwa zehn Sekunden Dauer alles ist, was ich hervorzubringen vermag. Ich weiß nicht, ob ich über ihn hinwegsehen, ihm die Hand geben oder einfach schreiend davonlaufen soll. Er selbst wirkt völlig gefasst – warum auch nicht –, ein Standbild der Gelassenheit mit beunruhigend wachen, dunklen Augen.

»Hey«, sagt er endlich, »komme ich eigentlich öfter hierher?«

Im Nachhinein halte ich das für die größte Offensive seit General Custer und der Schlacht am Little Big Horn. Trotzdem muss ich lachen. Für einen Moment fühle ich mich wohler und beschließe, auf sein Spiel einzugehen.

»Und, kommst du?«, frage ich.

»Komme ich?« Jetzt wendet Nicholas sein Lächeln Frau Hebeler zu. »Zumindest in den nächsten drei Wochen, in denen ich diese hübsche junge Dame vertrete, während sie Urlaub macht, wo war das noch, Frau Hebeler?«

Über die Wangen der Bibliothekarin jagen hektische rosige Flecken wie Wanderdünen auf der Flucht vor einer anbrandenden Sturmflut. Sie murmelt etwas, das sich anhört wie *Ananarea*.

»Schön«, erwidert Nicholas, »sehr schön, da war ich auch mal. Das wird Ihnen gefallen.«

Hebeler nickt. Nickt und schluckt und strafft, wohl eher unbewusst, den Oberkörper, wie um Nicholas einen besseren Blick auf ihre Brüste zu gestatten, von denen ich, obwohl ich Hebeler seit Jahren kenne, nun zum ersten Mal nicht nur bemerke, dass sie überhaupt welche besitzt, sondern dass sie für eine so zierliche Frau auch unverhältnismäßig üppig ausgefallen sind. In ihrer verlegenen Hilflosigkeit tut sie mir beinahe leid. Nur muss ich, unter den nächsten Worten des Läufers, plötzlich all mein Mitgefühl für mich selbst aufbringen.

»Wo warst du letzte Woche?«

»Letzte Woche?«

»Und die davor. Donnerstags. Auf dem Sportplatz.« Nicholas greift angelegentlich nach einem der Bücher, die ich zurückgebracht habe, schlägt es auf und blättert aufs Geratewohl darin herum. »Hab dich vermisst.«

Jetzt schießt mir alles zuvor entwichene Blut, als würde ein Bunsenbrenner unter mein Herz gehalten, zurück in den Kopf. Nicholas muss bemerken, wie ich rot anlaufe. Vermisst?

»Ich hab da … nur so gesessen«, unternehme ich den lahmen Versuch einer Antwort.

»Ah. Na dann.«

Er lächelt und sieht mir dabei direkt in die Augen. Es gelingt mir, seinem Blick standzuhalten, aber natürlich ist die ganze Sache längst gelaufen. Falls Nicholas bisher noch nicht auf die Idee gekommen ist, dass ich mich seinetwegen länger auf dem Sportplatz aufgehalten habe, weiß er es spätestens jetzt. Ich unterdrücke nur mit Mühe den Impuls, endgültig den Rückzug anzutreten und schreiend aus der Bücherei zu stürmen, die Situation ist mir so peinlich. Und noch nicht ausgestanden.

»Warte übermorgen auf mich, okay?«

»Was?«

»Warten. Übermorgen. Du auf mich.« Das Grinsen hat sein Gesicht nicht verlassen. Inzwischen muss er mich für einen kompletten Idioten halten.

»Warum?«

Er zuckt die Achseln. »Warum nicht?«

Ende der Fahnenstange. Mein Gehirn setzt einfach aus – beide Hälften. Ich fühle mich wie betäubt. Es ist keine große Beruhigung, in diesem Moment festzustellen, dass ich nicht der Einzige bin, auf den Nicholas eine solche Wirkung hat. Hebeler hat während unserer Unterhaltung an seinen Lippen gehangen und jedes seiner Worte aufgesogen wie verdurstende Erde, auf die ein lang ersehnter Regen fällt. Der Grund dafür ist nicht bloße Neugier. Zum ersten Mal kommt mir der Gedanke, dass Nicholas seine Freunde möglicherweise nicht nur der Tatsache zu verdanken hat, dass er ein guter Sportler ist, sondern dass er vielleicht auf alle Menschen eine magnetische Anziehungskraft ausübt. Es muss an der Schwärze liegen, die ihn umgibt, schwarzes Haar, schwarze Augen, das dunkle Lächeln. Vor allem dieses Lächeln macht süchtig.

»Also, ich stell dann noch rasch die Bücher zurück«, sage ich, an Hebeler gewandt. Sie erinnert mich an einen unglücklichen zappelnden Vogel, der auf einer Leimrute festklebt. Ihre Antwort ist ein unverständliches Fiepen. Sie hat kapituliert.

Ich greife nach dem Bücherstapel. Kurz, wie aus Versehen, legt sich die Hand des Läufers auf meine. »Ich mach das schon«, höre ich ihn sagen. »Muss schließlich üben.«

Mehr ist nicht auszuhalten. Ich nicke, bringe irgendwie meine Hand wieder an mich, mache ein paar Schritte rückwärts und frage mich im selben Moment verärgert, wie lange er seine Hand wohl auf meiner hätte liegen lassen, wenn ich sie nicht fortgezogen hätte.

Mein letzter Blick, bevor ich mich umdrehe und im Sturmschritt die Bücherei verlasse, fällt auf Frau Hebeler. Sie hat das Zappeln aufgegeben und thront jetzt wie ein in sich versunkener Buddha auf ihrem Drehstuhl, ein feines Lächeln um die sonst so angespannten Mundwinkel. Ihre spitzen Wangen leuchten, zum ersten Mal erscheint sie mir körperlich, nicht mehr transparent. Vielleicht überlegt Hebeler, ob sie den Knoten in ihrem Nacken lösen und mit einem Lachen das rabenschwarze Haar nach vorn schütteln soll.

Ich verlasse das Rathaus, laufe die Hauptstraße hinunter und stürme in die nächste Telefonzelle.

»Tereza?«

»Nein, Pascal.«

»Oh ... Hier ist Phil. Ist Tereza zu Hause?«

»Phil, was ist los mit dir?«, tönt mir Pascals niederländischer Akzent entgegen. »Es ist heller Nachmittag. Tereza steckt in der Kanzlei und arbeitet.«

Natürlich tut sie das. Nur weil Glass heute freihat, bin ich fälschlicherweise davon ausgegangen, dass auch Tereza nicht arbeiten muss. Pascal hingegen ist praktisch immer zu Hause. Bevor sie bei Tereza eingezogen ist, hat sie irgendwo an der holländischen Küste gelebt und als Bootsbauerin gearbeitet. Inzwischen verdient sie sich ihren Lebensunterhalt ziemlich erfolgreich damit, an Wochenenden auf Flohmärkten handgeschnitzte, mit Bernsteinsplittern gespickte Holzanhänger für Halsketten und Armbänder zu verkaufen.

Ich höre sie am anderen Ende der Leitung atmen. Sie wartet darauf, dass ich fortfahre und etwas sage; ich bin am Zug. Tereza hat einmal behauptet, ihre grobschlächtige Freundin sei eine Frau, die das Leben als einen einzigen großen Tauschhandel betrachtet. *Mein Herz für Deines,* hat Pascal ihr zu Beginn ihrer Beziehung auf einer ansonsten schneeweißen Postkarte geschrieben, die noch heute in Terezas Küche an einem Pinnbord hängt. *Ein Leben für ein Leben.*

»Würdest du Tereza ausrichten, dass ich angerufen habe? Ich müsste mal mit ihr sprechen.«

»Warum setzt du dich nicht in den nächsten Bus, kommst hier vorbei und wartest auf sie?«

»Das geht nicht. Glass erwartet Besuch. Sie kocht ein Abendessen, und ich habe ihr versprochen, dabei zu sein. Nicht beim Essen, meine ich, also …«

Ich beiße mir auf die Unterlippe. Glass wird mich teeren und federn, wenn sie erfährt, dass ich Pascal Details aus ihrem Privatleben verrate. Zwischen den beiden Frauen besteht ein Waffenstillstand, der umso sensibler ist, als ihm nie ein offener Krieg vorausgegangen ist. Pascal weiß, dass Tereza lange in meine Mutter verliebt war. Es ist für sie von untergeordneter Bedeutung, dass seitdem viele Jahre vergangen sind. Nach allem, was ich von Tereza über ihre Freundin weiß, scheint Pascals Eifersucht keine Zeit zu kennen oder sie langsamer zu messen.

»Ich weiß Bescheid über das Essen«, gibt sie zu meiner Überraschung zurück. »Glass hat mich nach einem Rezept für ein Fischgericht gefragt.«

»Sie hat *dich* …? Hey, das sollte mir wohl die Sprache verschlagen, oder?«

»Pass lieber auf, dass es dir nicht den Appetit verschlägt. Glass kann nicht kochen. Genauso wenig, wie sie eine feste Bindung eingehen kann«, fährt Pascal nüchtern fort. »An deiner Stelle würde ich der Sache keine große Bedeutung beimessen.«

»Ich glaube, ernster war es Glass noch nie.«

»Falsche Steigerung, Phil – ernster könnte deiner Mutter die Angelegenheit nur sein, wenn ihr je etwas ernst gewesen wäre.«

Tereza hat einmal erklärt, Aufrichtigkeit und Offenheit seien Qualitäten, die ihr in ihrem Beruf als Anwältin nur selten begegnen. Pascal schenkt ihr seit nahezu fünf Jahren beides. Es ist einer der tausend Gründe, aus denen Tereza sie so sehr liebt. Im Gegensatz zu Glass, die einmal unterstellt hat, Terezas Freundin würde erst dann den Mund aufmachen, wenn sie vorher abgewogen hat, wie viel Schaden sie mit ihren Worten anrichten kann, mag ich Pascals Geradlinigkeit. Jedenfalls meistens.

»Pass auf dich auf, Phil«, sagt sie jetzt.

»Wobei?«

»Beim Abendessen.«

»Glass ist auf Tiefkühlkost ausgewichen. Die Gefahr, an einer Fischgräte zu ersticken, ist damit gleich null.«

»Das meine ich nicht.«

»Sondern?«

»Was ich sagen will, ist, dass dein Wunsch nach einem Vaterersatz nicht dein Urteilsvermögen trüben sollte.«

»Danke für den Hinweis.«

Am liebsten würde ich ihr den Hals umdrehen – ihr oder besser noch Tereza, die Pascal irgendwann die herzzerreißende Geschichte zweier Kinder erzählt hat, die ohne Vater geboren wurden, in tiefer Nacht bei Schnee und Eis.

»Falls du Tereza noch sprechen willst, solltest du im Halbstundentakt anrufen. Sie fährt am frühen Abend zu irgendeiner Tagung und schaut nur kurz rein, um ihr Gepäck zu holen. Kommt Freitag wieder.«

»Es war nicht so wichtig.« Eigentlich habe ich nur mit jemandem reden wollen, um mein Hochgefühl zu teilen. »Sie kann ja, wenn sie Lust hat –«

»Das Abendessen mit einem Anruf stören? Glass wird denken, sie würde überwacht.«

»Sie soll ja nicht Glass, sondern mich anrufen.«

»Wie du meinst. Ich richte es ihr aus. Versprechen kann ich aber nichts.«

Ich trete aus der Telefonzelle auf die Hauptstraße, wo träger Feierabendverkehr herrscht. Menschen hasten über die Gehsteige, erledigen letzte Einkäufe, Plastiktaschen in den Händen, Kinderwagen vor sich herschiebend. Jeder von ihnen müsste stehen bleiben und mich neugierig ansehen, weil mein Herz in alle Richtungen Funken sprüht. Es ist verrückt, dass Scham mich ausgerechnet in diesem Moment überfällt. Ich habe mich so sehr daran gewöhnt, die Bewohner der Stadt mit Herablassung zu betrachten, bin so sehr davon überzeugt, Visible mache Glass, Dianne und mich zu etwas Besonderem, dass ich ihnen – denen *da draußen*, den Kleinen Leuten, den Jenseitigen – Gefühle wie Liebe oder Zuneigung bisher einfach abgesprochen habe. Die Geschichten, die Glass von so vielen Frauen zu hören bekam, hätten mich schon vor Ewigkeiten eines Besseren belehren müssen.

Dann sehe ich Dianne auf der gegenüberliegenden Straßenseite. Sie steht an der Hauptbushaltestelle, die dort erst existiert, seit vor ein paar Jahren der Zugverkehr mangels Fahrgastaufkommen eingestellt und der kleine städtische Bahnhof, an dem Glass vor über siebzehn Jahren hier ankam, geschlossen wurde. Neben Dianne steht ein Mädchen mit kurzen, strohblonden Haaren, das ich nicht kenne. Es muss die Freundin sein, mit der Kat sie in der Schule gesehen hat. Für einen winzigen Augenblick lähmt mich der Gedanke, Dianne habe eine Geliebte – ihre eigene Pascal –, und ich überlege, ob es dieses blonde Mädchen ist, zu dem es Dianne hinzieht, wenn sie nachts Visible verlässt.

»Vielleicht ist es genetisch«, murmele ich.

Die beiden unterhalten sich. Es sieht nicht so aus, als handele es sich dabei um eine Unterhaltung der entspannten Art: Die Blonde redet ununterbrochen auf Dianne ein, sie gestikuliert dabei aufgebracht mit den Händen, ihr Kopf ruckt vor und zurück wie der eines Raubvogels; meine Schwester, mit zusammengebissenen Lippen, schüttelt von Zeit zu Zeit nur stoisch den Kopf.

Der Bus kommt. Ich sehe Dianne einsteigen und das blonde Mädchen langsam davonschlendern, mir entgegen. Hastig drücke ich mich um die nächste Straßenecke. Ich überlege, ob Dianne zu Tereza fährt, ob ich Pascal noch einmal anrufen soll, um sie zu fragen, ob meine Schwester sich angekündigt hat. Dann verwerfe ich den Gedanken wieder. Wenn es so wäre, hätte Pascal mir das sicher schon während unseres Gesprächs gesagt. Ich zucke die Achseln. Es gibt wichtigere Dinge. Meine rechte Hand, die der Läufer berührt hat, brennt wie Feuer. Ich habe keine Ahnung, wie ich die Zeit bis übermorgen überstehen soll.

Michael ist mir auf Anhieb sympathisch. Das Erste, was mir an ihm auffällt und mich überrascht, ist sein Alter. Ich schätze ihn auf Anfang fünfzig, damit wäre er fast zwanzig Jahre älter als Glass. Na ja, fünfzehn. Sein Haar beginnt sich bereits zu lichten, an den Schläfen ist es ergraut. Zu verwaschenen Jeans trägt er ein blütenweißes Hemd, am linken Handgelenk blitzt eine altmodische Uhr. Er wirkt lässig, elegant und trotz seines eher saloppen Äußeren so seriös wie eine Aktentasche aus teuerstem Leder. Als ich ihn nach seinem Beruf frage, grinst er fast verlegen.

»Hat Glass das nicht gesagt?«

»Nein.«

»Niemand hat mich gefragt«, wirft Glass ein.

Die leicht vorwurfsvolle Bemerkung gilt sowohl mir als auch Dianne, die sich zu uns gesellt hat. Dass Glass sie ebenfalls um ihre Anwesenheit gebeten hat, wundert mich mindestens genauso wie die Tatsache, dass Dianne dieser Bitte nachgekommen ist.

»Ich bin Anwalt«, erklärt Michael. Seine Stimme ist so tief und resonant, dass ich mir einbilde, das Weinglas zwischen meinen Händen schwingen zu fühlen. Er hat ein schmales, markantes Gesicht, wie einer dieser Typen aus der Fernsehwerbung, die ihr Kinn für Doppelklingenrasierer in die Kamera halten.

Ich muss grinsen. »Ein Anwalt, der einen Anwalt braucht?«

»Was?«, fragt Dianne ratlos.

»So haben wir uns kennengelernt«, erklärt Michael. »Im Frühjahr habe ich mich von einem Klienten übers Ohr hauen lassen, und plötzlich steckte ich bis zum Hals in … nun, in einer unangenehmen Sache. Die Details sind langweilig. Jedenfalls geriet ich so an Tereza. Und an eure Mutter.«

Mit einem Lächeln, das allen und keinem gilt, schiebt er seine

Uhr am Handgelenk auf und ab. Er sieht Glass an. Er weiß es vielleicht noch nicht, aber er ist rettungslos verloren.

Amüsiert stelle ich fest, dass es Glass kaum besser ergeht. Sie schießt durch die Küche wie ein Huhn ohne Kopf, rückt Teller und Bestecke zurecht, füllt Wein in auf Hochglanz polierte Gläser, und dabei plappert sie ununterbrochen und raucht wie ein Schlot. Es ist rührend zu sehen, wie sehr sie sich abmüht, um Michael zu gefallen, aber sie macht mich damit höllisch nervös – falls ich mich bei der Verabredung mit Nicholas ähnlich panisch anstelle, wird er vermutlich bereuen, mich je angesprochen zu haben. Schließlich bringt Michael Glass zur Ruhe, indem er sie, nachdem sie die tiefgefrorenen Cannelloni in den Ofen geschoben hat und einmal mehr an ihm vorüberhastet, kurzerhand schnappt, sie auf seinen Schoß pflanzt und ihr den Nacken massiert.

»Verspannt?«, fragt er.

»Ja, aber weiter unten.«

Es ist der einzige Moment, in dem ich zusammenzucke. Nur Michaels Lachen, gepaart mit einem aufrichtig verständnislosen Blick von Glass, rettet die Situation. Dianne, die bereits ihr Weinglas abgesetzt hat und in deren Gesicht alle Zeichen auf Flucht stehen, entspannt sich wieder und entschließt sich zu einem Grinsen. Als Michael seine Hände pflichtschuldig von Glass' Nacken zu ihren Schulterblättern herabwandern lässt, frage ich mich, ob er von der Existenz seiner Vorgänger weiß, und wenn ja, wie er mit diesem Wissen zurechtkommt.

»Hättest du Salat gewollt?«, fragt Glass mit geschlossenen Augen. »Ich meine, es gibt keinen, weil ich nicht gewusst hätte, wie man Dressing oder so was macht.«

»Man fängt an mit einem Esslöffel Essig auf drei Esslöffel Öl«, sagt Michael.

»Tatsächlich? Könntest du ein Stück weiter links, wo du gerade eben – genau da, wunderbar ... Also, Essig, was? Ich weiß ja nicht, findest du nicht, dass der immer ein bisschen nach öffentlicher Bedürfnisanstalt riecht?«

Michael ist mindestens ebenso unsicher wie Glass, nur weiß er das besser zu verbergen. Im Gegensatz zu ihr drosselt er einfach die Geschwindigkeit. Er spricht wohlüberlegter und langsamer und gestikuliert sparsamer als sie. Aber weder das eine noch das andere kann das Strahlen verbergen, das von ihm ausgeht wie von einem zuverlässigen kleinen Heizradiator. Spätestens als Glass die relativ geschmacksneutralen Cannelloni auf den Tisch bringt, muss sie bemerken, dass Michael sie anbetet. Sie könnte ihm Pferdemist servieren, den er mit derselben Hingabe und Begeisterung essen würde. Vermutlich ist nur der Tatsache, dass sie es *nicht* bemerkt – oder nicht bemerken will –, zuzuschreiben, dass sie Michael nicht längst in die Wüste geschickt hatte. Ich erinnere mich an einen Satz Pascals, die irgendwann respektlos geäußert hat, vermutlich hätte selbst die Jungfrau Maria etwas gegen Anbetung, wenn sie in ihrem Leben nur halb so viele Männer gevögelt hätte wie meine Mutter.

»Wie findet ihr ihn?«, fragt Glass, als Michael sich entschuldigt hat, um zur Toilette zu gehen.

Ich sehe hilfesuchend zu Dianne. »Er ist nett, oder?«

»Nett?«, schnaubt Glass über den Tisch. »Ich sag dir, was nett ist, Darling: Panflötenmusik ist nett. Mit rosa Blümchen bedrucktes Klopapier ist nett.«

»Ich meinte doch nur –«

»Eine etwas qualifiziertere Aussage könntest du schon treffen.«

»Du tust gerade so, als wolltest du ihn heiraten.«

»Und wenn ich das wollte?«

Dianne hebt eine Augenbraue – vermutlich wundert sie sich, warum unsere Mutter zum ersten Mal in ihrem Leben bezüglich eines Mannes Wert auf unsere Meinung legt. Ich spüre, wie Glass sich in der plötzlich eingetretenen Stille zwischen uns windet wie ein Aal. Vermutlich würde sie rot anlaufen, wenn der ungewohnte Alkohol ihr das Blut nicht ohnehin schon längst ins Gesicht getrieben hätte.

»Und, willst du?«, frage ich.

»Ach … was weiß ich.« Glass erhebt sich rasch und holt eine neue Flasche Wein aus dem Kühlschrank. »Also?«

»Also«, ich hebe beide Hände, »ich finde ihn klasse. Wirklich.«

»Dianne?«

»Er ist in Ordnung. Oder?«

»Gut.« Glass fuhrwerkt ungeübt mit dem Korkenzieher herum. »Weiß jemand, wie dieses Ding funktioniert?«

Eine oder zwei weitere Stunden vergehen. Wir plaudern, Kerzen leuchten, in den Gläsern schimmert golden der billige Wein. Michael ist schlagfertig und hat Humor. Er benimmt sich so zuvorkommend, als sei er selbst der Gastgeber, und er langweilt Dianne und mich nicht mit Fragen nach der Schule oder unserer Zukunft, sondern parliert fröhlich drauflos über Gott und die Welt. Von Kyle abgesehen hat keiner der Männer, die Glass im Laufe der Jahre nach Visible mitgebracht hat, mich innerhalb so kurzer Zeit dermaßen beeindruckt. Ich sehe zu Dianne. Sie ist aufgetaut, lacht über Michaels Scherze und ist so gelöst, wie ich sie seit einer Ewigkeit nicht mehr erlebt habe. Selbst Rosella, die für heute Abend ihren Stammplatz auf dem Küchentisch räumen musste und in prekärer Schieflage achtlos auf einem Bord gelandet ist, scheint noch glücklicher zu lächeln als sonst. Es ist wie Familie. Oder zumindest so, wie ich mir Familie immer vorgestellt habe. Aber gerade deshalb erscheint es mir wie eine Illusion, das schlechte Abziehbild einer noch schlechteren Fernsehreklame. Händel würde angesichts dieser netten Szenerie vermutlich peinlich berührt, wenn nicht sogar völlig erschüttert, den Blick verhüllen. Die ganze Zeit denke ich an Nicholas und unsere Verabredung und daran, dass Tereza nicht angerufen hat.

Ich bin überrascht, als Michael auf seine Uhr sieht und verkündet, er werde jetzt fahren. Ich habe fest damit gerechnet, dass er über Nacht bei Glass bleiben wird.

»Begleitest du Michael nach draußen?«, fragt sie mich. »Ich räume ab und fange schon mal mit dem Abwasch an. Dianne, hilfst du mir?«

Dianne sieht sie durchdringend an, dann beginnt sie kommentarlos ein paar Teller aufeinanderzustapeln. Ich bin so angeschickert vom Wein, dass ich mir nur mit Mühe das Lachen verkneifen kann. Denkt Glass etwa, es wäre an der Zeit für ein *Gespräch unter Männern*? Michael gibt ihr einen Kuss auf die Wange, den sie entgegennimmt, als sei er schon nicht mehr anwesend. Dann lässt der Anwalt, der einen Anwalt braucht, sich von mir nach draußen begleiten.

»Imposantes Gemäuer«, sagt er, als wir auf der Veranda stehen. Er zeigt an der Fassade des Hauses empor, die sich im Nachthimmel verliert. Irgendwo zirpt eine Grille gegen die herbstliche Kälte an. »Als ihr klein wart, war das sicher ein Traum.«

Ich lasse ihm diese Bemerkung durchgehen. Woher soll er auch wissen, wie sehr Dianne und ich uns früher in Visible geängstigt haben? »Es war in Ordnung«, erwidere ich.

Michaels nächster Satz bringt mich aus dem Gleichgewicht.

»Hast du einen Freund?«

»Was?«

»Einen Freund. Glass hat mir erzählt, dass du schwul bist. Ich hoffe, das macht dir nichts aus?«

»Dass ich schwul bin oder dass Glass die Klappe nicht halten konnte?«

Er grinst. »Beides, denke ich.«

»Nein, tut es nicht.« Wahrscheinlich liegt es nur an seiner samtenen, dunklen Stimme, dass ich überhaupt eine Antwort zu Stande bringe. Sie erweckt sofort Vertrauen; das perfekte Instrument für einen Anwalt. »Und nein, ich habe keinen Freund. Hat Glass das nicht auch erzählt?«

»Sie wusste es nicht.«

Ich nicke und krame nach irgendeinem Satz, den ich sagen könnte, um die plötzlich eingetretene Stille zu überbrücken.

»Hey, tut mir leid, Phil.« Michael hält mir eine Hand entgegen, die ich automatisch ergreife und schüttele. Er lächelt verlegen, wie ein kleiner Junge. Ein würziger Geruch geht von ihm aus, irgendein teures Eau de Toilette, so gut auf ihn abgestimmt wie alles, was er trägt. »Ich wollte nicht indiskret sein.«

»Ist schon okay.«

Tatsächlich fühle ich sogar eine Art Erleichterung. Als Kat herumgeunkt hat, ich würde spätestens dann wegen meines Schwulseins Probleme bekommen, wenn ich mit einem Freund aufträte, habe ich widersprochen. Dass Michael es selbstverständlich hinnimmt, ermutigt mich. Ich sehe ihm nach, wie er auf seinen Wagen zugeht; sein weißes Hemd leuchtet, ein heller Fleck vor der Nacht. Er hat seine Jacke in der Garderobe vergessen.

Nachdem er gefahren ist, gleitet jemand aus der Tür und stellt sich neben mich an das Verandageländer. Ich habe mit Glass gerechnet, doch es ist Dianne, die sich mit ihrer typischen Geräuschlosigkeit aus den Schatten schiebt.

»Glaubst du«, fragt sie, den Blick geradeaus gerichtet, »dass es diesmal für länger ist?«

»Vielleicht. Es wäre jedenfalls das erste Mal, dass Glass einen Mann freiwillig nach Hause geschickt hätte … Er war in Ordnung, findest du nicht?«

»Na ja.« Dianne lacht kurz. »Er war nett.«

»Weißt du, für einen Moment, als wir alle zusammen so dagesessen haben …«

»Ging mir ähnlich.« Ihre Stimme wird leise. »Aber für so etwas ist es längst zu spät, oder?«

»Kann sein«, gebe ich genauso leise zurück. »Trotzdem, ich würde es immer noch gerne ausprobieren. Obwohl ich mich höllisch unwohl gefühlt habe, als ich mir vorstellte, wir wären eine Familie beim Abendessen.«

Der Flüsterton verwandelt uns in kleine Kinder zurück, die in einem gemeinsamen Zimmer in ihren Betten liegen und über die Dunkelheit hinweg leise miteinander reden.

»Manchmal denke ich, dass ich gar nicht unbedingt einen Vater wollte«, sagt Dianne. »Oder ich hab es gewollt, aber nur, als ich klein war.«

»Du hast Kyle gemocht, oder?«

»Ich dachte, er würde bei uns bleiben. Aber er ging, und danach …« Ihr Gesicht ist unlesbar. Nur ihre Hände huschen und trippeln unruhig über das Geländer der Veranda, als besäßen sie ein eigenes Leben.

»Danach?«

»Habe ich an einen Vater nicht mehr geglaubt. Da habe ich mir nur noch eine andere Mutter gewünscht.«

Ich hole tief Luft.

»Du glaubst, dass ich Glass hasse, aber das tue ich nicht«, sagt Dianne schnell. »Ich hasse nur unser Leben, Phil. Ich hab die Nase so voll davon, wegen meiner Mutter wie eine Aussätzige behandelt zu werden. Ich wünsche ihr nur deshalb, dass es mit Michael klappt, damit wir in der Stadt endlich behandelt werden wie normale Leute.«

»Das glaubst du doch nicht wirklich, oder? Ich meine, sieh dir Stella an. Sie war nicht wie Glass. Sie hat sich trotzdem darüber beschwert, dass niemand etwas mit ihr zu tun haben wollte.«

Dianne zuckt die Achseln. »Sie hätte gehen können. Wer hätte sie aufgehalten?«

»Sie hat Visible zu sehr geliebt. Vielleicht hat sie sich, trotz allem, hier zu Hause gefühlt.«

»Das tue ich auch«, gibt Dianne zurück. »Ich mag Visible, und ich mag die Stadt.«

»Aber die Stadt mag uns nicht«, beharre ich.

»Sie mögen Glass nicht«, gibt Dianne ebenso hartnäckig zurück. »Das ist ein Unterschied.«

Das Gespräch hat eine Wendung genommen, die mir nicht gefällt. Die Stimmung beim Abendessen ist so entspannt gewesen, dass ich bereits überlegt habe, Dianne auf das blonde Mädchen anzusprechen, mit dem ich sie an der Bushaltestelle gesehen habe, oder darauf, wo sie heute Nachmittag gewesen ist. Den Plan kann ich vergessen, solange es um Glass geht.

»Glaubst du etwa«, sage ich, »sie hätte so viele Kundinnen, wenn jeder sie hassen würde?«

Dianne gibt einen verächtlichen Laut von sich. »Diese blöden Weiber! Die kommen in hundert Jahren noch, weil sie nicht begreifen wollen, dass es ihnen besserginge, wenn sie ihre Männer sitzenlassen würden.«

»Glass hat nichts anderes getan.«

»Ja, ungefähr zehn- oder zwanzigmal pro Jahr.« Dianne wendet sich mir zu. »Sie wollte immer nur Sex, und deshalb hält jeder sie für eine Schlampe.«

»Du auch?«

»Nein. Aber deshalb muss ich ihr Verhalten noch lange nicht korrekt finden, oder?«

»Warum musst du es überhaupt irgendwie finden?« Wir sind lauter geworden. »Du tust so, als hätte das Glass zu einer schlechten Mutter gemacht.«

»Mein Gott, das habe ich nie behauptet, ich bin ja nicht völlig verblödet!« Diannes Stimme bekommt langsam einen scharfen Unterton. »Ich weiß, dass sie sich ein Bein für uns ausgerissen und es immer gut gemeint hat. Aber es war ihr dabei scheißegal, wie wir von den Leuten beglotzt wurden wegen ihrer Eskapaden! Sie hat ihre eigenen Regeln aufgestellt, und wir müssen dafür bezahlen. Glass war und ist völlig egoistisch.«

»Und? Wer hat behauptet, eine Mutter müsse sich hundertprozentig für ihre Kinder aufopfern?«

»Ach, Scheiße, Phil! Vielleicht hätte das mal jemand tun sollen!«

Ohne eine Antwort abzuwarten, dreht Dianne sich um und marschiert ins Haus zurück. Ich sehe ihr hilflos nach. Das Verrückte ist, dass ich wahrscheinlich nicht einmal etwas hätte erwidern *können*, weil ich ihr im Kern Recht gebe. Dass Glass sich den Teufel darum schert, wie sie selbst, Dianne oder ich von der Außenwelt wahrgenommen werden, mag tatsächlich egoistischen Motiven entspringen. Aber es ist nicht Glass, die den Jenseitigen vorschreibt, wie sie derlei Motive einzuordnen und zu beurteilen haben. Was die ersehnte Akzeptanz durch die Stadtbewohner angeht, kämpft Dianne einen einsamen Kampf. Auf mich kann sie nicht zählen. Ich muss nicht einmal den Gedanken daran bemühen, mich als Junge in einen Jungen verliebt zu haben, um zu dem Schluss zu kommen, dass die Meinung der Kleinen Leute mir mindestens ebenso gleichgültig ist wie meiner egoistischen Mutter.

So kam der Mond zu seinen Flecken

MANCHE VERÄNDERUNGEN KOMMEN über Nacht. Du gehst abends zu Bett, schläfst ruhig und tief, und am folgenden Morgen erwachst du und stellst fest, dass alles anders ist als zuvor. Du kannst dir nicht erklären, was geschehen ist, denn die Sonne ist aufgegangen wie an jedem Morgen, und da hängt immer noch dieses Bild an der Wand, das du längst abhängen wolltest. Die Farben der Welt sind dieselben geblieben. Nur bei genauerem Hinsehen glaubst du zu entdecken, dass sie eine Spur heller oder dunkler als bisher erscheinen, doch das ist eine Täuschung: Es ist deine Wahrnehmung, die sich verändert hat, weil du selbst von heute auf morgen ein anderer geworden bist. Und deshalb hängst du jetzt auch dieses verdammte Bild ab.

Andere Veränderungen kündigen sich an. Du spürst sie auf dich zukommen, langsam und unabwendbar wie den Wechsel der Jahreszeiten. Kleine und große Ereignisse gehen solchen Veränderungen voraus, die in keinerlei Zusammenhang zu stehen scheinen. Doch irgendetwas im hintersten Winkel deiner Psyche setzt diese Ereignisse und ihre Folgen geduldig zusammen wie ein Puzzlespiel, und im selben Maße, wie das Puzzlebild Gestalt annimmt, vollzieht sich in deinem Inneren ein Wandel, Stück für Stück, Schritt für Schritt: eine Art unbemerkter, zweiter Geburt.

Es gab ein Jahr, in dem eine Vielzahl solcher großen und kleinen Ereignisse für mich zusammenfielen.

Es war das Jahr, zu dessen Beginn ich auf den verschneiten Treppenstufen der Stadtkirche Nicholas gesehen hatte und unmittelbar darauf den Verlust meiner Schneekugel beklagen musste. Nur wenige Wochen darauf verlor Glass das Baby, das auszutragen sie sich in den Kopf gesetzt hatte. Dianne, die auf die Ankündigung von Nachwuchs entgegen meinen Erwartungen nicht verärgert oder ablehnend, sondern gleichgültig, fast gelangweilt reagiert hatte, zeigte sich von den Ereignissen völlig verstört. Sie zog sich tief in sich selbst zurück und wurde erst wieder zugänglich, als Glass aus dem Krankenhaus entlassen wurde, wo sie einige Tage zur Beobachtung verbringen musste, weil sie zu viel Blut verloren hatte.

Ich war hilflos. Die Fehlgeburt trieb Glass in die weit geöffneten Arme einer betäubenden Schwermut, die allem und jedem in ihrer näheren Umgebung die Farben zu entziehen schien und nichts als Grau hinterließ. Glass wirkte unerreichbar. Erst Monate später schüttelte sie die Depression ab, zögernd, als nehme sie Abschied von einem treuen Freund. Auch ich verlor einen Freund – Paleiko redete nicht mehr mit mir. Es war, als wäre die schwarze Puppe unter dem Schrecken verstummt, der mit der Fehlgeburt über Visible hereingebrochen war. In diese farblose Zeit fiel auch Diannes und mein dreizehnter Geburtstag, der unbeachtet kam und ging, eine einsame Angelegenheit, denn niemandem war nach Feiern zu Mute. Tereza, die uns sonst alljährlich zu diesem Anlass mit unverbrauchter Frische und Begeisterung die Geschichte unserer Geburt erzählte, während Dianne und ich mit Lebensmittelfarben verseuchte Tortenstücke in uns hineinschaufelten, blieb zum ersten Mal zu Hause.

Es war das Jahr, in dem Kat und ich uns einander zusehends näherten, der Frühling ihrer ersten, noch hilflosen Streitereien mit ihren Eltern. Uns in der Schule zusammen zu sehen, lachend oder miteinander tuschelnd und im Beisein Diannes, mit der ich meine neugewonnene Freundin wie selbstverständlich teilte, war ein gewohntes Bild. Irgendwann aber war dieses Zusammensein, das sich vornehmlich auf die Pausen zwischen den Unterrichtsstunden beschränkte, Kat nicht mehr genug. Eines Tages stand sie vor der hohen Eingangstür Visibles, ein kleines Gesicht mit hochroten Wangen. »Ihr habt mir nie gesagt, dass ihr in einem Schloss wohnt«, war ihre einzige Äußerung, bevor sie mit majestätisch erhobenem Haupt im Handstreich das Gemäuer einnahm. Kat unterlief alle Verbote ihrer Eltern mit Tricks, die selbst den ausgebufftesten Verbrecher überrascht hätten. Wann immer sich ihr eine Gelegenheit zum Davonlaufen bot, nahm sie, auch bei Wind und Wetter, den langen Weg vom anderen Ende der Stadt nach Visible in Kauf. Meist kam sie müde an, dann ließ sie sich von Glass mit warmem Malzbier wieder aufpäppeln.

Ihre Anwesenheit machte aus Visible einen helleren Ort. Kat nahm Dianne und mir die Angst vor den verschachtelten, düsteren Korridoren des Hauses. Sie forderte uns auf, darin mit ihr Verstecken zu spielen, nur um ungestüm und mit lautem Brüllen aus dunklen Nischen hervorzuspringen, wenn wir es am wenigsten erwarteten. Sie brachte uns bei, Entsetzen in entsetzte Begeisterung zu verwandeln. Wie nur Kinder es können, lehrte Kat uns die Lust an der Angst. Dafür liebte ich sie, und aus Dankbarkeit schenkte ich ihr Sand, den Gable mir von einem entfernten Strand mitgebracht hatte, abgefüllt in ein Glasfläschchen. Der Sand war feinkörnig und gelb. Ich schüttete ihn Kat über die geöffneten Hände und sagte: »So alt wirst du mal werden, für jedes Korn ein Jahr. Dann kannst du niemals sterben.«

In der Regel blieb Kat, bis nachmittags oder am frühen Abend ihr erzürnter Vater mit dem Wagen vorfuhr, um seine Tochter abzuholen. Anfangs behandelte er Glass bei solchen Gelegenheiten wie eine Kindesentführerin, heftige Worte wurden gewechselt, wütende gegenseitige Drohungen ausgestoßen. Glass bereiteten diese oft lautstarken Auseinandersetzungen mehr Spaß als Verdruss, denn es waren faire Kämpfe. Sie rechnete es Kats Vater hoch an, dass er – ganz im Gegensatz zu seiner Frau – beträchtliche Mühen darauf verwandte, die Vorurteile außen vor zu lassen, die von jenseits des Flusses gegen die Mauern Visibles brandeten wie die Wellen eines Ozeans, der keine Ebbe kannte. Irgendwann brach der Widerstand des von den Eskapaden seiner Tocher zunehmend entnervten Mannes zusammen, vielleicht weil er einsah, dass selbst Kindesentführung zur Routine werden kann. In die Begegnungen zwischen ihm und Glass schlich sich ein freundlicher Unterton. Ohne es zu bemerken, war Kats Vater dem Sirenengesang meiner Mutter erlegen. Seit der Schlacht am Großen Auge war die Zahl der Kundinnen, die Glass bei Nacht und Nebel aufsuchten, beständig gewachsen.

Kat wurde also zu einer regelmäßigen Besucherin Visibles, nicht nur zu meiner, sondern auch zu Diannes Freude. Dianne hatte Kat auf Anhieb gemocht, es war einer der seltenen Fälle, in denen sie ihr sonst so wachsames Misstrauen aus freien Stücken ablegte und uneingeschränkt Zuneigung verschenkte. Doch Kat lotete aus. Über Monate hinweg beobachtete sie Diannes und meinen Umgang miteinander und füllte dabei, von uns unbemerkt, unsichtbare Waagschalen mit den Gewichten der Eifersucht. Schließlich ließ sie Dianne fallen. Ihre Besuche wurden seltener, dann blieben sie ganz aus. In der Schule erklärte sie mir, Dianne sei seltsam und würde ihr Angst einjagen; dass sie einmal beobachtet habe, wie meine Schwester im Garten mit einer

Eidechse gesprochen habe, *gesprochen habe*!; Dianne sei eben einfach verrückt.

Es sollte das letzte Mal sein, dass ich Dianne weinen sah. Über Wochen hinweg schlugen alle Versuche, sie zu trösten, fehl. Glass und ich waren ratlos. Aus Gründen, die sie uns nicht erläuterte, fasste Dianne das Ende ihrer Freundschaft mit Kat als Strafe auf; ebenso wenig wie ich vermochte sie damals zu begreifen, dass Kats abrupte Abwendung mit ihrer Person im eigentlichen Sinn nichts zu tun hatte. Stattdessen redete sie sich ein, dass, was auch immer sie berührte, dazu verurteilt war, unter ihren Händen zu zerbrechen, und dass nichts zurückblieb als Scherben. Als Kat die Besuche Visibles wieder aufnahm, kündigte sie ihr Kommen regelmäßig an. Dann verschwand Dianne für den Rest des Tages, um mich mit meiner Freundin und einem schmerzenden schlechten Gewissen zurückzulassen.

Es war das Jahr, in dem ich an einem augustheißen Tag mit Wolf sprach. Er fand keine Erklärung dafür, warum ich ihn im Sommer zuvor allein im Wald zurückgelassen hatte und aus welchem Grund ich ihm danach aus dem Weg gegangen war. Es schien ihm gar nicht in den Sinn zu kommen, dass er mit dem Erschießen der Vogeljungen etwas Unrechtes getan hatte. Und ich wagte nicht zu erklären, dass, wann immer ich ihn sah oder an ihn dachte, sein blutverschmierter Mund und seine mit eigenem, schrecklichem Leben erfüllte Stirn vor meinem inneren Auge auftauchten. »Was machst du ohne mich, Phil?«, fragte er, und aus seiner tonlosen Stimme sprach weder Trauer noch Vorwurf. Auf seine Frage wusste ich keine Antwort. Ich fühlte mich wie trockenes Holz.

Es war das Jahr, in dem Dianne und ich uns zum letzten Mal gemeinsam unter dem Küchentisch versteckten, um die Gespräche unserer Mutter mit ihren Kundinnen zu belauschen. Dieses gelegentliche Spionieren hatte eine gewisse Tradition, wir praktizierten es seit vielen Jahren, und ich bin mir sicher, dass Glass davon wusste. Das leise Schaben zu ihren Füßen, wenn Dianne oder ich bei zu langen Sitzungen unruhig oder müde wurden und unser Gewicht verlagerten, konnte ihr unmöglich entgehen, aber sie sprach uns nie darauf an. Dianne und ich lernten hässliche Worte dort unter dem Tisch, Worte, die in keinem Lexikon erklärt wurden. Wir wussten verschiedene Besucherinnen schon bald anhand ihrer gedämpften Stimmen voneinander zu unterscheiden, mit denen sie Glass in ihre Geheimnisse einweihten – Geheimnisse, die so banal sein mochten, dass Dianne gegen mich gelehnt einschlief und ich sie grob wecken musste, nachdem die Frauen die Küche verlassen hatten, und dann wieder von solcher Grausamkeit, dass selbst der um Visible heulende Herbstwind verstummte, um gebannt zu lauschen.

Es war das Jahr, gegen dessen Ende Tereza sich dem zu erwartenden Silvestertrubel entzog und zu Freunden fuhr, die ein kleines Haus an der holländischen Küste besaßen, wo sie einige ruhige Tage verbringen wollte. Als sie wiederkam, war sie nicht allein. Sie stellte uns Pascal vor, die Dianne und ich übereinstimmend zu breitschultrig, überhaupt hässlich und bestenfalls deshalb interessant fanden, weil sie Bootsbauerin war, was in unseren Ohren höchst exotisch klang. Unsere Abneigung gegen Terezas Liebhaberin entsprang bloßer Eifersucht, denn Tereza besuchte uns jetzt immer seltener. Wir vermissten das Popcorn.

Es war das Jahr, in dem ich einen Reisebericht von Gable erhielt, einen zerknitterten Brief aus irgendeiner der vier Ecken der Welt. Gable schrieb, er habe Wale beobachten können, deren algenbewachsene Rücken wie Berge aus eisblauem Wasser ragten, und er habe ihrem Gesang gelauscht. Die Welt sei gewaltig, wir Menschen und unsere Probleme klein und unbedeutend, nichts als Staub in den Händen der Zeit.

Es war das Jahr, in dem mein Körper sich verwandelte. Meine Stimme wurde tiefer und brach. Eines Morgens erwachte ich, den Kopf noch voller verschwommener Bilder, und fand eine klebrig warme Pfütze auf meinem Bauch. Die Flüssigkeit schmeckte salzig, wie die Haut der mir vor Jahren von Gable geschenkten vertrockneten Seepferdchen; gleichzeitig war sie von einer entfernten, merkwürdig schweren, nahezu erstickenden Süße.

Es war das Jahr, in dem ich die Liste entdeckte, auf der anstelle eines Männernamens die Nummer Drei stand.

In diesem Jahr hatte ich beunruhigende Träume, an die ich mich nach dem Erwachen mit kristallklarer Deutlichkeit erinnerte, wohl deshalb, weil so viele Grenzen sich zu verschieben begannen, weil ich die Wirklichkeit so oft als Traum erlebte und meine Träume als Wirklichkeit. Vertraute Gerüche nahmen eine neue Intensität an. Farben waren plötzlich von größerer, bis dahin ungeahnter Leuchtkraft. Selbst Klänge und Geräusche erhielten eine andere Dimension, es kam mir so vor, als hätte ich sie bisher nur durch einen Filter wahrgenommen. Wie schlafwandelnd unternahm ich lange Spaziergänge, immer ohne Dianne. Ich entdeckte die Welt und meine Stellung darin neu. Menschen, die ich zuvor nur als Einzelwesen wahrgenommen hatte, standen plötzlich in geheimnisvoller Beziehung zueinander, als habe sich ein alles und jeden miteinander verstrickendes Netz auf sie herabgesenkt. Anscheinend belanglose Handlungen hatten weitreichende Konsequenzen – Händel, der neue Mathematiklehrer, erzählte uns befremdeten Schülern, ein winziger Luftwirbel, ausgelöst durch den Flügelschlag eines Schmetterlings im fernen Asien, könne einen wütenden Orkan über Europa zur Folge haben.

Ich sah, ich hörte, ich versuchte zu begreifen, und meine Träume schrieb ich auf. Mit dunkelblauer Tinte trug ich sie in ein kleines Heft ein, gewissenhaft und detailliert, als seien sie der kostbare Stoff, aus dem die Märchen gewoben wurden, die Tereza noch gestern zwei staunenden Kindern vorgelesen hatte.

»Hab ich dir eigentlich jemals gesagt, wie sehr ich diese beschissene Geige hasse?«

»Ich hab sogar Buch darüber geführt.«

»Wirklich?«

Ich grinse. »Wirklich. Als das erste Heft voll war, hab ich es weggeworfen.«

Kats Oberkörper ist unsichtbar, verborgen hinter dem aufgeschlagenen Notenheft, das auf einem wackeligen Metallständer ruht. Ich sehe ihren gebeugten Kopf in fließenden Bewegungen nach vorn und dann wieder leicht zurückwippen, das Gesicht eine Maske der Konzentration, die Augenbrauen himmelwärts strebende Bögen, während Finger und Bogen wie schwerelos über die Saiten der Violine tanzen. Die Luft ist ein Wellenbad perlender, vibrierender Tonfolgen.

»Brauchst du noch lange?«

»Fünf Minuten«, stößt sie zwischen zusammengepressten Lippen hervor. »Das Geschramme ist im ganzen Haus zu hören, und meine Mutter stoppt die Zeit, weißt du.«

Ich weiß. Wie üblich hat ihre Mutter mich mit der Begeisterung empfangen, die man einem Pickel entgegenbringt, der über Wochen hinweg hartnäckig an immer derselben Stelle auftaucht. Sobald ich ihr Haus betrete, benimmt sie sich, als sei der Frost eingekehrt; selbst im Sommer dreht sie dann demonstrativ die Thermostate an den Heizkörpern auf: pure Hilflosigkeit angesichts der Sturheit, mit der Kat seit Jahren meine Besuche durchsetzt.

»Warum nimmst du den Scheiß nicht auf Kassette auf, lässt das Band laufen und haust mit mir ab?«, sage ich über das Tönen der Geige hinweg.

»Bin gleich so weit.«

Ich bin kein Musikexperte, doch für meine Ohren klingt Kats Geigenspiel wunderbar. Die letzten Takte ertönen völlig entspannt, Körper, Geist und Instrument bilden eine harmonische Einheit. Ich kann sehen, wie Kats Verbissenheit einem zufriedenen, fast triumphierenden Lächeln weicht.

Ursprünglich bin ich mit dem festen Vorsatz gekommen, ihr von meinem bevorstehenden Treffen mit dem Läufer zu erzählen. Jetzt reicht ihr winziges Lächeln aus, meinen Plan über den Haufen zu werfen. Dieses Lächeln markiert den Sieg über das Stück, an dem sie übt. Noten, Modulation, Rhythmus: Kat hat das alles verinnerlicht, die Partitur gemeistert, sie beherrscht sie – es ist jetzt *ihr* Stück. Und Kat teilt nicht gern. Was sie einmal mit Beschlag belegt hat, was sie erobert, was ihr *gehört,* lässt sie nicht mehr los – besonders dann nicht, wenn sie dafür einen hohen Einsatz erbringen musste. Sie kann aufrichtig freigebig oder sogar großzügig sein, doch in den meisten Fällen verschenkt sie nur, um anschließend mehr zu besitzen. »Mit dir ist das anders«, wird sie nie müde zu beteuern. »Weißt du noch, wie ich dir mein Nachthemd gegeben habe, Phil? Niemandem sonst auf der Welt …« Vielleicht entspricht das der Wahrheit. Vielleicht hatte Kat in jener Nacht, als sie in Halsnasenohren einen Leidensgefährten suchte und stattdessen einen Seelenverwandten fand, mir ihr Nachthemd aus einer Art intuitiver Dankbarkeit heraus überlassen. Meine Zuneigung aber ist ihr, dessen bin ich mir sicher, nur deshalb so viel wert, weil sie lange dafür kämpfen musste – nicht mit mir, sondern mit ihren Eltern. Früher oder später bekommt Kat immer, was sie haben will. Bedeutet das, den heiligen Krieg ausrufen zu müssen, erhöht es für sie nur den Reiz. Hat sie schließlich eines ihrer selbstgesteckten Ziele erreicht, zeigt sie sich oft rasch gelangweilt; sie kann das Interesse daran dann so plötzlich verlieren wie ein Kind, das ein neu erworbenes Spielzeug nach kurzem Gebrauch in die Ecke wirft. Wo es liegenbleibt, aber nicht vergessen wird: Was auch immer nach Abschluss der Kampfhandlungen in Kats Besitz übergegangen ist, bleibt bis auf Widerruf ihr unveräußerliches Eigentum.

Selbst ihre letztjährige Winteraffäre mit Thomas passt in dieses Schema. Aus purer Neugier hat Kat für kurze Zeit ihren Körper, vielleicht auch ihre Träume, mit Thomas geteilt. Doch ich bin mir sicher, dass sie dabei immer ein wenig neben sich gestanden und die flüchtige Beziehung mit dem nüchternen Blick einer Wissenschaftlerin beobachtet hat, die ein Experiment überwacht. Später verkündete sie mit der ihr eigenen Arroganz, immerhin habe sie die Gnade besessen, Thomas niemals mitzuteilen, dass er in ihrem Leben nur wenig mehr als die Rolle einer Laborratte gespielt hatte. In diesem Augenblick sah ich sie vor mir, wie sie, aus ihrem verdunkelten Zimmer heraus, hinter Gardinen verborgen, tief befriedigt beobachtete, wie Thomas, noch Wochen nachdem sie ihm den Laufpass gegeben hatte, nachts um das Haus ihrer Eltern herumstrich, wo seine unerfüllte Leidenschaft Löcher in den Schnee brannte: ein verirrter Mondsüchtiger auf der Suche nach seinem Herzen, das das blonde Mädchen dort oben hinter den Gardinen in den Händen hielt.

Kat behauptet, dass Thomas ihr inzwischen nichts mehr bedeutet, doch ich bin fest davon überzeugt, dass sie auf jedes Mädchen, das sich ihm bis auf weniger als drei Meter zu nähern wagt, mit unverhohlener Eifersucht und einer blutigen Verteidigungsschlacht reagieren würde. Thomas hat ihr einmal gehört, und deshalb gehört er ihr für immer. Oder so lange, bis seine Gefühle für sie abkühlen. Oder so lange, bis Kat entscheidet, ihn freizugeben. Mit Eitelkeit hat das nichts zu tun. Dass Thomas sich noch immer regelrecht nach ihr verzehrt, erfüllt sie lediglich mit der stillen, kaum bewussten Zufriedenheit, die man Selbstverständlichkeiten entgegenzubringen pflegt, und es ist genau diese Eigenart Kats, die mich jetzt verunsichert. Ich falle nicht in die Kategorie *langweiliges Spielzeug*. Ich bin die Ausnahme, die seit Jahren die Regel bestätigt, aber gerade deshalb fürchte ich mich vor Kats Eifersucht, davor, sie könnte glauben, mich an Nicholas zu verlieren oder als Freundin an die zweite Stelle zu rücken. Aus diesem Grund halte ich, nachdem die letzten Töne verklungen sind und sie die Geige absetzt, meinen Mund.

»Du spielst gut«, sage ich anerkennend. »Ich schätze, wenn du wolltest, könntest du eine außergewöhnliche Musikerin werden.«

»Außergewöhnlich, hm?«, wiederholt Kat langsam. Die Haare fallen ihr ins Gesicht, als sie sich bückt, um Instrument und Bogen in den dazugehörigen Koffer zu packen. Sie klappt den Verschluss zu und sieht auf. »Glaubst du an außergewöhnliche Menschen?«

Ich zucke die Achseln. »Ich glaube an Begabung.«

»Begabung allein reicht nicht aus, um einen besonderen Menschen aus dir zu machen. Einen, der wirklich anders ist als andere.«

»Wie zum Beispiel wer?«

»Glass«, sagt sie.

Ich schüttele den Kopf. »Glass mag anders sein als eine ganze Menge anderer Menschen, aber von ihrer Sorte springen auf diesem Planeten genug herum. Wer sie nicht besser kennt, würde sie vielleicht als exzentrisch oder ein bisschen verrückt bezeichnen. Aber das ist alles.«

»Eben, als verrückt«, bestätigt Kat. »Aber nicht als begabt, oder? Außergewöhnlichkeit hat nichts mit Begabung zu tun.«

Nein, denke ich, sie hat etwas mit Wunden zu tun. Nur zwei Sorten von Menschen gehen keine Kompromisse ein: diejenigen, die über einen von Natur aus festen, meist mit mangelnder Einsicht in Unabänderlichkeiten gepaarten Willen verfügen. Und diejenigen, die so heftig verletzt wurden, dass sie ihr Herz in einen Panzer kleiden. Was das angeht, bilden meine beste Freundin und meine Mutter zwei Seiten derselben Medaille. Es ist kein Wunder, dass Kat Glass zum Idol erhoben hatte.

»Glaubst du«, spinnt Kat den Faden weiter, »dass wahre Außergewöhnlichkeit nur möglich ist, wenn man wahnsinnig ist oder so was?«

Ich grinse. »Hältst du Glass für wahnsinnig?«

»Nein. Dann schon eher deine Schwester.«

»Ihr sprecht ein großes Wort gelassen aus.«

»Sagt wer?«

Ich zucke die Achseln. »Im Zweifelsfall immer Shakespeare.«

»Oder Goethe.«

»Schiller?«

Kat hebt einen Finger: »Brad Welby.«

»Wer zum Teufel ist Brad Welby?«

Sie bricht in Kichern aus. »Er schreibt die Arztromane, die

meine Mutter heimlich liest. Und er ist wirklich außergewöhnlich.«

»Wahnsinnig außergewöhnlich?«

»Außergewöhnlich wahnsinnig, und wahnsinnig schlecht.«

Kat stellt sich ans Fenster. Ich trete neben sie und blicke auf die Dächer der Stadt, auf denen eine dunstige Glocke träge wabernden Septembernebels liegt.

»Vielleicht«, sagt Kat nachdenklich, »ist es genau das, was dieser Stadt fehlt. Es gibt hier zu wenig Wahnsinn.«

Ich schüttele den Kopf. Ich denke an Frauen wie Irene, die in ihrer inneren Einsamkeit UFOs an den Himmel gemalt hat, und ich sehe Annie Glösser in roten Schuhen durch die Straßen tanzen. Ich denke an Jungen wie den Brocken und an seine unglückliche Mutter. Ich denke an Wolf, an sprühenden roten Nebel, so viel Unglück.

»Es ist eher umgekehrt, oder?«, sage ich. »Vielleicht gibt es hier zu viel davon.«

»Vielleicht, ja.« Kat zuckt die Achseln und sieht mich an. Unsere Unterhaltung beginnt sie zu langweilen. »Lust auf Eis?«

»Anschließend Schwimmbad?«

»Gut. Gehen wir.«

Also gehen wir. Und ich komme mir vor wie ein Verräter.

ICH KANN NICHT EINSCHLAFEN. Je mehr ich mich zu entspannen versuche, umso verkrampfter werde ich. In meinem Kopf drehen sich gigantische Schiffsschrauben; ganz gleich, ob ich die Augen offen oder geschlossen halte, tanzen davor regenbogenfarbene Flecken. Noch eine Nacht – das Gefühl gleicht der Vorfreude auf Weihnachten oder auf die Ferien, nur weiß ich nicht, was genau mir beim Treffen mit Nicholas bevorsteht. Was ich genau weiß, ist, dass es keinen Sinn hat, sich darüber Gedanken zu machen. Male dir neunundneunzig Variationen aus, und du stolperst in Szenario Nummer hundert.

In der Schule habe ich nicht mit Nicholas gesprochen, zum Teil, weil ich befürchtete, Kat könne unangenehme Fragen stellen, zum Teil, weil er auf dem Pausenhof zwar meinem Blick begegnet ist und schwach gelächelt hat, aber von sich aus keine Anstalten machte, auf mich zuzukommen.

Als mein Wecker zwei Uhr zeigt und ich noch immer das Gefühl habe, mich langsam von einem Menschen in eine gut geölte Sprungfeder zu verwandeln, steige ich aus dem Bett. Barfuß tapse ich hinaus in den Flur, eine Minute später stehe ich im Erdgeschoss vor Glass' Schlafzimmer. Ich drücke die Tür einen Spalt auf. Dahinter liegt absolute Dunkelheit.

»Glass?«

Ein unwilliges Knurren vom anderen Ende des Raums ist die Antwort.

»Darf ich reinkommen?«

»Was ist los? Brennt das Haus?«

»Nein.« Ich bleibe unschlüssig im Türrahmen stehen. »Ich ... also, ich bin morgen mit einem Jungen verabredet.«

»Schön für dich, Darling.«

»Mum!« Dafür, dass ich den ganzen gestrigen Abend zur Stelle gewesen bin, um Michael für sie zu kommentieren, finde ich ihr Desinteresse reichlich ungerecht.

Ein Räuspern. »Du willst von mir wissen, was du machen sollst, oder?«

»Ja ... So in etwa.«

Eine kurze Pause entsteht. Den Geräuschen nach zu urteilen, wird sie von Glass dazu genutzt, ihre Bettwäsche zu ordnen. »Gut, ich gebe dir also einen mütterlichen Rat – ich gebe dir sogar drei, wenn du mir versprichst, mich danach in Ruhe zu lassen.«

»Cross my heart ...«, sage ich hastig. Meine Augen gewöhnen sich langsam an die Dunkelheit. Ich sehe Glass gestikulieren. Ihre Hände sind zwei vage, blass schimmernde Flecken, große Nachtfalter, die einander müde umflattern.

»Erstens: Gib ihm bloß nicht zu erkennen, dass er die erste Verabredung deines Lebens ist. Das wird ihn genauso nervös machen wie dich, und wenn ein sexuell erregter Mann zu nervös ist ...«

»Glass, kein Mensch redet hier von sexueller Erregung!«

»Zweitens: Frage ihn nie, ob er dich liebt.«

»Wieso nicht?«

»Wenn er mit Nein antwortet, wünschst du dir, du hättest nie gefragt. Sagt er Ja, kannst du nicht sicher sein, ob er es nur deshalb tut, weil er keine Lust auf eine hässliche Szene hat. In beiden Fällen bist du sturzunglücklich.«

»Er könnte doch auch Ja sagen und es ehrlich meinen.«

»Wie alt ist er?«

»Nicht so alt wie Michael.« Es ist zu dunkel, um sehen zu können, ob oder wie Glass auf diesen kleinen Seitenhieb reagiert. »Achtzehn oder so.«

»Dann meint er es vielleicht wirklich noch ehrlich.«

Die Dielen knarren, als ich mein Gewicht von einem auf den anderen Fuß verlagere. »Und drittens?«

»Wasch dich unter den Armen.«

»Sehr witzig, Mum!«

»Gute Nacht, und auf Wiedersehen beim Frühstück.«

»Blöde Kuh.«

»Ich liebe dich auch, Darling.«

So viel zu liebender mütterlicher Fürsorge, denke ich, während ich die Treppen zurück nach oben nehme. Wenn überhaupt, hat mich die ganze Aktion nur noch unruhiger gemacht. Einem plötzlichen Impuls folgend, laufe ich durch den Flur schnurstracks auf Diannes Zimmer zu und klopfe an.

Keine Antwort.

Ich klopfe noch einmal, dann öffne ich vorsichtig die Tür. Dianne ist nicht da. Durch zwei vorhanglose Fenster sickert Mondlicht in den Raum, spiegelt sich matt auf dem stumpfen Parkett, es ist, als bewege man sich auf Nebel. Diannes Zimmer ist nüchterner eingerichtet als das Wartezimmer eines Arztes: ein altersschwacher Kleiderschrank aus dem Besitz Stellas, eine Matratze auf dem Fußboden, abgedeckt mit einem einfarbigen Überwurf; daneben eine schlichte kleine Stehlampe. In einem einzelnen Regal eine Handvoll Bücher und allerlei Krimskrams. Keine Bilder oder Poster an den weißgetünchten Wänden; die von ihrer Pflanzenliebe zeugenden Herbarien und Bücher befinden sich in der Bibliothek. Vor einem der Fenster ein wackeliger Schreibtisch, auf dessen Arbeitsfläche eine fast peinliche Ordnung herrscht; Papiere liegen Kante auf Kante, einzelne Stifte ruhen, der Länge nach geordnet, aufgereiht nebeneinander, ihre geschärften Spitzen bilden eine gerade Linie.

Es ist ein ungeschriebenes Gesetz, dass keiner von uns das Zimmer des anderen betritt, wenigstens nicht in dessen Abwesenheit. Dass ich es dennoch getan habe, entschuldige ich vor mir selbst mit meiner Ruhelosigkeit. In Wirklichkeit ist es blanke Neugier, angefacht von Diannes nächtlichem Verschwinden. Aus derselben Neugier heraus öffne ich jetzt die unverschlossenen Schubladen ihres Schreibtisches.

Und, is das 'n schönes Gefühl?

Ja, Annie ... O ja!
Schon ma der Mamma Geld aussem Pottmanee geklaut?
Der Schwester unters Röckchen geguckt?
An nackte Jungs gedacht un dir einen bei runtergeholt?

Die Briefe liegen in der mittleren Schublade. Der Dicke der Umschläge nach zu urteilen, in denen sie stecken, müssen sie von beträchtlicher Länge sein. Und es sind nicht zwei oder drei Umschläge; es sind Dutzende, geschrieben, versiegelt und nie abgeschickt, aus welchem Grund auch immer. Ich mustere jeden einzelnen von ihnen, als könnte ich, wenn ich nur lang genug daraufstarre, durch ihn hindurchsehen und den Inhalt lesen. Auf jedem Umschlag steht ein einziges Wort.

Zephyr

Der Name eines Jungen oder eines Mädchens, eines Mannes oder einer Frau? Jedenfalls jemand, den ich nicht kenne, von dem ich noch nie gehört habe. Jemand, vielleicht das Mädchen von der Bushaltestelle, der Dianne dazu bewegt, Visible mitten in der Nacht zu verlassen – Glass würde einen Anfall bekommen, falls sie je davon erführe. Seit wann unternimmt Dianne diese Ausflüge? Wie oft war sie nachts schon unterwegs?

Nie ist mir klarer bewusst als in diesem Moment, wie fremd Dianne mir geworden ist. Plötzlich, allein in ihrem Zimmer, allein zwischen ihren Geheimnissen, die Briefe in der Hand, muss ich an die Schlacht am Großen Auge denken. Der Tag, an dem meine Schwester sich schützend vor mich gestellt und dafür mit einem Messerstich bezahlt hat, scheint Ewigkeiten zurückzuliegen. Liebe und Loyalität bedingen sich gegenseitig: Damals kam mir das selbstverständlich vor. Heute ist von beidem kaum noch etwas zwischen Dianne und mir übrig. Keiner meiner Versuche in den letzten Jahren, an sie heranzukommen, ist erfolgreich gewesen. Aber vielleicht, überlege ich jetzt, habe ich einfach nicht heftig genug gedrängt, mir zu wenig Mühe gegeben. Unsere Unterhaltung gestern Abend auf der Veranda, auch wenn sie eher einem Streit geglichen hat, ist wenigstens so etwas wie ein Anfang gewesen.

Ich lege das Bündel Briefe zurück in die Schublade, trete an eines der Fenster und sehe hinaus in den wolkenlosen Nachthimmel. Der halb volle Mond schimmert in einem unwirklich fahlen Weiß, wie man es von überbelichteten Fotos kennt. Gebirge und Täler zeichnen sich als tintendunkle Flecken auf seiner Oberfläche ab. Er wirkt so plastisch, dass ich als Kind geglaubt habe, nach ihm greifen zu können.

DAS SCHRIEB ICH AUF: Einst war Sommer, und es waren drei Kinder, ein träumender, blassblonder Junge und zwei Mädchen von ungleicher Schönheit, die stiegen hinab in die Kanalisation der Stadt. Dort verirrten sie sich zwischen Unrat und stinkenden Fäkalien, und aus der Dunkelheit stieg das empörte Flüstern aufgescheuchter Ratten.

Das erste Mädchen begann laut zu schreien. Es hoffte, die von den feuchten Wänden erzeugten Echos würden einen Weg aus dem Labyrinth zeigen, doch keine Stimme war laut genug im Irrgarten der gewölbten Gänge.

Das zweite Mädchen sprach leise zu den Ratten.

Gib uns den silbernen Anhänger, den Halbmond, den du um den Hals trägst, forderte die Königin der Ratten. *Dann weist euch einer meiner Untertanen einen Weg zurück an den Tag.*

Einverstanden, erwiderte das Mädchen, *doch machen wir den Tausch perfekt.*

Es verbeugte sich ehrfürchtig, überreichte der Königin der Ratten das geforderte Pfand, und dann ergriff es eines der Tiere und blendete es, denn nur der wirklich Blinde, so sagte das Mädchen, findet das Licht.

So gelangten die drei Kinder zurück an den Tag.

Später stieg der Junge allein zurück in die Kanalisation. Er hatte sich den Weg gemerkt, den der blinde Führer gewiesen hatte, und so fand er ohne Mühen zu der Stelle, an der erst gestern oder vor vielen Wochen alle Hoffnung verloren gewesen war.

Er hatte ein Messer mitgebracht. Mit dem tötete er die Ratten, mit dem trennte er der Königin des Volkes den Kopf vom Rumpf. Der Anhänger, den zu holen er gekommen war, war unversehrt. Nur einige Tropfen schwarzen Blutes blieben darauf zurück, sie hafteten auf dem schimmernden Silber und wollten sich nicht entfernen lassen. Als der Junge die Kanalisation verließ, die Trophäe in den Händen, lag ein goldenes Leuchten auf dem Laub der Bäume.

So endete der Sommer.

So kam der Mond zu seinen Flecken.

So gab der blassblonde Junge den Anhänger im Tausch gegen eine Schneekugel.

Und erwachte und rieb sich den Schlaf aus den Augen.

Teil zwei

Messer und Narben

Gables einsame Schritte

NEBEL LIEGT AUF DEN HÜGELN, dicht und schwer wie der blaugraue Rauch, der bald von den herbstlichen Kartoffelfeuern auf den Feldern aufsteigen wird. Die Luft ist kalt und schmeckt nach verwelktem Laub. Sprühregen weht vom Himmel, in transparenten, breiten Schleiern. Nicht mehr lange, dann wird der Sportunterricht für den Rest des Schuljahres in der Halle abgehalten werden.

Nicholas lässt sich Zeit. Er läuft mehrere Extrarunden über die Aschenbahn, den Blick wie immer konzentriert nach vorn gerichtet, der Takt seines Laufens unbeirrt, wie im Gleichklang mit der Welt. Unter dem Regen hat die Aschenbahn ihre rostrote Färbung verloren, der sandige Belag ist verklumpt zu einem dunklen Braun. Nicholas läuft so lange, bis die lauten, unmelodischen Unterhaltungen anderer Schüler in den nahen Umkleidekabinen verstummt sind, bis der heiße Wasserdampf in den Duschen sich verflüchtigt hat, bis sich niemand mehr auf dem Sportplatz aufhält, nur er und ich.

Irgendwann läuft er langsam aus, bleibt stehen und stemmt die Hände in die Seiten. Er beugt den Oberkörper leicht vornüber. Ich sehe, wie sein Brustkorb sich hebt und senkt, sehe wirbelnde kleine, feuchte Atemwolken. Der Läufer spuckt auf den Boden, seine Füße scharren über den nassen Sand. Erst dann hebt er den Kopf, blickt zur Tribüne, in meine Richtung, und setzt sich in Bewegung.

»Schön, dass du gewartet hast, Phil.«

Ich zucke die Achseln. »Macht Spaß, dir zuzusehen.«

Er steht direkt vor mir. Er wischt sich mit dem Handrücken über die Stirn, auf der Schweiß und Regen nicht zu unterscheiden sind, und sieht mich dabei forschend an, fast so, als wittere er eine Lüge. Dann winkt er ab. »Kommst du mit?«

Ohne auf meine Antwort zu warten, dreht er sich um und geht voraus. Flecken leuchten auf seinem Shirt, wo dunkle Nässe die Linie seines Rückgrats nachzeichnet. Nacheinander betreten wir die Umkleidekabine, deren Boden übersät ist mit den Abdrücken feuchter Füße. Ein vergessener Turnbeutel baumelt an einem Kleiderhaken. Die Luft trägt die verschiedensten Gerüche: Schweiß, Deodorant, Seife. Ich will etwas sagen, irgendetwas, aber mein Mund ist wie zugenäht. Stattdessen sehe ich Nicholas stumm dabei zu, wie er sich auszieht. Seine Bewegungen sind fließend, aus einem Guss, wie die eines Tänzers. Er schlüpft aus der Unterhose, wendet sich mir zu, steht nackt vor mir. Die dunklen Augen mustern mich von oben bis unten. Sein Körper leuchtet. Ich habe Mühe, seinem Blick standzuhalten, noch größere Mühe, nicht an ihm herabzusehen. Er macht einen Schritt auf mich zu, unbefangen in seiner Nacktheit, und es ist, als würden Luft und Licht sich verdichten.

»Hast du schon geduscht?«

Ich nicke.

Er macht eine kleine, fremde Handbewegung; für einen Augenblick glaube ich, er wolle mir einen Arm um die Schulter legen, mich an sich heranziehen. Ich beginne zu zittern.

»Phil?«

»Ja?«

Es ist wie Bluten. Der Regen ist stärker geworden, er klopft mit tausend Nadelspitzen auf das Dach.

»Komm. Zieh dich aus.«

ICH WAR VIERZEHN, als ich Gable endlich begleiten durfte. Glass schenkte mir ihre Einwilligung zum Geburtstag und machte mehr Aufheben um die Sache, als meiner Meinung nach angemessen war. Überhaupt empfand ich ihre Zustimmung als unpassendes Geschenk. Ich hatte mir neue Hosen und vor allem Bücher gewünscht, eigene Bücher, die ich nicht unter den Adleraugen Frau Hebelers ausleihen musste.

Es war weder die Südsee, noch waren es der Atlantik oder der Indische Ozean, wohin Gable mich mitnahm. Es war keines der großen Meere, von denen ich immer geträumt hatte, sondern das östliche Mittelmeer. Meine anfängliche Enttäuschung über das wenig exotische Ziel wich schon nach einem Tag auf der nicht ganz so hohen See heller Begeisterung. Zwei sonnige Wochen lang kreuzten wir an der europäischen Küste entlang, dann erreichten wir die Ägäis. Gable hatte sich einen mittelgroßen Jollenkreuzer von einem Freund ausgeliehen, der bei Marseille lebte. In Marseille war ich auch an Bord gegangen, nach einer Bahnfahrt, die scheinbar nicht enden wollte und von der ich mir auch wünschte, dass sie nicht endete: Die meiste Zeit hatte ich aus dem Fenster gestarrt und dabei zugesehen, wie die Welt immer größer wurde, der Himmel immer höher. Es war, als würde das Universum vor meinen Augen tief Luft holen. Vor Aufregung hatte ich kaum etwas gegessen oder getrunken.

Gable empfing mich mit einem Lachen und einer herzlichen Umarmung. Mit der Geste eines Königs, der an seinen Hof bittet, ließ er mich das Schiff betreten. Es erstaunte mich, wie viele Leute er nicht nur in Frankreich, sondern auch entlang der italienischen Küste kannte und zu Freunden hatte. Gable war Schiffsjunge gewesen, Leichtmatrose, Matrose, Maat, schließlich Bootsmann. So war er herumgekommen auf dem Globus, und wenn er davon erzählte, dann war es, als spräche er von längst vergangenen Jahrhunderten.

»Ich ließ mich von jedem anheuern, der mich haben wollte. Ich wollte etwas sehen von der Welt. Vor allem aber wollte ich Freiheit, und Freiheit findest du nur auf dem Meer, Phil! Vier feste Wände sind nichts für mich, sie erdrücken mich, nur ein Sarg kann schlimmer sein. Ich brauche die Weite, den offenen Blick über das Meer. Nichts auf der Welt kann dir die Illusion von Grenzenlosigkeit besser vermitteln als der blanke Horizont.«

Es überraschte mich, dass Gable fast dieselben Worte wählte, mit denen Stella den weiten Blick auf die Welt beschrieben hatte, den Visible ihr bot. Von Glass wusste ich, dass Gable und Stella einander nie kennengelernt hatten, doch manchmal, wenn ich eines der in Visible aufgehängten Fotos von meiner Tante betrachtete, malte ich mir aus, wie gut die beiden miteinander ausgekommen wären, und überlegte, dass Stella eine bessere Frau für Gable gewesen wäre als Alexa. Sie hätte Visible aufgegeben, um mit ihm zur See zu fahren, in meiner Fantasie bildeten sie ein Paar: Stella mit dem stolzen, stählernen Gesicht und Gable mit den traurigen Augen. Sie hatten mich schon als Kind verwirrt, diese Augen, weil sie mir viel zu groß vorgekommen waren für das Gesicht eines Seefahrers. Ich fand, sie hätten kleiner sein müssen, vom Blinzeln in die gleißende, vom Sonnenlicht aufs Wasser gezauberte Helligkeit oder vom Zusammenkneifen zum Schutz gegen den in sie hineinfahrenden Wind bei rauem Wetter.

Gable machte mich mit dem kleinen Schiff vertraut. Er erklärte mir Taue und Segel, die mir zunächst als kaum entwirrbares Durcheinander erschienen, bis ich sie anhand ihrer Funktion voneinander zu unterscheiden lernte. Das war während der ersten Tage an Bord, die ich in einem Zustand halb wachen, halb schlafenden Bewusstseins verbrachte. Ich war fort von Visible, fort von der Stadt und den Kleinen Leuten; inmitten eines plötzlich expandierten Universums war die mir vertraute Welt zusammengeschrumpft zu einem winzigen, kaum nadelstichgroßen Fleck auf einer Karte, die jetzt von Wasser beherrscht wurde. Alles schien verändert, selbst das Licht hatte eine andere Qualität. Als herrschten in diesen Breitengraden zwischen den Molekülen größere Abstände, floss es einfach durch alles hindurch, durch Hanf und Holz und Stahl, so dass nichts von greifbarer Substanz schien. Der Wind schmeckte nach Salz und schien von unberechenbarer Kraft, manchmal hatte ich das Gefühl, mich nur von einer plötzlichen Brise davontragen lassen zu müssen und ewig darauf schweben zu können. Gable steuerte das Schiff in einem scheinbar willkürlichen Zickzackkurs über das Meer, das sich in mehr Schattierungen von Blau präsentierte, als die Palette eines Malers hätte hervorbringen können. Ich war wie berauscht. Die Zeit hatte uns vergessen, ein festes Ziel kannten wir nicht. Oft legten wir in kleinen und kleinsten Häfen an, und immer wieder überraschte es mich, wie viele Leute mein Onkel kannte: Fischer und Tavernenbesitzer und Reeder; die Kapitäne und die Mannschaftsmitglieder anderer kleiner Schiffe. Einige von ihnen sahen verschlagen aus. In früheren Zeiten, so beschloss ich, waren solche Männer Piraten gewesen, gesetzlose Freibeuter, nur sich selbst und ihrem Wunsch nach bedingungsloser Freiheit verpflichtet. Geschichten, die ich bisher nur aus Gables Erzählungen kannte, wurden plötzlich konkret: In diesem Hafen hatte er harmlose Schmuggelware erstanden, in jenem sich betrunken und war anschließend ohne Brieftasche in irgendeiner Seitengasse aufgewacht; vor dieser Küste hatte er beobachtet, wie Delfine einen Hai zur Strecke gebracht hatten; vor jener, wie ein toter

Schwammtaucher aus den Wellen geborgen wurde, in der blauweiß marmorierten, zur Faust geballten Hand keine Porifere, sondern eine Perle von geradezu unglaublicher Größe, heraufgeholt aus todbringender Tiefe.

»Diese Männer können bis zu vier Minuten unter Wasser bleiben«, erklärte Gable.

»Wie schaffen sie das?«

»Oh, Übung, nehme ich an. Oder ein Wunder.« Er lachte. »Das ganze Leben ist ein Wunder, Phil.«

Wie Händel mir Wochen später erklärte, als ich ihn zu Hause nach diesem Phänomen befragte, können Tieftaucher in einer Art meditativer Bewusstheit ihre Körpertemperatur und damit ihren gesamten Stoffwechsel so weit senken, dass sie weniger Sauerstoff verbrauchen als unter normalen Umständen. Alles Physik, befand Händel und machte so auf seine eigene launische Art die Welt für mich um ein Wunder ärmer.

Gable konnte Stunden damit verbringen, unbewegt das Farbenspiel und den Wellengang des Wassers zu beobachten. Er liebte das Mittelmeer, und das Meer liebte ihn. Wenn ich ihn beim Schwimmen beobachtete – wenn der breite, tiefbraune Rücken sich nach einem kräftigen Armzug hoch aus dem Wasser hob, um gleich darauf wieder zu versinken, und besonders danach, wenn Gable sich an der Bordwand der Jolle nach oben zog –, dann hatte ich immer den Eindruck, dass das Wasser sich weigerte, mit derselben Geschwindigkeit an ihm herabzulaufen wie an mir oder an anderen Menschen. Es floss und perlte in einer unmöglichen Zeitlupe von ihm ab, als wolle es so lange wie möglich an ihm haften bleiben.

»Ich weiß nicht, warum es mich immer wieder hierher zurückzieht«, sagte Gable. »Vielleicht, weil ich mich am wohlsten fühle, wenn ich diese offene Weite um mich herum spüre, aber gleichzeitig direkt hinter dem Horizont festes Land weiß.«

In den größeren Häfen stellte er mir Frauen vor, die auf hundert Meter als Huren zu erkennen waren, weil sie sich so offensichtlich Mühe gaben, das durch tausend Bücher und Filme bekannte Klischee zu nähren, dass es schon fast lachhaft war. Meist waren sie grell geschminkt, und ihre Haare leuchteten in Farben, die unmöglich von der Natur hervorgebracht sein konnten. Auf langen Beinen stolzierten sie über die Docks, wie Störche, die man mit Paradiesvögeln gekreuzt hatte, immer ein wenig schwankend, weil sie entweder müde, betrunken oder von der Liebe enttäuscht waren; oder aber einfach deshalb, weil sie viel zu hohe Schuhe trugen, deren Absätze klapperten wie fröhliche Kastagnetten. Silberne und goldene Armreifen klimperten und klirrten, wenn die Frauen Gable um den Hals fielen, als sei er ein lang vermisster Liebhaber – und möglicherweise war er das auch –, und ihre Stimmen waren so verraucht, dass man meinte, darauf Muskatnüsse reiben zu können.

Manche der Frauen fassten mich an. Bei solchen Gelegenheiten wurde ich rot bis unter die Haarwurzeln, denn dann musste ich unwillkürlich an Annie Glössers orangefarbenen kleinen Fernseher denken und an die darin versteckte, verbotene Welt aus gespreizten Schenkeln und fleischigem Rosa – Pornodas. Die Huren, die allesamt aussahen, als hätten sie für die winzigen, transparenten Aktbilder Modell gesessen, drückten meine Schultern und meine dünnen Arme, als wollten sie feststellen, ob ich genug Fleisch auf den Knochen hatte. Dabei lachten sie, sprachen Griechisch, das Gable beinahe fließend erwidern konnte, griffen sich selbst zwischen die Beine, und nachdem vier oder fünf Sätze hin und her geflogen waren, warfen sie den Kopf in den Nacken und lachten noch lauter, noch rauer. Oder sie flüsterten Gable etwas zu, und er nickte und sah mich an, ein feines Lächeln im Gesicht, sein breites Kinn berührte dabei fast die Brust; und dann nickte er ein zweites Mal, und meine Unsicherheit wurde uferlos. Wenn die Huren sich dann wieder mir zuwandten, laut auf mich einsprechend, und ich wahlweise entweder hilflos nickte oder genauso hilflos den Kopf schüttelte, dann glaubte ich, ein Gurren und Locken aus ihren Stimmen zu hören, das mich bis in meine Träume verfolgte. Es erregte mich sogar – nicht der Gedanke an die Frauen an sich, sondern die Verruchtheit, mit der sie sich umgaben, und das von ihnen ausgestrahlte Versprechen, diese Verruchtheit einzulösen, sie in Taten und Worte und Lust umzusetzen.

Dass die Berührung durch die Huren mir unangenehm war, lag einzig und allein daran, dass ich glaubte, Gable erwarte irgendeine Reaktion von mir: Begeisterung vielleicht, möglicherweise sogar ein Aufflackern von Begehren. Wenn wir einen Hafen anliefen, erwachte jedes Mal die Angst, er könne mich fragen, ob ich eine Nacht mit einer dieser Frauen verbringen mochte – ein Geschenk, eine Art Initiationsritus, den er für angebracht hielt, weil ich ein Mann war oder auf dem besten Weg dazu, einer zu werden. Ich hätte mich nicht gröber in Gable täuschen können, und dennoch behielt ich Recht. In gewisser Weise.

Eines Nachts steuerte er eine einsame, wie es schien, von Gott und Menschen verlassene Bucht an. Den ganzen Abend über hatte er immer wieder breit gegrinst, ohne mir zu erklären, was ihn so belustigte. Meine Haut war inzwischen so braun geworden wie Nugatschokolade.

»Du hast zwei Stunden«, sagte Gable, als er den Anker ausgeworfen hatte und das Schiff vollständig zur Ruhe gekommen war.

»Wofür?«

Er zeigte in Richtung des Strandes. Es war eine mondlose Nacht, der weiße Sand bildete ein breites, schwach leuchtendes Band. Ein Schatten hob sich davon ab. Er bewegte sich und kam auf das Schiff zu, machte einen Schritt ins Wasser, wartete. Angst drückte wie ein Senkblei in meinem Magen, mir wurde schwindelig, plötzlich hörte ich das lockende Flüstern und Gurren der Hafenhuren.

»Wer ist das?«

»Überraschung«, sagte Gable. Ich fühlte seine Hand auf meiner Schulter und wie er mich nach vorn drückte, behutsam, als fürchte er, mich zu verletzen. Im nächsten Moment umspülte Wasser meine Hüften, dann meine Oberschenkel, meine Knöchel. Fünf Schritte, zehn; der Schatten blieb ein Schatten. Dann stand ich vor ihm. Es war ein Junge, so alt wie ich, vielleicht etwas älter.

Mein Körper schien nicht mehr mir zu gehören, er war wie ausgeleert, schwerelos.

»Ελα«, flüsterte der Junge auf Griechisch.

Komm.

Ich ergriff die Hand, die er mir entgegenstreckte, sie war trocken und warm. Er bewegte sich mit so sicheren Schritten durch die Nacht, dass ich mich nach kurzem Zögern ganz seiner Führung überließ. Bei jedem Schritt spürte ich Sand durch meine nackten Zehen rinnen, er war noch warm, vielleicht kühlte er nie ganz aus, sondern blieb erhitzt, bis der Sommer vorbei war, auch wenn ich mir nicht vorstellen konnte, dass der Sommer hier jemals endete. Ein fremder Geruch schwebte in der Luft, zäh und süß, wie von kochendem Honig, und hinter uns blieb das Meer zurück, bis das Schlagen der kleinen Wellen an den Strand nicht mehr war als ein Murmeln, ein Traumecho, ein sich auf ewig wiederholendes Versprechen.

Als der Junge unvermittelt stehen blieb und mich losließ, schwappte Panik über mir zusammen, Angst vor der Dunkelheit. Dann spürte ich seine Hände auf meinen Schultern, seine Lippen an meinem Hals. Ich zuckte zusammen, als hätte ich einen elektrischen Schlag erhalten. Er küsste mich und flüsterte, flüsterte und küsste. Ich legte meinen Kopf in den Nacken. Er zog ihn zurück, als wolle er mir in die Augen sehen, und so standen wir eine Weile nur da, dicht an dicht, Mund an Mund. Seine Zunge war fest und rau, wie die einer Katze, er schmeckte entfernt nach Anis. Dann glitt er an mir herab, seine Hände rutschten an der Rückseite meiner Beine nach unten und kamen in meinen Kniekehlen zur Ruhe, meine Hände fielen auf seine Schultern, seine Haut war so kühl, als wäre sie nie von der Sonne berührt worden. Ich griff in seine Haare. Ich löste mich auf, ich wurde zu Feuer und Wasser, Sand, Asche.

Später verschwand er lautlos in die Dunkelheit. Eben war er noch da gewesen, jetzt war er fort, ohne sich zu verabschieden, wie einer der vielen Männer, die Glass mit nach Visible brachte.

Ich legte mich auf den Rücken und starrte in den Nachthimmel. Normalerweise war er klar und mit Sternen übersät, die ich zu Hause nie zu Gesicht bekam, die Milchstraße schien hier die Erde zu streifen. Jetzt war über mir nur Schwärze, und es war, als würde das fehlende Sternenlicht die harzige Luft noch schwerer machen. Ich fühlte mich wie ein Gefäß, nur wusste ich nicht, ob dieses Gefäß geleert oder gefüllt worden war. Aus weiter Ferne erklang dumpfes Donnergrollen.

Ich fand den Weg zurück zum Schiff, indem ich dem Geräusch der Brandung, dann der Wasserlinie folgte. Erst ging ich langsam, dann immer schneller; schließlich bohrte sich jeder meiner Schritte wütend in den Sand. Das kleine Schiff lag unbewegt auf dem Meer, wie eine dunkle Nussschale, eine einzelne Bordlampe glühte. Gable erwartete mich bereits. Ich turnte über ein paar Steine, ergriff die Hand, die er mir über die Reling entgegenstreckte, und ließ mich von ihm an Deck ziehen.

»Warum hast du mir nicht mehr Zeit gelassen?«, herrschte ich ihn an, kaum dass ich vor ihm stand. »Warum nur zwei Stunden?«

»Zwei Stunden, zwei Tage, zwei Jahre ... es ist nie genug«, erwiderte Gable, und dann brachte er mich vollends zum Verstummen, indem er nach oben zeigte, in die Takelage des Schiffes. »Schau.«

Über den Spitzen der Masten zuckte und tanzte ein unirdisches, schwaches Flackern, nicht von kaltem Blau, wie man vielleicht erwartet hätte, sondern rosafarben. Es war keine Täuschung, keine Spiegelung der dazu viel zu dunklen Luft.

»Was ist das?«, flüsterte ich.

»Elmsfeuer. Ein Gewitter zieht auf.«

Einzelne Flammen erloschen unter statischem Knacken und Knistern, sie wurden sofort durch neue ersetzt. Die Luft erhob sich zu einem drohenden Flüstern, plötzlich erfüllt von einem kaum wahrnehmbaren Geruch nach Ozon.

Etwas in meinem Inneren stieg auf wie eine Welle. Ich begann unkontrolliert zu schluchzen, und Gable nahm mich in die Arme. Er hielt mich lange, während ich mein Gesicht an seine Brust presste, er wiegte mich und murmelte dabei Worte, die ich nicht verstand.

»Gable«, sagte ich endlich, »wo ist Alexa?«

»Ich weiß es nicht.«

»Vermisst du sie?«

»Jeden Tag, Phil. Jeden Tag und jede Nacht.«

Ich löste mich von ihm, wischte mir mit dem Handrücken über die Nase und schniefte. »Warum habt ihr euch getrennt?«

Gable zuckte die Achseln. »Es war mein Fehler, oder? Sie war so ruhig und sesshaft, ich konnte das nicht ertragen. Trotzdem kaufte ich uns ein Haus, aber ich fühlte mich darin nicht wohl.«

»War das in Amerika?«

»Kalifornien«, bestätigte Gable. »Nicht weit von der Küste, nicht weit vom Pazifik, und trotzdem viel zu weit davon entfernt. Ich bin nicht geschaffen für das Festland. In dem Haus fühlte ich mich wie ein Gefangener, wie ein Tiger in seinem Käfig, du weißt schon. Hatte einen Job auf einer Werft, aber das war nichts für mich. Wir gerieten immer öfter aneinander, Alexa und ich.« Er schüttelte den Kopf. »Gott, wir waren solche Kinder! Man musste sie bis zur Weißglut reizen, um sie zu einer Reaktion zu bewegen, doch wenn sie dann reagierte ...«

In seine rechte Hand kam Leben. Sie glitt langsam den linken Ellbogen hinauf, bewegte sich tastend und suchend über den Oberarm.

»Eines Tages ... Alexa stand vor der Anrichte in der Küche und schnitt Gemüse. Ich weiß nicht einmal mehr, worüber wir uns stritten, jeder Ort, an dem wir aufeinandertrafen, war längst zum Kriegsschauplatz geworden. Wir schrien einander an, ein Wort gab das andere. Alexa wurde wütend und, nun ja, sie hatte eben dieses Messer ...«

Auf der entstellenden Narbe, die mir schon als Kind Angst eingejagt hatte, kam seine suchende Hand endlich zur Ruhe.

»Ich glaube, ihr Schrecken war größer als meiner«, fuhr Gable fort. »Es tat kaum weh, die Wunde war klein und kaum der Rede wert.«

Aber die Narbe war groß.

Und tief.

»Als Alexa ging, verkaufte ich das Haus, mit allem, was sich darin befand. Ich verbrannte jeden Brief, den ich je von ihr bekommen, jedes Foto, das ich von ihr gemacht hatte. Ich vernichtete alles.« Gable lachte kurz auf. »Ich spielte sogar mit dem Gedanken, das ganze Haus abzufackeln. Ich wollte nichts behalten, was mich an sie erinnerte. Nicht am Anfang. Ich wusste, dass sie nicht zurückkommen würde.«

Er stützte sich mit beiden Händen auf die Reling. Ich sah, wie seine Finger sich verkrampften. »Dann war alles anders, und das Einzige, was mir von ihr geblieben war, war diese kleine Narbe. Ich hatte Angst, dass auch sie eines Tages verschwinden würde. Deshalb nehme ich einmal in jedem Jahr ein Messer ...«

Ich konnte es nicht ertragen. Ich ging unter Deck. Die anbrechende Dämmerung ließ genügend Licht durch die Bullaugen fallen, um im milchigen Spiegel mein Gesicht studieren zu können. Ich betastete meinen Mund, meine Wangen und Ohren. Ich überlegte, ob die Augenfarbe eines Menschen sich ändert, nachdem er das erste Mal Sex mit einem anderen gehabt hat, oder ob der milchige und dennoch strahlende Glanz, den ich jetzt darin zu entdecken glaubte, schon immer vorhanden gewesen war. Draußen schwappten kleine Wellen gegen den Kiel, ich hörte Gables einsame Schritte, die ihn in stetem, langsamem Hin und Her über das Deck trugen.

Ich sehe mich noch immer in diesem trüben Spiegel. Ich schmecke das Meer, ich spüre das nahende Gewitter und die Schwüle, die es vor sich hertreibt. Das rosige Licht des Elmsfeuers tanzt über Seile und Segel. Ich lausche dem leisen Schlagen der Wellen, und über mir ertönt das Knarren ausgetretener Planken unter den Schritten eines Mannes, der sich, weil er liebt, immer wieder selbst verletzt.

»VERLIEBT, HM? Findest du nicht, dass das ein ziemlich starkes Wort ist?«

»Warum?«

»Weil ihr euch kaum kennt«, sagt Tereza.

»Ich kenne ihn seit Wochen.«

»Vom Sehen, wenn ich dich richtig verstanden habe.«

»Aber wir haben –«

»Gevögelt. Na und?«

Das kommt von Pascal. Sie balanciert ein Tablett, auf dem eine dampfende Kanne Tee, zierliche Tassen und eine Schale mit Gebäck stehen. Tereza sitzt auf einem gigantischen Sofa mit Alcantarabezug, das die Mitte des ansonsten fast leeren Wohnzimmers beherrscht – viel Raum, viel Licht, wenige, dafür aber umso erlesenere Möbel. Tereza hat ein Händchen dafür, das Geld, das sie in ihrer Kanzlei verdient, in unaufdringlich guten Geschmack zu verwandeln. Pascal stellt das Tablett auf einem niedrigen Tisch ab, der aussieht, als sei er der Fantasie eines drogenberauschten japanischen Designers entsprungen – was er vermutlich auch ist –, und nimmt neben Tereza Platz. Ich sitze den beiden gegenüber, versunken in einem tiefen Ledersessel.

Wann immer ich Tereza und Pascal zusammen sehe, kann ich kaum glauben, dass sie ein Paar sind. Terezas bleiche, wie in Milch gebadete Schönheit steht in krassem Gegensatz zur Grobschlächtigkeit Pascals, deren Hände zu kräftig und deren Beine zu stämmig sind für einen so kleinen Körper, und deren stumpfe, verstrubbelte Haare immer so aussehen, als hätte in der vergangenen Nacht eine Horde Ratten darin genistet.

»Sex kannst du sofort und mit fast jedem haben ...«, nimmt Pascal den roten Faden wieder auf.

»So ein Quatsch!«

»... aber Liebe entwickelt sich über die Zeit. Glaub einer alten Frau. Keks?« Sie hält mir das Tablett entgegen, mit einem Lächeln, von dem mir völlig gleichgültig ist, ob es ehrlich oder aufgesetzt ist, denn in jedem Fall würde ich es ihr am liebsten aus dem Gesicht schneiden.

»Nein, danke.«

Sie schenkt Tee ein. Jede ihrer Bewegungen ist eckig. Im Profil bilden ihre Stirn und ihr Nasenrücken eine einzige, schräg abfallende Linie. Pascal behauptet, als kleines Mädchen tagein, tagaus an der Küste gestanden und aufs Meer geblickt zu haben, der Wind sei dabei über sie hinweggegangen wie über ein Dünenfeld. Es ist dieses kleine Mädchen, das ich manchmal unter der unattraktiven äußeren Schale auszumachen glaube, eine Art Flirren und Schimmern, das aufblitzt, wenn Pascal sich bewegt oder – ein alter Reflex, den sie nie abgelegt hat – mit fast trotziger Geste die ehemals langen, jetzt aber stoppelkurzen Haare hinter die Ohren zurückzustreichen versucht. In solchen Momenten kommt es mir so vor, als habe Tereza sich mit ihrer Freundin eine Art Froschkönigin eingefangen, die noch immer auf den erlösenden Wurf gegen die Wand wartet.

Tereza hat nie viel Aufhebens um ihre Affären gemacht. Das wenige, was ich über ihre Frauengeschichten weiß, habe ich von Glass. Sie hat lange unter ihrer Attraktivität gelitten, die auf andere Frauen wahlweise einschüchternd oder aber, wie Tereza es zu den seltenen Gelegenheiten nennt, wenn sie sich eines Schimpfworts bedient, *zu beschissen feminin* wirkte. Da sie sich selbst früher weder als auffallend stark noch als besonders schwach empfand, wollte Tereza andere weder dominieren noch sich selbst unterwerfen; was sie suchte, war nicht mehr als das passende Gegenstück zu ihrem eigenen Charakter, der sich in einem ebenso beneidenswerten wie seltenen Gleichgewicht der Selbstsicherheit befand. Pascal mochte, was das anging, Terezas Vorstellungen durch ihre schiere körperliche Präsenz und ihre Ruppigkeit Lügen strafen, aber Tereza wurde nicht müde zu beteuern, unter der rauen Schale Pascals verberge sich ein weicher, liebenswerter Kern. Bis jetzt habe ich herzlich wenig davon entdecken können.

»Was hat er denn so gesagt, dein Nicholas?«, fragt mich Tereza ruhig. »Oder gemacht, nachdem ihr ... du weißt schon, als ihr fertig wart.«

»Er hat sich angezogen.« Ich fühle, wie mir unter Pascals Grinsen das Blut in den Kopf schießt. »Ich meine, *wir* haben uns angezogen, und ich war völlig, na ja, durcheinander eben. Die ganze Zeit über hatte ich befürchtet, jemand könnte in die Umkleidekabinen kommen und uns erwischen.«

»Geiles Gefühl, oder?« Pascal nimmt einen Schluck Tee aus einer dünnwandigen Tasse, die zu zerbrechlich wirkt zwischen ihren großen Händen. Sie beißt in einen Keks, lehnt sich zurück und spricht mit vollem Mund weiter. »Ich kenne das. Sex in freier Wildbahn, im Feld, im Wald und auf der Weide.«

»Es heißt Heide.«

»Ist doch egal, oder? Macht mich jedenfalls ganz scharf.«

Wenn Tereza rot wird, so wie jetzt, erinnert mich das daran, wie verschlossen, beinahe gehemmt sie auf Menschen wirken muss, die sie nicht kennen. Erst in Gesellschaft von engen Freunden oder bei Verhandlungen vor Gericht, das weiß ich von Glass, dreht sie auf. Dann versprüht sie Energie wie ein Feuerwerk; dann ist jedes Wort, das ihren Mund verlässt, eine scharfe Waffe.

»Und er hat nichts weiter gesagt?«, fragt sie mich.

Ich schüttele den Kopf und murmele: »Bis morgen, in der Schule und so, und ...« Ich hole tief Luft. Jetzt bin ich es, der rot wird. »Und dass er sich wieder mit mir treffen will, wir wissen nur nicht, wo.«

»Okay«, sagte Tereza schlicht. Sie weiß, dass ich den Schlüssel zum Haus ihres verstorbenen Vaters möchte, das sie seit dessen Tod vor über zwölf Jahren während der Sommermonate an Feriengäste vermietet – falls welche sich in die Stadt und zu den Kleinen Leuten verirren –; im Herbst und Winter steht das Haus leer.

»Warum trefft ihr euch nicht in Visible, du und dein Freund?«, fragt Pascal.

»Weil ich keine Lust habe, dass Glass oder Dianne etwas mitkriegen.«

»Von deinem Techtelmechtel?«

»Vom Sex. Wenn du es so genau wissen musst.«

»Ach ... Geht's so laut bei euch zu?«

»Weniger laut, als wenn eine brünstige Kuh auf der Weide herumbrüllt. Wahlweise natürlich auch auf der Heide.«

Pascals Lachen klingt wie ein Fanfarenstoß.

Ich sollte mich darüber freuen, dass Tereza mir den Schlüssel zum Haus und damit dem Läufer und mir Gelegenheit gibt, uns zu treffen, wann immer uns danach ist, unbeobachtet, allein. Dennoch ist alles so verdammt ... unbefriedigend. Nach einem ersten, kurzen Zögern haben unsere Körper aufeinander reagiert wie gut aufeinander abgestimmte Maschinen. Ich habe Nicholas keine Sekunde aus dem Blick gelassen, habe in seinem fast unbewegten Gesicht geforscht, in seinen Augen, die sich nur kurz zusammenzogen, als er sich in meine Hand ergoss. Ich weiß nicht, was genau ich erwartet habe. Bestimmt keine Liebesschwüre, bestimmt nicht, dass der Himmel sich öffnen und es rosarote Blüten regnen würde. Doch genauso wenig habe ich damit gerechnet, dass Nicholas sich so plötzlich von mir abwenden würde, wie er es dann getan hat; als sei der Sex für ihn nur ein Pausenfüller gewesen, irgendwo zwischen Laufen und Duschen und Umziehen angesiedelt; ein chemisches Experiment, bei dem eine Säure und eine Base in Wasser zusammengeschüttet wurden, um irgendein Salz auszufällen. Obwohl er versichert hat, dass er sich weiterhin mit mir treffen will, habe ich, von plötzlicher Panik überfallen, den nächsten Bus genommen und bin zu Tereza gefahren, eine Kälte in den Gliedern, die sich seit der Begegnung mit Nicholas nicht abschütteln lässt.

Jetzt greife ich doch nach einem Keks, knabbere lustlos daran herum und trinke eine halbe Tasse Tee, die mich nicht aufzuwärmen vermag. Tereza und Pascal schweigen. Ich fühle mich von ihnen angestarrt, beobachtet, deshalb stehe ich auf, gehe ans Fenster und schaue hinaus. Terezas Appartement befindet sich im vierten Stock eines aufwendig renovierten Altbaus mit stuckverkleideter Fassade, in einer Straße voller aufwendig renovierter Altbauten mit stuckverkleideten Fassaden. Unten auf dem Gehsteig, zwischen teuren Autos und sorgfältig gestutzten, den Straßenrand zierenden Bäumen, toben ein paar Ball spielende Kinder, ungeachtet der überall glänzenden Regenpfützen.

»Was ist, bist du nur zum Trübsalblasen hergekommen?«, tönt Pascal hinter mir.

»Ach, halt die Klappe.«

»Weißt du, es hat keinen Zweck, die beleidigte Leberwurst zu spielen, nur weil der erstbeste Typ, mit dem du es treibst, sich nicht als der Märchenprinz auf dem weißen Pferd entpuppt.«

»Wie herrlich romantisch du die Dinge ausdrückst!« Tereza ist hinter mich getreten. Sie legt mir eine Hand auf die Schulter. »Also«, sagt sie, »wo ist das Problem?«

»Weiß nicht.«

Ich spüre ihren warmen Atem in meiner Schulterbeuge und wünsche mir, ewig so stehen zu bleiben, den vertrauten Mandelduft ihrer Haare zu riechen, den Kindern auf der Straße beim Spielen zuschauen zu können.

»Warum gibst du ihm nicht einfach mehr Zeit, Phil?«

»Er hatte doch genug, oder?«, murmele ich.

Ich höre Pascal leise auflachen. »Ich glaube, unser Kleiner hat dasselbe Problem wie Glass. Er hat Angst davor, die Sache könnte aufhören, bevor sie richtig angefangen hat.«

Die Wut schießt schneller in mir empor als die Quecksilbersäule eines plötzlich erhitzten Fieberthermometers. Ich löse mich aus Terezas Umarmung und drehe mich um. »Wenn ich eine Analytikerin brauche, melde ich mich bei dir, Pascal. Bis dahin tu mir einen Gefallen und lass mich in Ruhe!«

Pascal greift unbeeindruckt nach dem nächsten Keks. Wahrscheinlich könnte selbst ein Erdbeben ihre stoische Gleichgültigkeit nicht erschüttern. »Du bist genauso eine Zimperliese wie Glass. Hat sie prima hingekriegt.«

Plötzlich hasse ich sie, sie und ihren schleppenden niederländischen Akzent, der jedem ihrer Worte ein besonderes Gewicht verleiht und sie damit, ich weiß nicht, warum, unangreifbar macht. »Wer gibt dir eigentlich das Recht, solche Reden zu schwingen?«

Pascal zuckt die Achseln und zeigt auf den Tisch. »Wer von meinen Keksen isst, den darf ich auch kritisieren.«

»Deine Kekse schmecken scheiße! Und deine Eifersucht kannst du steckenlassen. Glass hat eine Menge durchgemacht.«

Sie hebt einen Finger. »Ach ja, was denn? Ich dachte, darüber redet sie nicht.« Mit einem Seitenblick auf Tereza fügt sie sarkastisch hinzu: »Außer natürlich mit ihrer besten Freundin.«

»Glass ist nicht verpflichtet, mit irgendjemandem über irgendwas zu reden!«, fahre ich sie an.

»Klar, sicher. Und hast du dir mal überlegt, dass sie damit ein ganz schönes Ding aufgebaut hat? Die arme Mutter, die ein solches Trauma erlebt hat, dass es sie für alle Ewigkeit daran hindert, eine normale Beziehung zu jemandem einzugehen?«

Ich weiß nicht, warum sie mich so reizt. Am liebsten möchte ich ihr das Grinsen aus dem breiten Gesicht schlagen.

»Das reicht jetzt, Pascal«, sagt Tereza ruhig.

»Warum? Er hat mich nach meiner Meinung gefragt, oder?«

»Auslegungssache.«

»Auslegungssache? Was soll das? Stehe ich hier plötzlich vor Gericht, oder was?«

»Ich geb dir den Schlüssel, Phil.« Tereza wendet sich ab und verlässt den Raum, der mir ohne sie viel zu groß vorkommt.

Pascal springt auf und stürmt ihr wütend nach. »Sie haben meine Frage nicht beantwortet, Frau Anwältin!«

»Pascal, bitte …«

Als ich die Wohnung verlasse, den Schlüssel zum Haus des Professors in der Hosentasche, ist der schönste Streit zwischen den beiden im Gange. Auf der Straße tummeln sich noch immer die Kinder. Am liebsten würde ich ihnen ihren Ball entreißen und ihn in tausend kleine Stücke zerfetzen.

Wenn ich allein sein will, gehe ich zu einem Teich, der das Zentrum einer kleinen Lichtung im hintersten Winkel von Visibles Garten bildet, dort, wo das Anwesen an den Wald grenzt. Die Lichtung liegt versteckt und unzugänglich, rundum wachsen hohe Bäume, Hundsrosen, dichte Schlehdornhecken und Holunderbüsche, deren weiße Blüten im Frühjahr aussehen wie auf der

Luft getragener Schaum. Der Teich selbst ist nahezu kreisrund. Offensichtlich wird er, wie ein artesischer Brunnen, von einer unterirdischen Quelle gespeist, denn sein Wasserspiegel sinkt selbst im heißesten Sommer nur um wenige Millimeter. Sein Wasser ist schwarz. Nur gegen Mittag, wenn die Sonne so hoch steht, dass ihr Licht zwischen den Spitzen der Bäume senkrecht nach unten fällt, leuchtet das Wasser auf – ein mattes Glimmen, wie von der polierten Oberfläche eines zwischen Moos versteckten Opals. Auch heute noch sind, wenn auch nur schwach, die Spuren eines ausgetretenen engen Pfades auszumachen, der zwischen Gras und Moos rund um das Gewässer herumführt und davon zeugt, dass irgendjemand diesen Ort schon lange vor mir gekannt und geliebt haben muss.

Ich entdeckte den Teich, als ich, als kleiner Junge, in kurzen Hosen und mit einem Stöckchen bewaffnet, loszog, um die Gegend zu erkunden. Damals wies mir eine Statue den Weg, das steinerne Abbild eines Engels mit Schwert. Es gab unzählige solcher Statuen auf dem Anwesen; manchmal klopften irgendwelche wild gewordenen Spaziergänger an, meist Sommergäste, die sie Glass abkaufen wollten, was diese ebenso regelmäßig wie unerweichlich ablehnte. Wie der Engel mit dem Schwert, so waren auch die übrigen Standbilder angegriffen von der Zeit, oft fehlten ihnen irgendwelche Extremitäten – ein Arm, ein Fuß oder Bein, manchmal der Kopf –, die sich dann irgendwo in zwei oder drei Meter Entfernung im hohen Gras wiederfanden, wenn man sich die Mühe machte, nach ihnen zu suchen.

Der Engel stand, in prekärer Schräglage, vor einer hohen Hecke aus blühendem Schlehdorn. Wo er nicht mit Flechten bewachsen war, sah man ein Gespinst feiner, gräulicher Linien, das der hundertfache Wechsel der Jahreszeiten und die Witterung über ihn gelegt hatten. Er war so weit zur Seite geneigt, dass ich den Eindruck hatte, er drohe jeden Moment umzustürzen und sein Schwert ins Erdreich zu stoßen. Obwohl er nur einen Kopf größer war als ich, kam er mir riesig vor, wofür das Ausmaß seiner Schwingen verantwortlich war, die, halb geöffnet, aus seinen Schultern wuchsen.

Ich hielt mein Stöckchen fest in der verschwitzten Hand und fühlte die Sommerluft schwer auf meinen Schultern lasten. Voller Ehrfurcht starrte ich in die blinden Engelsaugen, von denen ich mir einbildete, dass sie mich intensiv musterten, ließ meinen Blick den abfallenden Schwung der Flügel und die aus dem hellen Stein getriebenen, scharfkantigen Falten des Kleides verfolgen, bestaunte das bedrohliche Schwert. Dann bemerkte ich eine Öffnung, die hinter dem Engel in der Hecke klaffte, gerade so groß, dass ein Kaninchen hindurchpassen mochte. Einem plötzlichen Impuls folgend umrundete ich in respektvollem Abstand den Engel, ging auf die Knie und robbte durch die Hecke.

Die anfängliche Begeisterung, die in mir aufkam, nachdem ich mich auf der anderen Seite der Hecke ins Freie gekämpft hatte und den Teich sah, wich angesichts des dunklen Wassers einer unbestimmten Angst. Es war eine Angst, die sich in Entsetzen verwandelte, als ich versuchte die Tiefe des Teiches auszuloten. Ich benutzte dazu die über zwanzig Meter lange, auf das Stöckchen gewickelte Schnur, die zu einem vom Herbstwind des letzten Jahres davongetragenen Drachen – ein Geschenk Terezas – gehört hatte. Am Ende der Schnur befestigte ich einen Stein. Ich ließ ihn in das Wasser sinken; langsam und kontinuierlich spulte die Schnur sich ab. Schließlich war sie aufgebraucht. Ein kurzer Ruck ging durch den Stock, als sie sich straffte und der Stein in seinem freien, trägen Fall gebremst wurde.

»Zwanzig Meter«, flüsterte ich und zuckte zusammen, als ein Raunen durch das Laub der umstehenden Bäume ging, als wollten sie mir zustimmen. »Und der ist immer noch nicht auf dem –«

Ein zweiter Ruck schoss durch den Stock, so jäh und unerwartet, dass es mich um Haaresbreite ins Wasser gerissen hätte. Jemand – *etwas* – zog und zerrte an der Schnur. Der Stock entglitt meinen Händen, riss brutal Haut aus meinen Handflächen mit sich, klatschte auf die schwarze Oberfläche des Teiches und wurde von ihm verschluckt. Konzentrische Ringe breiteten sich von der Stelle aus, wo er versunken war, *zu schnell*, wie ich fand: Sie schossen über das Wasser und prallten gegen die niedrige Uferbegrenzung, so blitzartig, als habe jemand für diesen kurzen Moment die Zeit beschleunigt.

Ich keuchte und ließ mich nach hinten fallen, mit jagendem Herzschlag krabbelte ich so weit vom Rand des Teiches fort, wie ich konnte. Ich glaubte ein Aufstöhnen durch das Laub der umstehenden Bäume gehen zu hören. Meine Hände schmerzten. Kratzende und stechende Schlehdornzweige im Rücken, starrte ich auf den Teich und wartete darauf, dass das Wasser aufbrodeln und etwas sich daraus erheben würde – etwas, das dunkel war, dunkel und alt, alt und sehr böse. Als nichts geschah, tastete ich mich wieder zurück an den Rand des Gewässers, langsam, Zentimeter um Zentimeter.

Nichts.

Schwarzes Wasser.

Ich wartete lange, eine halbe Stunde, vielleicht auch eine ganze, ohne dass auch nur ein Kräuseln die schweigende Oberfläche bewegte. Der Stock blieb verschwunden. Ich beschloss, nie wieder an den Teich zurückzukehren, und tat es doch und immer wieder. Mehr noch, ich nannte ihn jetzt *meinen* Teich, vielleicht deshalb, weil ich für seine Entdeckung mit Angst und Schrecken bezahlt hatte. Paleiko erwies sich, als ich ihn danach fragte, was der Teich verborgen halte, einmal mehr als ausgesprochen unnütz wegen der Schwammigkeit seiner Aussagen. Er gab mir den für mich genauso offensichtlichen wie undurchführbaren Rat, nur tief genug zu tauchen, um dem Geheimnis auf den Grund zu kommen.

Bis heute habe ich nicht gewagt, in das Wasser zu steigen und darin zu schwimmen. Bis heute bin ich der Einzige, der den Teich kennt – weder Dianne noch Glass wissen von der Lichtung, selbst Kat habe ich nie davon erzählt, auch nicht als Kind, als sei mir schon damals bewusst gewesen, dass jeder Mensch Geheimnisse braucht.

Jetzt ziehe ich mich aus. Mein Körper scheint verändert, alles ist verändert. Schuhe, Strümpfe, Hosen und T-Shirt landen achtlos auf einem kleinen Haufen. Ich gehe in die Knie und tauche eine Hand in das dunkle Wasser. Es schließt sich über dem Handgelenk wie Quecksilber.

Der Teich bleibt ruhig.

Ich setze mich, strecke die Beine aus, lasse die Füße ins Wasser baumeln, dicht unter der Oberfläche, die noch warm ist vom kurz zuvor gefallenen Regen. Nach einer Minute schiebe ich mich langsam nach vorn und gleite in die Schwärze.

Ich mache ein paar Schwimmzüge, dann lasse ich mich, auf dem Rücken liegend, durch den Teich treiben. Ich sehe in die über mir aufragenden, sich einander entgegenneigenden Wipfel der Bäume. Wind kommt auf, fährt rauschend durch Astwerk und Zweige und jagt Regentropfen vom Laub. Um mich herum ertönt das leise Stakkato ihres Aufschlagens auf dem Wasser. Kleine, sich kräuselnde Wellen scheuchen über die Oberfläche. Ich fröstele. Ich drehe mich auf den Bauch, hole tief Luft, schließe die Augen und lasse mich sinken. Kalt schwappt es über meinem Kopf zusammen. Ich sinke tief, immer tiefer, doch selbst als meine Lungen bereits zu schmerzen beginnen und mich anflehen, nach oben zurückzukehren, finde ich keinen Grund unter den suchenden Füßen.

Glass konnte das Leuchten in meinen Augen unmöglich verborgen bleiben, als ich, braungebrannt und mit weizenblonden Haaren, aus Griechenland zurückkehrte, aber sie stellte keine direkten Fragen. Ihre Erkundigungen beschränkten sich darauf, wie ich mit Gable zurechtgekommen war; sie wollte wissen, wie das Meer aufleuchtete, bevor die Sonne unterging, ob ich Haie gesehen, ob ich Oliven gegessen hätte. Doch ihren Mund umspielte dabei ein wissendes Lächeln, ähnlich dem, wie ich es aus der Zeit kannte, wenn sie nach Terezas Besuchen scheinheilig hatte wissen wollen, ob Dianne und ich, entgegen ihrem nie ernst gemeinten Verbot, Popcorn gegessen hatten. Ich lächelte zurück. Ich hätte mir schon vorher denken sollen, dass sie die Hand im Spiel und Gable um Mithilfe gebeten hatte. Sie verstand es wirklich, Geburtstagsgeschenke zu machen.

Dianne war schweigsamer als je zuvor; ich hatte den Eindruck, dass sie sich während meiner Abwesenheit noch tiefer in sich selbst zurückgezogen hatte. Die Atmosphäre zwischen ihr und Glass war gespannt, ihr Umgang miteinander beinahe frostig, auf Förmlichkeiten beschränkt. Wo sie aufeinandertrafen, schien die Luft sich statisch aufzuladen; tagelang wartete ich vergebens auf ein reinigendes Gewitter. Etwas musste während der vergangenen vier Wochen zwischen den beiden vorgefallen sein, doch was immer es auch war, es blieb mir verborgen. Glass danach auszufragen war sinnlos; solange sie nicht von sich aus beschloss, mit mir darüber zu reden, würde ich nichts in Erfahrung bringen. Von Dianne nahm ich an, sie würde sich als zugänglicher erweisen, aber ich täuschte mich.

»Nichts ist passiert«, sagte sie, als ich sie vor ihrem Zimmer abfing und fragte. »Gar nichts. Wir haben uns gestritten, das ist alles.«

»Worüber?«

»Das geht dich nichts an, Phil. Das ist eine Sache zwischen Glass und mir.«

»Nein, es ist auch meine Sache! Schließlich muss ich mit euch beiden leben. Die Stimmung zwischen euch ist zum Kotzen.«

»Na und?« Sie versuchte sich an mir vorbei durch die Tür und in ihr Zimmer zu drücken. »Sie wird sich auch wieder bessern.«

»Ach ja?« Ihre Arroganz trieb mich auf die Palme. »Weißt du was, Dianne, du bist schon genau wie Glass, genau das hätte sie auch ...«

Ich konnte der Hand, die unerwartet auf mich zuschoss, kaum ausweichen. »Sag das nie wieder!«, zischte Dianne mir ins Gesicht. »Nie wieder, Phil!«

Nichts war wie zuvor. Selbst der flechtenbewachsene Engel, der den Zugang zum Teich bewachte, war während meiner Abwesenheit endgültig umgestürzt. Der Arm mit dem Schwert ragte in einem unglücklichen Winkel aus dem hohen Gras, in das ein zwei Tage und zwei Nächte wütender Sturm die Statue geworfen hatte. Von demselben Sturm waren auch unzählige Ziegel vom Dach Visibles gerissen worden, die jetzt wie Granatsplitter verstreut in der Landschaft herumlagen. Glass hatte übergangsweise Blecheimer auf dem Dachboden aufgestellt. Das Dach neu decken zu lassen, wie sie zunächst vorhatte, kam wegen der Kosten nicht in Frage. Sie entschied sich dafür, die Schäden nur ausbessern zu lassen; danach glich Visibles Dach einem Flickenteppich.

Der Sturm hatte, wie Kat mir bei unserem ersten Treffen nach meiner Rückkehr aufgeregt berichtete, auch ein Opfer unter den Kleinen Leuten gefordert. Ein Junge aus dem Jahrgang über uns, den ich nicht kannte, an dessen Aussehen ich mich nach Kats Beschreibung aber vage erinnern konnte, war mit dem Fahrrad auf der Landstraße unterwegs gewesen, von einer heftigen Böe erfasst und in ein ihm entgegenkommendes Auto geschleudert worden. Er lag auf der Intensivstation, in derselben Klinik, in der Kat und ich als Kinder operiert worden waren; es war nicht sicher, ob er jemals wieder das Bewusstsein erlangen würde.

Keine dieser Neuigkeiten konnte mich wirklich berühren. Mein eigenes Erlebnis behielt ich zunächst für mich; ich erzählte Kat erst davon, nachdem sie im folgenden Winter mit Thomas angebändelt hatte und meinte, ich müsse mich beeilen, wenn ich noch vor ihr meine Unschuld verlieren wolle. Sie wurde wütend, weil ich so lang geschwiegen hatte, bezichtigte mich des Vertrauensbruchs und lenkte erst wieder ein, nachdem sie auch die allerletzte Einzelheit aus mir herausgekitzelt hatte.

»Wenn du nicht mal seinen Namen kennst«, stellte sie abschließend fest, »zählt das eigentlich nicht richtig, oder?«

Sie war beruhigt. Ein fremder Junge in Griechenland, die flüchtigste aller Begegnungen, konnte ihr nicht zur Gefahr werden.

Ich verbrachte ungezählte Tage allein am Rand des Teiches, dessen schwarzes Wasser mir jetzt, nachdem ich das Meer in all seiner Weite und, an manchen küstennahen Stellen, in all seiner hellen, blauen Tiefe gesehen hatte, faul und brackig erschien, und unergründlicher und furchteinflößender als je zuvor. Immer und immer wieder versuchte ich mir die Begegnung mit dem Jungen vor Augen zurückzurufen, doch je mehr Anstrengung ich darauf verwendete, desto undeutlicher und schemenhafter wurde die Erinnerung, und ich sah nicht mehr als mein Spiegelbild im Gesicht des dunklen Teichs. Gable hatte Recht gehabt: Keine Zeit der Welt wäre genug gewesen.

Ich bedauerte, dass ich nichts besaß, was die Tage und – viel wichtiger – diese eine Nacht in Griechenland für mich greifbar machte. Als Gable wenige Wochen nach meiner Rückkehr vor unserer Tür stand, in den Augen das gleiche wissende Lächeln, mit dem er mich in jener Nacht zurück an Bord des Schiffes gezogen hatte, war das einzige Geschenk, das er mitbrachte, eine kleine, mitsamt ihrem Wurzelballen ausgegrabene Zypresse. Ich wusste kaum, wie ich mich bedanken sollte. Mein Herz floss über. Ich grub die Zypresse im Garten ein, unterhalb meines Zimmerfensters. Manchmal wurde ich von dem herben Duft geweckt, den sie nachts verströmte, und dann, im Moment des Erwachens, in jenem kurzen Augenblick, den das Bewusstsein benötigt, um sich vom Schlaf zu trennen, glaubte ich, dass die Erinnerung zurückgekehrt sei.

Bald darauf war ich mir sicher, dass Dianne, die sich nach meiner Reise und meinen Erlebnissen bisher nicht erkundigt hatte, offensichtlich neidisch war: Wann immer ich die Zypresse während der letzten glutheißen Wochen dieses Sommers gießen wollte, musste ich feststellen, dass meine Schwester mir zuvorgekommen war.

Nachtschattengewächse

»DEINE FREUNDIN, DIE TOCHTER vom Direktor, Kat ...?«

»Ja?«

»Du hast ihr nichts von uns erzählt, oder?«

»Noch nicht.«

»Sie ist eifersüchtig.«

»Sieht man ihr das an?«

»Ich glaube, sie mag mich nicht.«

Nicholas legt den Kopf in den Nacken und schließt die Augen. Wir sitzen nebeneinander auf einer Holzbank am Fluss. Der Himmel ist bedeckt, ein tristes, flächendeckendes Grau, das nicht zu meiner aufgekratzten Stimmung passen will. Wenigstens hält das ungastliche Wetter die Kleinen Leute in ihren Häusern. Weit und breit sind keine Spaziergänger in Sicht, keine spielenden Kinder, keine Rentner, die ihre Hunde ausführen. Wir sind allein. Blesshühner paddeln geschäftig über das Wasser, kleine schwarze Schiffe mit spitzen weißen Schnäbeln, die sich durch vertrocknetes Schilf drängen, blitzartig auf Tauchstation gehen und Sekunden später wie große Korken zurück an die Wasseroberfläche schießen.

»Warum arbeitest du in der Bibliothek?«

»Ich brauche einen Job«, sagt Nicholas, die Augen immer noch geschlossen. »Meine Eltern haben Geld, aber sie halten mich kurz.«

»Magst du Bücher?«

»Ich brauche einen Job«, wiederholt er.

In der Schule ist es mir schwergefallen, schwerer als erwartet, ihn links liegenzulassen, nur um Kat die gewohnte Aufmerksamkeit zu schenken. Ich wollte Nicholas anstarren, die ganze Zeit. So, wie ich es jetzt tue. Wollte ihn berühren, ihn küssen, ihm die Kleider vom Leib reißen; dort in der Schule, im Klassenzimmer, auf der Toilette, dem Pausenhof. Von mir aus vor allen Leuten. Von mir aus vor Kat. Es ist völlig illusorisch, anzunehmen, was zwischen dem Läufer und mir vorgeht, könne ihr noch lange verborgen bleiben. Ich werde sie einweihen, besser früher als später, und zum Teufel mit den Konsequenzen.

»Warum bist du vom Internat geflogen?«

Jetzt öffnet Nicholas die Augen, wendet sich mir zu und lächelt. Als ob er weiß, dass er mich mit diesem schwarzen, magnetischen Lächeln beruhigen, einlullen, zum Schweigen bringen kann. Als ob er weiß, dass sein Blick in mir dasselbe anrichtet, wie es der Sirenengesang meiner Mutter bei ihren Kundinnen tut. In diesem Augenblick spüre ich, was mir fehlt, um eine befriedigendere Antwort als dieses Lächeln aus ihm herauszulocken: die Furchtlosigkeit vor Ablehnung, wie sie Glass eigen ist; Kats drängender, draufgängerischer Mut, mit dem sie irgendwelche weißen Flecken auf den Seelen ihrer Mitmenschen entblößt; der nüchterne Sachverstand und die Gelassenheit Terezas. Ich besitze nichts oder zu wenig von alldem. Trotzdem löchere ich Nicholas weiter mit Fragen.

»Warst du lange im Internat?«

»Zu lange. Schon immer.«

»Warum haben deine Eltern …«

Er unterbricht mich, indem er eine Hand hebt. »Aus demselben Grund, der die meisten Eltern ihre Kinder abschieben lässt. Sie wollen ihre Ruhe haben. Ihrer Karriere nachgehen. Sind überfordert, weil du dich nicht als das Spielzeug entpuppt hast, als das du mal geplant warst.«

»Ich dachte, man landet im Internat, weil man zu schwierig ist.«

»Irgendein Vorwand findet sich immer.«

»Welchen Vorwand gab es bei dir?«

»Wie ich schon sagte, irgendeiner.« Nicholas fährt sich mit einer Hand durch die Haare. Jede seiner Bewegungen elektrisiert mich. Seine Lippen haben diesen wunderbar wellenförmigen, weichen Schwung, mit Konturen von solcher Scharfkantigkeit, dass man sich beim Küssen daran verletzen möchte. »Jedenfalls war ich so gut wie nie zu Hause. Oder in der Stadt. Mann, diese tote Stadt …« Er schüttelt den Kopf und sieht mich fragend an. »Wie hältst du das bloß aus?«

»Es gibt hier gutes Vanilleeis.«

»Und wie viel davon muss man essen, bevor man die Nase endlich voll hat?«

Kat und ich haben tausendmal durchdacht, wie es sein wird, der Stadt eines Tages den Rücken zu kehren. Nicholas hat das schon längst getan. Dass äußere Umstände ihn dazu gezwungen haben, macht seine Arroganz nicht weniger legitim. Jetzt wieder hier abgeschrieben zu sein muss ihm als empfindlicher Rückschritt vorkommen.

»Was machen deine Eltern?«

»My daddy's rich, and my ma is good lookin'«, singt er leise. *Summertime,* Gershwin. Dann grinst er mich an. »Du bist Amerikaner, stimmt doch, oder? Du hast eine verrückte Zwillingsschwester, die früher mit Pfeil und Bogen Jagd auf kleine Jungs gemacht hat. Um die großen Jungs kümmert sich deine Mutter, es sei denn, sie macht sich gerade um das Seelenheil ihrer Mitbürgerinnen verdient.« Nicholas zeigt quer über den Fluss in Richtung Visible. »Und ihr wohnt in diesem riesigen alten Haus drüben am Wald.«

»Wer erzählt das?«

»Meine geschätzte Kollegin vom festgezurrten Haupthaar, Frau Hebeler. Und wahrscheinlich jeder sonst in der Stadt, den du fragst.«

Er selbst hat keine Geschwister. Sein Vater ist der Leiter einer Metall verarbeitenden großen Fabrik, irgendwo im Umland. Seine Mutter sitzt den ganzen Tag zu Hause, wo sie wahlweise trinkt oder Tabletten schluckt, um nicht darüber nachdenken zu müssen, warum das Schicksal ausgerechnet sie an die Gestade der tiefsten Provinz gespült hat.

»Ein Klischee«, beendet Nicholas achselzuckend die kurze Aufzählung und fügt abfällig hinzu: »Und ein ziemlich peinliches obendrein.«

»Irgendwo müssen Klischees ja herkommen.« Über die Jahre hinweg hat Glass Dutzende von Kundinnen wie seine Mutter gehabt. Vielleicht *ist* seine Mutter eine ihrer Kundinnen. Aber Glass danach zu fragen wäre müßig, sie würde es mir nicht verraten. »Klingt jedenfalls nicht danach, als hättet ihr das beste Verhältnis zueinander, du und deine Mutter.«

»Vielleicht ist das so.«

Und vielleicht gilt dasselbe für seinen Vater. Wenn es Nicholas nur um irgendeinen Job ginge, könnte er nachmittags sicher auch in dessen Fabrik arbeiten, an den Maschinen, im Büro, in der Verwaltung.

»Ich hab dich schon mal gesehen, hier, in der Stadt«, sage

ich, nachdem eine endlose Minute lang kein Wort gefallen ist und wir nur auf den Fluss gestarrt haben. »Ist schon eine Weile her.«

»Tatsächlich?«

»Vor fünf Jahren. Es war Winter. Du standest auf der Treppe vor der Kirche.«

»Muss in den Weihnachtsferien gewesen sein. Ich kann mich nicht erinnern.«

Er klingt nicht im Entferntesten interessiert. Ich habe mir gewünscht, dass er sich an unsere erste Begegnung erinnert; jetzt spüre ich einen Nadelstich der Enttäuschung. Und langsam macht mich das Gefühl nervös, dass nur ich es bin, der Fragen stellt und die Unterhaltung in Gang hält. *Er ist ein Blender,* höre ich Kat sagen. *Macht auf außen hart und innen sensibel. In Wirklichkeit ist er außen weich und innen langweilig.*

Vielleicht sollte ich weniger Fragen stellen und mehr in die Offensive gehen, Taten statt Worte. Ich überlege, ob ich dem Läufer einen Arm um die Schulter legen soll, und muss schon den Ansatz einer entsprechenden Bewegung vollführt haben, die er aus dem Augenwinkel heraus wahrnimmt, denn sofort rückt er ein wenig von mir ab.

»Nicht ... bitte.«

»Schon gut.«

»Tut mir leid, ich ...«

»Ist okay.«

Eine weitere Schweigeminute würde ich nicht ertragen. Nicholas lacht, als ich ihm den Schlüssel präsentiere, den ich von Tereza erhalten habe. Lacht auf wie befreit, verstummt plötzlich, und seine Augen werden etwas weiter, als sehe er mich zum ersten Mal oder als werde er mich gleich küssen mit diesen scharfkantigen Lippen. Was er aber lässt, obwohl niemand in der Nähe ist, der uns sehen könnte.

»Du wirst mal ein sehr schöner Mann werden, Phil, weißt du das?«

»Ehm, danke ... schätze ich.«

»Gehen wir?«

Er erhebt sich von der Bank und setzt sich in Bewegung, es ist, als kenne er die Richtung, die wir einschlagen müssen. Ich gehe neben ihm her, konzentriere mich auf den Klang unserer Schritte auf dem asphaltierten, schmalen Weg, um den Impuls zu unterdrücken, Nicholas bei der Hand zu nehmen, meinen Arm um seine Hüfte oder seine Schulter zu legen.

»Wart mal.«

Im ersten Moment denke ich, dass er sich einen Schnürsenkel binden will, als er abrupt stehen bleibt und sich bückt. Dann sehe ich, dass er etwas vom Weg aufhebt. Eine Haarspange aus mattbraunem Schildpatt mit verbogener Klammer.

»Warum machst du das?«

»Was?« Er hat sich schon wieder aufgerichtet und lässt die Haarspange in der Hosentasche verschwinden.

»Altes Zeug aufheben. Ist mir schon öfter aufgefallen.«

Nicholas zuckt die Achseln. »Nur so. Vielleicht kann man noch mal was mit anfangen. Es verschenken.«

»Wenn du alles einsammelst, was in der Gegend rumliegt, müsstest du ein ganzes Lager voll davon haben.«

»Ja. Vielleicht hab ich das, oder?«

Als wir eine knappe halbe Stunde später beim Haus des Professors ankommen, stürzen plötzlich und heftig, wie zu allem entschlossene Selbstmörder, die ersten Regentropfen vom Himmel. Trotzdem führe ich Nicholas erst um das Haus herum.

Dort bleibe ich neben ihm stehen. Er sieht sich um, fast ehrfürchtig.

Es ist nicht das Haus – das ist unauffällig, ein doppelstöckiger Bau mit Giebeldach, der sich kaum von den Häusern auf den großzügigen Nachbargrundstücken unterscheidet –, sondern es ist der Garten, der sofort jedermanns Aufmerksamkeit auf sich zieht und dessen Pflege durch zwei auswärtige Gärtner sich Tereza jährlich eine Stange Geld kosten lässt. Vom beginnenden Frühjahr bis zum Ende des Sommers explodiert es hier vor Blüten und Farben und Düften; im Herbst erstrahlt der Garten, als habe es Gold und Bronze vom Himmel geregnet. Er ist atemberaubend. Zeit seines Lebens hatte der Professor beträchtlichen Ehrgeiz darauf verwendet, sich mit einem Mikrokosmos der Flora dieser Welt, soweit sie in unserem Klima gedeiht, zu umgeben, und über die Jahre und Jahrzehnte hinweg schuf er so ein kleines Wunderwerk. Dieser Garten ist ein atmendes, lebendes Wesen, das wuchert und krautet und kriecht und schlingt; alles ist üppig, prall und fruchtbar. Bäume und Sträucher stehen einzeln oder in Gruppen, kleinere Pflanzen auf Beeten zusammengeschart als bunte Kleckse in der Landschaft oder im Schatten gigantischer Farne. Dianne kommt oft hierher; dank der ihr von Tereza überlassenen Herbarien des Professors kennt sie die Namen all dieser Pflanzen auswendig. Es sind Zwerge darunter, deren filigrane Schönheit sich nur erschließt, wenn man sich vor sie auf den Boden legt, um die winzigen Blätter und Blüten zu studieren. Sie werden von rotbraunen Mammutbäumen beschirmt, deren ausladende Äste wie waagrecht in den Stamm getriebene Stangen wirken; Bäume, die in unseren Breitengraden längst nicht die Höhe von über einhundert Metern erreichen, die sie in Amerika haben.

Wir sind beide schon bis auf die Haut durchnässt, doch Nicholas mustert unbeeindruckt vom Regen weiter das Haus, das Grundstück, den Garten. Er zeigt auf eine Stelle unweit eines geduckten Ahornbaums mit blutrotem Laub, wo der Boden leicht uneben ist. Ich höre Diannes Kinderstimme sagen: *Jetzt sieht es so aus, als hätte die Erde einen Schluckauf gehabt.* Der kleine Hügel ist bedeckt von halbhohen, abgeknickten Pflanzenstängeln und bereits im Verfall begriffenen, modrig braunen Blättern.

»Was blüht da im Sommer?«

»Rittersporn«, antworte ich. »Und Glockenblumen.«

Nicholas sieht mich fragend an.

»Ich weiß es einfach«, sage ich, ziehe den Haustürschlüssel aus der Hosentasche und klimpere ihm damit vor der Nase herum. »Was ist, kommst du mit rein?«

Er nickt. Während wir das Haus umrunden, sieht er an der Fassade empor und fragt: »Wem gehört das alles?«

Tereza fand den Letzten Willen ihres Vaters in einer der Schubladen seines schönen, altmodisch verzierten Schreibtisches aus rostrotem Kirschbaumholz. Tags zuvor waren die sterblichen Überreste des Professors von H. Hendriks, dem einzigen Bestattungsunternehmer der Stadt, in einer Zinkwanne aus dem Haus geschafft worden – einer *zerbeulten* Zinkwanne, wie Tereza später berichtete; einer Wanne, der noch dazu, aus unerfindlichen Gründen, einer der vier seitlich angebrachten Tragegriffe gefehlt hatte, wodurch der Abtransport des toten Professors zu einer wackeligen Angelegenheit geraten war. Der beleibte H. Hendriks und sein Assistent, ein blasser junger Mann mit einem riesigen, ständig zuckenden Adamsapfel, hatten gestöhnt und geflucht wie die Kanalarbeiter, pietätlos, wie Tereza fand, die aber nicht die Energie aufgebracht hatte, sich darüber zu beschweren.

Der alte Professor war zwei Abende zuvor zu Bett gegangen, eingeschlafen und am folgenden Morgen einfach nicht mehr aufgewacht. So jedenfalls lautete die Schlussfolgerung seiner Haushälterin, die den längst erkalteten Leichnam vormittags entdeckt und Tereza sofort telefonisch davon in Kenntnis gesetzt hatte, wobei sie nicht müde geworden war zu betonen, dies sei ein Gnadentod, wie er nicht jedem vergönnt war, weiß Gott, ein wirklicher Gnadentod. Die Haushälterin hieß Elsie. Sie stand seit ewigen Zeiten treu im Dienst des Professors. Elsie gehörte zu den Kleinen Leuten, und sie war *tatsächlich* klein – mit einem knappen Meter vierzig war sie gerade groß genug, um, ohne auf einen Schemel steigen zu müssen, den Kaminsims abzustauben. Am Telefon hatte sie geklungen wie eine Fachfrau in Sachen Plötzlich und Unerwartet. Am anderen Ende der Leitung hatte Tereza sich die Augen ausgeheult.

Jetzt saß Tereza vor den geöffneten Schubladen des Schreibtisches auf dem Fußboden, umgeben von Stapeln teils neuer, teils längst vergilbter Papiere, und ihre Augen folgten dem energischen Schwung der Handschrift ihres Vaters, verschnörkeltes Sütterlin, das abzulegen er sich zeit seines Lebens geweigert hatte. Sie fühlte sich von Schuldgefühlen und Selbstmitleid überwältigt – sie hatte ihren Vater nur selten besucht, und jetzt war er tot, Besuchszeit endgültig vorüber. Der genauso oft gefasste wie mutlos wieder verworfene Entschluss Terezas, ihren ebenso liebevollen wie moralisch strengen Erzeuger davon zu unterrichten, dass sie ausschließlich Frauen liebe, würde nun nie in die Tat umgesetzt werden können, die erhoffte Absolution ihr auf ewig verweigert bleiben.

In seinem Letzten Willen legte der Professor explizit dar, wie er sich seine Bestattung vorstellte: keine Verbrennung, kein christliches Begräbnis. Er wollte auf seinem Grundstück beerdigt werden, genauer gesagt, inmitten seiner geliebten Pflanzen.

Als naturverbundener Mensch wollte er keinen Sarg.

Es war ein Wunsch, den Tereza, ohne auch nur eine Augenbraue zu heben, akzeptierte und, ganz gleich unter welchen Umständen, einzulösen gedachte. Natürlich wusste sie, dass sie damit bei den zuständigen Behörden auf taube Ohren stoßen würde. Nicht eingesargte Leichen in irgendwelchen Gärten zu vergraben verstieß nicht nur gegen gute christliche Tradition, sondern, was für diesen Fall entscheidender war, auch gegen das staatliche Seuchengesetz. Niemand würde es zu schätzen wissen, sich mit den in Grund- und Trinkwasser aufgelösten Partikeln eines emeritierten, zu Flüssigkeit geronnenen Professors für Botanik den morgendlichen Kaffee zuzubereiten oder unter dem Brausestrahl der Dusche davon berieselt zu werden. Tereza musste sich etwas einfallen lassen.

»Abenteuerlich«, erklärten Glass und Tereza übereinstimmend, als sie viele Jahre später die Geschichte für Dianne und mich rekapitulierten, um unser Gedächtnis aufzufrischen, denn schlussendlich waren wir dabei gewesen, als es galt, den heiligen letzten Wunsch des Professors zu erfüllen. Es war Sommer, wir saßen in der warmen Abenddämmerung auf der Veranda Visibles und tranken Obstpunsch. »Der Leichnam war ja schon abtransportiert worden«, sagte Glass, »in dieser wackeligen Zinkwanne, sonst hätte man ihn einfach verbuddeln und dann den alten Herrn als vermisst melden können. Jedenfalls hätte uns das eine Menge Arbeit erspart.«

Natürlich wäre es in diesem Fall auch notwendig gewesen, die

Haushälterin zum Schweigen zu bringen. Elsie hatte den Professor verehrt – Tereza nahm an, sie habe ihn sogar heimlich geliebt, als sei es ein Naturgesetz, dass früher oder später jede Haushälterin ihr Herz an ihren Arbeitgeber verliert. Doch ganz gleich, wie es um Elsies Gefühle bestellt war: Niemand, so viel war sicher, hätte die kleine Frau dazu bewegen können, sich auf eine Art Witwenverbuddelung einzulassen.

Als eine sehr blasse Tereza am Abend nach dem Abtransport der Leiche nach Visible kam, um sich mit Glass zu beraten, wurden Dianne und ich kurzerhand mit Haferflocken abgefüttert und ins Bett gesteckt. Wir waren zu jung – vier Jahre alt –, um zu begreifen, was vor sich ging. Aber wir waren alt genug, um zu spüren, dass Tereza, obwohl sie sich alle Mühe gab, Haltung zu bewahren, außer sich war vor Kummer. Sie schien ihre Trauer aus jeder Pore auszuschwitzen; das rote Haar war glanzlos, die Haut unter ihren Augen war so dunkel, als hätte Tereza Ringe aus Kohlestaub aufgetragen.

Tereza und Glass redeten bis tief in die Nacht, dabei tranken sie Rotwein, und der Rauch ungezählter Zigaretten drang in die letzten dunklen Winkel Visibles. Sie entwickelten Pläne, erdachten Szenarien, verwarfen diese und jene Idee; schließlich einigten sie sich auf einen Vorschlag von Glass und gingen zu Bett. Als ich am Morgen das Schlafzimmer betrat, fand ich die beiden Frauen, Beine und Arme verschlungen, selbst die Hände verhakt, so eng und fest aneinandergeschmiedet wie siamesische Zwillinge. Sonnenlicht tastete sich durch die Fenster und ließ Terezas langes Haar, das wie ein ausgebreiteter Fächer die bleiche Haut meiner Mutter bedeckte, in leuchtende, orangerote Flammen aufgehen. Tereza musste gehört haben, wie ich das Zimmer betrat, denn sie öffnete die Augen und sah mich lange an. Ihr Blick war erfüllt von dem einzigen Schmerz, der sich mir mit meinen vier Jahren mitteilen konnte – einem kindlichen Schmerz, der weder Anfang noch Ende kannte und der mir so tief ins Herz schnitt, dass ich auf dem Absatz kehrtmachte und nach unten in die Küche rannte, wo ich mit zitternden Händen versuchte, den Tisch zu decken.

Nach dem Frühstück – Obstsaft, viel Kaffee und noch mehr Mineralwasser, um den Kater zu vertreiben – verabschiedete sich Tereza, um ihren Hausarzt zu konsultieren, der ihr ohne Bedenken ein Rezept über ein starkes, schnell wirkendes Schlafmittel ausstellte. Zwei Stunden später war sie zurück in Visible, und wir fuhren alle mit dem Wagen zum Supermarkt, wo als Erstes Dianne und ich mit Gummibärchen aus der Jumbotüte ruhiggestellt wurden. Während wir uns, einem ängstlichen Hamstertrieb folgend, zunächst vorsorglich die Hosentaschen und erst dann die Hälse vollstopften, kauften Tereza und Glass eine Spitzhacke, zwei Schaufeln und drei Säcke Kartoffeln, den Sack zu fünfundzwanzig Kilogramm. Dann marschierten wir im Gänsemarsch in die Abteilung für Damenunterwäsche. Hier hielt Tereza sich vorsichtig abseits. Die Kleinen Leute wussten, dass ihr Vater gestorben war, und sie wollte keine neugierigen, befremdeten Blicke auf sich ziehen. Dianne und ich hielten uns an den von Süßigkeiten verklebten Händen und sahen dabei zu, wie Glass sich mit kritischen Blicken durch eine Auswahl spitzenbesetzter weißer Unterwäsche wühlte.

»Ich stand in Terezas Schuld«, begründete Glass uns gegenüber an jenem Abend auf der Veranda ihren Entschluss. »Ich meine, natürlich war es mit Abstand das größte Opfer, das ich je für jemanden zu bringen bereit war, aber schließlich, wo wären wir alle ohne Tereza?«

Sie trug lediglich die weiße Spitzenunterwäsche, verborgen unter ihrem bis zu den Knien reichenden schäbigen Mantel, mit dem sie aus Amerika gekommen war, als sie am späten Abend vor dem Bestattungsinstitut stand und den dicken und – was ungleich wichtiger war – unverheirateten H. Hendriks herausklingelte. Tereza hatte den Wagen an der nächsten Straßenecke geparkt, und wir konnten Glass sehen, die sich gegen den die Straße herunterpfeifenden Wind stemmte, und wie Hendriks ihr öffnete. Der Mantel flatterte wie das zerrissene Segel eines kleinen, gestrandeten Schiffes. Es versprach, in mehrfacher Hinsicht, eine stürmische Nacht zu werden.

»Was macht Glass da?«, fragte Dianne.

»Sie besucht den dicken Mann«, sagte Tereza. »Der dicke Mann hat auf meinen toten Papa aufgepasst, und den holen wir jetzt ab.«

»Warum denn?«

»Weil wir ihn beerdigen wollen, Schätzchen. Tote Menschen werden beerdigt.«

Es war kalt geworden, so kalt, dass Tereza von Zeit zu Zeit die beschlagene Windschutzscheibe mit dem Ärmel ihrer Jacke freiwischen musste, und der sturmzerrissene Himmel versprach Regen. Von unserem Platz auf dem Rücksitz konnten Dianne und ich die Auslage im kleinen Schaufenster des Instituts sehen. Bis heute finde ich, dass es kaum einen deprimierenderen Anblick gibt als den der wenigen Güter, die ein Leichenbestatter als Insignien seines Gewerbes zur Schau stellen kann: mit Samt ausgeschlagene Särge aus Holz oder Kunststoff, die immer irgendwie zu kurz aussehen, Urnen, die wie einsame kleine Könige auf einem Piedestal thronen, und irgendwo dazwischen ein Poster mit dem Hinweis, dass man auch Seebestattungen durchführe, Friede sei mit euch, und sind Sie für den Fall der Fälle versichert?

Es war natürlich nicht der Fall der Fälle, der, wie Glass H. Hendriks im Inneren des Hauses erklärte, sie bei Wind und Wetter zu ihm trieb, sondern der Professor, einer der wenigen guten alten Freunde der Familie.

»Ich sagte Hendriks, so ungefähr«, erzählte sie an jenem Sommerabend auf der Veranda, »dass ich mich vom alten Mann verabschieden wolle, aber nicht erst auf dem Friedhof, wegen der Leute, er wisse schon.«

Es war ein klassisches Beispiel dafür, dass auch ein schlechter Ruf von Nutzen sein kann.

Der feiste H. Hendriks hörte Glass zu, während sein Blick immer wieder von ihrem Gesicht zu der Stelle über ihrem Busen fiel, wo der Mantel ein wenig aufklaffte und freie Aussicht auf die weiße Spitze gewährte. Glass ließ sich von ihm durch das Haus führen, das der Bestatter ganz allein bewohnte; der Assistent mit dem hüpfenden Adamsapfel kam nur tagsüber zur Arbeit. H. Hendriks zögerte, als Glass die Räume zu sehen verlangte, in denen er die Leichen wusch, ankleidete und schminkte.

»Üblich ist das nicht«, knotterte er.

»Aber Sie sind auch keiner der üblichen Männer, das sind Sie doch nicht, oder?«, singsangte Glass, und H. Hendriks schluckte und nickte und setzte sich in Bewegung wie ein schwergewichtiges Aufziehmännchen.

In dem gekachelten Raum, in den er Glass führte, befanden sich, aufgepflockt auf einfache Holzböcke, zwei mächtige, verschlossene Särge aus dunklem Eichenholz. Sie glichen einander wie ein Ei dem anderen. Glass war verwirrt; als folge der Tod einem genau kalkulierten Stundenplan von einem Toten pro Tag oder pro Woche, war sie wie selbstverständlich davon ausgegangen, in Hendriks' Institut nur auf Terezas Vater zu treffen. Jetzt deutete sie zaghaft auf einen der beiden Särge.

»Ist das der ...«

H. Hendriks nickte feierlich.

»Und ist er ... er ist doch fix und fertig ... zurechtgemacht, sagt man das so, für die Beerdigung? Oder wird der Sarg noch mal geöffnet?«

»Die Kiste bleibt zu«, erwiderte Hendriks bestimmt. »Die Tochter hat das so verfügt.«

Glass nickte. Jede andere Antwort wäre für sie das Signal gewesen, sich rasch zu verabschieden. Sie atmete tief ein und wieder aus, und wie zufällig rutschte ihr Mantel über dem Busen noch ein wenig weiter auseinander. In H. Hendriks' Augen trat ein unbestimmter Glanz, während Glass die Hände faltete, eine Minute lang schweigend wie im Gebet verharrte – sie betete tatsächlich, aber nicht, wie H. Hendriks annehmen musste, für den toten Professor – und dann den vor Nervosität auf den Zehenspitzen wippenden dicken Mann fragte, ob er wohl etwas für sie zu trinken hätte.

»Wasser?«, bot Hendriks arglos an.

»Wodka«, sagte Glass trocken.

H. Hendriks führte sie durch das Haus in sein Wohnzimmer, wo er ebenso eilfertig wie unbeholfen eine volle Wodkaflasche und zwei Gläser anschleppte, die er sofort füllte, randvoll. Glass setzte sich auf ein mit plüschigen Kissen hoffnungslos überladenes Sofa, raffte ihren Mantelsaum, schlug die Beine übereinander, bekundete, es ginge ihr schon viel besser, und bat Hendriks darum, ihr nun doch einen klitzekleinen Schluck Wasser zu holen.

»Peinlich!« Glass schüttelte sich noch im Nachhinein bei der Erinnerung an ihren Auftritt als Verführerin. »Peinlich wie sonst nichts, dieses Getue als blondes Dummchen, das kann ich euch sagen!«

Während der Leichenbestatter in der Küche zugange war, schüttete sie das von Terezas Hausarzt verschriebene Schlafmittel in seinen Drink. Sie wusste nicht, ob das Pulver den Geschmack des Wodkas veränderte, und H. Hendriks beraubte sich selbst jeder Chance, das herauszufinden. Kaum dass er aus der Küche zurückgekommen war und sich in plumper Vertraulichkeit neben Glass gesetzt hatte, kippte er, aufgeregt, wie er war, seinen Wodka in einem einzigen kräftigen Zug hinunter. Das Pulver begann zu Glass' großer Erleichterung schon zu wirken, bevor H. Hendriks Gelegenheit hatte, sich auf der Couch oder sonst wo auf ihr auszutoben, und es wirkte mit einer so plötzlichen Wucht, dass es den dicken Mann förmlich in die Sofakissen riss.

Glass atmete tief durch, prostete erleichtert in Richtung des Kachelraums, wo im linken oder rechten Sarg der Professor ruhte, und stürzte ihr erstes Glas Wodka für diesen Abend hinunter.

Tereza hatte derweil draußen im Auto geduldig darauf gewartet, dass Dianne und ich irgendwann vor lauter Langeweile einschlafen würden. Was wir nicht taten – es lag in der Luft, dass große Dinge geschehen würden, mindestens so groß wie die inzwischen zweite Jumbotüte mit Gummibärchen, die halb geleert zwischen uns auf dem Rücksitz lag. Regen fiel auf das Wagendach, und von Zeit zu Zeit mischte sich in das monotone Tröpfeln das leise, motorische Summen des Scheibenwischers.

»Dann los«, flüsterte Tereza, als die Haustür endlich geöffnet wurde und Glass uns zuwinkte. Als wir an ihr vorbei durch den Eingang des Bestattungsinstituts glitten, bemerkte ich Gänsehaut auf den nackten Beinen meiner Mutter. In einer Hand hielt Glass ihren zweiten Wodka.

Kaum war die Tür hinter uns ins Schloss gefallen, ergriff Tereza sie bei den Schultern und sah ihr forschend in die Augen. »Und, hast du …?«

»Nein.«

Mit einer Geste voller Zärtlichkeit strich Tereza ihr eine Haarsträhne aus dem Gesicht und küsste sie sanft auf die Wange. »Trotzdem, danke.«

»Anytime«, grinste Glass.

Später bildete ich mir ein, ein Flüstern und Wispern habe uns in dem Bestattungsinstitut empfangen, ferne Echos des Jammerns und Klagens, die über Jahre und Jahre hinweg in die dezent dunkle Auslegeware versickert waren. In der Nähe des Todes regierte die Lautlosigkeit. Nur bei genauem Hinhören bemerkte man ein störendes, sich wiederholendes pfeifendes Geräusch.

»Was ist das?«, fragte Dianne.

»Das ist der dicke Mann«, sagte Tereza. »Er schläft.«

»Wenn er schläft, kann er nicht mehr auf deinen Papa aufpassen.«

»Dafür sind wir ja jetzt hier, Schätzchen. Glass, gehst du vor?«

Wir bewegten uns durch Zwielicht. Sichtbare Lichtquellen schien es in diesem Haus nicht zu geben. Das Licht war einfach da, es kam von überall und nirgends, und es war weder hell noch schummrig; es war einfach das lichtloseste Licht, das ich je gesehen hatte. Kurz darauf standen wir alle vier in dem Kachelraum – und hier herrschte Licht, schrecklich kaltes Licht, Neonlicht, das fahl von der Decke strahlte – und betrachteten andächtig die beiden schimmernd polierten Eichensärge.

»Da sind keine richtigen Nägel drin, sondern nur so eine Art

Steckschrauben«, erklärte Glass der plötzlich sehr still gewordenen Tereza. »Du kannst sie einfach aus dem Holz drehen. Flutscht wie Butter.«

»Welcher ist es?«, fragte Tereza nüchtern.

»Der Linke. Glaube ich.«

»Glass!«

»Okay, okay, dann weiß ich es eben! Es ist der Linke.«

Die Schrauben flutschten nicht. Das Geräusch, das sie beim Losdrehen von sich gaben, setzte der Todesstille ein abruptes Ende. Es erfüllte unsere Ohren wie das Knattern eines Maschinengewehrs, seine nervtötenden Echos kullerten wie Donnerhall durch den Kachelraum. Endlich wurde der Deckel vom Sarg entfernt.

»Halbe Arbeit für vollen Lohn«, sagte Tereza nach einem prüfenden Blick in das Innere. »Ich sollte dieses Schwein verklagen.« Ihr Gesicht zeigte nicht die geringste Regung. Nur aus ihrer Stimme sprach Empörung. Dianne und ich reckten neugierig die Hälse, waren aber zu klein, um über den Sargrand hinweg sehen zu können, was Tereza so erboste.

»Vergiss es«, sagte Glass. »Komm jetzt.«

Als die beiden Frauen den Raum verlassen hatten – Tereza, um den Wagen in den nicht einsehbaren Hinterhof des Instituts zu fahren, und Glass, um den Ausgang vom Haus auf diesen Hof zu finden –, schoben Dianne und ich einen Schemel vor den Sarg. Wir kletterten hinauf und traten uns gegenseitig auf die Füße, während wir neugierig die Leiche betrachteten, die zwischen den samtgepolsterten Sargwänden lag wie ein überdimensioniertes, in weißes Packpapier eingeschlagenes Geschenk. Bis auf das weit entfernte, pfeifende Atmen des dicken Mannes aus dem Nachbarzimmer war alles ganz still.

»Der lacht ja«, sagte Dianne nach einer Weile. »Und komisch riechen tut er auch.«

Der Professor sah durch und durch friedvoll aus, aber er war von H. Hendriks weder fertig präpariert noch vollständig geschminkt worden. Zumindest fehlte es im Gesicht an abdeckendem Puder, denn die winzigen Knoten in den Enden der Drähte, mit denen die Kinnlade an den Oberkiefer gezurrt war, waren nicht zu übersehen; sie schimmerten matt im kalten Neonlicht. Dianne und ich hatten Terezas Vater nur ein einziges Mal lebend zu Gesicht bekommen. Da der Professor mit Kindern ungefähr so viel anzufangen wusste wie mit einem Kropf, hätte er vermutlich keinen bleibenden Eindruck auf uns hinterlassen, wäre er nicht, als Tereza uns ihm vorstellte, mit den Armen in ein wildes Rudern ausgebrochen, als wären wir lästige Insekten, die es zu verscheuchen galt. Er hatte so witzig ausgesehen mit seinen rotierenden Armen, dass Dianne und ich in lautes Kichern ausgebrochen waren, was des Professors Irritation nur verstärkt, zu heftigerem Gewedele und letztlich zu kreischendem Gelächter unsererseits geführt hatte. Jetzt lagen die Wedelarme bewegungslos längs des toten Körpers. Ich betrachtete die Hände und staunte, dass sie kaum größer waren als meine. Ein erwachsener Mann mit kleinen, anmutigen, blumenzarten Händen.

Eine andere Hand schob sich in mein Blickfeld, die ausgestreckte Hand Diannes. Ich nahm an, dass sie den toten alten Mann streicheln wolle. Aber meine Schwester, der nur ein Jahr darauf eine kleine Schnecke aus dem linken Ohr entfernt werden sollte, hatte lediglich vor, sich auf ihre Art und Weise von dem alten Professor zu verabschieden. Sie hatte etwas aus ihrer Hosentasche gefischt. Ohne viel Aufhebens, aber mit dem gebotenen feierlichen Ernst, schob Dianne dem toten Mann mit den kleinen

Händen ein rotes Gummibärchen tief ins linke Nasenloch. Die im Auto zurückgelassene Jumbotüte, unsere zweite und letzte, ging langsam zur Neige, es blieb ein karger Vorrat für die uns noch bevorstehende lange Nacht, und das erhob in meinen Augen Diannes Abschiedsgeschenk in den Rang eines geradezu fürstlichen Opfers. Wir sprangen rasch von dem Schemel, als Glass und Tereza zurück in den Raum kamen, mit leisem Keuchen, zwischen sich den ersten der drei im Supermarkt erstandenen Kartoffelsäcke.

»Die teure Sorte«, erinnerte sich Glass. Sie sah von der Veranda in den sich verfärbenden Abendhimmel und goss uns allen Punsch nach. »Kleine, knubbelige gelbe Dinger. Nie werde ich den Namen vergessen – Clementia, festkochend! Ich frage mich heute noch, warum jemand Kartoffeln kochen sollte, die nicht weich werden.« Sie stellte den Krug ab. Tereza verdrehte die Augen.

Der Austausch des Professors gegen die Kartoffelsäcke erwies sich als schweißtreibende Angelegenheit. Dianne und ich standen wieder auf dem Schemel, den wir etwas abseits gerückt hatten, und beobachteten schweigend, wie Tereza einen Arm des Leichnams ergriff, der sich, wie sie zufrieden feststellte, mühelos auf und ab bewegen ließ; sie hatte mit Leichenstarre gerechnet, doch die war bereits vorüber. Die schlackernde Bewegung, die sie mit dem toten Arm vollführte, glich auf fast unheimliche Art und Weise dem irritierten Herumgewedle des Professors, an das ich mich jetzt erinnerte. Ich hielt mir den Mund zu, um das aufsteigende Kichern zu unterdrücken.

Tereza und Glass ergriffen den Professor bei je einer Hand und zerrten ihn ruckartig in eine sitzende Position. Der Kopf des Professors kippte zur Seite. Ein leises Zischen ertönte, als Luft aus seiner Nase entwich. Glass schrie erschreckt auf, ließ den Leichnam los und machte einen Satz nach hinten. Der Professor kippte zur Seite, und sein Kopf dotzte mit einem trockenen Geräusch auf die Sargkante.

»Bitte!«, zischte Tereza.

»Tut mir leid, Darling. Ich hab mich nur ...«

»Schon gut. Jetzt noch mal.«

Dianne und ich tänzelten aufgeregt nebenher, während der Professor durch das Institut geschleift und gezogen, gezerrt und gewuchtet wurde. »Niemals sind das fünfundsiebzig Kilo«, ächzte Glass auf halbem Weg. Ihre Stimme kam aus der Achselhöhle des störrischen Leichnams, der ihrem Griff immer wieder entglitt. »Wir hätten ... hätten noch ein paar Karotten oder so ... in den Sarg legen sollen.«

»Schubkarre«, hörte ich Tereza hervorstoßen, und dieses eine Wort, das klang wie der vergebliche Wunsch an eine durch Abwesenheit glänzende Märchenfee, blieb, bis der Professor endlich im Kofferraum des Wagens verstaut war und wir nach kurzer Fahrt durch die regnerische, windige Nacht bei seinem Haus ankamen, ihr letztes.

Aus Angst vor einer Entdeckung durch Nachbarn oder Spaziergänger hatte Tereza nicht gewagt bei Tag ein Loch im Garten auszuheben. Sie hatte ein freies Fleckchen unter einem Ahornbaum als Begräbnisstätte ausgewählt, und dort lag ihr Vater nun ins nasse Gras gebettet, die dünnen Haare inzwischen wirr und vom Regen an die Stirn geklebt, während Tereza und Glass die nagelneuen Schaufeln schwangen. Noch vor dem ersten Spatenstich kramte Glass eine Zigarette aus der Manteltasche, steckte sie an, inhalierte tief und betrachtete den leblosen Körper zu ihren Füßen.

»Sollen wir ihn ausziehen?«, fragte sie.

Tereza schüttelte den Kopf. »Davon, dass er nackt beerdigt werden will, war nie die Rede.«

»Hast du ihn jemals nackt gesehen?«

»Nein. Und ich habe auch nicht die Absicht, das auf den letzten Drücker zu ändern.«

Der Regen fiel ohne Unterlass, während die beiden Frauen die Schaufeln immer wieder in die weiche, dunkle Erde rammten und eine Grube aushoben, die sie erst nach einer halben Stunde als zufriedenstellend tief erklärten. Von Zeit zu Zeit nahmen sie einen Schluck aus der Wodkaflasche, die Glass von H. Hendriks mitgenommen hatte. Irgendwann begann meine Mutter haltlos zu kichern.

Dianne und ich waren kein bisschen müde. Tereza hatte uns gemütlich und trocken auf einem hohen, breiten Stoß aus aufgeschichteten Holzscheiten platziert, der von einem Wellblechdach geschützt wurde. Darauf hockten wir wie die Nachteulen, die Augen längst angepasst an die Dunkelheit, und als der schemenhafte Anblick der beiden schuftenden Frauen, deren regelmäßige Spatenstiche das Erdreich und die Stille der Nacht zerteilten, uns zu langweilen begann, probierten wir aus, ob Gummibärchen sich auflösen, wenn man sie lang genug in den Regen hält.

Schließlich wurde der Professor ganz unzeremoniell in die Kuhle gewuchtet, ein lebloses Gewicht, in sich zusammengefallen wie eine Marionette, der man die Fäden abgeschnitten hatte. Tereza und Glass schippten die klumpige Erde auf den Leichnam, dann krochen sie auf Händen und Knien über das Gras, um die Erde mit Steinen zu beschweren. Die langen, nassen Haare hingen ihnen wirr in die Gesichter, die Kleidung klebte an ihren Leibern, und was von der neuen Unterwäsche meiner Mutter sichtbar war, der geklöppelte Saum aus hübscher weißer Spitze, den ich so bewundert hatte, war inzwischen von derselben Farbe wie das Braun ihres Mantels.

Dianne zeigte mit einem Finger auf das frisch entstandene Grab. »Jetzt sieht es aus, als hätte die Erde einen Schluckauf gehabt«, sagte sie.

»Und nun?« Glass hatte sich aufgerichtet, stützte sich auf die Schaufel und sah Tereza fragend an. »Soll ich was singen? In der Highschool habe ich mal *What I Did For Love* –«

»Halt die Klappe, Glass«, murmelte Tereza.

Glass murrte. »Aber sollte man nicht wenigstens ein Gebet sprechen?«

»Beten wir, dass es aufhört zu regnen«, schnaufte Tereza mit Blick auf den Hügel. »Wenn ich mir vorstelle, dass die Erde weggeschwemmt wird, wird mir ganz schlecht.«

»Mir ist auch schlecht«, piepste Dianne neben mir. Das war ihre einzige Warnung. Kaum dass der Satz beendet war, beugte sie sich über den Rand des Holzstoßes, um einen Schwall halb verdauter bunter Gelatine zu erbrechen, und das war, aus mir ganz und gar unerklärlichen Gründen, das Signal für Tereza, endlich ihren Tränen freien Lauf zu lassen. Ihr ganzer Körper zuckte und erbebte, sie ließ sich auf die Knie fallen und schlug mit geballten Fäusten auf das Gras und die klebrige, nasse Erde ein, und sie warf den Kopf in den Nacken und heulte. Ihr Mund stand dabei so weit offen, dass ich befürchtete, sie würde im Regen ertrinken.

»Und dann, gerade mal zehn Stunden später, die Beerdigung«, sagte Glass im Plauderton. »Von Regen keine Spur mehr, im Gegenteil. Strahlender Sonnenschein!«

Jeder Mensch sollte bei mäßigem Wind und unter einem Himmel voller Schäfchenwolken bestattet werden. Der Friedhof lag am äußeren östlichen Stadtrand. Eine windschiefe, verwitterte

Kapelle stand auf der Spitze eines Hügels; hangabwärts ergoss sich kaskadengleich, in der Form sieben oder acht halbkreisartig angelegter Terrassen, durchsetzt von hohen, dicht belaubten Bäumen, der Gottesacker der Kleinen Leute. Der Professor hatte sich schon vor Jahren einen Platz neben seiner früh verstorbenen Frau gesichert, fünfte Etage von unten, Blick ins Tal und über den Fluss. Selbst das zinnengekrönte Dach Visibles war, wie ich entzückt feststellte, von hier oben aus zu sehen. Die Luft war angenehm warm, eine leichte Brise trieb den Geruch vermodernder Blumen von einem ein wenig abseits gelegenen Komposthaufen über den Friedhof. Hier und dort wogten feine Schleier aus Wasserdampf über den Boden, wo die wärmende Sonne den Regen der vergangenen Nacht aus dem Erdreich lockte, und auf einzelnen Grabsteinen standen kleine Engel aus bleichem Marmor, geduldig wie Puppen, die darauf warteten, dass man mit ihnen spielt.

Von der Trauerzeremonie in der Kapelle hatte ich nichts mitbekommen, ich war, noch erschöpft von der vergangenen Nacht, eingeschlafen. Aber jetzt war ich hellwach und bewunderte Tereza. Sie sah wunderschön aus, trotz der viel zu dunklen Ringe unter den Augen. Sie trug ein tiefblaues Kleid und Handschuhe, die ihre wunden, vom nächtlichen Schaufeln mit Blasen übersäten Hände verbargen. Selbst Kollegen des Professors aus dem Ausland hatten es sich nicht nehmen lassen anzureisen, und während eine nicht enden wollende Schlange schwarzgekleideter Menschen an dem ausgeschachteten Grab vorbeidefilierte, um dem Professor ein letztes Lebewohl zu wünschen und seinen Sarg mit einem Schippchen Erde zu bewerfen, hörte Tereza sich tapfer Beileidsbekundungen in mir unverständlichen Sprachen an, schüttelte ungezählte Händepaare und stand dabei bewegungslos, tränenlos, wie eine aus Mitternacht gegossene Statue.

Auch Glass hatte rote Augen, die allerdings weniger ihrer Trauer als übermäßigem Wodkagenuss und der ausgewachsenen Erkältung, die sie sich in der letzten Nacht zugezogen hatte, ihr Dasein verdankten. H. Hendriks schielte aus dem Hintergrund zu ihr hinüber und warf ihr zu, was er für flammende Blicke halten musste, wurde aber von ihr ignoriert. Falls er sich je die Frage stellte, warum Glass, die ihres schlechten Rufes wegen der Beerdigung nicht hatte beiwohnen wollen, es sich nun anders überlegt hatte und doch hier aufgetaucht war, so blieb dieses Rätsel für immer unbeantwortet. Dessen ungeachtet rief Hendriks in den folgenden Tagen immer wieder in Visible an und ließ Glass erst in Ruhe, als sie entnervt damit drohte, ihm eine Geschichte anzuhängen, in der es um sie selbst, H. Hendriks und die erotische Zweckentfremdung von Eichensärgen ging. Der Mann tat ihr nicht leid. Es gab nie einen Mann, der ihr leidtat.

Dianne und ich beobachteten aufmerksam, wie jeder der Anwesenden ein wenig klamme Erde in das Grab schippte. Die treue Elsie blieb lange, länger als irgendwer sonst, am Rand der sonnenerhellten Grube stehen, schniefend, das Schippchen fest in der zitternden rechten Hand. Und für einen bangen Moment schien es, als sollte Tereza Recht behalten mit der Vermutung, dass Elsie den Professor geliebt habe, denn plötzlich knickten die Beine der kleinen Haushälterin ein, ganz kurz nur, so dass man glauben konnte, sie setze zu einem beherzten Sprung an. Entweder Liebe oder Kreislaufversagen, vermutete Glass später, und eigentlich wäre das egal, denn es liefe ungefähr auf das Gleiche hinaus.

Als die Reihe an Dianne und mir war und wir, Hand in Hand,

an das offene Grab getreten waren, tippte Dianne den neben uns stehenden Pfarrer an, einen mir unheimlichen, hageren Mann mit fliehendem Kinn, der mit Argusaugen den reibungslosen Ablauf des Rituals überwachte. »In der Kiste da unten«, sagte Dianne, »da sind nur Kartoffeln drin.«

»Sicher, mein Kindchen, sicher«, erwiderte der Pfarrer verständnisvoll. Er legte ihr eine skelettartige Hand auf die Schulter und musterte dabei Glass, die ihrer Tochter dieses unchristliche Zeug erzählt haben musste, mit einem Blick grenzenloser, kaum verhohlener Wut. Den meine Mutter aber nicht bemerkte, weil sie über das offene Grab hinweg, trotz ihres Niesens und Schnäuzens, hemmungslos mit einem der Trauergäste flirtete, einem gut aussehenden, schwarzhaarigen Mann mit bronzebrauner Haut und honigfarbenen Augen; schöneren Augen, als ich sie je wieder sehen sollte. Ich beobachtete, wie dieser schöne Mann sich langsam einen Weg durch die Menge bahnte. Kurz entschlossen packte ich Dianne bei der Hand, entzog sie dem Knochengriff des Pfarrers und marschierte instinktiv los.

»Schaufel!«, zischte der Pfarrer.

Ich ließ die Schaufel achtlos fallen und kämpfte mich mit Dianne durch einen dichten Wald aus schwarzen Beinen. Dann standen wir vor Glass und neben dem Mann, der sich unserer Mutter bereits, murmelnd und in gebrochenem Englisch, als argentinischer Privatdozent für spezielle Botanik – subpolare Moose und Flechten – vorstellte. Glass gab etwas Unverständliches zurück. Ich zupfte den Mann am Hosenbein. Er sah zu mir herunter und lachte, ein blendend weißes Lachen, und im nächsten Augenblick schwebte ich in der Luft, emporgerissen von zwei langen, starken Armen. Ich fühlte mich wie in eine Schiffschaukel gezerrt oder in ein wirbelndes Kettenkarussell, blau blitzte der Himmel, weiß die

Wolken, schwarz die Menschen; dann saß ich auf den Schultern des Argentiniers.

Amerika, dachte ich, *Amerika, Amerika …*

Ich war überrascht, wie anders der Höhenunterschied mich die Welt wahrnehmen ließ. Da war der terrassenartige Friedhof, scheinbar grenzenlos in all seiner von Spielzeugengeln bewachten, melancholischen, efeuüberwucherten Pracht. Da war Dianne, die zu mir auflachte und dem schönen Mann aus Südamerika die Hände entgegenstreckte – sie wollte auch, und sie sollte auch, doch noch durfte ich mich weiter umschauen, sah eine kopfschüttelnde, empörte Elsie und den hageren Pfarrer, der kurz davorstand, nun vollends die Fassung zu verlieren, sah Glass mit ihren geröteten Augen und sah Tereza, die hinter ihrem Schleier lächelte; sah die Menschen, die um das schmale Loch im Boden geschart waren wie schwarze Trauben, die sich an ihre Rebe klammern, und die den Argentinier und mich mit missbilligenden Blicken maßen; sah den Horizont, ein flimmerndes, streifenartiges Trugbild unter der Mittagssonne, und ich war der stolzeste Reiter der Welt, ich warf in stillem Jubel die Arme hoch. Das Leben war wunderbar, der Tod eine Erfindung.

Dann wurde ich von den Schultern gehoben, die Reihe war an Dianne, und mir blieb nicht mehr zu tun, als diesen schönen Mann anzuhimmeln, den Stoff seiner Hose zu berühren, sein Bein zu umklammern, noch außer mir vor Glück. Ich hätte nichts gegen einen Flechtenspezialisten als Familienoberhaupt gehabt, doch der Argentinier reiste nach nur einer einzigen in Visible verbrachten Nacht wieder ab, und ich dachte traurig an die arme, arme Tereza, die nun auch keinen Vater mehr hatte.

»Als Kind«, sagte Tereza, als der Punsch sich dem Ende zuneigte, die Sonne versunken war und die ersten Mücken kamen,

»als Kind war ich, wie wahrscheinlich jede Tochter es ist, in meinen Vater verliebt. Was an tausend Dingen lag, vor allem aber an seinen Augen. Ihr wisst ja, er hatte diese schönen, tiefblauen Augen. Wenn ich heute durch seinen Garten gehe, sehe ich mir den Rittersporn an oder die Glockenblumen und bilde mir ein, dass die Pigmente, die siebzig Jahre lang seine Augen blau färbten, jetzt irgendwo in den Blüten dieser Pflanzen herumschwirren.«

Ich sah Dianne an, die nickte und grinste und in diesem Moment vermutlich dasselbe dachte wie ich: dass in einem Teil der roten Pflanzen – in den Blütenblättern der Rosen oder der Dahlien vielleicht – die Pigmente eines längst vergessenen, in ein trockenes Nasenloch eingeführten Gummibärchens schimmern mochten.

Im ersten Frühjahr nach der Beerdigung hatte Glass jeden Tag den Friedhof besucht, nicht um dem Professor Respekt zu zollen, sondern von der Angst getrieben – unbegründet, wie Tereza mehrfach versicherte –, die Kartoffeln könnten zu keimen begonnen, die Keime sich durch das Holz des Sarges und das darüberliegende Erdreich gearbeitet und auf dem Grab erste grüne Sprossen getrieben haben.

»*Solanaceae*«, sagte Tereza und schlug nach einer Mücke. »Nachtschattengewächse. Genauso wie die Tollkirsche – *Atropa belladonna.* Mit ihrem Gift in geringer Dosierung erweitern manche Frauen noch heute ihre Pupillen, um sich anziehender zu machen.«

Dianne legte den Kopf schräg.

»Und mit dem Gift in höherer Dosierung«, ergänzte Tereza trocken, »können sie mit etwas Glück aus der Welt schaffen, was sie sich mit ihrer gesteigerten Anziehungskraft eingebrockt haben.«

Dianne, die aufmerksam gelauscht hatte, lachte leise auf, und ich leerte meinen Punsch und verscheuchte mit wedelnden Händen die Mücken.

An der Aussenseite des Fensters läuft in breiten Bahnen Regen herunter. Die von ihm hinterlassenen Schlieren verwandeln die dahinterliegende Welt in ein graues Zerrbild. Die Heizung tickt. Wir liegen nackt auf dem Bett, Seite an Seite in befleckten Laken, verschwitzt. Nicholas' Rücken und sein Hinterkopf sind dunkel im trüben Gegenlicht, sein linker Arm bildet eine schlanke Gerade auf dem weißen Untergrund. Auf dem Fußboden neben dem Bett stehen zwei große Becher, beide halb voll mit erkaltetem Hagebuttentee. Etwas anderes als die von Sommergästen vergessenen Teebeutel war in der Küche nicht aufzutreiben.

»Vollmond«, murmelt Nicholas neben mir.

»Was?«

»Heute ist Vollmond. Menschen tun verrückte Dinge bei Vollmond. Sie stehlen tote Männer aus ihren Särgen und vergraben sie im Garten.«

»Sie tun auch verrückte Dinge, wenn die Sonne scheint.«

Er antwortet so leise, ein müdes Flüstern, dass ich die Worte nicht verstehe. Ich sehe zu, wie die Fenster von innen beschlagen. Mir ist schwindelig, ich schiebe es auf Erschöpfung, Sauerstoffmangel, auf die stickige, sich unter der Zimmerdecke stauende Luft. Ich nehme an, dass Nicholas eingeschlafen ist, doch dann spüre ich seine Hand auf meinem Rücken, warm und federleicht tastet sie sich über einzelne Wirbel nach unten, sengt mir Löcher in die Haut, kommt zur Ruhe; dann erst schläft sie ein.

Dreimal haben wir uns geliebt. Nur ist Liebe nicht das richtige Wort. Ich drehe mich auf den Rücken, starre die Zimmerdecke an und gestehe mir widerwillig ein, dass Pascal es auf den Punkt gebracht hat, als sie sagte, wir hätten bloß gevögelt; sie hat mir nicht erklären müssen, dass zwischen dem einen und dem anderen Welten liegen können. Aber ich will mehr, ich will mehr, mehr als das. Nichts erscheint mir in diesem Moment flüchtiger, nichts könnte mir hier und jetzt mehr Furcht einjagen als der Körper, der sich an meiner Seite in den Schlaf zurückgezogen hat. Ich will zu der Luft werden, die Nicholas einatmet, zu seinem Blut, zu seinem Herzschlag, zu allem, ohne das er nicht mehr leben kann, und ich höre Pascal spotten, ich könne mir genauso gut wünschen, dass mir goldene Flügel wachsen.

Irgendwann schlafe ich ein. Als ich erwache, liegt der Raum in tiefem Dunkel. Der Regen ist verstummt, tiefe Stille liegt über dem Haus. Ich weiß nicht, wie lange ich geschlafen habe, es müssen Stunden vergangen sein. Ich taste nach Nicholas, doch der Platz neben mir ist leer, das Laken kalt.

Es sollte das Ende dieses Tages sein, aber das ist es nicht. Als ich kurz vor Mitternacht in Visible ankomme, werde ich von Glass erwartet. Sie steht vor dem Haus. Im Mondlicht wirkt sie sehr blass, abgekämpft beinahe. Überrascht nehme ich in ihrem Gesicht zum ersten Mal kleine Falten wahr, die sich heimlich dort eingegraben haben müssen; zum ersten Mal denke ich, dass meine Mutter alt wird. Es ist, als wäre ich lange auf Reisen gewesen.

Glass trägt keine Jacke, trotz der klaren Frische, die der Regen hinterlassen hat; sie steht einfach dort, viel zu klein vor dem großen Haus, als warte sie auf den Bus. Aber es ist Michael, den sie erwartet, damit er sie zum Krankenhaus bringt. Auch das ist eine Überraschung, immerhin könnte sie selber fahren, und es ist absurd, dass ich mir nicht die Frage stelle, was Glass um diese Zeit im Krankenhaus will, weil ich in diesem Augenblick nur daran denken kann, dass ich nach Nicholas rieche, dass ich selbst dann noch daran denken muss, als Glass mir erklärt, es sei Dianne, die wir im Krankenhaus abholen werden, ich müsse mir keine Sorgen machen, es ginge ihr gut, so viel wisse sie, aber es habe Ärger gegeben.

Dianne auf dem Dach

»DIE LEIDENSCHAFTEN, meine Damen und Herren, die Leidenschaften! Lassen Sie sich nicht von ihnen beherrschen! Sie verwirren Ihren Verstand, unterwerfen Sie ihrer Kontrolle. Und kommen Sie mir nicht mit Hormonen oder dem Unterbewusstsein. Zügelung! Beherrschung!«

Händel stolzierte vor seinem Pult auf und ab. Nach jedem dritten oder vierten Schritt blieb er stehen, um kurz auf den Zehenspitzen zu wippen, kehrtzumachen wie ein Tanzpüppchen, dabei einen Blick über seine mehr oder minder aufmerksamen Zuhörer zu werfen und dann eine neue Salve von Sätzen auf uns abzufeuern.

»Einst gab es ein goldenes Zeitalter der Ratio. Die griechische Schule der Stoiker war ein aufrechtes Häuflein Tapferer, die die Existenz Gottes in den mannigfaltigen Erscheinungsformen der Natur und nicht an irgendwelchen Kreuzen festmachten. Die Stoiker erkannten in den Leidenschaften den größten Feind der Vernunft. Einige unter Ihnen dürften das schon an sich selbst erfahren haben: Die Lust feuert ihre Nebelgranaten ab und verschleiert so den ungetrübten Blick auf das, was hinter den Dingen liegt. Das aufkommende Christentum sah nun in der Stoa eine mächtige Konkurrenz und versuchte sich ihrer zu entledigen. Man machte sich – Verdrängung durch Assimilation – die Philosophie der Lustfeindlichkeit zu eigen und versuchte, den

Menschen die Leidenschaften auszutreiben. Das Christentum tat dies notfalls mit Feuer und Schwert, immer aber mit leidenschaftlichem Eifer – sehen Sie, wie absurd das ist?

Letztlich standen beide Wertesysteme lange nebeneinander. So gelang es der Stoa, sich bis ins späte Mittelalter hinein zu halten und schließlich in der Aufklärung aufzugehen. Und schließlich prallten ihre Prinzipien in einem der größten und folgenreichsten Frontalzusammenstöße der Geistesgeschichte mit der Romantik zusammen, nicht wahr, und da wären wir dann.«

Angesichts etwa eines Dutzends heruntergeklappter Kinnladen konnte ich mir kaum vorstellen, dass irgendwer noch wusste, wo wir waren oder wie wir dorthin gekommen waren, doch jetzt ging Händel vom Allgemeinen zum Besonderen über.

»Ein Beispiel zur vielgestalten Natur der Leidenschaften. Sie alle kennen unser kleines städtisches Krankenhaus, dieses lavarote Backsteinkonstrukt, dessen Hässlichkeit einen anspringt wie ein tollwütiger Köter und dessen Fassade man längst einer Renovierung hätte unterziehen müssen, fürchterlich das, aber sei's drum ...«

Händel hatte Recht, das Krankenhaus war tatsächlich hässlich. Es ähnelte in keinster Weise der prächtigen entfernten Klinik, in der vor einem guten Jahrzehnt der Sitz meiner Löffelchen von Dr. Eisbert auf Stromlinienform gebracht worden war.

»Die wenigsten unter Ihnen«, fuhr Händel fort, »werden allerdings wissen, dass dieses Hospital auf den Grundmauern einer ehemals hier ansässigen Brauerei errichtet wurde, die in den späten zwanziger Jahren einem nächtlichen Großbrand zum Opfer fiel. Solche Dinge passieren, und in der Regel kann man sie einer nüchternen Betrachtungsweise unterziehen. Aber ging man, meine Damen und Herren, ging man seinerzeit von einer natürlichen Ursache des Brandes aus? Nein, Brandstiftung musste es gewesen sein! Und sprach man von Brandstiftung, der vielleicht nur ein schnöder Versicherungsbetrug zu Grunde lag? Selbstverständlich nicht, weil zu *unromantisch*, und da haben wir schon den leidenschaftlichen Salat, wenn Sie so wollen! Lassen wir mal das Personal der Geschichte außer Acht – ein Brauereibesitzer am Rande des Bankrotts nebst Familie mit hübscher, vielumworbener Tochter, unterbezahlte Arbeiter, unzufriedene Kreditgeber, was weiß ich –, so kursierten plötzlich die wildesten Spekulationen. Um unerwiderte Liebe ging es angeblich, um Eifersucht, ja sogar von Blutrache war die Rede! Und als wäre das nicht genug …«

»Das Kreuz«, murmelte es von irgendwo.

Händel macht eine kleine, ironische Verbeugung. »Richtig, das Kreuz! Obwohl seinerzeit sowohl die Brauerei als auch das angrenzende Wohnhaus innerhalb kürzester Zeit ein Raub der Flammen wurden, konnten der Brauereibesitzer und seine Familie dem Inferno unbeschadet entkommen. Und es geht die Legende, tags darauf sei bei den Aufräumarbeiten zwischen glühendem Schutt, dampfender Asche und beißendem Ruß ein Kreuz gefunden worden – ein goldenes Kruzifix, das von Rechts wegen in der gewaltigen Hitze hätte schmelzen, ja verdampfen müssen! Ein Kreuz noch dazu, wie es der gottlose Haushalt des Brauereibesitzers nie besessen hatte, mithin also: ein Wunder!«

»Wo ist das Kreuz abgeblieben?«, fragte jemand.

»Verschwunden! Wenn es denn je existiert hat. In den Köpfen der Menschen ist es natürlich geblieben, man mag das Glaube oder Aberglaube nennen, für mich läuft es auf dasselbe hinaus. Kreuz hin oder her: Der Brauereibesitzer und seine Familie verlassen die Stadt, das Gerede ist ihnen unerträglich geworden.

Ihre Spuren verlieren sich in den Wirren des Krieges – auch so ein unrühmlicher, verstandesloser Schwachsinn, der Krieg, jedenfalls: Es wird verfügt, dass auf den verkohlten Grundmauern der Brauerei ein Hospital entstehen solle! Und damit steht heute an jener Stelle unser hässliches Krankenhaus, in dem der reinen Vernunft verpflichtete Wissenschaftler sich unter anderem mit Leberzirrhosen, Ösophagusvarizen, Gelbsucht und Gehirnerweichung herumschlagen, mithin also den Folgen unkontrollierten Saufgenusses oder, das kommt auf die Betrachtungsweise an, des Alkoholismus als echter Folgekrankheit unerfüllter Leidenschaften.«

Vermutlich war ich nicht der Einzige, der überlegte, ob Händels Ausführungen nur dem Zweck gedient haben sollten, uns vor den Gefahren der Trunksucht zu warnen. Doch er war noch nicht fertig.

»Ich gebe zu«, Händel strich sich in gespielter Betrübtheit über den unübersehbaren Bauch, »dass es schwer ist, sich dem Lustprinzip zu verweigern, man will ja auch ein wenig Spaß haben, nicht wahr ... Aber übertreiben Sie es nicht, meine Damen und Herren! Übertreiben Sie es nicht, und schärfen Sie Ihren Verstand. Seien Sie wachsam! Sonst wissen Sie irgendwann in Ihrem Leben nämlich plötzlich nicht mehr, wo Ihnen der Kopf steht.«

Ich habe noch nie befürchtet, Dianne könne etwas zustoßen. Früher, als wir noch auf Bäume kletterten, kam sie ohne Schrammen und Kratzer wieder herunter. Wenn sie über Waldwege oder auf der asphaltierten Straße rannte und dabei stürzte, schlug sie sich weder die Knie auf, noch zerriss sie sich die Haut ihrer Hände. Ich war der Überzeugung, dass sie sogar barfuß über Scherben laufen konnte, ohne sich zu schneiden. Kindern ist

Sterblichkeit, im Gegensatz zu Verletzungen, unvorstellbar; für Dianne hatte beides keine Bedeutung. Die schreckliche Wunde, die sie sich bei der Schlacht am Großen Auge zuzog, war etwas, das an normalen Maßstäben nicht gemessen werden konnte. Dianne erkaufte damit nicht nur ihren, sondern auch meinen Seelenfrieden; das Blut, das sie am Fluss vergoss, war ein den Göttern wie den Kleinen Leuten gleichermaßen dargebrachtes Opfer.

Sie hat sich Glass gegenüber am Telefon nicht darüber ausgelassen, warum es sie um diese Uhrzeit ins Krankenhaus verschlagen hat. Der Mann, der in der menschenleeren Aufnahme des Hospitals die Nachtwache angetreten hat, weiß nur wenig mehr. Wie in einem Schützengraben hockt er in seinem verglasten Kabuff, von unten beleuchtet aus einer Lichtquelle, die genauso unsichtbar für mich bleibt wie seine Hände. Sein Kopf, auf dem sich bis auf ein paar dünne schwarze Strähnen kaum noch Haare halten, gleicht einem Totenschädel mit tiefen, dunklen Augenhöhlen.

Glass rauscht auf ihn zu wie ein Segelschiff unter vollem Wind, Michael und mich im Kielwasser.

»Junge von Hund angefallen worden«, teilt der Mann ihr knapp mit. Seine Stimme ist unsäglich hoch und gepresst, sie klingt, als habe er Helium eingeatmet. Ich muss unwillkürlich an himmelwärts ausreißende bunte Luftballons und ihnen hinterherheulende Kinder denken.

»Was für ein Junge?«, fragt Glass.

»Nachtschwester kann Ihnen mehr sagen.«

Fast unmerklich reckt der Mann den Hals, die Augen in den großen Totenkopfhöhlen klettern an Glass hinauf, dann zieht er den Kopf wieder ein. Er muss irgendwann beschlossen haben, seine hohe Stimme so selten wie möglich hören zu lassen. Anders kann ich mir nicht erklären, dass er seine Sätze so schlagzeilenartig abfasst und die Hälfte der Wörter unterschlägt. Vielleicht arbeitet er auch wegen dieser Stimme ausschließlich nachts. Ich sehe, wie sein Arm sich bewegt. Er drückt einen für uns unsichtbaren Knopf, und im Korridor ertönt ein leises Summen. Dann fällt sein neugieriger Blick auf mich und Michael. Ich wende mich ab.

Hier wirkt alles heruntergekommen. Es gibt einen verbeulten Getränkeautomaten, ein paar orangefarbene Hartschalensitze, einen niedrigen Tisch, auf dem ein paar zerfledderte, durch Hunderte von Händen gegangene Magazine liegen. Der Eingangsbereich und die abzweigenden Korridore haben ihre besten Zeiten längst gesehen, an einigen Stellen löst sich der Putz von den hellgrün getünchten Wänden, so dass sie aussehen wie von Krebs oder von Lepra befallen. Der Linoleumboden ist blank gebohnert, aber voller Kerben und Schrammen. Von einem unglücklich in der Ecke geparkten, nur halb zusammengeklappten Rollstuhl blättert der elfenbeinfarbene Lack, und über dem Ganzen liegt der Geruch von Desinfektionsmitteln und von verwässertem, bleichem Tee. Die schwachbrüstige Nachtbeleuchtung tut ein Übriges: Ihr bläuliches Licht allein würde ausreichen, alles und jeden im weiten Umkreis krank erscheinen zu lassen. Glass ist hier gewesen, nach ihrer Fehlgeburt.

»Ich hasse Krankenhäuser, Darling«, flüstert sie mir zu. Michael ist an den Getränkeautomaten gegangen und wartet darauf, dass die Maschine Kaffee ausspuckt.

»Ich weiß.«

»Hier schwirren mehr Bakterien herum als irgendwo sonst auf der Welt!«

Das erzählt Glass, seit ich mich erinnern kann. Ihr Blick, nervös, nahezu eingeschüchtert, huscht hin und her. Vielleicht sollte ich ihr erklären, dass man Bakterien ohne optische Hilfsmittel nicht sehen kann.

»Lass mich bloß niemals in so einem Schuppen sterben, hörst du?«

Ich kann ihr Unbehagen verstehen, auf gewisse Weise teile ich es sogar. Wenn ich mich außerhalb Visibles bewege, stellt sich, oft nur für einen kurzen Moment, das Gefühl ein, dass ich selbst und meine unmittelbare Umgebung die gegenpoligen Teile eines Magneten bilden: Die Welt stößt mich ab. Meist ist dieses Gefühl überlagert von anderen, stärkeren Eindrücken. Aber vorhanden ist es immer, wie ein statisches Rauschen, das über Jahre hinweg an Intensität eingebüßt hat, aber sofort wahrnehmbar wird, sobald man sich darauf konzentriert.

Das Flüstern von Kreppsohlen auf Linoleum reißt mich aus meinen Gedanken, dann steht die Nachtschwester vor uns – steht nicht einfach dort, sondern baut sich vor uns auf, ein Bollwerk gegen die Eindringlinge, die gekommen sind, die heilige, kranke Ruhe des Hospitals zu stören. Unter einem lächerlich kleinen weißen Häubchen strahlt ein rundliches, rosiges Gesicht, ein fast Zuviel an Gesundheit, dem das kränkliche blaue Licht nichts anzuhaben vermag. Ein kurzes Aufleuchten ihrer Augen reicht aus, um deutlich zu machen, dass sie Glass erkannt hat. Es scheint keinen Jenseitigen zu geben, der Glass nicht kennt. Der *uns* nicht kennt.

»Sie kommen zu spät«, sagt die Nachtschwester. »Die Mädchen sind schon fort.«

Fast erwarte ich, dass sie ihre Stimme ebenfalls mit Helium veredelt hat, doch die klingt ganz normal und angenehm leise. Mir fällt auf, dass die Frau kein Namensschild trägt.

»*Die* Mädchen?«, fragt Glass.

»Ihre Tochter und die andere, die den Jungen hier abgeliefert haben. Kora?«

»Ist das Diannes Freundin?«, raunt Glass mir zu.

Ich zucke hilflos die Achseln. Ich erinnere mich an das blonde Mädchen, das ich zweimal gesehen habe, einmal in der Schule, dann an der Bushaltestelle – ein blondes Mädchen, das Kora heißt und das möglicherweise Zephyr ist, die Adressatin der in Diannes Schreibtisch versteckten und nie abgesandten Briefe, vielleicht aber auch nicht. Ich weiß nichts über Dianne. Glass weiß noch weniger. Plötzlich schäme ich mich für uns beide.

»Wo sind sie hin?« Glass hebt eine Hand und zeigt zur Eingangstür. »Nach Hause gegangen? Wir sind extra mit dem Wagen …«

»Sie sind beide bei der Polizei.«

»Warum bei der Polizei?«, schaltet Michael sich ein. Er jongliert den Plastikbecher mit dem sichtlich zu heißen Kaffee von einer Hand in die andere.

»Sie wurden angezeigt. Von den Eltern des Jungen.« Die Nachtschwester gibt ihre Informationen so sachlich von sich, als verlese sie die Wettervorhersage. »Der Hund hat ihn übel zugerichtet.«

Sie verlagert ihr Gewicht nach vorn, dann wieder zurück, und räuspert sich vernehmlich in meine Richtung, vermutlich weil ich auf ihre Brust gestarrt habe, immer noch auf der vergeblichen Suche nach dem Namensschildchen, diesem Anstecker, der an ihre gestärkte Bluse geheftet sein müsste, um Besuchern wie Patienten zu verraten, mit wem sie es zu tun haben. Ich spreche kein Wort mit dieser rosaroten Frau, habe auch nicht vor, das zu tun – das Reden sollen Glass und Michael übernehmen –, und dennoch irritiert es mich, ihren Namen nicht zu kennen. Ich bin so müde, dass ich auf der Stelle einschlafen könnte.

»Angezeigt?«, wiederholt Glass. »Ich dachte, die zwei hätten den Jungen hierhergebracht. Ist vollzogene Hilfeleistung seit neuestem ein Verbrechen?«

Die Nachtschwester zuckt die Achseln. »Ich kann nur wiedergeben, was der Junge gesagt hat. Er ging irgendwo am Fluss spazieren und hat dabei die Mädchen gesehen. Die haben gebadet. Nachts.«

Das letzte Wort hat einen bedeutungsschwangeren, leicht vorwurfsvollen Unterton, jedenfalls einen Unterton, der Glass nicht passt. »Es ist Viertel nach zwölf«, schnappt sie, »und die Sache muss fast eine Stunde her sein! Wann fängt für Sie die Nacht an?«

»Wenn es dunkel wird«, antwortet die Nachtschwester. »Oder spätestens dann, wenn unbescholtene Bürger im Bett liegen.«

»Ach ja?« Glass blitzt sie an. »Wenn alle so unbescholten sind wie Sie, langweilen sie sich dort bestimmt zu Tode.«

»Nun, auf die eine oder andere Art müssen die Bilanzen sich wohl ausgleichen. Es kann nicht jeder ein so ausgefülltes Leben haben wie Sie.«

»Würden Sie freundlicherweise erklären, wie ich das aufzufassen habe?«

»Nein. Es sei denn, Sie lassen mich freundlicherweise meine Arbeit machen. Ich kann verstehen, dass Sie Ihre Tochter in Schutz nehmen, aber das ist kein Grund, mich zu beleidigen.«

Michael hat während dieses kurzen Schlagabtausches zwischen den beiden Frauen hin- und hergesehen wie der Zuschauer eines Pingpong-Matchs. »Es tut uns leid«, wendet er sich jetzt an die Nachtschwester, »wir sind nur etwas erschreckt, das ist alles. Ich hoffe, Sie haben dafür –«

»Sag niemals *wir*, Michael«, fällt Glass ihm ins Wort, sehr ruhig und so kalt, dass ich erwarte, den dampfenden Kaffee in dem

Plastikbecher zwischen Michaels Händen gefrieren zu sehen. »Mir tut gar nichts leid.«

Michael lässt sie und ihren Einwand einfach links liegen, er dreht sich nicht einmal zu ihr um. Wie ich meine Mutter kenne, steht auf dieses Vergehen die Höchststrafe – schleichender emotionaler Tod durch Liebesentzug –, doch sie sagt nichts mehr. Sie betrachtet den Boden zu ihren Füßen, als hätte sie dort gerade ein interessantes Muster in dem zerschabten Linoleum ausgemacht. Vielleicht hat Michael einfach Glück. Glass hat sich auf die Nachtschwester eingeschossen und ist zu müde für einen Zweifrontenkrieg.

»Wie heißt der Junge?«, fragt Michael die Nachtschwester.

Die Frau nennt einen Namen, den ich nie zuvor gehört habe. »Seine Eltern sind noch hier, falls Sie mit denen sprechen möchten.«

»Nicht, bevor ich bei der Polizei war und mit den Mädchen geredet habe.« Michael greift in die Innentasche seines Jacketts. »Sie sind so freundlich, den Eltern meine Karte zu überreichen.«

Er ist so beherrscht, so souverän. Glass benutzt ihre Stimme als Instrument, um die Menschen mit ihrem Sirenengesang zu betören. Michael macht die Menschen selbst zu Instrumenten, er spielt auf ihnen wie auf einer Klaviatur. Das Lächeln, das er der Nachtschwester schenkt, ist kaum wahrnehmbar, es bittet um Nachsicht für Glass, deutet deren Verwirrtheit an, verspricht ein rasches Beenden der unangenehmen, anstrengenden Situation. Es macht die Schwester zu seiner Komplizin.

»Wie geht es dem Jungen?«

Die namenlose Frau lächelt zurück, froh, einen unerwarteten Verbündeten gefunden zu haben. »Den Umständen entsprechend.« Sie nimmt die Visitenkarte entgegen. »Da wird einiges an Narben zurückbleiben.«

»Das Gesicht?«

»Nichts abgekriegt.«

»Gut. Und der Hund gehört diesem Mädchen ... Kora?«

Ohne einen Blick darauf geworfen zu haben, steckt die Nachtschwester die Visitenkarte in ihre Brusttasche, in die Brusttasche, *an der das verdammte Namensschild fehlt,* ich weiß nicht, warum ich seit meiner Ankunft in Visible und der Fahrt zum Krankenhaus so neben mir stehe, warum ausgerechnet dieses fehlende Namensschild mich so verrückt macht. »Nein«, sagt sie. »Der Hund gehört dem Jungen.«

Selbst jetzt hat Michael sich unter Kontrolle. Kein Schwanken der Stimme, nicht das kleinste Zucken der Mundwinkel, seine Augen verengen sich nicht um einen Millimeter. »Er ist von seinem eigenen Hund angefallen worden? Dann sehe ich, ehrlich gesagt, keinen Grund für eine Anzeige.«

»Nun, das müssen Sie dann wohl mit den Eltern ausmachen. Der Junge behauptet jedenfalls, eines der Mädchen hätte den Hund auf ihn gehetzt. Er sagt, es hätte mit dem Hund geredet.« Die Nachtschwester hat die Lippen geschürzt. Sie hat jetzt Glass fest im Blick. »Mehr weiß ich nicht.«

Aber ich weiß.

Und Glass weiß.

Sie sieht mich an und flüstert: »Verdammt!«

Aus dem Schützengraben ertönt ein vernehmliches Rascheln. Der Totenschädel hat jedes Wort mitgehört. Er wird eine knappe, kleine Geschichte aus seinem Wissen machen, die er mit hoher Stimme erzählen und der jeder lauschen, die jeder verstehen wird, auch wenn darin die Hälfte aller Wörter fehlt. Es hört niemals auf, und es wird niemals aufhören, auch wenn unsere Familie den Exotenstatus verloren hat, der uns über die ersten Jahre anhaftete, auch wenn wir inzwischen von den Kleinen Leuten geduldet, von einigen sogar akzeptiert werden. In einer so kleinen Stadt kann man sich nicht verstecken. Nur Geheimnisse verbreiten sich hier noch schneller als Neuigkeiten. Dank des Totenschädels werden morgen alle wissen, dass wieder eines der Hexenkinder am Werk gewesen ist.

Im Sommer des Jahres vor der Schlacht am Großen Auge machte Dianne sich auf ihre eigene Art mit Visibles Garten vertraut. An manchen Tagen sah ich sie dort auf dem Bauch in der Sonne liegen, das Gesicht im hohen, vom Wind bewegten Gras, bewegungslos, die Arme zu beiden Seiten von sich gestreckt. Sie lag da wie gestorben, oder als versuche sie die Welt zu umarmen. Manchmal klammerten sich schillernde Käfer wie eingeflochtene Perlen in ihr schwarzes Haar, das damals noch so lang war, dass es ihr weit über den Rücken fiel. Dann wieder ließen sich Schmetterlinge auf den von der Sonne gebräunten Handrücken nieder, wo sie die bunten Flügel sacht auf- und wieder zuklappten, wie um dem schlafenden Mädchen kühlende Luft zuzufächeln.

Zu allem, was um sie herum kreuchte und fleuchte, hatte Dianne ein Verhältnis, das mir unheimlich war. Einmal konnte ich beobachten, wie auf ihrer ausgestreckten Hand ein Vogel mit zerzausten braunen Federn landete, der ruhig und aus dunklen Augen den gleichgültigen Blick meiner Schwester erwiderte. Wenn Dianne Blumen pflückte, schienen deren Blüten sich ihr entgegenzustrecken, und der Garten begann zu wispern; in der Stadt strichen ihr streunende, ausgehungerte Katzen, die ansonsten um jeden Menschen einen Bogen machten, schnurrend um die Beine, und Hunde bettelten winselnd um ihre Aufmerksamkeit. Dianne selbst schien von diesem Phänomen weder überrascht, noch widmete sie ihm größere Aufmerksamkeit. Sie behandelte die Tiere mit Gleichgültigkeit, manchmal sogar mit offener Grausamkeit, indem sie Katzen und Hunde mit groben Tritten vertrieb oder mit der dahingebrüllten Warnung, sie werde ihnen Blechbüchsen an die Schwänze binden, wenn sie ihr nicht ihre Ruhe ließen.

Als ich Glass von meinen Beobachtungen erzählte, konnte ich sehen, wie ihre Pupillen sich verengten. Offensichtlich gefiel ihr nicht, was ich sagte, doch ich bezog ihr Missfallen zunächst auf mich, nicht auf Dianne. Ich glaubte, dass sie mich für eine Petze halte oder für einen Lügner und dass sie befürchte, ich würde diese Geschichte in der Schule ausposaunen, was unserer zweifelhaften Popularität nicht gerade zuträglich wäre. Dann dachte ich, sie hätte Angst davor, Dianne könne eines schönen Tages mit einem Haustier anrücken, was Glass kategorisch ablehnte – sie hatte Angst vor Ungeziefer. Doch in den folgenden Tagen sah ich sie Dianne aufmerksam beobachten, und wenn meine Schwester halb wach oder schlafend im Garten lag, umschwirrt von Insekten oder lärmenden Vögeln, wurde sie von Glass sofort unsanft geweckt und zu zeitaufwendigen Tätigkeiten im Haushalt angehalten.

»Wenn du nicht willst, dass irgendwelche Köter an dir hochspringen«, erklärte sie Dianne einmal ruppig, »dann wasch dich anständig! Die Viecher werden nur von deinem Gestank angezogen.«

Dianne zeigte sich von solchen Äußerungen unberührt. Sie erledigte, was auch immer ihr von Glass aufgetragen wurde – putzte die Fenster, schrubbte die Böden oder wusch Berge von

Geschirr ab, so dass ich sie mir bald unwillkürlich in gläsernen Schuhen vorzustellen begann, weil sie mir vorkam wie Aschenputtel. Ansonsten aber stellte sie ihre Ohren auf Durchzug, und so gingen weitere Wochen ins Land, ohne dass sich an dem engen Verhältnis zwischen ihr und der Natur etwas änderte.

»Wie machst du das, dass die Tiere zu dir kommen?«, fragte ich sie.

»Ich mache gar nichts.«

»Aber warum kommen sie dann?«

»Um zu betteln. Und manchmal erzählen sie Geschichten.«

»Was für Geschichten?«

»Vom Sommer und von der Nacht.«

Eines Abends war Dianne verschwunden. Glass und ich vermissten sie nicht sofort; erst als sie nicht zum Abendessen aufgetaucht und es draußen längst dunkel geworden war, liefen wir aufgeregt durch den Garten und den angrenzenden Wald und riefen ihren Namen. Glass hatte eine Taschenlampe mitgenommen. Der starke Lichtkegel vibrierte, selbst wenn sie stehen blieb und ihn suchend umherwandern ließ; nur daran konnte ich erkennen, dass sie zitterte.

Dianne machte nicht von sich aus auf sich aufmerksam. Es war ein Sirren in der Luft, das sich über dem Haus konzentrierte und das Glass und mich, nachdem wir bereits eine halbe Stunde erfolglos herumgeirrt waren, aufblicken ließ. Meine Schwester saß auf dem Dach von Visible, ungefähr in der Mitte des Firstes und nahe einem der großen Schornsteine, wo sie deutlich auszumachen war, denn sie trug ihr weißes Sommerkleid – dasselbe Kleid, das sie im Jahr darauf fortwerfen musste, weil es nach der Schlacht am Großen Auge blutbesudelt war. Um sie herum flatterten wie ein Schwarm ausgelassener Sperlinge, einer sich auflösenden und wieder verdichtenden Wolke gleich, Dutzende von Fledermäusen. Erst viel später ging mir auf, dass es nicht Dianne war, die die Fledermäuse angelockt hatte, sondern die meine Schwester ebenfalls umschwirrenden Mücken und Nachtfalter.

Glass hatte bereits die Taschenlampe nach oben gerichtet. Der Lichtkegel fächerte sich über die Entfernung hinweg so weit auf, dass er Dianne kaum erfasste. Trotzdem bildete ich mir ein, die Augen meiner Schwester aufblitzen zu sehen.

»Wie bist du da raufgekommen?«, rief Glass.

»Geklettert.«

Das konnte nicht schwierig gewesen sein. Von allen Seiten reichten Äste der umstehenden Bäume, stabil und so dick wie Telegrafenmasten, bis dicht an das Dach von Visible, zum Teil sogar darüber hinaus.

»Und was, zum Teufel, machst du da oben?«

»Nichts.«

»Du kommst sofort wieder runter. Das Dach ist baufällig.«

»Nein.«

Glass nickte knapp, als hätte sie diese Antwort erwartet. Sie knipste die Taschenlampe aus und marschierte wortlos ins Haus zurück. Ich nahm an, dass sie über den Dachboden an Dianne heranzukommen versuchen würde, überlegte, ob ich ihr nachlaufen oder hier draußen abwarten solle, was geschah, und entschied mich fürs Warten. Der Dachboden war unheimlich. Es gab dort Geister.

Aber nichts geschah. Ich zählte die Sekunden, fünf lange Minuten vergingen, doch Glass tauchte nicht mehr auf, weder auf dem Dach noch vor dem Haus. Die Situation war gespenstisch. Ich rief Diannes Namen, erhielt aber keine Antwort; sie blieb stumm, ein unbewegter weißer Klecks auf dem Dachfirst, der wie ein Trugbild flackerte, sobald die schwarzen Silhouetten der Fledermäuse davor herumtorkelten. Schließlich ging ich ins Haus. Ich fand Glass in der Küche. Sie stand am Herd, wo sie sich Teewasser aufgesetzt hatte, wie jeden Abend um diese Zeit.

»Wenn sie glaubt, dass sie mich damit rumkriegen kann, hat sie sich geschnitten.«

Während sie die Worte in die Luft spuckte, goss sie siedendes Wasser in die Teekanne. Anschließend setzte sie sich an den Tisch, zündete eine Zigarette an und verschwand hinter einem Schleier aus Rauch. Sie trank den Tee und versuchte wie die Ruhe selbst zu wirken, doch ihre Schlucke waren zu klein und zu hastig. Ich spürte, dass es sie eine immense Willensanstrengung kostete, mir eine Gelassenheit vorzugaukeln, die sie nicht empfand – im Gegenteil: Ihr Zorn erfüllte die ganze Küche, er ging in konzentrischen Kreisen von ihr aus wie Wellen in einem Gewässer, in das man einen Stein geworfen hat. Mein Mund war ausgetrocknet, wie versiegelt. Ich stand in der Tür, und auf meinen Schultern lastete ein tonnenschweres Gewicht, ganz Visible, gekrönt von Dianne.

»Ich weiß, was ich tue«, war das Einzige, was Glass sagte. Der Satz mochte ebenso für sie selbst bestimmt sein wie für mich, in jedem Fall jagte er mir eine Höllenangst ein. Offenbar war ich der Einzige, der nicht den Schimmer einer Ahnung hatte, um was es hier ging. Ich spürte nur, dass ein Kampf ausgetragen wurde: Glass und Dianne waren die ungleichen Kriegerinnen, unsere kleine Familie und Visible das Schlachtfeld. Aber warum wurde gekämpft, und was war der Preis? Ich konnte mir nicht vorstellen, dass Glass sich wirklich daran störte, wenn Dianne von Hunden beschnüffelt wurde, wenn ihr Katzen um die Beine strichen oder

Insekten sich auf ihr niederließen, als wäre sie ein Topf Honig. Es musste um mehr gehen.

Glass ging zu Bett, ohne nach Dianne gesehen oder mir auch nur eine gute Nacht gewünscht zu haben. Ich fühlte mich zu Unrecht bestraft und rannte nach draußen. Dianne hatte sich nicht von der Stelle gerührt, sie thronte noch immer auf dem Dachfirst, als wäre sie die Königin der Fledermäuse und würde dort oben nächtliche Audienz halten. Ich überlegte, ob ich zu ihr hinaufklettern sollte, wusste aber nicht, wie ich es anfangen sollte. Der gefürchtete Dachboden war tabu, also blieb mir nur der Weg über den Baum, den auch Dianne genommen hatte. Aber es war dunkel, ich befürchtete abzustürzen. Ein Unfall hätte Glass mit Sicherheit zu irgendeiner Reaktion bewegen können – zumindest hätte er heftige Reue ausgelöst, und wenn ich tot war und Dianne gleich dazu, geschähe ihr das nur recht. Andererseits: Sollte ich mich wirklich mit Dianne solidarisieren, die nicht nur ebenso dickköpfig wie Glass auf einem mir unbekannten Recht beharrte, sondern die auch ebenso eigensüchtig wie Glass mich und meine Verwirrtheit einfach ignorierte?

Vermutlich war es das Beste, einfach abzuwarten. Ich setzte mich unter einen der Bäume, schloss die Augen und drückte meine Hände flach aufs Gras. Ich presste den Rücken fest gegen die Rinde des Baumstamms, in mir eine schweigende, abwartende, schwarze Leere. Ich lauschte. Ich wollte hören, was Dianne hörte, fühlen, was sie fühlte, doch alles, was ich hörte, war der leise, sirrende Flügelschlag der Fledermäuse, das raunende Flüstern, mit dem der Wind in die Zweige der Bäume fuhr, und alles, was ich fühlte, war das empörte Schlagen meines Herzens. Irgendwann schlief ich ein.

Ein Zerren an meiner Hand weckte mich. Ich schlug die Augen

auf. Es war immer noch dunkel, und einen irritierenden Moment lang glaubte ich zu träumen, weil ich nicht in meinem Bett erwachte, sondern im Garten.

»Du bist voll Spinnweben«, hörte ich Dianne sagen. »Du siehst ganz silbern aus.«

Sie zog mich auf die Beine, die klamm und steif waren und mich kaum tragen wollten, und führte mich ins Haus, in unser Zimmer, wo sie sich sofort auszog und in ihr Bett legte.

»Schläfst du bei mir, Phil?«

»Ja.«

Ich zog mich ebenfalls aus, dann krabbelte ich zu ihr. Sie kuschelte sich an mich. Ihr Körper war Frost. Ich umklammerte sie, rubbelte ihre Arme und Beine mit meinen Händen warm, dann den Rücken, den Po, die Brust, den Bauch. Ich gab ihr überall kleine Küsse, wie Glass es manchmal tat, nachdem sie uns gebadet hatte, weil sie dem frischen Geruch unserer Haut nicht widerstehen konnte. Meine Lippen brannten unter Diannes Kälte, und da war ein Geschmack wie von salziger Milch.

»Dianne?«, flüsterte ich. »Warum hast du das gemacht?«

Sie kuschelte sich noch enger an mich. Ich wartete. Es dauerte nur Sekunden, dann hörte ich ihre ruhigen Atemzüge. Als wenig später die Dämmerung mit grauen Händen gegen die Fenster drückte und Diannes Atmen vom ersten, noch verhaltenen Zwitschern der erwachenden Vögel überstimmt wurde, schlief ich ein.

Glass ließ uns ausschlafen. Als wir um die Mittagszeit aufstanden und in die Küche taperten, war sie sofort zur Stelle. Sie kochte uns heiße Schokolade, was sie sonst nie tat, bereitete Brote zu, die sie in kleine, mundgerechte Stückchen schnitt – auch das ungewohnt –, und unterhielt uns mit Geplapper, das ebenso fröhlich war wie sinnlos. Dianne trank ihre Schokolade und grinste mich über den Rand ihrer Bechertasse hinweg triumphierend an.

Und das war das. Nach diesem Vorfall sah ich Dianne nie wieder von Tieren umgeben, weder von Insekten noch von Hunden oder Katzen. Was auch immer in dieser Nacht zwischen ihr und Glass geschehen war, schien die Macht meiner Schwester über die belebte Natur gebrochen zu haben, und Dianne erweckte nicht den Eindruck, als ob ihr das etwas ausmachte oder als ob sie etwas vermisste. Doch als Kat mir einige Jahre darauf flüsternd berichtete, sie habe gesehen, wie Dianne sich mit einer Eidechse unterhielt, und dies als Grund dafür vorschob, sich von meiner Schwester zurückzuziehen, zuckte ich zusammen. Dianne hatte weder verlernt noch vergessen. Sie hatte nur versteckt.

»DU HAST DAS DAMALS nicht verstanden, oder?«, sagt Glass. Sie hat sich eine Zigarette angezündet, an der sie zu hastig und zu häufig zieht.

»Wie hätte ich es denn verstehen können?«, frage ich zurück. »Ich war ein Kind. *Wir* waren Kinder! Ich verstehe es, offen gestanden, bis heute nicht.«

Der Wagen geistert mit leisem Motorengeräusch durch die Nacht. Es ist nicht weit vom Krankenhaus bis zur Polizeistation, doch zweimal bremst eine rote Ampel unsere Fahrt, ich frage mich, warum sie nachts geschaltet ist, außer uns ist niemand unterwegs. Ich sehe, wie Michael einen kurzen Blick auf Glass wirft, bevor er mich im Rückspiegel mustert. Ich zucke die Achseln.

»Dabei gibt es gar nicht viel zu verstehen«, erklärt Glass. »Es ging mir nicht um irgendwelche Tiere, um Krabbelviecher und all das. Es ging um ... ich weiß nicht, um dieses übersteigerte Einfühlungsvermögen, das Dianne damals hatte.«

»Inwiefern?«

»Meine Güte, Phil, bist du blind?« Glass kurbelt das Fenster herab, schnippt die glühende Zigarettenkippe in die Nacht hinaus, Wind fegt ihr in die Haare. Dann kurbelt sie das Fenster wieder zu. »Siehst du nicht, was mit solchen Menschen passiert? Du kannst in dich hineinlauschen, oder schlimmer noch, du lauschst allem um dich herum. Und so stolperst du durch die Weltgeschichte, den Kopf in den Wolken, traust allem und jedem, und dann ...« Sie macht eine kurze Pause. »Dann passieren eben Dinge.«

»Was für Dinge?«

Schon als ich die Frage stelle, weiß ich, dass ich keine Antwort erhalten werde. Glass wendet den Kopf ab und sieht aus dem Fenster.

Wir fahren an einem kleinen Trupp von sich gegenseitig stützenden, johlenden Betrunkenen vorbei. Sie schwingen die Arme, winken uns zu. Einer von ihnen steht an einer Hauswand, abgestützt mit einer Hand, sein Körper zu einem lächerlichen Fragezeichen verkrümmt, seine Hose hängt ihm in den Kniekehlen. Urin rinnt über den Gehsteig. Eine Straßenlaterne wirft so scharf abgegrenztes Licht auf den Mann, dass es ihn förmlich in zwei Teile zerschneidet. Ich fröstele.

»Wo bist du gewesen, Phil?«, fragt Glass.

Tagelang hat sie sich nicht danach erkundigt, was aus meiner Verabredung mit dem Jungen geworden ist, für die ich sie immerhin nachts aus dem Schlaf getrommelt hatte. Ich antworte ihr nur widerwillig.

»Bei meinem Freund.«

»Wie heißt er?«

»Nicholas.«

»Du hast Kat noch nicht von ihm erzählt, oder?«

Es ist das zweite Mal, dass ich heute diese Frage höre. Nur war ich, als Nicholas sie mir auf der Bank am Fluss stellte, weniger angespannt als jetzt. Und auch nicht so müde.

»Wie kommst du darauf?«

»Sie hat angerufen. Wollte vorbeikommen, um sich irgendeinen Spielfilm im Fernsehen mit dir anzuschauen.«

»Hast du ihr gesagt, wo ich bin?«

Glass bedenkt mich mit einem kurzen Blick über ihre Schulter. »Ich habe gar nicht gewusst, wo du bist, Darling. Ich sagte, dass du bei Tereza übernachtest.«

Ich lausche dem beruhigenden Brummen des Motors. Mein Körper vibriert. Ich möchte bei Nicholas sein.

»Was du da tust, ist Kat gegenüber nicht fair«, sagt Glass nach einer Weile.

»Du kennst sie doch. Sie wird so schnell eifersüchtig.« Ihr jetzt zu sagen, dass ich mir vorgenommen habe, morgen mit Kat über Nicholas und mich zu reden, würde wie eine billige Ausrede klingen, wenn nicht gar wie eine Lüge.

»Sie ist deine Freundin, Phil.«

Ich beuge mich ein Stück vor. »Na und? Tereza ist deine Freundin, und hast du ihr deshalb je von meinem Vater erzählt?«

Mehr als ihr Profil ist von Glass vom Rücksitz aus nicht zu sehen, doch nicht einmal dieser Anblick ist nötig, um mich ihren absoluten Widerwillen spüren zu lassen. »Phil, ich dachte, dieses Thema hätten wir ausreichend besprochen.«

»Besprochen? Wir haben nie etwas besprochen! Du hast lediglich hundertmal gesagt, dass es nichts zu besprechen gibt.«

»Und genauso ist es. Ich betrachte die Diskussion als beendet.«

»Schön, und ich betrachte sie als vertagt! Du kannst mir nicht ewig ausweichen.«

Natürlich gibt sie keine Antwort. Ich lasse mich in den Sitz zurücksinken. Ich habe nicht nur Glass, sondern auch mich selbst in die Enge getrieben. Mir ist heiß, ich fühle mich benommen. Ich wünschte, ich könnte aus dem verdammten Wagen aussteigen. Michael hat unserem kurzen Disput nur schweigend zugehört. Ich bin ihm dankbar, dass er nicht versucht, die angespannte Situation durch dumme Witze zu entschärfen, dankbar auch dafür, dass er sich unparteiisch gibt, denn er könnte jetzt Glass berühren, ihr eine Hand reichen, den Arm um sie legen und mich damit zum Ausgestoßenen machen. Doch er tut nichts davon. Weiß der Teufel, was für ein Bild er sich von uns macht. Vielleicht hält er mich für egoistisch. Es sollte um Dianne gehen, nicht um mich oder um Nummer Drei. Aber es geht hier auch um Dianne. Alles hängt zusammen, irgendwo in Amerika sitzt ein mir unbekannter Mann, der keine Ahnung davon hat, dass seine Tochter mitternächtliche Plantschorgien veranstaltet – der nicht weiß, dass er überhaupt eine Tochter *hat*, und der sich, selbst wenn er es wüsste, vermutlich keinen Deut darum scheren würde, genauso wenig wie um die Frage, ob diese Tochter sich so aufführen würde, wie sie es tut, wenn er sich je hätte blickenlassen.

Arschloch.

»Deinen Nicholas«, meldet Glass sich von vorn. »Warum bringst du ihn nicht mal mit nach Visible?«

Ich horche überrascht auf. Das klang neu. Einzulenken ist sonst nicht ihre Art. Ich frage mich, ob es Michael zu verdanken ist, dass sie sich so schnell versöhnlich zeigt, ob er irgendeinen magischen Handgriff beherrscht, mit dem er ihr Temperament, ihre stille, aber immer abwehrbereite Wut zu bezähmen weiß. Und ich bin zu müde, um ihr Friedensangebot abzulehnen.

»Okay. Wenn er Lust dazu hat.«

Ich atme auf, als die Fahrt endlich beendet ist und Michael vor der Polizeistation einparkt.

Wenn mir je etwas aus dieser Nacht unvergessen bleiben wird, das weiß ich schon jetzt, dann ist es die Qualität des Lichts. Im Krankenhaus erfüllte es die Luft als kalter, blauer Nebel; durch die Amtsstube, die wir jetzt betreten, quält und schlingt es sich wie ein zäher Strom gelben Wassers. Man könnte daran ersticken.

Dianne steht, in einem ihrer erdfarbenen Kleider, vor einem peinlich sauberen Schreibtisch. Dahinter hockt, mit gebeugtem Rücken, ein schlaksiger junger Polizeibeamter, der gerade versucht einen Bogen Papier in eine alte mechanische Schreibmaschine einzuspannen. Ich erkenne ihn sofort wieder. Es ist Assmann, der Polizist, der vor zwei Jahren wegen der Schmierereien an der Praxis vom Gynäkologen des UFOs in Visible aufkreuzte. Er muss sich mindestens so gut an uns erinnern wie wir uns an ihn. Wunderbar.

Auf einem Holzstuhl sitzt das andere Mädchen, Kora. Sie wirkt hager und müde. Ich weiß nicht, ob es Diannes eigener Entschluss ist oder ob Assmann meine Schwester zur Sprecherin der beiden auserkoren hat. Ich weiß auch nicht, wo Koras Eltern stecken oder ob sie überhaupt hier auftauchen werden. Dianne lächelt, als sie uns sieht. Assmann selbst blickt nur kurz auf, bedeutet uns zu warten, dann spannt er das Papier fertig in die Schreibmaschine ein und wendet sich an Dianne.

»Was habt ihr dort am Fluss gemacht?«

»Das hab ich doch schon erklärt.«

»Ich brauche es noch mal, für das Protokoll.« Assmanns Blick klebt an seiner Schreibmaschine. Er bemerkt nicht, wie schön Dianne ist, dass sie beim Sprechen sanft die Arme auf und ab bewegt und wie ihre Hände dabei einander langsam umtanzen, als bilden sie das Flammenspiel eines Feuers nach.

»Wir haben gebadet. Ist das verboten?«

»War es nicht ein bisschen zu dunkel, um zu schwimmen?«

»Es ist Vollmond.«

»Hattet ihr Badeanzüge an?«

»Wozu?«

Klack, klack-kleck … klack. Eine Type der Schreibmaschine verhakt sich jedes Mal, wenn sie angeschlagen wird. Assmann muss sie umständlich mit den Fingern lösen.

»Trefft ihr euch öfter, um das zu tun? Nachts zu baden?«

»Ja.«

»Wann habt ihr bemerkt, dass ihr beobachtet wurdet?«

»Gar nicht. Der Typ hat irgendwo in den Büschen gehockt und sich einen runtergeholt.«

»Behauptest du.«

»Nein, weiß ich. Seine Hosen waren noch unten, als wir ihn gefunden haben.«

»Wo befand sich zu dieser Zeit der Hund?«

»Woher soll ich das wissen? Es ist *sein* verdammter Hund.« Dianne bewegt weiterhin ihre Hände, jetzt ist es, als wickele sie Garn auf, die Finger flattern im Tanz. »Wahrscheinlich hat das Vieh einfach im Schilf gehockt und seinem Herrchen beim Wichsen zugeschaut.«

Die Blonde, Kora, kichert. Assmann hebt den Kopf, ein einziger Blick von ihm – nicht gereizt, nicht warnend, nur ein Blick – bringt das Mädchen zum Schweigen. Er ist nicht mehr der unerfahrene Polizist, den ich vor zwei Jahren kennengelernt habe. Zumindest ist dieses nervöse Schlucken nicht mehr da, an dem er seinerzeit in der Küche in Visible fast erstickt wäre, aber möglicherweise liegt das nur daran, dass er sich hier in seiner Polizeistation befindet, eine Frage des Territoriums.

Und Dianne ist nicht Dianne. So habe ich sie noch nie erlebt – weder so selbstbewusst noch so unterschwellig aggressiv; schon gar nicht so harsch in der Wahl ihrer Worte. Glass war, was ihren Sprachgebrauch betrifft, nie besonders kritisch, doch von Dianne höre ich Kraftausdrücke zum ersten Mal.

»Was ist dann passiert?«, fragt Assmann.

»Wir hörten ein Knurren. Na ja, eher so eine Art Grollen ... Ich dachte im ersten Moment, dass ein neues Gewitter aufgezogen wäre, es hatte ja tagsüber geregnet. Dann war da ein Knacken irgendwo im Gebüsch, wir kletterten aus dem Wasser –«

»Ihr wart zu diesem Zeitpunkt im Wasser?«

»Ja.«

»Wie kommt man eigentlich auf die Idee, ausgerechnet gegen Mitternacht im Fluss zu baden?«

»Werden Sie auch den Jungen fragen, wie er auf die Idee gekommen ist, ausgerechnet gegen Mitternacht seinen Hund auszuführen?«

»Hast du ihm diese Frage gestellt?«

»Tut das etwas zur Sache?«

Aus dem Augenwinkel heraus sehe ich, dass Michael sich nach vorn schieben will, aber Glass hält ihn am Ärmel seines Jacketts zurück. Mag sein, dass Assmann mit seinen seltsamen und wiederholten Fragen Dianne verwirren will, genauso gut kann es sein, dass er lediglich einer nur ihm bekannten Logik folgt. Dianne jedenfalls weiß sich bisher sehr gut allein zu wehren.

»Du stiegst aus dem Fluss. Was geschah dann?«

»Der Junge fing an zu schreien, und das war gut so, sonst hätten wir ihn gar nicht so schnell gefunden. Bis wir bei ihm waren, hatte er den Hund schon wieder beruhigen können. Jedenfalls hatte das Vieh inzwischen von ihm abgelassen.«

»Und er trug keine Hosen?«

»Doch, aber die waren runtergezogen. Und alles war voller Blut. Es sieht ganz schwarz aus, wenn Mondlicht darauf fällt.« Die Hände halten inne, und Dianne schaut auf. »Wussten Sie das?«

»Ja.« Assmann blickt stur auf sein Protokoll. »Und dann?«

»Wir schleppten ihn ins Krankenhaus. War ja nicht weit. Der dumme Köter ist abgehauen. Sie sollten ihn suchen lassen. Vielleicht ist er auf den Geschmack gekommen.«

Klack-klack, kleck ... klack, klack-klack ...

»Hat der Junge etwas zu euch gesagt, unterwegs mit euch geredet?«

»Würden Sie sich mit jemandem unterhalten, der Sie gerade beim Onanieren erwischt hat?«

»Nein.«

»Dann haben Sie Ihre Antwort.«

Kleck.

Ich überlege, ob Dianne bewusst Glass kopiert, und wenn ja, ob sie es lediglich tut, um sie vor Michael und dem Polizisten zu brüskieren oder um ihr zu demonstrieren, dass sie über die Jahre hinweg gelernt hat, sich ihrer Haut zu wehren.

»Das war's.« Assmann zieht das Papier aus der Maschine und schiebt es Dianne über den Schreibtisch zu. »Wenn du hier unterschrieben hast, könnt ihr gehen.«

Kora erhebt sich unsicher von ihrem Platz. Dianne setzt ihren Namen unter das Protokoll und marschiert dann schnurstracks, ohne Assmann noch eines weiteren Blickes zu würdigen, auf die Tür zu.

»Du solltest das erst lesen, bevor du es unterschreibst«, rät Michael ihr, als sie an ihm vorbeigeht.

»Warum? Um die Tippfehler zu korrigieren?«

Sie schiebt sich an uns vorbei nach draußen, gefolgt von Kora. Glass reibt sich die Stirn, dann greift sie nach dem Protokoll und überfliegt es.

»Sie sollten besser auf Ihre Tochter aufpassen«, sagt Assmann.

»Tatsächlich?« Ich kann fast spüren, wie Glass in Wallung gerät. »Ihr ist doch nichts passiert, oder?«

»Es hätte ihr aber durchaus etwas passieren können. Sie haben Ihre Aufsichtspflicht vernachlässigt.«

»Wollen Sie mich dafür anzeigen?«

»Warum sollte ich?«

Michael ausgenommen, wissen wir alle, warum er sollte. Es wäre die passende Gelegenheit zu einer Retourkutsche für den Tag, an dem Glass ihn in Visible fast an seinen Schluckbeschwerden ersticken ließ. Assmann könnte seine Überlegenheit kaum besser demonstrieren als mit der großmütigen Geste, dass er weder Glass noch die Mädchen weiter zu behelligen gedenkt. Ich gestehe mir nur widerwillig ein, dass sein Verhalten möglicherweise kein Zeichen von Herablassung, sondern ebenso gut von Fairness sein könnte. Schon die Nachtschwester im Krankenhaus hat Glass mitsamt ihrer Aggressivität ins Leere laufen lassen. Ich bin müde. Vielleicht kämpfen wir alle gegen Windmühlen.

Vor der Station bietet Michael Kora an, sie nach Hause zu fahren, aber sie lehnt ab. Zum ersten Mal sehe ich sie aus der Nähe. Sie ist weder hübsch noch hässlich. Sie gehört zu den Bewohnern dieses großen, von unauffälligen Menschen besiedelten Niemandslands, denen nie ein zweiter Blick nachgeworfen wird, aber was besagt das schon. Für Dianne gehört sie nicht zu den Kleinen Leuten, genauso wenig, wie ich Kat zu ihnen zähle. Kora umarmt Dianne zum Abschied. Plötzlich beneide ich dieses Mädchen. Ich weiß nicht, wann ich Dianne das letzte Mal berührt habe.

Im Wagen versuche ich ein schwaches Grinsen, aber Dianne sieht einfach an mir vorbei ins Leere. Während der Heimfahrt schweigt sie. Wir alle schweigen. Ich habe das Gefühl, dass mein Magen mit Blei ausgegossen wird. Glass schafft es, während der höchstens fünfminütigen Fahrt zwei Zigaretten zu rauchen. Erst als wir in Visible angekommen und aus dem Wagen gestiegen sind, wendet sie sich an Dianne. Die Situation eskaliert in Sekunden.

»Okay …« Glass holt tief Luft. »Hast du, oder hast du nicht?«

»Hab ich was?«

»Den Hund auf diesen Jungen gehetzt.«

»Was soll das, Glass?« Dianne stemmt eine Hand in die Hüfte, eine Geste, von der ich nie geglaubt hätte, dass sie zu ihr passt. »Warum glaubst du einem wildfremden Typen mehr als mir?«

»Weil ich dich kenne.«

»Wenn du mich kennen würdest, würdest du nicht solche Fragen stellen.«

»Wie soll man jemanden wirklich kennen, der sich so durchgedreht benimmt, wie du es tust?«

»Durchgedreht?« Dianne strafft ihre Schultern. »Was ist durchgedreht daran, wenn man Freundinnen hat, die sich für andere Dinge interessieren als für irgendwelche Typen oder fürs Ficken?«

Selbst mich trifft das Wort wie ein Keulenschlag. Glass müsste unter der ungebremsten Wucht der Anklage zusammenbrechen.

Ich frage mich, wie viel Energie sie noch hat, wie lange sie diesem Kräftemessen mit Dianne noch standhalten kann.

»Das geht mich nichts an«, sagt Michael knapp.

Er geht ins Haus. Glass sieht ihm nach und wartet, bis das Licht in der Eingangshalle aufflammt. Dann wendet sie sich wieder an Dianne. »Hab ich irgendwas falsch gemacht?«

»Willst du darauf wirklich eine Antwort?«

»Ja, verdammt, ja!«

»Wie viel Zeit hast du?«

Ohne auf eine Antwort zu warten, stapft Dianne davon, nicht ins Haus, sondern in Richtung der Bäume, die hinter dem Holzschuppen in den Nachthimmel ragen. Glass blickt resigniert zu Boden und stochert mit der Spitze eines Schuhs im Kies herum. Sie schüttelt den Kopf.

»Ich geb's auf.«

»Mum, du hast es doch gar nicht richtig versucht!« Ich bin mir sicher, dass Dianne nicht weit gelaufen ist. Vermutlich ist sie noch in der Nähe und lauscht, so wie sie Glass und deren Kundinnen belauscht. »Warum gehst du ihr nicht –«

»Hör zu, Phil!« Ihr Kopf schnellt hoch. Ein Zeigefinger schießt auf mich zu, als wolle er mich durchbohren. »Du hast keine Ahnung, verstehst du? Keine Ahnung!«

»Gut, das lässt sich ändern! Ich bin hier, ich laufe nicht davon! Was ist es? Was stimmt nicht zwischen dir und Dianne?«

»Nichts, wobei du mir helfen könntest.«

»Wer sagt, dass ich irgendjemandem helfen will?« Es ist zum Durchdrehen. »Ich will nur endlich wissen, was mit euch beiden los ist. Ich habe ein Recht darauf!«

»Nein, das hast du nicht! Also tu mir einen Gefallen und halte dich aus dieser Sache raus!«

»Was für eine Sache?«

»Herrgott, Phil, wenn es dich so sehr interessiert, warum fragst du dann nicht deine Schwester?«

»Weil sie, verdammt noch mal, genauso störrisch ist wie du!«

»Ich gehe ins Bett.«

Glass wendet sich ab und strebt schnell auf das Haus zu. Ich möchte ihr nachlaufen, sie festhalten und schütteln. Ich kann nicht glauben, dass sich zwischen uns fast bis aufs Wort genau der gleiche Dialog wiederholt hat wie der, den ich mit Dianne hatte, als ich vor drei Jahren aus Griechenland zurückkam.

»Scheiße«, flüstere ich.

Wolken treiben über den Nachthimmel, nähern sich dem Mond und verwandeln sich in bronzefarbene kleine Schiffe. Ich höre ein Rascheln. Dianne steht nahe dem Schuppen, kaum sichtbar zwischen den Bäumen, deren tief herabreichende Zweige und Äste sie umschließen, so dass sie eins wird mit Holz und Rinde und Laub.

»Dianne?«

»Lass mich in Ruhe, Phil.«

»Willst du nicht reinkommen?«

»Gleich.«

»Hör mal, ich ...«

»Ein andermal. Mir ist schlecht. Ich bin müde. Lass uns irgendwann später reden.«

Ich bleibe stehen und warte, eine Minute, zwei, ohne dass Dianne sich noch einmal rührt oder etwas sagt. Je länger sie dort zwischen den Bäumen verharrt, umso mehr verschwimmen für mich ihre Konturen, bis sie sich schließlich aufgelöst hat in der Dunkelheit. Vielleicht nimmt auch sie mich nicht mehr wahr. Vielleicht hat sie die Augen geschlossen und lauscht der Nacht, wartet darauf, dass die Wolken wieder aufreißen, der Mond sie mit seinem Licht übergießt, sie in schützendes Silber hüllt.

Menschen tun verrückte Dinge bei Vollmond.

Wenn zwei Mädchen sich nachts am Fluss treffen, um mit sich allein zu sein und nackt zu baden, ist das nicht verrückt. Wenn ein Junge ihnen nachschleicht, sie heimlich beobachtet und dabei ein bisschen an sich herumspielt, ist auch das nicht verrückt. Verrückt ist, wenn das fehlende Namensschild einer Krankenschwester mich in Panik versetzt, ein Häuflein herumtorkelnder Betrunkener, das Klackern einer defekten Schreibmaschine um ein Uhr morgens. Verrückt ist, dass Glass, Dianne und ich nicht nach den Regeln der Kleinen Leute leben, dass jeder von uns Grund genug hat, sich als Außenseiter zu empfinden, dass wir so viel mehr miteinander gemein haben als nur das Blut, das durch unsere Adern fließt, und dass es uns trotzdem unmöglich ist, miteinander zu reden.

Für die Liebe

AM NÄCHSTEN MORGEN warte ich vor der Schule auf Kat. Im Osten liegt die Sonne wie eine goldene Seifenblase auf den Hügeln. Sie strahlt mit einer Selbstverständlichkeit, als würde ihre Sommermacht immer und ewig währen, als hätte nicht der Herbst schon längst seine feuerroten Hände nach dem Land ausgestreckt. Die Luft ist frisch und klar wie kaltes Wasser. Es ist ein guter Morgen, um vor Kat meine Beichte abzulegen.

Ich sehe sie auf der anderen Straßenseite. Als sie mich entdeckt, winkt sie mir zu und beginnt zu laufen, ungeachtet wütend hupender und zum Bremsen gezwungener Autos. Sie kommt nie mit ihrem Vater zur Schule. Oft denke ich, dass der respektvolle Abstand, den die meisten Schüler zu ihr halten – der Direktorenradius, wie Kat ihn nennt –, ihr trotz gegenteiliger Beteuerungen doch zu groß ist. Verständlich, dass sie keine zusätzlichen Minuspunkte auf ihrem Konto sammeln will, nur weil man sie allmorgendlich wie eine Diva humanistischer Bildungsideale aus dem Wagen des Schulleiters steigen sieht.

»Irgendwann schafft ihr es noch auf die Titelseiten der überregionalen Presse«, begrüßt sie mich. »Die Sache mit Dianne ist schon überall durch!«

Ich zucke die Achseln. Ich hatte nicht vor, über Dianne zu reden, auch wenn ich bereits geahnt habe, dass es sich nicht vermeiden lassen wird. Sie hat ihr Zimmer heute Morgen gar nicht erst verlassen. Als ich anklopfte, erhielt ich durch die geschlossene Tür hindurch eine Abfuhr, nicht allzu harsch, aber unmissverständlich. Glass hat sich, wie üblich nach Streitereien, so verhalten, als wäre überhaupt nichts vorgefallen. Was allerdings auch daran gelegen haben mag, dass Michael sie, als ich zum Frühstück in die Küche kam, gerade geduldig in das Geheimnis der Zubereitung unversalzenen Rühreis einweihte.

»Also?«, sagt Kat erwartungsvoll.

»Also was?«

»Was ist letzte Nacht passiert?«

»Wie viele Variationen kennst du?«

»Ungefähr drei bis elf.« Sie pustet sich die Haare aus der Stirn. »Na, sagen wir, zwei. Jedenfalls ist meine Mutter zweimal allein während des Frühstücks angerufen worden.«

Die Telefone müssen heute Morgen in der ganzen verdammten Stadt geklingelt haben. Dianne wird gewusst haben, warum sie sich dazu entschlossen hat, in Visible zu bleiben. Allmählich füllt sich der Schulhof, und ich höre von allen Seiten Getuschel; immer wieder werden mir unverhohlen neugierige Blicke zugeworfen. Der Totenschädel mit der Heliumstimme hat, wie erwartet, ganze Arbeit geleistet. Ich wünsche ihm aus tiefstem Herzen, dass er sich im Krankenhaus irgendeine widerliche Infektionskrankheit einfängt. Nicht nur weil er mit einer zweifellos entstellenden Kolportage der gestrigen Geschehnisse alte Wunden wieder aufgerissen hat, sondern weil mit jeder Sekunde, die im Gespräch über dieses Thema zwischen Kat und mir vertickt, tiefe Löcher in den Damm meiner Entschlossenheit gerissen werden, ihr von mir und Nicholas zu erzählen. Plötzlich erscheint mir der Morgen viel weniger hell als noch vor einer Minute.

»Nun sag schon«, drängelt Kat, »was ist dran an der Geschichte?«

»Weißt du eigentlich, dass du genauso sensationslüstern bist wie der Rest der Meute?«

Sie hebt abwehrend die Hände. »Ehrlich, Phil, ich finde das nicht so abwegig, dass sie den Hund auf den Typen gehetzt haben soll! Ich kann mich noch gut daran erinnern, wie sie damals mit dieser Eidechse –«

»Kat, ich bin mit dem Läufer zusammen.«

Es ist bestimmt nicht die eleganteste Art, sie zum Schweigen zu bringen. Aber eine sehr effektive. Kats Mund klappt zu, als hätte ich ihr einen Kinnhaken versetzt. Auf ihrer Stirn erscheint eine winzige steile Falte. Zwei oder drei Herzschläge lang starrt sie mich bloß ungläubig an.

»Das ist ein Witz, oder?«, sagt sie endlich.

»Kein Witz.«

»Seit wann?«

»Seit ungefähr einer Woche.«

»Mit Nicholas? Mit *dem* berühmten Nicholas?« Kat sieht nach links und nach rechts, als erwarte sie Hilfe von einem der anderen Schüler oder als suche sie nach einer Fluchtmöglichkeit. Ihre Augen sprühen Blitze. »Scheiße, Phil! Das hättest du mir wirklich früher sagen können!«

»Ich wollte nicht unnötig die Pferde scheu machen. Ich war mir auch selbst noch nicht sicher.«

Das ist nur die Hälfte der Wahrheit – eher weniger als die Hälfte, und Kats Gesichtsausdruck nach zu schließen glaubt sie mir nicht mal die. Ich lasse eine Sekunde verstreichen und hole tief Luft. »Außerdem hatte ich Angst, du könntest denken, Nicholas wolle mich dir wegnehmen oder so was.«

»Idiot.«

»Es tut mir leid.«

»Hoffentlich kriegst du Pickel, du Arsch!« Sie steckt die Hände in die Hosentaschen ihrer Jeans, sieht zu Boden, blickt wieder auf, schüttelt den Kopf. »Mann, das muss ich erst mal verdauen!«

Immerhin sind bis jetzt Vorwürfe des Verrats und des Freundschaftsbruches, Tränen und Eifersuchtsanfälle ausgeblieben. Kein schlechtes Zeichen. Trotzdem fühle ich mich nicht wohl. Ich beobachte, wie es in Kats Gesicht arbeitet, und zucke zusammen, als neben mir wie ein Geschoss eine Kastanie zu Boden knallt.

Kat zieht die Nase hoch. »Wie ist er so?«

»Erwartest du jetzt eine objektive Meinung?«

»Lass bloß diese blöden Gegenfragen!« Ein Zeigefinger bohrt sich in meine Rippen. »Ich hab nicht vor, dir jedes Wort einzeln aus der Nase zu ziehen, ich hab was bei dir gut! Also erzähl schon. Hat er dich angemacht oder du ihn?«

Kat schenkt mir die volle Breitseite eines Grinsens. Vermutlich sollte ich vor ihr auf die Knie fallen und sie um Vergebung bitten. Es tut mir leid, sie so falsch eingeschätzt und, schlimmer noch, sie Nicholas gegenüber so falsch dargestellt zu haben. Trotzdem fange ich klein an, vorsichtshalber. Ich beginne mit dem Tag, als Nicholas mich in der Bibliothek angesprochen hat, aber Kat lässt mich kaum ausreden.

»Und ihr seid richtig ineinander verliebt? Ist es schön, ist es kosmisch?« Sie hibbelt ausgelassen auf der Stelle herum, wie eine durchgedrehte Ballerina auf einer Spielzeuguhr. »Werdet ihr heiraten und Kinder kriegen? Und wer von euch beiden wird die Mutter?«

Ich liebe sie in diesem Moment, weil sie es mir so einfach macht und sich mit meinem Lachen als Antwort zufriedengibt. Und weil ich ihr so nicht sagen muss, dass zwischen Nicholas und mir von Liebe noch nie die Rede war, dass er mich bisher noch nicht einmal geküsst hat und wie absurd das ist, weil meine Lippen inzwischen jeden Zoll seines Körpers kennen, nur seine Lippen nicht. Oder dass ich unter seinen Blicken und unter seinen Berührungen an Sicherheit verliere und nicht gewinne und mich deshalb mehr und mehr fühle, als müsste ich einen kilometertiefen Abgrund auf einer schwankenden Hängebrücke überqueren.

Da Kat einen ausgeprägten Spürsinn dafür besitzt, wenn solche Gedanken mich beschäftigen, lenke ich ihre Aufmerksamkeit auf Naheliegenderes. »Nicholas denkt, du könntest ihn nicht leiden.«

»Blödsinn«, schnaubt Kat. »Ich kenne ihn ja kaum.«

»Das lässt sich ändern. Er müsste jede Minute hier sein.«

Sie grinst und boxt mich gegen die Schulter. »Mensch, Phil! Und du hast wirklich gedacht, ich würde den Aufstand proben? Wie ist er im Bett?«

Nur Kat schafft es, zwei so grundverschiedene Fragen in einem Atemzug zu stellen.

»Im Bett?«

»Na, oder von mir aus auf dem Fußboden oder auf irgendeinem Hocker. Wie ist er? Ich meine, ihr macht es doch miteinander.« Plötzlich sieht sie mich aus weit aufgerissenen Augen an. »Oder etwa nicht?«

»Natürlich machen wir es.«

»Na bitte«, murmelt sie beruhigt. »Und wie ist es?«

»Hör mal, Kat …«

»Mein Gott, nun zier dich nicht so! Ich hab dir auch alles von mir und Thomas erzählt!«

»Nein, hast du nicht. Du hast erzählt, dass ihr genau ein Mal miteinander im Bett wart, dass es gar nicht so übel war und du einen klasse Orgasmus hattest.«

»Hatte ich auch«, sagt sie nüchtern. »Aber erst später, als ich wieder allein war.«

Ihr Lachen steigt in den Himmel wie eine Silvesterrakete. Wir gehen langsam über den Schulhof, Seite an Seite.

»Wie auch immer«, sage ich, »jedenfalls gab es keine Details, und ich wollte auch gar keine wissen, sonst hätte ich danach gefragt.«

»Und ich hätte sie dir gegeben.«

»Minutiös, da hege ich keine Zweifel. Aber *ich* will nicht darüber reden, okay? Nicholas und ich schlafen miteinander, es ist toll, und so viel dazu.«

»Miteinander schlafen klingt so technisch.«

»Alles andere klingt vulgär.«

»Na ja, vulgär macht eben mehr Spaß.« Kat bleibt abrupt stehen und schüttelt den Kopf. »Ich kann's immer noch nicht glauben. Du und der Läufer. Was für ein Skandalpotenzial!«

»Tu mir einen Gefallen, versuch ihn zu mögen, okay?«, sage ich schnell. »Ich stecke in der Klemme, wenn meine beste Freundin meinen Freund ablehnt.«

»Oh, nur keine Sorge. Ich werde mein schönstes Lächeln für ihn aufsetzen. Etwa so ...«

Kat verzieht das Gesicht zu einer Grimasse mit zweiunddreißig gebleckten Zähnen. Als ich bemerke, dass ihr Gefeixe nicht auf mich, sondern über meine Schulter hinwegzielt, drehe ich mich um. Mein Herz stolpert, als ich Nicholas auf uns zukommen sehe.

»Ich weiß alles über euch«, poltert Kat los, kaum dass er vor uns steht. »Alle schmutzigen Details!«

Jemand stöhnt leise auf. Das bin ich.

»Und das heißt?«, fragt Nicholas unbewegt.

»Schweigegeld.«

Die nächsten Sekunden zwischen den beiden sind wie Funkengestöber, ein schnelles Herantasten und Abwägen, ein Ausloten von Sympathien, ein erstes Erforschen der Grenzen des anderen.

»Wie viel willst du?«, fragt Nicholas.

»Fünfzigtausend.«

»In kleinen, gebrauchten Scheinen?«

»In großen, ungebrauchten Eisbällchen. Kirsch.«

»Das sollte sich einrichten lassen.«

Ende des Geplänkels. Nicholas und Kat lächeln einander an. Mir fällt ein Stein vom Herzen.

»Bist du schon in den trauten Kreis von Phils schwer psychopathischer Familie aufgenommen worden?«, fragt Kat.

Nicholas schüttelt den Kopf.

»Meine Mutter hätte jedenfalls nichts dagegen«, werfe ich ein. »Sie hat gesagt, dass sie dich gern kennenlernen würde.«

Nicholas sieht mich skeptisch an. »Weiß sie, dass wir ...«

»Ja.«

»Und es macht ihr nichts aus?«

»Es hat ihr noch nie etwas ausgemacht. Sie ist, na ja, anders als andere Mütter, glaube ich.«

»Ja, davon hab ich gehört.« Er knabbert auf seiner Unterlippe. »Mit ihr gesehen zu werden ist angeblich nicht gerade ... reputationsfördernd.«

»Mit Glass zu schlafen ist nicht reputationsfördernd, aber die Gefahr«, sagt Kat trocken, »dürfte bei dir ja nicht bestehen.«

»Bist du dir da so sicher?«

»QED.«

»Was?«

»Quod erat demonstrandum.«

»Erit, in diesem Fall.« Nicholas zeigt grinsend über den Schulhof, ohne Kat aus dem Auge zu lassen. »Aber nicht hier, vor allen Leuten, oder?«

»Schätze, das wirst du mit Glass ausmachen müssen und nicht mit mir«, kontert Kat.

»Na dann.« Für einen Augenblick ist er unschlüssig. Vielleicht stört ihn das Geglotze von allen Seiten, von dem er nicht wissen kann, dass es nicht ihm gilt, sondern mir, dem Hexenjungen mit der unheimlichen Schwester. »Was haltet ihr davon, wenn wir mal was unternehmen, gemeinsam? Ich könnte meinen Vater um seinen Wagen bitten.«

Das überrascht mich. »Du hast den Führerschein?«

Er nickt. Es gefällt mir nicht, mit der Nase darauf gestoßen zu werden, dass Nicholas über ein Jahr älter ist als ich und dieses Schuljahr nur wiederholt. Dass er den Führerschein hat, betont nur den Vorsprung an Erfahrung, von dem ich mir zumindest einbilde, dass er ihn besitzt.

»Heute?«

»Nein, irgendwann demnächst. Ich muss erst ein bisschen Vorarbeit leisten. Mein Vater verleiht seinen Wagen nicht gern.«

»Hervorragende Idee«, sagt Kat. »Der Ritter auf dem weißen Pferd entführt uns aus dem tristen Grau der kleinen, erstorbenen Stadt!«

»Genau das wird er tun, aber vorher begibt er sich in das triste Grau dieser kleinen Schule.« Nicholas sieht auf seine Armbanduhr. »Ich muss rein. Wir sehen uns dann später, bei Händel.«

Er geht davon und mischt sich unter die in den Haupteingang strömenden Schüler. Ich wünschte, er würde sich wenigstens einmal zu mir umdrehen, mir zuwinken, irgendwas. Es tut gut, Kat neben mir zu wissen. Sie legt einen Arm um meine Hüfte und zieht mich eng an sich. Wir bilden eine kleine Insel im auf- und abschwellenden Meer der von allen Seiten ins Gebäude drängenden Schüler.

»Lässt er dich immer einfach so stehen?«

»Ja.«

»Kein Kuss?«

»Nein.«

»Also, wenn ich du wäre, ich würde darauf bes...«

Etwas Seltsames geschieht.

Jeder Ton und jedes Geräusch verstummen. Die Luft gerinnt zu flüssigem Glas und wirft Wellen. Neben dem Fahrradunterstand steht Thomas, mit hochrotem Kopf, den Blick fest auf Kat und mich geheftet. Er bebt und glüht vor zurückgehaltener Energie, ein Leuchtturm der Eifersucht. Und durch die offene große Tür sehe ich Wolf im Innern des Hauptgebäudes, totenbleich, eine dünne Hand am Geländer der Treppe, die in den ersten Stock führt. Um ihn herum teilen sich die Schülermassen wie um einen Fels in der Brandung. Ich stehe starr, wie festgeeist.

»Kat?«, flüstere ich.

Jemand läuft über mein Grab. So würde Glass einen Moment der Vorahnung beschreiben. Ich empfinde es anders. Das Gefühl gleicht entfernt dem Jucken meiner Narben bei einem bevorstehenden Wetterwechsel. Ich kann nicht den Finger darauflegen, es ist nur eine Ahnung, irgendein uralter Instinkt. Aber in genau diesem Moment setzt sich etwas in Bewegung. Es ist unwiderruflich und endgültig. Ich denke an eine Herde galoppierender, wilder Tiere, unter deren scharfen Hufen zerfetztes Gras und dunkle Erde auffliegt.

Phil, dringt eine Stimme in die Stille, »Phil?«

»Hm?«

»Was ist los?«

»Nichts.«

»Dann komm endlich. Gehen wir rein.« Kat entlässt mich aus der Umarmung und zieht mich hinter sich her. Thomas und Wolf sind verschwunden wie ein Spuk.

EINE WOCHE SPÄTER, als ich eigentlich nicht mehr damit rechne, dass Nicholas sich daran erinnert, fragt er, ob Glass ihn noch immer kennenlernen möchte. Er kündigt sich für den späten Nachmittag an, sobald er sein Training auf dem Sportplatz beendet hat. Ich rufe Glass in der Kanzlei an und bitte sie, rechtzeitig zu Hause zu sein.

Nicholas trifft kurz vor ihr in Visible ein. Wir stehen noch in der Eingangshalle, als Glass durch die Tür stürmt, auf halbhohen Stöckelschuhen und in einem dieser stocknüchternen, seriösen Sekretärinnenkostüme mit schneeweißer Bluse, die sie abgrundtief hasst, auf die Tereza aber unnachgiebig besteht. Ich sehe sofort, dass sie Schreibarbeit mitgebracht hat, weniger an der bis zum Bersten gefüllten Aktentasche unter ihrem Arm als an der ziellosen Art, mit der Glass sich bewegt – ungefähr wie ein Eichhörnchen, das vor lauter Löchern in den Bäumen nicht entscheiden kann, wo es seine Vorräte lagern soll.

»Gebt mir eine Stunde, Darlings«, ruft sie uns entgegen, »dann koche ich uns einen Tee, okay?«

Darlings. Womöglich sieht sie mich jetzt nur noch in diesem unmöglichen Plural zweier zu glückseliger Einheit verschmolzener Hälften, den sie selbst so sehr verabscheut. Sie rauscht an uns vorbei und kramt dabei hektisch in der Aktentasche.

»Mum!«

»Hm?«

»Darf ich dir Nicholas vorstellen?«

»Oh.« Glass bleibt abrupt stehen, macht eine Kehrtwendung und streckt Nicholas ihre freie Hand entgegen. »Freut mich, Nick. Tut mir leid, aber ich hab heute eine Laufmasche oder so was im Gehirn.«

»Lassen Sie sich Zeit.«

»Ihr seid schrecklich förmlich in diesem Land!«, ruft sie im Weiterklappern über die Schulter. »Nenn mich einfach Glass, okay?«

Ich nutze die Zeit, um Nicholas durch Visible zu führen. Ich hätte nie geglaubt, dass irgendetwas ihn sichtbar zu beeindrucken oder zu überraschen vermag. Aber jetzt folgt er mir wie ein kleiner Junge, der zum ersten Mal in seinem Leben einen Rummelplatz besucht. Anders als Kat, die seinerzeit, mit der selbstverständlichen Arroganz eines Eroberers und ohne nach links oder rechts zu sehen, durch die Mauern gefegt war, nähert Nicholas sich Visible beinahe ehrfürchtig. Er besteht darauf, dass ich ihm jedes Detail zeige. Ich führe ihn überall herum, lasse ihn jeden einzelnen Raum betreten, vom Keller bis zum Dachboden, mit Ausnahme meines eigenen Zimmers und der Zimmer von Dianne und Glass. Während ich ihm dies und jenes zum Haus und zu seiner Geschichte erzähle, berührt Nicholas die Wände, die Holzbalken und die abgegriffenen Treppengeländer, studiert aufmerksam die überall angebrachten Fotos von Stella, lauscht dem Knarren der ausgetretenen Dielen unter unseren Füßen. Es gefällt mir, dass er sich so vorsichtig bewegt, als wäre Visible ein schlafendes Wesen, das man nicht wecken darf. In der Bibliothek bleibt er lange stehen, mustert die hohen Regale und deren Inhalt, Diannes Herbarien, die wenigen Bücher, die Stella, und die vielen, die Terezas Vater hinterlassen hat. Am längsten ruht sein Blick auf dem in zerschlissenem Rot gepolsterten Sessel, meinem Thron der Geschichten.

Über die marode Freitreppe hinter der Bibliothek betreten wir den Garten, wo hüfthohes, trockengelbes Gras sich unter dem kühlen Herbstwind beugt und wogt wie Seetang und die Statuen aus Sandstein in unerschütterlicher Ruhe Wache stehen. Wir sehen am Haus empor, an den breiten Sprüngen und Rissen, den aufdringlichen Flecken im Putz, die der noch immer grüne, wuchernde Efeu kaum zu bedecken vermag.

»Also, was glaubst du?«, sage ich. »Wann werden die Mauern über uns zusammenbrechen?«

»Gar nicht«, erwidert Nicholas leise. »Solche Häuser sind für die Ewigkeit gebaut. Es ist wunderschön, Phil!«

Fünf Minuten später sitzen wir am Küchentisch, unter dem gleichmütigen Blick Rosellas, während Glass wie eine Preiskämpferin mit ein paar Teebeuteln ringt, die sich weigern ihre Verpackung zu verlassen. Sie hat sich umgezogen, trägt einen Jogginganzug, der aus der hintersten Ecke des Kostümfundus einer billigen Unterhaltungsserie stammen könnte, und hat die Haare hochgesteckt wie eine Geisha. Etwas nachlässiger vielleicht. Ich bin aufgeregt und weiß nicht, warum. Es sollte mir gleichgültig sein, welchen Eindruck Glass auf Nicholas hinterlässt. Genauso kaltlassen sollte mich, wie ihr Urteil über Nicholas ausfallen wird – von Michael abgesehen hat sie mich schließlich, was ihre Männer angeht, auch nie um meine Meinung gefragt.

»Wie gefällt dir Visible, Nick?« Glass hat die Teebeutel endlich erfolgreich in der Kanne versenkt und sich zu uns an den Tisch gesetzt.

»Großartig«, sagt Nicholas. »Ich würde es dir sofort abkaufen. Der Garten muss im Sommer fantastisch sein.«

»Den Garten hab ich längst aufgegeben. Überall Unkraut, und es kriechen jede Menge Viecher darin herum.« Glass zieht die Nase kraus. »Hat Phil dir von der Sache mit der Schlange erzählt?«

»Mum, bitte, ich –«

»Kein Mum, und nichts bitte.«

Der Teekessel pfeift. Glass geht an den Herd. Nicholas grinst mich über den Küchentisch hinweg an. Ich feixe und mache eine hilflose Geste. Es ist mir teuflisch unangenehm, dass Glass ihm diese alte Kindergeschichte auftischen will. Ich weiß schon jetzt, dass sie dabei maßlos übertreiben wird. Sie kann nicht anders.

»Ich war im Garten zugange, Unkraut jäten und all das. Phil und Dianne waren dabei«, beginnt sie, während sie das heiße Wasser in die Teekanne füllt. »Sie waren noch ganz klein und rannten mir um die Beine herum, mit ihren kleinen Schippen und Häckchen und Eimern aus Plastik. Man wusste wirklich nicht, wo man mit der Arbeit anfangen sollte in diesem Dschungel, überall waren abgebrochene Äste und Gestrüpp im Weg.«

Ich denke nicht gern an diesen Tag zurück. Es war zu der Zeit gewesen, als Glass versucht hatte Visibles Garten der Wildnis abzuringen; jenes vergebliche Bemühen, das mit der Einstellung Martins geendet hatte – Martin von den Handtüchern, Martin mit dem nie erlöschenden Lachen, Martin mit dem Geruch von Sommer und Gartenerde.

»Da lag dann also«, fährt Glass fort und setzt sich wieder an den Tisch, »dieser Baumstamm, eigentlich nur ein Stück eines Baumstammes. Vielleicht sollte er vor urewigen Zeiten zu Brennholz zerschlagen werden und wurde dort vergessen, keine Ahnung. Und ich denke, den schaffst du, so schwer kann das nicht sein, und wälze ihn um, ich wollte ihn von der Wiese schubbeln.«

Nicholas nickt.

»Und da lag die Schlange drunter, ganz zusammengeringelt. Sie war schwarz und hatte diese helle Längszeichnung auf dem Rücken, eine, was war das noch mal, Darling?«

»Eine Kreuzotter.«

»Genau. Kreuzotter. Und plötzlich«, ich zucke zusammen, als Glass unvermittelt die Hände in die Höhe reißt, »war sie nicht mehr zusammengeringelt, plötzlich war sie ein zuckendes Seil im Gras! Und sie *zischte*, und ich *schrie* –«

»Sie hat nur gezüngelt, Mum.«

Die Arme sinken herab, mein Einwurf wird mit einem einzigen Schütteln der Handgelenke beiseitegefegt. Glass beginnt den Tee auszuschenken. »Und dann kommt sie auf mich zugeschossen, zisch, zisch, und ich sage dir, Nick, dieses Vieh war riesig!«

»Glass!«

»Riesig!«

Ich spürte schon damals, dass die Schlange – eine eher schwächliche Verwandte *wirklich* giftiger amerikanischer Vipern, deren Biss, wie ich später herausfand, niemals tödlich ist, es sei denn, man hat ein schwaches Herz oder einen labilen Kreislauf –, dass also diese Kreuzotter viel mehr Angst vor uns gehabt haben musste, als Glass, Dianne oder ich vor ihr hatten. Sie folgte nur ihrer Natur, als sie mit aufgeklappten Kiefern ihre Verteidigungsbereitschaft signalisierte, und hätte sich wahrscheinlich sofort aus dem Staub gemacht, wenn wir sie nur in Frieden gelassen hätten. Außerdem hatte Glass Gummistiefel an. Es hätte ihr gar nichts passieren können, selbst wenn die Schlange zugebissen hätte, aber das hinderte unsere Mutter nicht am Schreien. Es war dieser mörderische Schrei, der Dianne und mich in Bewegung versetzt hatte.

»Phil und Dianne haben sie in kleine Stücke gehackt«, fährt Glass im Plauderton fort. Sie pustet in ihre Tasse. »Mit ihren Hacken und den Schippen. Sie fielen über das Vieh her wie die Berserker. Es ging ganz schnell. Lauter klitzekleine Stücke. Sie haben ihrer Mum das Leben gerettet. Zucker, Nick?«

Nicholas lacht und reicht ihr seine Tasse. Ich hoffe, dass er glaubt, Glass neige zu ironischer Übertreibung. Es wäre mir peinlich, wenn er wüsste, dass sie jedes Wort ernst gemeint hat, während sie sich wie eine mittelklassige Schauspielerin aus einer ihrer geliebten Seifenopern in Szene gesetzt hat. Für eine weitere halbe Stunde plappert und klappert sie wie die Mühle am rauschenden Bach, raucht dabei eine Zigarette nach der anderen, und Nicholas müsste eigentlich bemerken, dass sie dabei auf Teufel komm raus mit ihm flirtet. Das wenigstens wird sich im Nachhinein leicht relativieren lassen: Es ist ein Automatismus. Glass flirtet mit jedem Mann, und fast immer ist sie dabei erfolgreich. Es ist der nie versiegende Quell ihrer Selbstbestätigung.

Kaum überraschend für mich erklärt Nicholas, als wir kurz darauf nach oben gehen, wie sympathisch meine Mutter ihm ist.

»Sie ist ziemlich jung, oder?«

»Sie ist vierunddreißig.«

»Dann war sie ein Teenager, als sie euch in die Welt gesetzt hat.«

»Ja.«

»Wo war dein Vater?«

»Keine Ahnung. Ich kenne ihn nicht. Er hat Glass sitzenlassen.«

»So ein Idiot.«

Und keine weiteren Fragen zu Nummer Drei. Damit ist auch diese Klippe genommen. Ich lotse Nicholas erleichtert in mein Zimmer. Er blickt sich um, sehr gründlich.

Die eigene Wahrnehmung schärft sich, wenn man Vertrautes durch die Augen eines anderen betrachtet. Auf einmal fühle ich mich als Fremder in meinem eigenen Zimmer. Es ist groß und ebenso hoch wie alle anderen Räume in Visible; zwei Flügelfenster, keine Gardinen, viel Licht. In einer Ecke der gekachelte Ofen, daneben noch ein paar Holzscheite aus der letzten Kälteperiode. Auf dem abgeschabten Parkettboden liegt meine Matratze, die Bettwäsche leuchtet hell; irgendwann hat Glass in einer Truhe im Keller Dutzende von weißen Bezügen gefunden. Neben der Matratze steht eine kleine, billige Lampe auf dem Boden, die einzige, mit der ich den Raum beleuchten kann, daneben mein Telefon. Bücher stapeln sich gegen die Wand. Es gibt ein breites, wackeliges Regal, von dem zwei ganze Fächer den ozeanischen Kostbarkeiten vorbehalten sind, die ich im Laufe der Jahre von Gable erhalten habe. In den übrigen geben sich mehr oder weniger angestaubte Überreste meiner Kindheit ein Stelldichein. Zwischen abgegriffenen Plüschtieren und ein paar Spielzeugautos lugt wie ein müdes schwarzes Komma Paleiko hervor. Irgendwann habe ich einen wurmstichigen alten Schreibtisch aus dem schier unerschöpflichen Keller Visibles hier heraufgebracht und unter eines der beiden Flügelfenster geschoben. Ein einziger Stuhl steht davor. Es gibt keinen Sessel, kein Sofa, keinen Tisch. Wer kaum Freunde hat, ist auf Besucher nicht eingerichtet.

»Wo sind deine Klamotten?«

»In einem Wandschrank, draußen im Flur. Ich kann Kleiderschränke nicht ausstehen.«

»Tatsächlich?« Wann immer Nicholas lächelt, so wie jetzt, macht mein Herz einen kleinen Sprung. »Ich auch nicht.«

An den weißgetünchten Wänden hängen Bilder, die Gable mir mitgebracht, und Dutzende von Postkarten, die er mir aus allen Ecken der Welt geschickt hat. Den meisten Platz nehmen die beiden großen, rissigen alten Schautafeln ein, die ich im Beisein Wolfs aus dem alten Keller der Schule gestohlen habe, die nadelbespickte Weltkarte, voller Knickfalten und an den Seiten eingerissen, und die mit braunen Stockflecken übersäte Karte von Nordamerika.

Nicholas geht auf das Regal zu, streckt zielsicher eine Hand aus und nimmt eines von zwei bauchigen Gläsern mit Schraubverschluss herunter, die auf dem obersten Brett stehen. Ich muss unwillkürlich grinsen. »Ein Bonbonglas«, erkläre ich. »Zwei davon habe ich, eins hat Dianne.«

»Bekomme ich die auch zu sehen?«

»Die anderen Gläser?«

»Deine Schwester.«

»Wohl eher nicht.«

Ich kann ihm unmöglich davon berichten, was neulich vorgefallen ist, ohne ins Detail zu gehen. Alles ist so unentrinnbar ineinander verwoben. Zu viele Erklärungen wären notwendig, Erklärungen, die ihrerseits nach Erläuterungen verlangen würden, und vermutlich käme, bei aller Mühe, die zehn oder zwanzig verschiedenen Fäden einer sehr langen Geschichte auseinanderzuhalten, am Ende doch nur ein recht verwirrendes, gordisches Etwas heraus. Andererseits will ich über Dianne nicht einfach hinweggehen.

»Sie schläft. Schätze ich. Es gab da letzte Woche einen blöden Vorfall, und seitdem ist sie zu Hause geblieben und hat auch niemanden sehen wollen, weil …«

Nicholas winkt ab. »Ich hab davon gehört. Woher stammen diese Gläser?«

Was mich überrascht, ist nicht, dass er die weitreichenden Buschtrommeln der Kleinen Leute gehört hat, sondern wie nonchalant er sich über die Geschichte hinwegsetzt und mich damit aus der Misere befreit, sie vor ihm aufdröseln zu müssen.

»Von einem alten Mann«, antworte ich erleichtert.

»Großvater?«

»Nein. Jemand aus der Stadt, den ich als Kind kannte und sehr gemocht habe.«

Nicholas betrachtet lange das Glas, sein Zeigefinger zieht kleine, sich schlängelnde Linien über die eingestaubte Oberfläche. In sein Gesicht tritt ein Ausdruck tiefster Konzentration, der ihn wie weggetreten wirken lässt. Fast hat es den Anschein, als würde er in das Glas hineinlauschen, als würden seine Augen wie auch seine Finger den ungezählten Bildern nachspüren, die sich einst auf der klaren, inzwischen aber längst matten Oberfläche gespiegelt haben.

»Erzähl mir von dem alten Mann und von seinen Gläsern«, sagt er schließlich.

»Das wird dich nur langweilen.«

»Oh, QED.« Nicholas lächelt. »Oder?«

ICH GLAUBE, DIE MEISTEN Kleinen Leute jagten mir nur deshalb Angst ein, weil sie mir so unwirklich vorkamen, so wenig greifbar wie die zweidimensionalen Figuren aus einem Schwarz-Weiß-Film. Alle waren sie von einer ähnlichen Transparenz, wie ich sie später beispielhaft in Gestalt von Frau Hebeler verkörpert sehen sollte: Hüllen, durch die flackernd das Leben hindurchschien, ohne je wirklich Besitz von ihnen zu ergreifen. Als Kind empfand ich die Stadtbewohner als seltsam blutleer und von der gleichen ungesunden Blässe, die das ungeschminkte Gesicht von Terezas totem Vater mit seinem nicht ganz vollständig zusammengefädelten Kiefer überzogen hatte. Es gab Ausnahmen, natürlich. Annie Glösser war eine von ihnen, doch lange vor Annie – zwei Jahre, um genau zu sein – war da Herr Tröht.

Herr Tröht führte einen düsteren, schlechtgehenden Lebensmittelladen, der, weil er mit viel zu kleinen und noch dazu stets verschmutzten Fensterscheiben bestückt war, sich nur dann wirklich aufhellte, wenn knarrend die Tür aufschwang. Prompt bimmelte dann ein altmodisches Glöckchen. Überhaupt schien alles in Herrn Tröhts Laden altmodisch zu sein, Interieur wie Besitzer. Es gab eine gigantische, mit allerlei Verzierungen geschmückte Registrierkasse, die wie aus Gusseisen gefertigt aussah und deren Kassenlade mit dem erschreckenden Geräusch eines schnappenden Krokodilkiefers aufsprang, und es gab eine runde Uhr mit einem Ziffernblatt aus weißem, zersprungenem Porzellan, die an der Wand hinter dem Verkaufstresen angebracht war und deren wunderbar verschnörkelte, metallene Stunden- und Minutenzeiger man passenderweise nie in Bewegung sah.

Herr Tröht selbst hatte einen so winzig kleinen Kopf, dass ich mir kaum vorstellen konnte, wie darin ein ausgewachsenes Gehirn enthalten sein sollte. Ich beschloss, dass dieser Kopf *irgendwann* größer gewesen sein musste, wohl in Herrn Tröhts unvorstellbar weit zurückliegender Jugend; mit dem Alter war er dann geschrumpft und runzlig geworden wie eine vergessene Kartoffel. Groß waren indes Herrn Tröhts Augen, allerdings nur dann, wenn er sich dazu entschloss, sie weit zu öffnen. Das kam aber eher selten vor – meist waren sie zu schmalen Schlitzen zusammengekniffen –, denn Herr Tröht war extrem kurzsichtig und trug eine Brille mit fingerdicken Gläsern, die er genauso oft zu reinigen schien wie die Fensterscheiben seines Ladens, also überhaupt nicht. Vermutlich weil er ohnehin so gut wie blind war, gab es in seinem Laden auch nur eine einzige, funzelige Glühbirne, die gerade genug Licht warf, um sich selbst zu beleuchten. Herr Tröht lebte, kurz gesagt, in einer Welt tiefer Dunkelheit. Doch wenn die Ladentür sich öffnete, wurde die Dunkelheit erhellt. Dann fiel, wie von einem magischen Blitzstrahl aus einem Zauberstab gesandt, Licht auf das Ziel meiner Sehnsucht: eine Reihe dickbauchiger, sich nach schräg oben öffnender und am Hals verengter Gläser, die direkt neben der Registrierkasse auf dem Tresen standen und in denen kleine, runde Bonbons in allen Regenbogenfarben angeboten wurden. Glass führte Dianne und mich manchmal in diesen Laden, nur um uns die bunten Bonbons zu zeigen oder daran riechen zu lassen – sie *rochen* auch wie ein Regenbogen, fand ich –, und nur in den seltensten Fällen kaufte sie dort ein, da Herr Tröht zu ihrem Bedauern kaum Fertigprodukte führte.

Herrn Tröht schien das nicht weiter zu stören. Er war eine Institution unter den Kleinen Leuten, von denen viele ihm auch nach der irgendwann durch den Supermarkt entstandenen Konkurrenz weiter die Treue hielten, und sei es nur, indem sie im Laden wenigstens ein Stück Butter, Zigaretten oder die Tageszeitung kauften. Vermutlich wäre es besser um Herrn Tröhts Einkünfte bestellt gewesen, wenn er Informationen anstelle von Lebensmitteln verkauft hätte, denn er kannte alle und jeden, so wie alle und jeder ihn kannte, und war immer zu einem Schwätzchen aufgelegt. Auf diesem Hintergrund wäre es ein Wunder gewesen, wenn er nie etwas über die amerikanische Dorfhure und ihre Hexenkinder gehört hätte. Doch ganz gleich, was er gehört hatte, hielt ihn das nie davon ab, mit Glass wie mit einer guten Freundin zu plaudern. Damals hätte ich Stein und Bein geschworen, dass es Herrn Tröhts Bonbons waren, die mich für ihn einnahmen. Heute glaube ich, dass es seine Eigenart war, anderen Menschen ohne jedes Vorurteil zu begegnen.

»Hab mehrere Kriege mitgemacht«, erklärte er Glass mehr als einmal, mit Worten so trocken, als wäre ihm Löschpapier um die alten Stimmbänder gewickelt worden. »Sie wollen Spaß? Haben Sie Spaß! Das Leben ist zu kurz, um es mit Kriegen zu vergeuden. Sie geben Liebe? Gut so, sage ich! Gibt zu wenig davon, zu wenig Liebe auf der Welt. Alle sollten Liebe machen, meine Meinung, die Meinung vom alten Tröht. Hab's am Herzen vor lauter Kriegen.« Das gesagt, rollten die riesigen Schlitzaugen in Diannes und meine Richtung. »Und ihr zwei kleinen Vögelchen, habt ihr eine gute Tat vollbracht?«

Ab und zu erhielten die beiden Vögelchen einen der begehrenswerten Bonbons. Diese bunten Kugeln waren unglaublich hart. Dianne und ich steckten im ersten Schuljahr, und in der ganzen Klasse waren Herrn Tröhts Bonbons ein Mythos. Manche Kinder behaupteten, er würde sie in einem exotischen Land in Asien extra herstellen lassen – zweifellos waren Herrn Tröhts zu Schlitzen verengte Augen hinter der dicken Brille die Quelle dieser Annahme –, und es hieß, dass die Bonbons nicht zerbrachen oder auch nur die Spur eines Kratzers zeigten, wenn man sie mit aller Wucht gegen eine Hausmauer oder auf den asphaltierten Gehsteig pfefferte. Was weder Dianne noch ich je taten, dazu waren uns die Bonbons zu kostbar. Für uns war völlig ausreichend, dass es aufgrund ihrer geradezu magischen Härte viele Stunden dauerte, bis man sie aufgelutscht hatte. Wir erhielten die Bonbons auch nicht ganz ohne Gegenleistung: Die Frage, ob die Vögelchen eine gute Tat vollbracht hatten, stellte Herr Tröht so regelmäßig, dass ich bald zu dem Schluss kam, er halte uns aus einem nur ihm bekannten Grund für Pfadfinder oder unsere Mutter für eine führende Repräsentantin der Heilsarmee. Und während ich anfangs noch antwortete, ich hätte ein Heupferdchen gefangen und es dann wieder freigelassen, ich hätte meiner Mum von einem Spaziergang einen Strauß Blumen mitgebracht, ich hätte in der Schule einen Kaugummi unter den Tisch geklebt, dann aber sofort wieder entfernt – während ich mir also vor jedem bevorstehenden Besuch des Ladens das Hirn verrenkte, um mit einer möglichst attraktiven guten Tat aufzuwarten und dafür eine entsprechend großzügige Belohnung einstreichen zu können –, gab Dianne immer dieselbe Antwort: »Ich habe mich beim Pipimachen auf die Toilette gesetzt.« Und immer erhielt sie darauf, ungerechterweise, dieselbe Anzahl an Bonbons wie ich.

So stellte ich fest, dass Herrn Tröht die Natur unserer guten Taten völlig gleich war. Kurzsichtig bis zur Blindheit, wie er nun einmal war, schien er seine Fragen lediglich zu stellen, um unsere Stimmen zu hören, denn unabhängig von den Antworten regnete es Bonbons, und er rief dabei: »Für die Liebe, für die Liebe auf der Welt!« Ich hätte mich zu gern auf seinen Schoß gesetzt, nur um ihm zu lauschen, um seine Stimme zu hören, wie er unsere hörte. Aber ich sah Herrn Tröht *niemals* sitzen, immer stand er hinter der Ladentheke; man hätte glauben können, er habe keinen Unterleib oder er sei bereits vor langer, langer Zeit mit dieser Theke verwachsen. Herr Tröht musste schon alt gewesen sein, bevor Glass auf die Welt kam, vielleicht war er schon alt gewesen, als er selbst geboren wurde. »Jedenfalls ist er mit Abstand der netteste alte Knacker, den diese Stadt je gesehen hat«, sagte Glass einmal. Diannes und meiner übereinstimmenden Ansicht nach war es das größte Kompliment, das wir unsere Mutter je für einen der Jenseitigen hatten aussprechen hören, auch wenn wir es nicht ganz passend fanden, weil wir statt Knacker *Kacker* verstanden hatten.

Wenn Herr Tröht nicht den Mangel an Liebe in der Welt beklagte, erzählte er vom Krieg. »Bie-dwen-diähts«, sagte er immer wieder, und ich begriff erst Jahre später, dass er B-28-Bomber damit meinte, »das waren die schlimmsten! Kamen aus Amerika, so wie ihr. Schacht auf, und es regnete Verderben, und wisst ihr, meine Vögelchen, wir hatten es verdient! Wir haben schlimme Dinge getan, schlimme Dinge im Krieg und lange davor, die kein Gott uns nie verzeihen kann! Am Herzen hab ich's vor lauter Kriegen.« Er schüttelte langsam den verknitterten Kopf. »Seid auch Amis, ihr Vögelchen, aber was soll's, was soll's, es gibt zu wenig Liebe auf der Welt.«

Wie bei allen Männern, so starrte ich auch bei Herrn Tröht auf die Hände. Sie waren abstoßend, hässlich – groß wie Schaufeln, mit dicken blauen Venen, die sich auf den Handrücken verzweigten wie ein Flussdelta. Außerdem hatte der alte Mann lange, knotige Finger. Diese Finger fischten wie Pinzettenklammern in den Bonbongläsern herum, weil Herr Tröht durch deren enge Hälse nicht anders an den Inhalt heranzukommen vermochte, auf den Dianne und ich aufgeregt warteten. »Und wie sagt das artige Kind?«, fragte er, nachdem er unsere gierigen kleinen Münder gestopft hatte, worauf Dianne und ich uns, nach einem leichten Schlag von Glass auf den Hinterkopf, höflich bedankten. Mein Dank ging sogar so weit, dass ich lange überlegte, ob ich Herrn Tröht, trotz seiner hässlichen Hände, irgendwann auf die Wange küssen sollte. Der Impuls war jedes Mal da, aber der Respekt vor einem Mann, der mehrere Kriege mitgemacht hatte – der mich womöglich nicht sah, wenn ich mich ihm mit gespitzten Lippen näherte, mich also möglicherweise für eine nahende Bie-dwen-diäht halten mochte, was sein Herz nicht ertragen würde –, hielt sich mit dem Impuls die Waage, und so blieb Herr Tröht von mir ungeküsst. Was ich aufrichtig bedauerte, als er eines Tages plötzlich einfach nicht mehr da war.

»Wo ist er?«, fragte ich Glass. Auf dem Heimweg von der Schule hatte ich in Tröhts Laden vorbeisehen wollen, in der Hoffnung auf einen Bonbon. Doch die Tür war verschlossen gewesen.

»Er war zu alt, um sein Geschäft weiterführen zu können. Seine Tochter hat ihn abgeholt. Herr Tröht wohnt jetzt in einem Altersheim.«

»Ist das weit weg?«

»Viel zu weit«, antwortete Glass.

»Weiter als der Mond?«

»Nichts ist weiter weg als der Mond, Darling.«

Es erstaunte mich, dass Herr Tröht eigene Kinder hatte, er hatte nie davon erzählt. Sein Laden blieb lange Zeit geschlossen. Monatelang drückte ich mir auf dem Heimweg von der Schule die Nase an den schmutzigen, kleinen Fensterscheiben platt, hinter denen nichts zu sehen war als ein paar gekappte, trostlos von der Decke herabbaumelnde Stromleitungen, die kaputte Wanduhr und leergeräumte Regale, die langsam unter einer dicken Staubschicht verschwanden. Die Registrierkasse war verschwunden. Schließlich wurde der Laden renoviert, die alten Fenster entfernt und durch neue, größere ersetzt. Ein Modegeschäft öffnete seine Pforten, und für mich war die Welt um einen Zauber ärmer. Ich fragte mich, wo die Gläser mit den Bonbons geblieben sein mochten, und kam verärgert zu dem Schluss, dass Herr Tröht sie ins Altersheim mitgenommen haben musste, wo die bunten Kugeln als Gegenleistung für gute Taten zwischen verwelkten Lippen und in zahnlosen Mündern verschwanden.

Ein langes, bonbonloses Jahr später stand eine gepflegte ältere Frau vor Visible. Sie stellte sich Glass als Fräulein Tröht vor, teilte sehr sachlich mit, ihr Herr Vater sei vor einer Woche friedlich entschlummert, und dann überreichte sie Glass drei große Gläser, die bis zu den Rändern mit harten Bonbons in allen Regenbogenfarben gefüllt waren.

»Ausdrücklich für die Kinder«, sagte Fräulein Tröht, »und Ihnen soll ich ausrichten, Sie sollen so weitermachen wie bisher. Wissen Sie, was er damit gemeint hat?«

Glass nickte.

»Friedlich entschlummert bedeutet«, erklärte sie, als Dianne und ich aus der Schule nach Hause kamen und mit den Schätzen überrascht wurden, »dass ihr um Herrn Tröht nicht trauern müsst. Er ist seinen Weg zu Ende gegangen, wie er ihn zurückgelegt hat, ruhig und mit einem Lächeln auf den Lippen.«

Nie wieder habe ich sie danach ähnlich sprechen hören.

»Ist er tot?«, fragte Dianne.

»Natürlich ist er tot«, schnaufte Glass.

»Und wird er beerdigt?«

»Selbstverständlich, Schätzchen. Jeder Mensch wird beerdigt, wenn er tot ist, das wisst ihr doch. So wie Terezas Vater.« Glass zog die Nase hoch, dann zeigte sie auf die verheißungsvoll glänzenden Gläser. »Aber Herr Tröht hat euch diese Bonbons hinterlassen. Die dürften reichen, bis ihr mindestens so alt seid, wie er es geworden ist.« Sie gab jedem von uns einen Klaps auf den Po. »So, und jetzt schreibt ihr seiner Tochter einen Brief und bedankt euch.«

Dianne und ich nickten gehorsam, verkrochen uns mit einer

Tagesration Bonbons in unser Zimmer und schrieben dem alten Fräulein Tröht in schönster, prallrunder Kinderschrift, sie müsse sich keine Gedanken machen, denn ihr Vater sei zwar jetzt fort, aber längst nicht so weit wie der Mond. Außerdem sei er der netteste alte Kacker gewesen, den die Stadt je gekannt habe, mit herzlichen Grüßen. Für einen Brief fanden Dianne und ich das schon unverhältnismäßig lang – wir brauchten eine halbe Stunde, bis wir die Sätze zusammengestoppelt hatten –, und so blieb Fräulein Tröht die Anmerkung erspart, dass sie uns die Bonbons auch mit der Post hätte schicken können. Wir fanden es wirklich großartig, dass sie den weiten Weg bis nach Visible zurückgelegt hatte, nach all der schrecklichen Plackerei, die sie nach dem Tod ihres Vaters mit drei Kartoffelsäcken und der Beerdigung in ihrem Garten gehabt haben musste.

»DEN HAB ICH noch gekannt. Und es stimmt, seine Bonbons waren Legende.« Nicholas klopft gegen das leere Glas. »Hast du irgendwo noch welche versteckt?«

»Alle aufgegessen. Schon vor Jahren.«

»So viele gute Taten?« Nicholas dreht das Bonbonglas langsam, sehr behutsam, zwischen den Händen, als wäre es aus dünnwandigem Kristall. »Tröht. An den Namen hätte ich mich nicht mehr erinnert. Na ja, meine Mutter mochte den Laden auch nicht besonders. War ihr zu dunkel und zu muffig.«

»Warum ging sie trotzdem hin?«

»Nur für Kleinigkeiten.« Er stellt das Glas ins Regal zurück. »Dass du dich an all diese alten Geschichten so gut erinnerst ...«

»Jeder hat solche Geschichten erlebt.«

»Ich nicht.«

Er geht an eines der Fenster und öffnet es weit. Kühle Luft

strömt in den Raum. Auf die Fensterbank gestützt schaut Nicholas nach draußen. Ich betrachte seinen Oberkörper, der dunkel ist vor dem trüben Gegenlicht, wie ein Gemälde eingefasst vom hellen Rahmen des Fensters, Schwarz auf Grau in Weiß. Der leicht nach vorn gebeugte Rücken, die schmalen Hüften, die zwei Handvoll fester Hintern, die langen Beine; all das ist so perfekt; seine schwarzen Haare, die im Nacken aufliegen und sich dort kringeln. Ich weiß nicht, warum mein Herz sich ausgerechnet an ihn gehängt, sich für sein Schweigen und seine irritierende Zurückhaltung entschieden hat. Ich möchte die Arme ausstrecken, um den Abstand zwischen uns zu verringern. Nicholas könnte sich jetzt, in diesem Augenblick, umdrehen und das Zimmer verlassen, weil er genug von mir hat, ohne ein weiteres Wort, ohne mich noch einmal anzusehen. Er könnte das Opfer einer ihn blitzartig überfallenden Amnesie werden, mich vergessen, noch ehe seine Hände sich wieder von der Fensterbank gelöst haben. Er könnte, wie seinerzeit Stella, aus dem Fenster stürzen – vielleicht ist es ebendieses Fenster, unter dem sie damals mit gebrochenem Genick und aus der Nase tropfendem Blut auf der Auffahrt lag, ich habe Glass nie danach gefragt. Er könnte …

»Hättest du Lust, mich zu besuchen. Bei mir zu Hause?« Nicholas dreht sich zu mir um und durchquert mit langen Schritten den Raum. »Ich möchte dir etwas zeigen.«

»Wann?«

»Wann immer du willst.«

»Wissen deine Eltern über uns Bescheid?«

»Nein.«

Er setzt sich auf meine Matratze, klopft mit der Hand auf den Platz neben sich, und als ich mich zu ihm setze, umfasst er mein Gesicht mit beiden Händen. Er berührt mich so behutsam, wie er zuvor das Bonbonglas berührt hat. Ich sehe in seine Augen, versuche deren Schwärze zu ergründen, aber da ist nichts, nur der Spiegel meiner Blindheit, und für den Moment ist mir dies genug.

Er küsst mich.

Ein Raum von vier mal neun

DIE BRENNNESSELN AM FUSS des Schlossturms können sich aus eigener Kraft kaum noch aufrecht halten. Sie stehen kreuz und quer gegeneinandergestützt wie die Lanzen müder, abgekämpfter Soldaten. Kat und ich tragen Mäntel, es ist empfindlich kalt. Wind zaust uns in die Haare und rötet uns Stirn und Wangen. Der Oktober geht bald zu Ende, es ist eine der letzten Gelegenheiten für Besucher, vor der Winterpause den Schlossturm noch einmal zu betreten. Die vergangenen Tage waren stürmisch. Die Kronen der Bäume sind fast völlig kahl, wir blicken auf sie herab wie auf eine dunkle, rauschende See aus tausend aufgespannten, löchrigen Regenschirmen. Aus den Hügeln wälzt sich ein breites Nebelband über die Stadt. Ich denke an eine gewaltige Rolle von grauem, fein gekörntem Geschenkpapier, das eine Riesenhand abgewickelt hat, um Spielzeughäuser darin zu verpacken.

»Und, nimmst du dein Urteil zurück?«

»Welches?«

»Dass er oberflächlich ist.«

Kat zieht die Nase hoch. »Wenn er irgendwann ein bisschen mehr von sich rauslässt, dann vielleicht.«

»Weiße Flecken?«

»Hektarweise, schätze ich.«

Ich schaue auf den Fluss, der sich unten in der Talsenke im nebligen Nichts verliert, matt und zähflüssig.

»Er lässt sich nicht so drängeln wie ich.«

»Das steigert nur den Reiz.« Kat greift in ihre Manteltasche und zieht etwas daraus hervor. Es ist ein aus rotem Papier gefalteter kleiner Flieger. »Warst du schon bei ihm zu Hause?«

»Nein. Aber er hat gefragt, ob ich ihn nicht mal besuchen will.«

»Und?«

»Seine Eltern haben keine Ahnung. Ich hab keine Lust, ihnen was vorzuspielen.«

»Vielleicht merkst du, dass es besser ist, ihnen was vorzuspielen, nachdem du sie kennengelernt hast.«

»Sie wohnen am Fuchspass.« Ich zeige nach rechts, wo sich ein hoher Hügel aus dem Nebelmeer erhebt, an den sich eine einzige langgestreckte Reihe von Häusern schmiegt. »Ich dachte immer, die High Society wäre so dekadent, dass ein Schwuler in der Familie nichts ausmacht.«

»Reichtum erzeugt nicht automatisch Toleranz.«

»Macht aber jede Art von Leiden erträglicher.«

»Sagt wer?«

»Sage ich.«

»Ach ja?« Kat lacht leise. »Dann werde ich hoffentlich nie leiden müssen. Auf meinem Konto herrscht nämlich Ebbe.«

Der Papierflieger zischt mit einem eleganten Schlenker über die Turmzinnen hinweg, segelt ein Stück geradeaus, dann trudelt er nach unten, wird immer kleiner, bis seine Umrisse sich zwischen den Baumkronen verlieren und der Nebel sein Rot verschluckt.

AM FUCHSPASS SIND die Grundstücke größer, die Häuser prächtiger, die Gärten üppiger und die Zäune höher als in jedem anderen Teil der Stadt. Der durch nichts behinderte Ausblick ins Tal, der sich von hier oben bietet, ist grandios. Die Stadt ist ein Meer aus ziegelroten Häuserdächern, Visible ein von winzigen Zinnen gekrönter Klecks am anderen Ende der Welt. Ich war bislang nur einmal hier, an einem sommerhellen Tag, als kleiner Knirps, der seine Welt und ihre engen Grenzen mit dem Fahrrad erkundete. Falls Gott je beschließen sollte, sein Quartier unter den Kleinen Leuten aufzuschlagen, dann würde er, so hatte ich damals entschieden, dafür den Fuchspass wählen. Vor den Augen des kleinen Jungen hatte der Himmel sich wie ein Baldachin aus tiefblauer Seide über das Land gespannt. Heute ist er trist und grau. Ich entdecke die Hausnummer, die Nicholas mir genannt hat, an einer geschlossenen Garage. Rechts davon führt eine gewundene, von geduckten Sträuchern flankierte Treppe aus schwarzen Basaltstufen nach oben. Es gibt einen Briefkasten und eine Box für die Zeitung.

Das Haus selbst, ein verschachtelter, nach hinten abfallender Bau aus schneeweißen Backsteinen, scheint unmittelbar aus dem Hang herauszuwachsen. Darüber herrschen, bis hinauf zum breiten Kamm des Hügels, nur noch wilde Vegetation und dichter Baumbestand. Ich frage mich, wie eine dreiköpfige Familie dieses irrsinnig große Haus ausfüllen kann. Visible ist größer, aber dort bewohnen wir nur einen Bruchteil der Zimmer; in einige von ihnen hat Glass, aus Furcht vor der Entdeckung möglicher Schäden an den Decken, Wänden oder irgendwelchen Leitungen, seit Jahren nicht hineingeschaut.

Nicholas öffnet auf mein Klingeln. Mir springt sofort ins Auge, dass er ein dunkelblaues Hemd trägt. Er trägt sonst nie Hemden, nur T-Shirts oder Pullis. Vielleicht gelten hier oben unter den Reichen andere Kleidervorschriften. Er lächelt, macht einen Schritt vor die Tür und lässt sie hinter sich ins Schloss fallen. Ohne sich mit einer Begrüßung aufzuhalten, fasst er mich beim Arm und zieht mich hinter sich her.

»Komm mit. Hier entlang.«

Ich stolpere ihm nach. Mattes Gras versprüht Feuchtigkeit unter meinen Schritten, gestern hat es geregnet. Zwischen Inseln aus Sträuchern und Blumenbeeten, von denen die meisten zum Schutz vor dem ersten Frost bereits mit Rindenmulch und Tannenzweigen abgedeckt sind, geht es über einen sorgfältig gestutzten, großen Rasen um das Haus herum.

»Wo gehen wir hin?«, frage ich.

»Ich stell dir meine Mutter vor.«

»Und wo ist dein Vater?«

»Im Ausland, geschäftlich.«

»Hat er da öfter zu tun?«

»So oft wie möglich. Und öfter als hier.«

Seine Mutter ist sehr schlank. Ihre Haare sind schwarz, wie die von Nicholas. Sie trägt ein enggeschnittenes Kleid aus lindgrünem Stoff und eine Kette aus winzigen silberweißen Perlen. Ihr Blick ist in sich gekehrt und verhangen. Ihr Mund öffnet und schließt sich, ohne dass ein Laut zu hören ist. Sie redet mit sich selbst und geht dabei langsam auf und ab, sechs Schritte hin, sechs Schritte zurück, auf und ab, hin und zurück. Nicholas und ich stehen hinter einer Buchsbaumhecke. Ich starre durch ein riesiges, bis auf den Boden reichendes Fenster auf dieses unglückliche, mechanische Spielzeug hinter Glas. Ich will nicht hinsehen, weil der Vorgang mich so peinlich berührt. Aber ich kann die Augen nicht davon abwenden. »Das ist nicht ganz die Art von Vorstellung, an die ich gedacht hatte«, flüstere ich.

Nicholas zuckt gleichgültig die Achseln. »Es ist die Grenze, bis zu der man sich ihr gefahrlos nähern kann.« Er macht sich nicht die Mühe, seine Stimme zu senken. »Das gilt auch für mich.«

»Das klingt sehr grausam.«

Er sieht mich nicht an. Sein Blick hängt wie gebannt an dem Schauspiel hinter dem Fenster. Er nickt sacht mit dem Kopf, auf und ab, im Takt der Schritte seiner Mutter.

»Nimmt dein Vater sie nie mit, wenn er ins Ausland reist?«

»Die beiden hassen sich. Eines Tages werden sie sich gegenseitig umbringen.«

»Würdest du dich dann besser fühlen?«

Jetzt wirft er mir einen Blick von der Seite zu, mit gerunzelter Stirn. »Du stellst merkwürdige Fragen, Phil. Komm, gehen wir weiter.«

Wieder stolpere ich ihm nach. Etwas in mir ringt nach Luft. Ich werde ihn nie fragen können, warum er seine Eltern so verabscheut. Ich werde nie andere als ausweichende Antworten von ihm erhalten. Seine Mutter und ich mögen uns auf verschiedenen Seiten dieses Fensters aufhalten, doch Nicholas befindet sich für beide von uns hinter Glas.

Über in den Rasen eingelassene Steinplatten umrunden wir das Haus und passieren mehrere mit schmiedeeisernen Gittern gesicherte Fenster. Auf einer großzügigen Terrasse stehen einige Gartenmöbel aus schwerem, wetterfestem Holz. Ein Vogelbad aus hellem Marmor, in dem der gestrige Regen Wasser hinterlassen hat, wartet auf Besucher. Hinter der Terrasse befindet sich ein einstöckiger Anbau – zwei Fenster, eine Tür –, der früher als eine Art Geräteschuppen gedient haben könnte. Jetzt wird er von Nicholas bewohnt. Er zieht einen Schlüssel aus der Hosentasche, schließt auf und tritt beiseite.

»Bitte.«

Ich weiß nicht genau, was ich erwartet habe. Poster und Fotografien an den Wänden, irgendwelche Wimpel. Oder Medaillen, Pokale und Abzeichen, aus zahlreichen Wettkämpfen mit nach Hause gebracht, aufgehängt oder für jeden sichtbar in Regale gestellt.

Nichts davon.

Ich bin irritiert, weil der Raum sofort ein Gefühl von Vertrautheit in mir weckt. Die Wände sind weiß, und doch scheinen sie das Licht nicht zu reflektieren, das durch die beiden Fenster fällt. Es wirkt, als würde der Raum aus sich selbst heraus leuchten, gespeist aus einer unsichtbaren Quelle, und dieses Leuchten *nach draußen* schicken. Es gibt ein einziges, halbhohes Regal. Unter einem der Fenster befindet sich ein kleiner Schreibtisch, darauf steht eine flache elektrische Schreibmaschine. Überall häufen sich Zettel und Papiere, Notizblöcke, Kladden und verschiedenfarbige Stifte. Im Zentrum des Raums, von allen Seiten zugänglich, stehen, wie die stützenden Träger eines Tempeldaches, vier in offene Fächer unterteilte Vitrinen.

Und plötzlich weiß ich, woran dieses Zimmer mich erinnert: an den alten Keller der Schule, den ich mit Wolf erforscht habe. Unvermittelt fühle ich mich rückwärts durch die Zeit katapultiert und sehe das verstaubte Sammelsurium von Ausgedientem, von Vergessenem und Überflüssigem vor mir: die zerfledderten Bücher und Atlanten, die gläsernen Behältnisse mit den sezierten Ratten und Fröschen, die ausgestopften Tiere, deren glänzende, tote Knopfaugen mich bis in meine Träume verfolgten. Hier herrscht, bei aller das Zimmer erfüllenden Helligkeit, trotz der Abwesenheit von Staub und Moder, eine ähnliche Atmosphäre. Über allem liegt die gleiche Aura von Vergessenheit. Sie geht von den seltsamen Gegenständen im Regal und vom Inhalt der vier Vitrinen aus.

»Das ist nicht dein richtiges Zimmer, oder?«, frage ich Nicholas.

»Nein. Aber ich halte mich fast ausschließlich hier auf.«

»Was ist es?«

»Mein Museum.« Er lacht leise, fast verlegen. »So hab ich es jedenfalls genannt, als ich damit angefangen habe, all diese Dinge zu sammeln.«

»Wann war das?«

»Als ich neun oder zehn war. Viele Sachen habe ich aus dem Internat nach Hause geschickt.«

Seit er mich in das Zimmer gewinkt hat, hat Nicholas sich nicht von der Stelle gerührt. Er hat die Tür hinter sich geschlossen und verfolgt jede meiner Bewegungen. Ich gehe vor einer der Vitrinen in die Hocke, betrachte den Inhalt der Fächer, stehe wieder auf und begutachte das Regal.

»Waren deine Eltern schon mal hier?«

»Die interessiert das nicht. Mein Vater hält es für Kinderspielereien, meine Mutter für einen Tick. Ich schätze, sie fürchtet um meine geistige Gesundheit.« Nicholas verzieht den Mund. »Wahrscheinlich seit sie festgestellt hat, wie schnell die einem abhandenkommen kann.«

»Und was machst du mit den Sachen? Siehst du sie dir jeden Tag an, oder was? Wie jemand, der Briefmarken sammelt?«

»Ich denke mir Geschichten dazu aus.«

»Geschichten? Zu so etwas?«

Ein ganzes Regalbrett ist förmlich überschwemmt von unzähligen Knöpfen in allen Farben und Größen, die aussehen wie vom Meer an den Strand gespülte Muscheln. Es gibt eine ganze Armee von Schlüsseln in allen Formen und Größen und Legierungen, Dutzende von Kämmen aus Schildpatt, Metall oder Plastik, die

Zinken gesäubert, teils abgebrochen, und eine riesige Sammlung von Schreibgeräten: Wachsmalkreiden, Bleistifte, Buntstifte, Kugelschreiber. Ich entdecke mindestens fünf Füllfederhalter darunter – keine Billigausgaben, wie sie von Schülern benutzt werden, sondern Stücke, denen man ansieht, dass sie sehr teuer waren. Zwei von ihnen sind vergoldet.

Nicholas greift nach einem der vergoldeten Füller. »Es beginnt damit, dass du dich fragst, was für ein Mensch das ist, der einen solchen Federhalter benutzt. Hat er ihn selbst gekauft? Ist der Füller ein Geschenk oder vielleicht ein Erbstück? Hat sein Besitzer ihn gestohlen? Warum ist er golden und nicht silbern, und wann und warum ist hier«, er zeigt auf eine winzige, zersplitterte Stelle auf der Schutzkappe, »der Lack abgesprungen?«

Seine Begeisterung ist verhalten, eher spürbar als sichtbar. Ich könnte ihn am Boden zerstören, wenn ich jetzt lachte oder mich amüsiert zeigte.

Nicholas deutet auf die vier Vitrinen. Jede von ihnen hat neun Fächer. Jedes der Fächer beherbergt einen einzelnen Gegenstand. Sechsunddreißig Fächer, drei Dutzend daran geknüpfte Geschichten. »Wirklich interessant sind aber nur die Einzelstücke«, erklärt er. »Ich weiß, dass ein Knopf unter Umständen spannendere Geschichten erzählt als so etwas«, seine Finger gleiten über ein kleines, verblichen blaues und rotes Schiffchen, einen Minidampfer aus Plastik, »aber das Alltägliche bietet einfach weniger Reiz.«

»Es gibt Leute, die würden dir da widersprechen.«

»Und du?«

»Man muss das nicht so verbissen sehen, oder?«

Ich betrachte das Plastikschiffchen und frage mich, ob Nicholas alte Gegenstände gegen neue, interessantere eintauscht und was er dann mit den älteren Stücken macht. Vielleicht gar nichts. Vielleicht besorgt er sich einfach eine neue Vitrine. Da ist eine mattschwarze, alte Schallplatte aus Schellack, auf die drei kleine Kreuze geritzt sind. Ein einzelner Rollschuh, verkratzt und stark angerostet, mit rissigen roten Lederriemen. Ein kleines Bild in einem schlichten Rahmen, das einen Schmetterling mit bunten, irisierenden Flügeln zeigt. Eine wunderschöne Taschenuhr mit goldener Kette, deren Deckel fehlt. Ihr Ziffernblatt besteht aus weißer, mit haarfeinen Pinselstrichen bemalter Emaille, ein einziger dünner, sonderbar gewundener Zeiger steht auf halb eins. Eine honigbraune Hornbrille mit dicken Gläsern, an der ein irgendwann abgebrochener Bügel mit Heftpflaster befestigt wurde. Ein kleines, aufgeklapptes Taschenmesser, drei unterschiedlich lange Klingen, mit perlmuttfarbenem Griff. Ein roter Schal aus feiner, weicher Wolle, der aussieht wie frisch gewaschen. Ein schweres silbernes Feuerzeug, auf der Hülle ein ziseliertes, vom Gebrauch verwischtes Monogramm, das sich nicht mehr entziffern lässt.

Ich gehe erneut in die Hocke. Im untersten Fach der zweiten Vitrine steht ein Kästchen aus schwerem, nussbraunem Holz, etwa halb so groß wie ein Schuhkarton. In den Klappdeckel sind winzige Intarsien aus Elfenbein gearbeitet.

»Wer verliert so ein Kästchen?«, sage ich zu Nicholas. »Es ist ziemlich groß.«

»Weiß nicht.«

»War es leer, als du es gefunden hast, oder ist noch was drin? Gibt es eine Geschichte dazu?«

»Natürlich.«

Mein Blick wandert zu der Schreibmaschine. »Hast du die Geschichten im Kopf, oder schreibst du sie auf?«

»Die meisten schreibe ich auf.«

Zum zweiten Mal lässt er mir gegenüber seine Unsicherheit zu. Es ist nicht mehr als ein kaum wahrnehmbares Verengen der Augen, das rasche Abstreifen einer leicht verschwitzten Hand an seinen Jeans. »Du findest das nicht … verrückt, oder?«

»Na ja, es gibt bestimmt weniger exotische Hobbys.« Es gibt auch weniger unheimliche Hobbys. Die Gegenstände in den Vitrinen machen mich nervös, und ich weiß nicht, warum. Es ist fast so, als würden sie dazu auffordern – befehlen –, dass man sie berührt. »Aber wie bist du auf die Idee dazu gekommen?«

»Aus Mitleid.«

»Mitleid mit ein paar Sachen?«

Nicholas zuckt die Achseln. »Erinnerst du dich, wie Händel neulich sagte, wer die Schönheit dessen ermessen wolle, was der Mensch erschaffen hat, müsse nach oben sehen? Dass alles Schöne in die Höhe strebe, weil es auf diese Weise Gott am nächsten sei«, er grinst, »auch wenn Händel persönlich das nicht passt?«

»Klar. Kathedralen, die Pyramiden und die Spitzen von Wolkenkratzern, die Kronen von Königen und Päpsten und all so was.«

»Also, ich hab darüber nachgedacht«, sagt Nicholas. »Händel hat Recht. Was ich finde, ist Verlorenes oder Fortgeworfenes. Alles weit entfernt von Gott, wenn man so will. Es gibt Psychologen, die behaupten, dass man nichts unbeabsichtigt verliert, zumindest nicht unterbewusst. Auf die eine oder andere Art ist also alles, was du hier siehst, ein Sinnbild von Missachtung. Dinge, die nicht mehr gewollt wurden, aus welchen Gründen auch immer.«

»Aber das hast du nicht gewusst oder gedacht, als du mit dem Sammeln angefangen hast.«

Nicholas schüttelt den Kopf.

»Und was du dir zu den Dingen ausdenkst …«

»Sind nur irgendwelche Geschichten.«

Ich sehe ihn intensiv an. Er kann unmöglich annehmen, dass ich ihm das glaube. »Zeigst du mir eine?«

»Welche?«

Ich greife aufs Geratewohl in eines der Fächer und ziehe die hübsche Taschenuhr mit dem fehlenden Deckel hervor.

»Wie wäre es hiermit?«

Die Uhr wiegt schwerer in meiner Hand, als ich angenommen hätte. Aber sie versprüht keine Funken, und sie erwacht auch nicht auf magische Weise zwischen meinen Fingern zum Leben. Verwundert hätte mich das nicht. Inzwischen fühle ich mich, wie Hänsel und Gretel sich im tiefen dunklen Wald gefühlt haben müssen, als sie entdeckten, dass ihre Spur aus Brotkrümeln verschwunden war.

»Funktioniert sie noch?«, frage ich Nicholas. »Kann man sie aufziehen?«

»Das gehört schon zur Geschichte. Warte.«

Er wühlt zwischen den Papieren auf dem Schreibtisch, zieht drei Blätter daraus hervor und gibt sie mir. Ich fühle seine Augen auf mir ruhen, als ich zu lesen beginne.

VITRINE 2
4. FACH VON OBEN
VOM UHRMACHER, DER SICH IN DER ZEIT VERLOR

In einem großen Königreich lebte einst ein Uhrmacher. Der König hatte das Land schon regiert, seit Menschen sich erinnern konnten, und er würde es auch dann noch regieren, wenn die Welt keine Menschen mehr brauchte. Daher befahl der Regent

dem Uhrmacher, ihm eine Uhr zu fertigen – eine Taschenuhr, mit deren Hilfe man die Ewigkeit messen konnte.

Da saß der Uhrmacher also vor seiner Werkbank, auf der Viertelrohr und Zeigerwelle, Ankerrad und Federhausbrücke, Zentralsekunde und Lagersteine, Unruh und Minutentrieb sich mit Bauteilen zum Messen der Ewigkeit, die noch niemand benannt hatte, ein glänzendes Stelldichein gaben, und seine geschickten Finger fügten ein jedes Teil zum anderen. Viele Tage und Nächte arbeitete er ohne Unterlass, dann war das Werk vollbracht. Es schimmerte und tickte, und der Uhrmacher war es zufrieden. Es blieb ihm nur noch, einen gläsernen Deckel am Uhrenkörper zu befestigen, doch jetzt war der Uhrmacher müde, die Augen fielen ihm zu vor Erschöpfung, und so schlief er ein.

Als er erwachte, fand er sich auf einer weißen, spiegelglatten Fläche wieder, die sich, so weit das Auge zu blicken vermochte, in alle Richtungen erstreckte. Und wie man im Traum weiß, dass man sich an einem Ort befindet, der unmöglich existieren kann, und diesen Ort dennoch fraglos akzeptiert, so wunderte sich auch der Uhrmacher nicht darüber, dass es das emaillene Ziffernblatt der Taschenuhr war, auf das es ihn verschlagen hatte. Sieh, da drehte sich ihm auch schon ein Zeiger entgegen, ein einzelner, schwarzer Zeiger, der in seinem ganz eigenen Takt tickte und sich schnell von der Stelle bewegte.

Und wie jeder Traum die ihm innewohnende Notwendigkeit dem Schlafenden vermittelt, so wusste auch der Uhrmacher, was seine Aufgabe war: dem Zeiger zu folgen. Nur wenn er den Zeiger einholte und sich rittlings auf ihn schwang, würde er in Eintracht mit der Zeit leben.

Schon setzte der Uhrmacher sich in Bewegung. Doch kaum hatte er die ersten Schritte getan, da überfiel ihn ein tiefer

Schrecken: Es war ihm ja ganz unmöglich, seine eigene Position im Verhältnis zu der des Zeigers auszumachen! Denn ob er selbst sich vor oder hinter dem Zeiger aufhielt, war weniger eine Frage des räumlichen Abstandes als eine der zeitlichen Definition. Befand sich der Zeiger dicht hinter dem Uhrmacher, so mochte der Uhrmacher einen zeitlichen Rückstand von einer oder mehreren Runden haben, und der Zeiger, den es einzuholen galt, befand sich in Wirklichkeit *vor ihm*. Lag jedoch der Vorsprung beim Uhrmacher, so mochte der den Zeiger geradewegs vor sich sehen und wusste doch, dass jetzt der Zeiger den Vorsprung wettzumachen hatte, sich also *hinter ihm* befand.

All das war höchst verwirrend. Auch hatte der Uhrmacher, da der Zeiger sich in steter, zur Verfolgung oder zum Davonlaufen mahnenden Bewegung befand, weder Rast noch Ruhe, über dieses Problem nachzudenken, denn er befand sich in ständiger Eile. Und wie um ihn zu verspotten, schwang nun auch noch der Zeiger herum und kam ihm entgegen, so dass selbst der Uhrzeigersinn jetzt gar keinen Sinn mehr machte.

So blieb dem Uhrmacher nichts anderes, als weiter und weiter über das Ziffernblatt zu hetzen, mal in diese und mal in jene Richtung und dann wieder im Kreise, ganz wie ein aufgescheuchtes Kaninchen auf der Flucht vor dem Fuchs. Die geringste Bewegung, so überlegte der Uhrmacher irgendwann, als Erschöpfung und Schwindelgefühl kaum noch zu ertragen waren, müsse wohl im Zentrum des Ziffernblattes herrschen, auf der Achse des unerbittlich rotierenden Zeigers. Ja, nach dort wollte er sich gleich auf den Weg machen, dort wollte er ausruhen.

Wie überrascht war der Uhrmacher, als er sein Ziel erreichte und dort, auf der Achse des Zeigers, ein kleines, noch dazu beschriebenes Stück Papier fand! Fünf Worte waren es, die darauf standen, fünf Worte, zusammengestellt aus so winzigen Buchstaben, dass man sich kaum vorstellen konnte, wo auf der Welt es eine so dünne Feder geben sollte, sie damit zu schreiben. Nun, mochte es nicht sein, dass der Verfasser der Worte keine Feder, sondern ein Haar zum Schreiben benutzt hatte? Doch dann wiederum: Gab es ein Lebewesen mit solch feinen, dünnen Haaren?

SO HABEN WIR NICHT GEWETTET

las der Uhrmacher mit zusammengekniffenen Augen.

Kaum aber war der letzte Buchstabe entziffert und die fünf Worte gelesen, da stellte der Mechanismus der Uhr seine Arbeit ein. Der Zeiger blieb stehen, und der Uhrmacher fühlte sich von einem heftigen Wind ergriffen und davongerissen, als der letzte Bruchteil der letzten verstreichenden Sekunde ihn verschluckte. Keiner weiß, was aus ihm wurde, denn er verschwand für immer in der Zeit und ward nicht mehr gesehen.

Der König des Reiches aber wartete vergebens auf die Erfüllung seines Willens.

Nicholas lächelt, als ich ihm die Blätter zurückgebe, vermutlich, weil es mir selbst jetzt noch nicht gelingt, die Falten zu vertreiben, die sich während des Lesens in meine Stirn geschlichen haben. »Das ist gut«, sage ich zögernd. »Ich meine, es ist gut geschrieben, aber … also, ehrlich gesagt, verstehe ich kein Wort davon.«

»Es gibt auch nichts zu verstehen.«

Er legt die Blätter auf den Stapel von Papieren zurück, der sich auf dem Schreibtisch erhebt.

»Sind die anderen Geschichten auch so …?« Ich will *kompliziert* sagen, verkneife es mir aber, obwohl es sicher nicht mehr darauf ankommt. Ich muss längst den Eindruck eines Idioten hinterlassen haben.

»Du hast die abstrakteste von allen erwischt. Die meisten sind eher abgefasst wie Märchen oder so etwas.«

»Tut mir leid, wenn ...«

Nicholas winkt ab. Auf seine knappe Handbewegung hin scheint das Licht im Raum sich zu verringern, als hätte eine Wolke sich vor die Sonne geschoben. Er lässt mich nicht aus den Augen, während er langsam sein Hemd aufknöpft. Ich verfolge die Bewegungen seiner abwärtsgleitenden Hände.

So vergeht der Herbst. Nicholas behält seinen Job in der Bücherei weit über Frau Hebelers Urlaub hinaus, nachdem er der Stadtverwaltung angeboten hat, an zwei Nachmittagen in der Woche die Bibliotheksbestände neu zu sortieren und zu katalogisieren. Das ist nur ein Teil der Zeit, die uns verlorengeht. Noch mehr Zeit widmet Nicholas dem Laufen, auf dem menschenleeren Sportplatz oder indem er querfeldein irgendwelchen Feldwegen folgt. Ich würde ihn gern öfter treffen.

Eines Tages fährt er mit einem roten Sportwagen in Visible vor, Leihgabe seines Vaters. Er winkt und öffnet mir die Beifahrertür, ich springe lachend hinein, klappe das Verdeck zurück, und Nicholas grinst und zündet sich eine Zigarette an, die erste und einzige, die ich ihn je rauchen sehe. Wir holen Kat zu Hause ab, lassen die Stadt hinter uns und brausen über abgelegene Landstraßen durch den späten Herbst, der sich in flammendes Orange und himmelndes Blau auflöst. Es ist einer dieser Tage, an denen die Welt wie zum letzten Mal tief und warm durchatmet, bevor sie sich resigniert dem Winter überlässt. Wir legen ungezählte Kilometer zurück, sattes Motorendröhnen füllt die Luft, das Radio plärrt, die Räder sirren auf dem Asphalt. Kat trägt ein buntes, im Fahrtwind flatterndes Kopftuch und eine viel zu große Sonnenbrille. Abwechselnd umarmt sie Nicholas und mich von hinten, und ständig lacht sie und kreischt, besonders dann, wenn Nicholas auf gerader Strecke seine Hände vom Lenkrad nimmt. Im Rückspiegel oder wenn wir uns zu ihr umdrehen, sehen wir ihre auseinanderstrebenden Schneidezähne, so dass wir, als wir abends zu Hause ankommen, in den Ohren ein einziges Rauschen, den hellen, betrunkenen, erschöpften Tag zum *Tag der Zahnlücke* erklären.

In der Schule achtet Nicholas darauf, Kat und mir nicht mehr Zeit zu widmen als seinen zahlreichen Bewunderern. Sind wir zu dritt und unbeobachtet, schenkt er Kat ebenso viel Beachtung und Aufmerksamkeit wie mir. Es ist, als würde er jedes Mal, wenn er sich mit uns unterhält, wenn wir miteinander lachen oder reden über Gott und die Welt, in seinem Inneren eine Lochkarte stanzen, die er ständig überprüft, um auch jedem von uns gerecht zu werden. Nicholas und Kat verstehen sich glänzend. Er berührt mich nur, wenn wir zu zweit sind. Inzwischen ist es zu einer fixen Idee geworden, ihn vor allen Leuten zu umarmen und zu küssen.

Tereza und Pascal fahren gemeinsam für ein paar Wochen nach Holland. Für einen Sommerurlaub hatte Tereza keine Zeit, jetzt wird das verlorene Vergnügen nachgeholt. Sie schickt uns eine Postkarte von der Küste, wo sie und Pascal in einer gemütlichen kleinen Pension untergeschlüpft sind. Zwischen Herbst und Winter unternehmen sie lange Spaziergänge an verwaisten Sandstränden, trotzen eiskaltem Regen, Stürmen und Küstennebel. *Wir essen gut, und Pascal wird fett,* schreibt Tereza. *Ich werde sie einrahmen und als dreidimensionales Gesamtkunstwerk à la Rubens verkaufen.*

Michael ist jetzt so häufig zu Gast in Visible, dass mir seine Anwesenheit nicht mehr auffällt, während seine Abwesenheit mich fast nervös macht. Der Rechtsstreit, in den er verwickelt war, wird zu seinen Gunsten entschieden. Immer wieder spricht Michael davon, wie sehr die Architektur Visibles ihn beeindruckt – wenn es sein Haus wäre, würde er keinen Deut daran verändern. Bei langen Erkundungsgängen entdeckt er Ecken und Winkel, die selbst mir bisher verborgen geblieben waren, und er freut sich wie ein kleiner Junge, als Glass ihn eines Tages mit den Entwurfszeichnungen für das Haus überrascht, die sie nach einer stundenlangen staubigen Suchaktion im Keller in einem der Millionen dort gestapelter Kartons gefunden hat. Ich finde es kaum nachvollziehbar, wie sehr Michael Visible liebt, und warte gespannt auf den Winter, wenn Glass ihn tonnenweise Holz hacken lassen wird, um die zugigen Mauern zu beheizen. Ich mag seine ruhige, bedachte Art. Er spielt leidenschaftlich gern Schach und versucht mich dafür zu begeistern. Mir gefallen die handgeschnitzten, strengen Schachfiguren, das symmetrische Gegeneinander von Schwarz und Weiß, aber das Spiel selbst ist mir zu hoch. Ich bin unfähig, weiter als zwei Züge vorauszudenken, und wir geben den Versuch rasch auf, mehr zu Michaels Bedauern als zu meinem.

Glass blüht unter dem seltsamen Zauber, von dem ich noch immer glaube, dass Michael ihn auf sie ausübt, zusehends auf. Es ist ein stilles, leuchtendes Blühen, man kann es wahrnehmen, wenn man sie nur aus dem Augenwinkel heraus sieht oder wenn man den Blick auf sie richtet, ohne ihn scharf zu fokussieren. Sie ist glücklich. Manchmal läuft sie leise summend durch das Haus und vollführt dabei unerwartet ein, zwei kleine Tanzschritte. Dann wieder sitzt sie, an einem der wenigen Abende, die sie jetzt noch ohne Michael verbringt, in eine Wolldecke gewickelt auf der viel zu kalten Veranda und lächelt scheinbar grundlos in die Weltgeschichte. Die nervöse, sich in Rastlosigkeit oder hektischem Geplapper ausdrückende Energie, die sie begleitet hat, seit ich mich erinnern kann, fällt von Tag zu Tag mehr von ihr ab. Für ihre Kundinnen, an die ich nie denke, ohne zugleich Gables schreckliche Narbe vor mir zu sehen, hat Glass immer seltener Zeit. Die arme Rosella mit ihrem abgebrochenen Ohr und dem schrägen Grinsen setzt eine immer dicker werdende Staubschicht an. Der Regentag, auf den Glass jahrelang gespart hat, scheint in weite Ferne gerückt.

Dianne signalisiere ich oft genug, dass ich bereit bin, mit ihr zu reden, wenn ihr danach ist. Sie macht keinen Gebrauch davon. Ich tröste mich mit dem Gedanken, dass sie selbst sich auch nicht für meine Belange interessiert. Einmal sehe ich durch die zufällig offen stehende Tür in ihr Zimmer, wo sie auf dem Bett sitzt. Ihr Rücken ist durchgedrückt und kerzengerade. Sie bewegt ihre Hände umeinander, auf dieselbe Art, wie ich es in jener Vollmondnacht auf dem Polizeirevier beobachtet habe. Dort dachte ich an Flammen, die einander umtanzen. Jetzt sieht es so aus, als bewegten sich die Hände und die Finger, um einen unsichtbaren Kokon um Diannes Körper zu spinnen, unendlich langsam, als wäre sie ein Tier, das bereits seine Stoffwechselvorgänge reduziert hat, um sich auf das Überwintern vorzubereiten.

Nach wie vor unternimmt Dianne, auch bei Wind und Wetter, ihre endlosen, sie sonst wohin führenden Spaziergänge, und sie trifft sich auch weiterhin mit Kora. In der Schule sehe ich sie auf dem Pausenhof mit anderen Mädchen lachen, vielleicht ist das Koras Einfluss zu verdanken. Vielleicht fährt Dianne auch noch immer ab und zu mit dem Bus, irgendwohin, vielleicht schreibt sie weiterhin Briefe an Zephyr, ein Name, der für mich immer mehr verblasst, so wie die Tinte auf den an ihn gerichteten Briefen, und vielleicht ist das alles, was sie zum Glücklichsein braucht.

Zwischen Glass und ihr herrscht nach wie vor Funkstille. Wenn die beiden aufeinandertreffen, beschränken sie sich auf den Austausch höflicher Floskeln und Unverbindlichkeiten. Keine von ihnen scheint bereit, auch nur einen Zentimeter an Boden nachzugeben. Es ist ein Zustand, den ich seit Jahren kenne. Jetzt beginne ich mich daran zu gewöhnen.

Und dann Nicholas, immer wieder Nicholas ... Wenn wir miteinander allein sind, im Haus von Terezas Vater oder in Visible, nie wieder in seinem Museum, erzähle ich ihm von Stella und Glass und Dianne, von Tereza und Pascal, was ihn irgendwann zu der Bemerkung veranlasst, mein Leben sei von Frauen bestimmt, so etwas könne kein gutes Ende nehmen, es fehle an männlichem Gegengewicht. Was soll ich darauf erwidern? Dass ich ihm, einerseits, im Kern Recht gebe und einen Vater immer vermisst habe, ihn noch heute vermisse, weil ich spüre, dass Michael vielleicht noch zur rechten Zeit für Glass, aber zu spät für Dianne und mich gekommen ist? Dass ich andererseits nachvollziehen kann, was Tereza einmal behauptete, nämlich dass Männer *unbrauchbar* seien, weil sie dem Kindsein nie entwachsen, weil sie aus Furcht vor Verletzungen und aus einer tiefsitzenden Angst vor dem Leben ihre Herzen frühzeitig in Ketten legen und aus diesem selbsterrichteten Kerker heraus ihre Unsicherheit von Generation zu Generation an ihre männlichen Nachkommen weitergeben? Eine Unsicherheit, die sie so rastlos macht, dass sie in den entscheidenden Momenten eines Kinder- oder Frauenlebens ohnehin nie zu Hause sind, sondern irgendwo dort draußen, überzeugt davon, Welten erobern zu müssen?

Aus dem vagen Gefühl heraus, Nicholas damit zu verletzen, behalte ich all das für mich. Stattdessen hole ich weiter aus, berichte von Kat und von Gable, von verlogenen Ärzten und messerstechenden, wimpernlosen Kindern, von gottgefälligen Krankenschwestern und transparenten Bibliothekarinnen. Ich erzähle von UFOs, die durch Silberbromidnächte geistern, von dicken, tänzelnden Frauen in rotgelackten Schuhen, die von Baugruben verschluckt werden, und von Jungen, die die Locken ihrer toten Mütter als Reliquie verehren.

»Früher hab ich geglaubt, das Schicksal hätte was gegen mich, weil es in schöner Regelmäßigkeit alle Menschen aus meinem Gesichtsfeld entfernt hat, an denen mir etwas lag. Annie, Wolf, Herrn Tröht …«

»Da waren doch noch genug andere, oder?«

»Ja, aber die hätten genauso gut tot sein können.«

»Nein, ich meine Glass und Dianne, Tereza, Kat …«

»Die zählen nicht, sie gehören zur Familie. Mehr oder weniger.«

»Auch deine Familie kann dich verlassen.«

»Nein. Nein, Familie ist für immer.«

Je weiter ich mich ihm öffne, umso mehr liefere ich mich ihm aus. Je weniger er von sich preisgibt, umso stärker weiß er mich an sich zu binden. Zum ersten Mal glaube ich die einfache und gleichzeitig komplexe Dynamik zu verstehen, die sich hinter Kats Erforschungen ihrer berühmten weißen Seelenlandkarten verbirgt. Zum ersten Mal verstehe ich, dass es Angst ist, die den Menschen auf Entdeckungsreisen schickt. Wenn ich Nicholas nicht verlieren will, muss ich ihn ergründen. Das einzige Geheimnis, das er mir anvertraut hat, ist sein Museum der verlorenen Dinge. Ich grübele darüber nach, was er mir damit zeigen wollte, zerbreche mir den Kopf über den verdammten Uhrmacher und die Ewigkeit, aber ich komme nicht weiter. Nicholas hat mir einen Schlüssel gegeben, den ich nicht zu benutzen weiß. Und: Ihn nach weiteren Geschichten zu fragen würde meine Verwirrung nur vergrößern.

Wenn wir uns treffen, schlafen wir miteinander.

Seine Küsse bleiben seltene, nur zögernd gegebene Geschenke.

Ich frage ihn nie, ob er mich liebt.

»Du hast Post bekommen«, begrüßt mich Dianne, als ich nach Hause komme. Sie sitzt am Küchentisch und schält einen Apfel, peinlichst darauf bedacht, die Schale an einem Stück herunterzukriegen. »Ein Päckchen.«

Es ist später Nachmittag. Schweres, dunkles Grau drückt von draußen gegen die Fenster. Ich habe Nicholas zur Bibliothek begleitet, dort eine Weile unter Frau Hebelers immer noch wachsamem, ansonsten aber längst butterweichem Blick ein paar Bücherregale durchstöbert und bin dann gegangen. Wenn Nicholas arbeitet, tut er das genauso konzentriert und ohne die geringste Aufmerksamkeit für seine Umgebung, wie ich es von ihm kenne, wenn er läuft.

»Ein Päckchen? Wo ist es?«

»Liegt auf der Treppe in der Halle.«

»Ist es von Gable?«

»Es ist ohne Absender. Aber es sind ganz normale Briefmarken drauf.«

Gable hat im Sommer auf einem Frachter angeheuert, der Gewürze durch den Indischen Ozean schippert. In seinem letzten Brief hat er geschrieben, er wolle versuchen das Jahresende bei uns in Visible zu verbringen. Weihnachten ist nur noch wenige Wochen entfernt, er muss sich beeilen, wenn er seine Ankündigung wahr machen will. Vielleicht bringt er Zimt mit.

»Du hast einen Freund, oder?«, sagt Dianne, ohne ihre Aufmerksamkeit von der immer länger werdenden Apfelschale abzuwenden.

Ich werfe, etwas heftiger als nötig, die Tür des Kühlschranks zu, aus dem ich mir gerade eine Tüte Milch genommen habe. »Wer sagt das?«

»Kora hat es gehört. Irgendwelche Typen haben in der Pause darüber geredet.«

Ich weiß nicht, warum ich bei dieser Nachricht sofort an Wolf denken muss, vielleicht weil ich davon überzeugt bin, dass er mehr sieht als andere Leute. Aber mit wem sollte Wolf reden? Jedenfalls wird Nicholas wenig begeistert sein, wenn er davon erfährt.

Ich trinke einen Schluck Milch, direkt aus der Tüte. »Haben sie Namen genannt, außer meinem?«

»Nein. Wäre das so schlimm?«

»Es geht niemanden etwas an.«

»Auch mich nicht?«

Dianne klingt ganz ruhig. Ich werde trotzdem nervös. Ich wünschte, sie würde wenigstens einmal aufschauen, sich weniger auf dieses blöde Obst und mehr auf mich konzentrieren. Vielleicht sollte ich ihr sagen, dass es Schwachsinn ist, den Apfel zu schälen. Die meisten Vitamine sitzen in oder direkt unterhalb der Schale.

»Weißt du, du gehst mir seit Wochen und Monaten aus dem

Weg, Dianne. Offen gestanden hatte ich nicht den Eindruck, dass mein Leben dich sonderlich interessiert.«

Keine Antwort.

»Und warum hätte ich dir überhaupt davon erzählen sollen? Du hast mir schließlich auch nichts von Kora erzählt, obwohl ihr euch den ganzen Sommer über nachts am Fluss getroffen habt.«

Sie fragt mich nicht einmal, woher ich das weiß. Sie schüttelt nur den Kopf. Die Apfelschale fällt auf den Tisch. Jetzt beginnt sie, den Apfel auf einem Teller in gleich große Achtel zu zerteilen. Es sieht aus, als falle er fast von selbst auseinander, ohne dass Dianne Druck auf das Messer ausüben muss.

»Ich hab über vieles nachgedacht, Phil.«

»So?« Ich nehme einen weiteren Schluck Milch, dann stelle ich die Tüte zurück in den Kühlschrank. »Auch über dich und Glass?«

»Natürlich.«

»Und?«

»Und ich bin zu dem Schluss gekommen, dass man Dinge, die man nicht ändern kann, eben einfach akzeptieren muss.«

»Damit machst du es dir ziemlich einfach.«

»Meinst du? Ich finde, ich mache es mir verdammt schwer.« Sie hält mir eine Apfelscheibe entgegen. »Möchtest du?«

»Danke.«

»Danke ja oder danke nein?«

Ich setze mich auf die Tischkante, nehme das Stück Apfel entgegen, kaue darauf herum. Dianne hat sich nicht die Mühe gemacht, das Gehäuse herauszuschneiden. »Können wir nicht mal richtig miteinander reden?«

»Tun wir doch gerade.«

»Länger«, sage ich. »Und ohne darüber in Streit auszubrechen und ohne dass du mittendrin einfach abhaust.«

»Okay. Aber noch nicht jetzt.«

»Wann dann?«

»Bald. Wenn ich fertig bin mit Nachdenken.« Dianne ordnet die verbliebenen sieben Apfelstücke sternförmig auf dem Teller an. »Bist du glücklich mit deinem Freund?«

»Na ja …« Ich kaue den letzten Rest des Apfelstücks. »Ich sollte es sein, aber die Sache ist nicht ganz einfach. Er ist so verschlossen. Ich bin mir nicht sicher, was er von mir will.« Mehr um sie von Nicholas abzulenken als aus Neugier, wage ich einen Schuss ins Blaue. »Und du, bist du glücklich mit Kora?«

»Ich bin nicht in sie verliebt, falls du das wissen willst«, gibt Dianne ruhig zurück. »Ich bin nicht wie Tereza. Kora ist nur eine Freundin, das ist alles. Aber, ja, ich bin froh, sie zu haben. Wie heißt dein Freund?«

»Nicholas. Und ich wäre dir dankbar, wenn du das für dich behältst, auch Kora gegenüber.«

»Keine Sorge.« Dianne steht auf, nimmt den Teller mit den Apfelschnitten und geht zur Tür. »Vielleicht ist das Päckchen von ihm.« Und damit verschwindet sie hinaus in den Flur – gleitet davon, mit diesem ihr eigenen, seltsam schwebenden, völlig geräuschlosen Schritt.

Ich nehme die Apfelschale vom Tisch, werfe sie weg und gehe in die Eingangshalle, um mein Päckchen von der Treppe zu holen. Dianne hat bestenfalls zehn Sekunden Vorsprung, aber sie ist schon nicht mehr zu sehen.

Sie hat Recht gehabt, das Päckchen stammt von Nicholas. Ich erkenne die Handschrift sofort. Ich muss grinsen. Er hat keinen Ton davon gesagt, mit keiner Regung zu erkennen gegeben, dass in Visible eine Überraschung auf mich wartet. Ich schüttele das Päckchen, irgendetwas klappert. Ich gehe damit in die Bibliothek, setze mich auf den Thron der Geschichten und halte es eine Weile in den Händen, bevor ich es aufreiße. Obenauf ein gefalteter, beidseitig mit der Maschine beschriebener Briefbogen. Darunter ein kleinerer, verschlossener Umschlag, der sich fest anfühlt, wahrscheinlich enthält er eine Karte. Schließlich der schwerste und größte Teil des Päckchens, ein in buntes Geschenkpapier geschlagenes Etwas von der Größe einer Frühstücksbox. Auf ein leichtes Schütteln ertönt ein Klappern aus der Box. Ich muss an ineinander verschachtelte russische Püppchen denken. Ich halte mich an die Reihenfolge, in der das Päckchen bepackt war, und lese zuerst den maschinengeschriebenen Text.

VITRINE 1
UNTERSTES FACH
VON DEN DREI SCHWESTERN

Es waren drei ungleiche Schwestern, die lebten zusammen in einem sehr alten Haus. Das Haus war umgeben von einem dunklen Garten, und der Garten war umgeben von einem hohen Zaun. Hinter dem Zaun aber herrschte ein Krieg, von dem niemand wusste, wann er begonnen hatte, noch, ob er je enden würde.

So verschieden die drei Schwestern waren, so waren sie doch auch eins, und keine der drei konnte von den anderen lassen. Seufzte die jüngste, so taten die mittlere und die älteste es ihr gleich; schloss die älteste die Augen, so fielen auch die mittlere und die jüngste in den Schlaf.

Nun kam es, dass es die mittlere Schwester drängte, die Welt zu sehen. Jeden Tag ging sie hinauf auf den Dachboden, wo sie sehnsüchtig aus einem der ins Dach gelassenen Fenster hinaus-

sah, auf die Welt hinter dem Zaun und auf das Leben jenseits des Krieges.

Dort will ich hin, sagte sie zu ihren Schwestern.

Dann geh, sagte die jüngste.

Nein, bleib, sagte die ältere.

Es stand ein Webrahmen auf dem Dachboden. An den setzte sich die mittlere Schwester, verschloss ihre Lippen und begann, weil sie zwischen Gehen und Bleiben nicht entscheiden konnte, mit der Arbeit an einem Teppich. Faden um Faden und Farbe um Farbe webte und wirkte sie ineinander, unermüdlich sauste das Weberschiffchen durch ihre Hände, und der Teppich wurde immer größer und immer prächtiger, denn alles Wünschen und Wollen der mittleren Schwester drangen tief in den Stoff, und während sie webte, kam kein Wort über ihre Lippen.

Doch die jüngste Schwester lockte und flüsterte: Geh hinaus, nimm dir, wonach du dich sehnst! Was wirkst du diesen Teppich, wenn doch alles, wonach du begehrst, dort draußen vor der Tür und hinter dem Zaun auf dich wartet? Aber die älteste widersprach und mahnte: Bleib hier, denn hier bist du sicher und geborgen, doch dort draußen erwartet dich der Tod. Siehst du nicht den Morast, der den Garten überschwemmt, die tödlichen Speere und Lanzen, die hinter dem Zaun auf dich warten?

So saßen sie auf dem Dachboden, uneins darüber, was zu tun sei, und die Luft war erfüllt von schmeichelndem Flüstern, von drohendem Wispern, und vom Schweigen der Weberin.

Die Zeit verging. Tage wurden zu Nächten und Nächte zu Tagen, und der Sommer ging ins Land und wich dem Herbst. Und noch immer sprachen die ältere und die jüngere auf die webende Schwester ein, und dabei verloren sie an Lebenskraft, wurden immer schwächer und merkten es nicht.

Doch weil ein jedes Weben und Wirken ein Ende hat, so war schließlich auch der Teppich fertig und strahlte so hell und so schön, heller als die Sonne, glänzender als der Mond und funkelnder als die Sterne. Da betrachtete die mittlere der Schwestern ihre wunden Hände und was sie mit ihnen erschaffen hatte, und endlich öffnete sie die Lippen, und sie sagte: Jetzt ist es gut.

Eine einzige Träne löste sich aus ihrem Auge und fiel zu Boden. Und wo sie aufkam, benetzte sie den Rand des Teppichs, und im Sterben sahen die drei Schwestern, wie der Teppich in Flammen aufging, entzündet von dieser einzigen Träne.

Schon loderte ein Feuer. Schnell griff es um sich, denn es war ein magisches Feuer, es verzehrte das Haus von oben nach unten, und seine Flammen waren nicht warm, sondern kalt. Sie ergriffen die drei sterbenden Schwestern und verwandelten sie in lodernde, schweigende Fackeln, nichts blieb von ihnen als drei Häufchen eisige Asche. Ein Wind kam auf, fuhr wirbelnd in die Asche, bis sie eins war, und trug sie davon. Doch die Flammen des Feuers flackerten weiter, sie brannten und loderten, sie züngelten und suchten und fraßen. Drei Tage lang sah man sie von nah und fern, orange und rot schlugen sie aus dem Dachstuhl und aus den Fenstern.

Und draußen schneite es, denn der Winter hatte Einzug gehalten ins Land.

Ich betrachte, ohne sie anzufassen, die in Geschenkpapier geschlagene Schachtel. Dann greife ich nach dem Briefumschlag. Er enthält eine schmucklose weiße Postkarte.

Phil,
das gehört Dir. Ich habe Dich doch gesehen, damals im Winter.

Nicholas

Vermutlich werde ich ihn nie richtig verstehen. Ich zerreiße das Geschenkpapier und halte das Kästchen aus nussfarbenem Holz in meinen Händen. Ich klappe den elfenbeinverzierten Deckel auf und drehe es auf den Kopf.

Es leuchtet weiß, es flammt rot, es schneit, es brennt.

Meine Schneekugel fällt mir entgegen.

Sein kleiner weißer Freund

Händel weiss seine Beliebtheit gnadenlos auszunutzen. Er ist der einzige Lehrer, der sich kategorisch weigert, nach Beendigung des Unterrichts das von ihm an der Tafel hinterlassene Kreidegekrakel selbst zu entfernen. Für diese Arbeit verpflichtet er lieber einen seiner dankbaren Schüler – im heutigen Fall mich.

Der feuchte Schwamm huscht über die Tafel und löscht Formeln und Zeichen aus, die in meinen Augen eher ägyptischen Hieroglyphen gleichen als mathematischen Aussagen. Ich bin allein im Kursraum. Als hinter mir Schritte ertönen, drehe ich mich nicht um. Ich halte nur mit dem Tafelwischen inne und lächele, weil ich denke, dass Kat oder Nicholas, die mich auf dem Pausenhof erwarten, ungeduldig geworden und zurückgekommen sind.

Das Profil, das sich von der Seite in mein Blickfeld schiebt und mir das Lächeln aus dem Gesicht treibt, gehört keinem der beiden. Es gehört Thomas. Er starrt mich lange schweigend an. Weiß der Teufel, welcher Schauspieler aus einem zweitklassigen Film ihn damit irgendwann beeindruckt hat. Ich warte eine Weile, dann atme ich tief durch.

»Was willst du?«

Sein Zeigefinger fährt über die Tafel und zieht ein schmales, durchgehend helles Band auf dem dunkelgrünen, noch nicht getrockneten Untergrund. Die leuchtende Spur wirkt wie eine Vergrößerung der rasiermesserscharfen Linie, zu der Thomas seine Lippen zusammengepresst hat.

»Lass die Finger von Katja.«

Ich könnte Überraschung heucheln, aber ich bin kein guter Schauspieler. Ich würde eine klägliche Vorstellung abliefern, die Thomas nur als Bestätigung seiner Eifersucht interpretieren würde. Das wenige, was ich über ihn weiß, habe ich von Kat erfahren. Er ist nicht dumm, aber er ist auch keine Intelligenzbestie. Er gehört zu den Menschen, denen ein einmal gefasster Gedanke eine solche Sicherheit gibt, dass sie ihn nur ungern wieder fallenlassen, selbst dann nicht, wenn sie schon längst bemerkt haben, dass er in eine völlig falsche Richtung weist.

»Ich hab Kat nie angerührt«, sage ich in seine Richtung und nehme das Tafelwischen wieder auf. »Aber vermutlich könnte ich mir alle Finger abhacken, und du würdest es trotzdem nicht glauben.«

»Stimmt.«

»Wir sind Freunde, Thomas. Hast du das Wort schon mal gehört? Wir kennen uns, seit wir fünf Jahre alt sind. Da ist nichts. Und jetzt lass mich in Ruhe, okay?«

»Vergiss es.«

»Und ob ich das vergesse.« Ich lege den Schwamm ab. »Ich gehe nämlich jetzt.«

»Du bleibst hier und hörst mir zu.«

»Den Teufel werde ich tun.« Ich mache einen Schritt auf ihn zu. Er weicht keinen Millimeter zurück. »Ich bin die falsche Adresse, kapierst du das nicht? Wenn du was von Kat willst, dann geh gefälligst zu ihr.«

»Sie behandelt mich wie Dreck.«

»Kann sein, aber das ist nicht mein Problem und hat mit mir auch nichts zu tun.«

»Es hat alles mit dir zu tun.«

Ich sehe in seine starren Augen. Ich kenne diesen Blick, und ich bilde mir auch ein, den Schmerz zu kennen, der sich dahinter verbirgt. Es gab Männer, die ihre Seele in Visible verloren hatten und wochenlang keinen Versuch unterließen, sie zurückzuholen. Sie schrieben seitenlange Briefe, sie ließen Tag und Nacht das Telefon Sturm klingeln. Sie bettelten und sie drohten. Sie lauerten Glass auf, wenn sie morgens das Haus verließ und wenn sie abends von der Arbeit kam. Einige schrien und tobten, einige weinten, die meisten sahen einfach aus wie verletzte Tiere. Sie stellten meiner Mutter nach wie Jäger, ohne zu begreifen, dass sie selbst die Beute waren, längst erlegt und vergessen; vielleicht konnten sie es nicht begreifen, weil ihre zu Tode verletzten Herzen noch schlugen und sich anfühlten wie rohes Fleisch. Ein paar dieser Männer bekam ich zu Gesicht. Und sie hatten alle diesen Blick.

»Ich weiß nicht, was sie an einem Waschlappen wie dir findet«, sagt Thomas mit rauer Stimme. »Aber ich will euch nicht mehr zusammen sehen.«

»Dir wird gar nichts anderes übrigbleiben.«

Er bewegt sich nicht von der Stelle. Er hat diese Litanei Dutzende Male, Hunderte Male durchprobt, und er wird erst damit aufhören und schweigen, wenn der letzte Satz und das letzte Wort gesprochen sind.

»Wenn du dich noch einmal in ihre Nähe wagst ...«

Die pathetische Drohung bleibt unausgesprochen. Er wird mich nicht umbringen, aber er wird sich mit mir prügeln. Ich kann es mit ihm aufnehmen, sowohl von der Statur als auch von der bloßen Körperkraft her, doch das ist jetzt nicht wichtig. Zwei

Dinge werden mir klar: Ganz gleich, wie eine Schlägerei zwischen uns ausginge, Thomas würde mir niemals glauben. Und die Schlacht am Großen Auge gehört endgültig der Vergangenheit an. Keine Aura des Heldentums wird mich mehr schützen, weil es nie wieder Kinder sein werden, die mich bedrohen. Die Kinder von damals sind erwachsen geworden und gehören jetzt zu den Kleinen Leuten. Pfeil und Bogen sind keine adäquaten Waffen mehr gegen sie.

»Ich will nichts von Kat.« Ich mache noch einen Schritt auf Thomas zu. »Von keiner Frau.«

Meine Hände legen sich auf seine Schultern und spüren pochende, zitternde Hitze. Wir haben fast dieselbe Größe, ich muss meinen Kopf nur ganz leicht anheben. Thomas leistet keinen Widerstand. Seine Lippen sind fest und warm. Ich kann hören, wie ungleichmäßig die Zeit verrinnt, sie hat den trommelnden Takt meines Herzschlags angenommen. Thomas bewegt sich nicht. Ich dränge nach, presse mich dichter an ihn, öffne seine Lippen mit meiner Zunge, stoße damit fordernd gegen seine Zähne, taste sie ab. Hunger schießt wie ein Sturzbach durch meinen Körper. Ich könnte in Thomas ertrinken, ich könnte ihn verletzen. Für die Dauer eines Augenflackerns schiebt sein Unterkörper sich mir entgegen, vielleicht ist es nur eine instinktive Bewegung, obwohl ich spüren kann …

Dann zerbricht der Moment.

»Verstehst du?«, flüstere ich.

Thomas stößt mich heftig von sich. Ich falle nach hinten und stoße mit der linken Hüfte gegen das Lehrerpult. Schmerz flammt auf.

»Dafür zahlst du, du Drecksau!«

Er stapft wütend davon, stößt mit der Schulter gegen den Türrahmen, als er den Raum verlässt. Es ist, als würde alle Farbe aus den rundum aufgehängten Bildern und Postern von den Wänden herabfließen, sich zu einem Strom vereinigen und ihm folgen. Zurück bleibt Schwarz und Weiß. Von meiner linken Hüfte aus wandert Schmerz in kleinen, sich brechenden Wellen in alle Richtungen. Ich wische mir mit dem Handrücken über die Lippen und schließe die Augen. Es sollte ein Ende gewesen sein, aber es fühlt sich an wie ein Anfang.

Als ich die Augen öffne, steht Wolf vor mir. Mein Herz macht einen schmerzhaften Sprung. Es ist, als würde es rückwärtsschlagen, nur dieses eine Mal. Nur um mich daran zu erinnern, wie verletzlich ich bin, dass es anders kann, *aufhören* kann zu schlagen, wenn es sich dazu entscheidet. Mit Thomas konnte ich umgehen. Vor Wolf habe ich Angst.

Sein Gesicht ist markanter geworden in den vergangenen Jahren, die Mundpartie ist ausgeprägter und die Lippen sind voller, als ich sie in Erinnerung habe. Doch sonst hat sich nichts verändert. Die wilden, strohblonden Haare, die ich damals so gern berührt hätte, scheinen noch immer keine Bürste zu kennen, die ihre Schönheit zügeln könnte; den graublauen Augen fehlt nach wie vor jeder Ausdruck von Lebendigkeit – sie leuchten weder kalt noch warm, sie verbergen alles und halten doch nichts zurück. Diese Augen, die ich nur einmal habe weinen sehen, sind nicht mehr als eine indifferente Zusammensetzung aus Glaskörper und Pupille, Iris und Netzhaut. Das macht sie so unheimlich. Mit diesen Augen hat Wolf alles gesehen.

»Ich hab alles gesehen.«

O ja, das hat er. Er hat alles, alles gesehen. Ich lausche dem Satz nach. Wolf hat ihn gesagt, wie ein Kind ihn sagen würde, unsicher, trotzig, drohend. Gleich wird er hinzufügen: *Und ich werde es allen erzählen.* Und plötzlich spüre ich ein Lachen in mir aufsteigen, weil mich der Gedanke überfällt, dass ich danach dieses Spiel unendlich oft wiederholen muss. Dass alle Jungen aus der Schule nacheinander vor mir antreten werden, um sich küssen und davon überzeugen zu lassen, dass der für sie größte denkbare Schrecken keine Einbildung ist, kein Trugbild, das in durchwachten, überhitzten, sorgenvollen Nächten vor ihnen aufsteigt, dass sie mich als Lackmuspapier benutzen werden, um festzustellen, in welche Richtung die Farbskala ausschlägt, wenn ihr Speichel sich mit meinem vermischt hat, um herauszufinden, ob auch sie es sind: Aussatz.

»Hat er dir wehgetan, Phil?«

»Ja.«

Wolf hebt eine Hand und streichelt mir damit über die Wange. Sein Atem riecht nach Pfefferminz. Es gibt nichts, was mich von seinem leeren Blick erlösen könnte. Keine Gewalttätigkeit von Thomas hätte schlimmer sein können als diese kühle, sanfte Berührung.

»Gut«, sagt Wolf lächelnd. »Das ist gut.«

KAT WAR SCHON IMMER eine eifrige Verfechterin der Ansicht, dass es zum Feiern keines besonderen Anlasses bedarf. Am Samstagabend stehen sie und Nicholas Arm in Arm vor Visible. Kat hat drei dickbauchige Flaschen Champagner aus dem gutsortierten Weinkeller ihrer Eltern mitgehen lassen, eine für jeden von uns.

»Kalt hier«, bemerkt Nicholas in der Eingangshalle. Sein Finger fährt durch die Luft und zerschneidet eine kleine Kondenswolke, die sein Atem dort hinterlassen hat.

»Ich weiß. Man müsste den halben Wald abholzen, um das Haus komplett zu beheizen.«

Wir haben Visible für uns. Glass hat sich von Michael dazu überreden lassen, das gesamte Wochenende bei ihm zu verbringen. Für sie, die nie länger als eine Nacht von Visible fortgeblieben ist und ansonsten ihre Männer lieber zu sich holte, ist das eine Premiere. Für Michael kann ich nur hoffen, dass er weiß, worauf er sich da eingelassen hat. Dianne hat sich freundlichst von mir verabschiedet, bevor sie zu Kora losgezogen ist, bei der sie übernachtet. Als sie ging, war sie so gut gelaunt und gelöst, dass ich schon mit dem Gedanken spielte, ihr nachzurufen, es sei für ein Bad im Fluss inzwischen zu kalt.

Nicholas hält mir eine Plastiktasche entgegen. »Hier.«

»Was ist das?«

»Teelichter.« Er lacht und streicht sich mit einer Hand die schwarzen Haare aus der Stirn. »Hundert Stück.«

»Wow!«

»Wo sind die Sektkelche?«, fragt Kat.

»Sehr witzig.«

Wir nehmen ehemalige Senfgläser aus der Küche mit nach oben. In meinem Zimmer stellen wir die Teelichter auf die Fensterbänke, verteilen sie entlang der Wände und gruppieren sie zu kleinen Inseln auf dem Parkettboden. Sie haben den angenehmen Nebeneffekt, das Zimmer aufzuheizen, und nehmen mir so die Aufgabe ab, mich um den widerspenstigen, immer unregelmäßig brennenden Kachelofen kümmern zu müssen. Der November eilt seinem nebeltrüben Ende entgegen, nachts fallen die Temperaturen unter den Gefrierpunkt. Morgens, beim Erwachen, fällt mein erster Blick auf die Frostblumen, die an den Innenseiten meiner Fenster blühen. In den Nachrichten wird angekündigt, dass ein früher, eisiger Winter bevorsteht.

Kat klatscht wie ein kleines Kind begeistert in die Hände, als alle Teelichter entzündet sind. Das Flackern der Kerzen spiegelt sich in den Fensterscheiben, das Zimmer gleicht einem schimmernden, wogenden Lichtermeer. Nicholas sieht sich suchend um.

»Hörst du hier eigentlich nie Musik?«

»Nur Radio, in der Küche beim Frühstück.«

»Ich hätte meine Geige mitbringen können«, kichert Kat.

»Du spielst Geige?«, fragt Nicholas anerkennend. »Wirklich beeindruckend. Dann kennst du sicher das Erste Violinkonzert von Brahms, es ist ...«

Ich laufe nach unten in die Küche und hole den Radiorekorder. Ich verliere keine Zeit damit, im Treppenhaus das Licht anzumachen, auf dem Rückweg folge ich einfach Kats lautem Lachen. Um ein Haar falle ich deshalb die Stufen hinauf. Wenn ich nur einen Moment innehielte, würde ich vielleicht darüber nachzudenken beginnen, warum ich mich so beeile. Noch dazu sinnlos beeile, denn meine Gedanken holen mich trotzdem ein.

Ich bin eifersüchtig auf Kat.

Das abstreiten zu wollen wäre müßig. Mir gefällt die Vertrautheit nicht, die sich zwischen ihr und Nicholas entwickelt hat und die sich am besten in der Art ausdrückt, wie die beiden Arm in Arm vor der Tür gestanden haben. Mir gefällt auch Kats Lachen nicht, aus dem einfachen Grund, weil Nicholas es so unbefangen erwidert. Mir schießt durch den Kopf, wie oft sie gelacht hat in letzter Zeit, wenn wir drei zusammen waren. Ich tue das Gefühl als albern ab, nur um es mir umso mächtiger entgegenschwappen zu spüren, als ich mein Zimmer betrete und die beiden nebeneinander auf der Matratze sitzen sehe. Kat erzählt etwas von irgendwelchen Mitschülern – zweifellos hat sie mal wieder die vertraulichen Akten ihres Vaters studiert –, und Nicholas hört ihr zu.

Hört ihr nicht nur zu, sondern *beobachtet* sie, während sie spricht, um seine Mundwinkel diesen feinen, kaum zu deutenden Zug aus Zurückhaltung, Amüsiertheit und einem winzigen Schuss Arroganz. Ich frage mich, ob Kat ihm auch von seiner Akte erzählt hat.

»Das Radio«, verkünde ich halbherzig. »Soll ich einen Klassik-Sender suchen, vielleicht –«

»Einstöpseln, anmachen!«, kommandiert Kat, und ich kann nicht nachempfinden, was daran so witzig sein soll, dass man sich deshalb vor Lachen über die Matratze rollt.

Dann ploppt der erste Korken und donnert gegen die Zimmerdecke, es schäumt und sprudelt aus der Flasche, unsere Gläser klirren aneinander. All meine Bedenken verschwinden unter dem Einfluss des Champagners. Die erste Flasche leeren wir unter Lobpreisungen auf Kats Vater, den edlen, unfreiwilligen Spender, die zweite unter Lobpreisungen auf uns alle, das Leben und den Erfinder der winzigen prickelnden Perlen im Champagner. Ab der dritten Flasche bin ich erfüllt von Glückseligkeit und einem seltsam tauben Gefühl, das sich in meine Lippen krallt und langsam über das ganze Gesicht ausbreitet, das dann halsabwärts wandert und durch die Arme in meine Hände strömt, die plötzlich nicht mehr genau wissen, was sie tun.

»Winterurlaub«, sagt Kat irgendwann. »Diesmal, wer hätte das … gedacht, die beschissenen Alpen!«

»Auf die Alpen!«

Das Radio dudelt, wir singen mit, lauthals bei den letzten Sommerhits, melancholisch bei den Stücken, die jeder von uns seit Jahr und Tag kennt, ohne zu wissen, wann oder wo er sie zum ersten Mal gehört hat. Irgendwann schaltet der Sender endgültig auf Weichspüler um.

»Wisst ihr, ich hab mir überlegt«, murmelt Kat, die letzte, längst geleerte Champagnerflasche in der Hand, »jedenfalls werd ich mir, ich werde mir die Haare färben. Das Blond hängt mir zum Hals raus!«

Sie grinst. Ihr Mund ist zu groß im Vergleich zu sonst, aber vielleicht täusche ich mich auch, und es sind ihre Augen, die wären dann zu ... klein, aber die Haarfarbe finde ich ganz okay.

»Blond steht dir aber.«

»Ich will Schwarz.«

»Du wirst aussehen wie Paleiko.«

»Die Haare, du Idiot, ich will mir ja nur die Haare färben und nicht den ganzen, weißt schon, Körper oder was ... Wo ist die alte Puppe überhaupt?«

Nicholas zeigt auf das Regal. Er trägt einen weißen Pullover, und als er seinen Arm durch die Luft bewegt, bleibt eine helle Leuchtspur hinter ihm zurück. Ich überlege, ob ich ihm je von Paleiko erzählt habe, eine Überlegung, die sehr müde macht und Unmengen Zeit in Anspruch nimmt, denn in meinem nächsten wachen Moment sehe ich Kat bereits singend mit Paleiko im Arm durch das Zimmer wirbeln.

»Tanze, mein Püppchen, tanze ...!«

»Lass ihn nicht fallen, Kat.«

»Warum bist du so schwarz, Paleiko?«

»Sei vorsichtig, ja?«

»Und warum heißt du überhaupt ...«

»Kat!«

»... Paleiko?«

Eben noch befindet sich Paleiko an Kats Brust, gegen die sie ihn beim Tanzen eng gedrückt hält wie ein schutzloses, schlafendes Kind, im nächsten segelt er durch die Luft, überschlägt sich ein einziges Mal und zerschellt auf dem Boden in tausend schwarze Scherben.

»Zu spät«, sagt Nicholas neben mir.

Zu unserem neunten Geburtstag erhielt Dianne von Tereza eine Puppe, die man pinkeln lassen und der man die langen blonden Haare frisieren konnte. Ich bekam einen Fußball. Ich unternahm gar nicht erst den Versuch, meine Enttäuschung zu verbergen. Ein Fußball war mit Abstand das dümmste, nutzloseste Geschenk auf Erden, das ich mir vorstellen konnte. Eine Weile hoffte ich, Tereza hätte irrtümlich die Geschenke vertauscht, denn eine Puppe hätte ich geliebt. Aber es blieb bei der vorgenommenen Verteilung. Ich bebte vor unterdrücktem Zorn und Entrüstung. Selbst der Anblick der Geburtstagstorte, eines süßen Wunderwerks, auf das Tereza vor unseren Augen bunte Liebesperlen wie einen Meteorschauer niederregnen ließ, konnte mich nicht besänftigen. Ich weigerte mich, meine neun Kerzen auszublasen.

Dem Geburtstag waren Wochen, wenn nicht Monate vorausgegangen, in denen ich mich immer öfter durch Glass beobachtet gefühlt hatte. Manchmal spürte ich ihre Blicke auf mir lasten wie ein feines, aber eben doch wahrnehmbares Gewicht. Mir fiel auf, dass Glass mich nur in ganz bestimmten Situationen musterte: wenn ich in der Küche den Tisch deckte, wenn ich Diannes und mein Zimmer aufräumte, das mir ewig unordentlich erschien, oder wenn ich mir bis an die zwanzig Mal denselben Schuh band, bis beide Schlaufen endlich den exakt gleich großen Umfang hatten. All diese Situationen mussten irgendetwas gemein haben, das mir entging. Dass es andere, in meinen Augen ähnliche Dinge gab, die ich tun konnte, ohne damit das verräterische Leuchtfeuer aus den Augen meiner Mutter auf mich zu ziehen, machte die Sache für mich nur noch verwirrender.

Und jetzt hatte ich, dank Tereza und ihres unnützen Geschenks, ein neues Problem. In den Tagen, die dem Geburtstag folgten, schien Glass um nichts besorgter als darum, dass ich endlich mein neues Spielzeug ausprobierte.

»Magst du nicht mit deinem Ball spielen, Darling?«

Ich schüttelte den Kopf.

»Aber warum nicht? Tereza hat eine Menge Geld dafür ausgegeben. Und es ist ein so *schöner* Ball, Phil!«

»Nein!«

Ich hatte nicht die Absicht, mich mit diesem Ball abzumühen, weder indem ich ihn draußen über die Wiesen bolzte noch indem ich irgendwo damit herumtippelte, wie ich es andere Jungen im Sportunterricht und in den Schulpausen tun sah. Ich konnte auch beim besten Willen nichts Schönes an diesem aus schwarzen und weißen Lederwaben zusammengenähten Ding entdecken, nur die Kugelform gefiel mir, weil sie mich an Seifenblasen und an Weihnachtsschmuck erinnerte. Sobald Glass mich nicht mehr damit nervte, den Fußball zu benutzen, landete er in irgendeiner Ecke Visibles. Zum ersten Mal war ich dafür dankbar, dass das Haus so unglaublich viele versteckte Winkel besaß. An heißen Sommertagen fraßen sich an allen Ecken und Enden Visibles schlanke, torpedoschnelle Schlupfwespen in das morsche Gebälk, um dort ihre Eier abzulegen. Ich hoffte, dass es eine Insektenart gab, deren Larven auf den Verzehr von Leder angewiesen waren.

Eines schönen Frühsommertages, als Dianne und ich aus der Schule nach Hause kamen, lag das Schreckensleder plötzlich in all seiner Hässlichkeit wie vom Himmel gefallen auf meinem Bett. Der Geburtstag lag fast drei Monate zurück, inzwischen hatte ich nicht nur den Ball, sondern auch alle wenig frommen Wünsche bezüglich seiner Vernichtung längst vergessen. Jetzt aber war er wieder da, fett und rund und unübersehbar. Glass hatte ihn gefunden. Erst glaubte ich, sie habe ihn mir einfach auf das Bett gelegt, wie man eben ein verlorenes Spielzeug zurücklegt, als freudige Überraschung für den Besitzer. Kurzerhand verbannte ich den Ball unter mein Bett. Ich konnte nicht ahnen, dass die Rückgabe des Fußballs der Auftakt zu einer von Glass und Tereza inszenierten Komödie war, der ich, entgegen ihren Erwartungen, wirklich nichts Lustiges abgewinnen konnte.

Am folgenden Samstag besuchte uns Tereza. Seit einer Woche herrschte strahlendes Wetter, und obwohl der Juli erst zur Hälfte verstrichen war, begann sich in Visible bereits die Hitze zu stauen. Ein Picknickkorb wurde gepackt, Dianne stopfte ihre Puppe und allerlei Krimskrams in eine eigene Tasche, dann zogen wir gemeinsam zu der an den Fluss angrenzenden Wiese, die mir in unguter, weil schicksalhafter Erinnerung war. Ich fasste mir instinktiv an die Ohren, als wir dort ankamen, um sicherzugehen, dass sie nicht plötzlich wieder in ihre alte Form gerutscht waren.

»Wir machen ein Spiel, Phil«, verkündete Tereza, kaum dass der Picknickkorb ausgeräumt war.

»Was für ein Spiel?«

»Ein lustiges. Es ist eine Art Test«, erklärte sie. »Na gut, eigentlich sind es drei Tests. Aber wenn du sie bestehst, bekommst du ein schönes Geschenk.«

Bei dem Wort *Geschenk* sah Dianne hoffnungsfroh auf. Ihre blonde, ewig pinkelnde Puppe war ihr anscheinend nicht genug.

»Das ist ein Spiel, das wir nur mit Phil spielen können, okay?«, sagte Tereza in ihre Richtung.

Dianne nickte, und das war alles. Lautstark zu protestieren

war nicht ihre Art. Ich aber war schlagartig misstrauisch geworden. Ein weiteres Geschenk interessierte mich nicht im Mindesten, mochte es so schön sein, wie es wollte. Glass hatte auch von dem *schönen* Fußball geredet, es war also offensichtlich, dass es Vorstellungen von Schönheit gab, die meilenweit auseinanderlagen. Andererseits war meine Neugier geweckt – allerdings nur so lange, bis Glass zu meinem Erschrecken den Fußball aus dem Korb ans Licht beförderte. Sie reichte ihn Tereza, die mich anlächelte.

»Keine Bange, Phil. Es ist wirklich nur ein Spiel.«

Sie klemmte den Fußball unter ihren Arm. Ich begann Morgenluft zu wittern.

»Fertig?«

Ich nickte.

»Erster Test«, sagte Tereza ruhig. »Auf zwei Fingern pfeifen.«

»Was?«

»Auf zwei Fingern pfeifen. Das ist nicht so schwer, pass auf, ich zeig's dir.«

Sie ließ den Ball ins Gras fallen und machte es mir vor. Es war beeindruckend. Ihr Pfiff war so ohrenbetäubend und gellend, dass ich glaubte, kleine, erschreckte Wellen über den in der Sonne glänzenden Fluss jagen zu sehen.

»Wow!«, sagte Glass. Sie hockte im Schneidersitz auf der ausgebreiteten Decke und bastelte an einer dicken, tütenförmigen Zigarette herum.

»Jetzt du«, forderte Tereza mich auf.

Ich zögerte kurz. Dann steckte ich mir Zeigefinger und Daumen in den Mund und pustete, aber mehr als ein etwas lauteres Hauchen kam dabei nicht heraus. Ich wiederholte das Ganze unter Terezas Anleitung. Sie machte mir geduldig vor, wie man die Fingerspitzen gegen die Zähne und die Zunge gegen die Fingerspitzen drücken musste. Diesmal sprühte Spucke aus meinem Mund und rann über mein Kinn auf mein T-Shirt. Schließlich schob ich mir fast die ganze Hand in den Hals, aber bis auf einen heftigen Brechreiz blieb auch dieser Versuch ohne das erwünschte Resultat.

»Du musst nicht so betreten dreinschauen. Das hast du sehr gut gemacht!« Tereza hob mein Kinn an, lächelte und wuschelte mir mit einer Hand durch die Haare. Dann setzte sie sich zu Glass auf die Decke. »Kleine Pause.«

Gut gemacht? Ich hatte versagt!

Glass hatte die tütenförmige Zigarette angezündet, zog zweimal daran und reichte sie an Tereza weiter. Graublaue Rauchwolken waberten wie Nebeltierchen durch die stille Luft über der Wiese. Ihr Geruch stieg mir angenehm süßlich in die Nase: feuchtes Heu mit Zuckerguss. Es musste an diesem schönen Geruch liegen und nicht, wie ich insgeheim befürchtet hatte, an der von mir abgelieferten kläglichen Vorstellung, dass die beiden Frauen ununterbrochen albern kicherten. Es war ein Trost, wenn auch nur ein schwacher. Solange sie kicherten, waren sie von meinem Versagen abgelenkt.

»Zweiter Test«, tönte Tereza fröhlich, als die Zigarette erloschen war. Sie erhob sich von der Decke, schwankte ein wenig und zeigte auf den Fußball, dessen schwarz-weißes Leder böse glänzte. »Ballwerfen!«

»Ich mag nicht mehr.«

»Tu es mir zuliebe, Darling«, schmeichelte Glass. »Bitte!«

Ich sah zu Dianne, hilfesuchend und ein wenig neidisch. Sie saß gemütlich im Gras, wo sie ihre Puppe frisierte und dabei zum hundertsten Mal Pipi machen ließ. Das Pipi wurde aus einer eigens zu diesem Zweck mitgeschleppten Flasche nachgegossen, die Dianne alle paar Minuten mit frischem Flusswasser auffüllte. Die seltsamen Tests, denen ich unterzogen wurde, schienen sie nicht im Geringsten zu interessieren. Dann wandte ich mich wieder Glass zu, die mich immer noch bittend ansah.

Ballwerfen also.

So schwer konnte das nicht sein.

Zweimal entglitt der Ball einfach meinen Händen und plumpste ins Gras. Einmal warf ich ihn senkrecht nach oben, so dass er mir beinahe auf den Kopf fiel. Der letzte Versuch bugsierte ihn in das Picknickgeschirr, wo unter protestierendem Klirren eine Henkeltasse das Zeitliche segnete.

»Na, wer sagt's denn.« Tereza grinste breit. »Scherben bringen Glück, Phil!«

Ich lächelte tapfer zurück und hoffte, dass sie nicht bemerkte, wie meine Unterlippe zu zittern begann. Hinter meinen Augen stieg ein fast unerträgliches Brennen auf.

Diesmal gab es keine Zigarettenpause.

»Und jetzt Schießen!«, verkündeten Tereza und Glass wie aus einem Mund, was ihnen erneut Anlass für einen dieser unpassenden Heiterkeitsausbrüche bot.

Schießen!

Das war sie, die letzte und perfideste der mir auferlegten Prüfungen. Bemerkten die beiden Frauen nicht, dass dies der Gipfel aller Gipfel war, die Mutter aller Torturen? Wie konnten sie bloß glauben, ich sei im Stande, einen Ball zu schießen, den zu werfen ich schon zu dumm gewesen war? Inzwischen war ich völlig mutlos geworden, aber das Beste schien, die ganze unwürdige Angelegenheit so schnell wie möglich hinter mich zu bringen.

Ich legte das verhasste Leder vor meine Füße und blieb unschlüssig stehen. Sollte ich Anlauf nehmen? Aus dem Stand schießen? Mit dem linken oder mit dem rechten Fuß?

Tereza nickte mir aufmunternd zu.

»Nun versuch's schon, Darling«, spornte Glass mich an.

»Aber Mum ...«

»Tu's einfach!«

Die Narben hinter meinen Ohren begannen zu jucken. Ich starrte in die großen, begeisterten Augen meiner Mutter, in denen merkwürdig zusammengezogen die Pupillen funkelten. Dann starrte ich in das andere, tiefere Funkeln, das ich *hinter* den Pupillen wahrzunehmen glaubte, und jetzt, genau in diesem Moment, wusste ich, wie Dumbo sich gefühlt haben musste, bevor er von seinem zwanzig Meter hohen Turm hinunter in den Grießbrei sprang. Auf schreckliche Weise hatte Glass sich in eine von denen *da draußen* verwandelt.

Dianne hatte endlich die Puppe beiseitegelegt und sah mich jetzt ebenfalls an, sensationslüstern, wie ich fand. Tereza stand neben ihr, ihr Blick war sonderbar verhangen, der Mund leicht geöffnet. Es tropfte kein Speichel von ihren Lippen, aber sie sah trotzdem aus wie eine sabbernde Idiotin.

Ich lächelte und hasste sie alle.

Ich bündelte meinen Hass, nahm Anlauf und schoss.

Ich traf das Leder genau mit der Fußspitze, der Tritt hätte nicht besser platziert sein können. Der Ball löste sich vom Boden und beschrieb, in einem magisch anmutenden Flug, eine perfekte, parabelförmige Flugbahn. Ich reckte den Hals und sah ihm nach. Kein Eiern, kein Schlenkern, nur dieses glänzende, geräuschlose, schwarz-weiße Rotieren um die eigene Achse. Das Passieren des Scheitelpunktes. Dann der sacht beschriebene Bogen nach unten.

Dann die Landung im Fluss.

Es gab ein leises Platschen, von dem ich mir nicht sicher war, wer oder was es verursacht hatte, das Aufschlagen des Balls auf dem Wasser oder mein Herz, das soeben in meinen zu Flüssigkeit geronnenen Magen gestürzt war. Ich hielt die Luft an.

»Bestanden!«, juchzte Tereza neben mir und klatschte in die Hände. »Das hast du großartig gemacht, mein Kleiner!«

»Und das war alles?«, fragte Glass zweifelnd. Sie sah, wie wir alle, dem Ball nach, der von kleinen, glitzernden Wellen getragen munter den Fluss hinabschipperte und immer kleiner wurde. »Du erkennst einen Schwulen am mangelnden sportlichen Talent?«

»Eher am mangelnden sportlichen Ehrgeiz.«

»Also, ich weiß nicht ...«

»Aber ich!«, beharrte Tereza. »Ich hab das aus sicherer Quelle, jeder Schwule kennt diese Tests und lacht sich darüber kaputt. Glaub mir, dein Sohn ist eine Tunte!« Tereza beugte sich zu mir herab und drückte mir einen Kuss auf die Stirn. »Ich werde nie vergessen, wie er unbedingt Dornröschen sein wollte, und das ist Jahre her.«

Ich wusste nicht, was eine Tunte war. Schon gar nicht wusste ich, was eine Tunte mit Dornröschen zu tun hatte. Ich wusste nur, dass ich soeben den teuren Fußball in den Fluss geschossen hatte, mein *Geburtstagsgeschenk*, per se also ein Heiligtum, auch wenn ich es gehasst hatte, und dass alle Gesetze der Vernunft außer Kraft gesetzt waren, weil niemand, absolut niemand, sich darüber aufregte.

Jetzt hob Glass mit einer Hand mein Kinn an, mit der anderen streichelte sie mir über den Kopf. »Wenn das so ist ... dann ist es eben so.« Sie sah mich nachdenklich an. Etwas huschte über ihr Gesicht, ein dunkler Schatten, der so schnell kam und ging wie ein Wimpernschlag. »Dann soll es mir recht sein.«

Endlich lächelte sie. Ich atmete auf. Ich hatte ihr Gesicht nach verräterischen Zeichen abgesucht, nach dem kleinsten Hinweis darauf, dass sie nicht damit einverstanden war, eine Tunte zum Sohn zu haben, und dies unnachgiebig zu korrigieren versuchen würde, zur Not operativ, wie den Sitz meiner Löffelchen. Falls dieser Hinweis der flüchtige Schatten auf ihrem Gesicht gewesen war, so war er jetzt vergessen. Offensichtlich war ein Dasein als Tunte weitaus weniger verwerflich, als abstehende Ohren zu haben.

»Ich dachte schon, alles wäre vorbei, als er das Ding getroffen hat. Nichtsdestotrotz«, Tereza kicherte schon wieder los, »nichtsdestotrotz ist er ein Held. Du bist ein Held, Phil! Und jetzt gibt es Kuchen. Junge, ich kann jetzt wirklich auf was Süßes!«

Ich war also ein Held. Was mir unbegreiflich war, weil ich in meinen Augen jämmerlich versagt, in denen Terezas und meiner Mutter jedoch eine Meisterleistung vollbracht hatte, aber ein Held, nichtsdestotrotz. Es war ein *gutes Gefühl*, eines, das immer besser wurde, je länger ich darüber nachsann, und in den folgenden Tagen wünschte ich mir, irgendjemandem von meiner glorreichen Tat erzählen zu können, Annie Glösser zum Beispiel oder Herrn Tröht. Aber Annie lag seit einem Jahr in dem schrecklichen Sanatorium, wo man sie in Windeln wickelte und mit Elektroschocks malträtierte, und dass Herr Tröht, der gute alte Kacker, mit einem Lächeln auf den Lippen seinen Weg zu Ende gegangen war, schnurstracks in den Himmel, lag bereits zwei Jahre zurück. Es war niemand da, dem ich mich anvertrauen konnte. Mir blieb nichts anderes übrig, als geduldig auf Gables nächsten Besuch zu warten.

Während Tereza, Glass und Dianne sich unter dem Klirren von Tellern und Tassen über den mitgebrachten Kuchen hermachten, ging ich durch flüsterndes Gras an den Fluss und versuchte einen letzten Blick auf den Fußball zu erhaschen. Aber die Strömung hatte ihn längst entführt, er musste schon am Großen Auge vorbeigetrieben sein und war nicht mehr zu sehen. Genau das war es, dessen ich mich vergewissern wollte. Das Jucken hinter meinen Ohren war nicht verschwunden, und das beunruhigte mich. Es hatte etwas mit meinem frisch erworbenen Dasein als Tunte zu tun, von dem ich nicht wusste, was es für mich bedeuten würde, vor allem damit, wie Glass trotz allen Kicherns und Lachens gesagt hatte, *dann ist es eben so*. Den Worten war ein kurzes Zögern vorausgegangen, und während dieses Zögerns hatte sie nicht gelacht. Auch nicht danach. Danach war blitzartig dieser Schatten über ihr Gesicht gehuscht.

Dann soll es mir recht sein.

Plötzlich wusste ich, was dieser Schatten gewesen war: Sorge. Keine beliebige Sorge, sondern die sehr spezifische Sorge um meine Zukunft. Auf einmal war ich mir nicht mehr sicher, Held hin oder her, ob es einfach sein würde, ein Leben als Tunte zu führen. Aber ich war mir ganz sicher, dass dieses vor mir liegende Leben in enger, wenn auch undurchschaubarer Beziehung zu dem davongetriebenen Fußball stand. Schließlich hatte mit dem Ball alles angefangen. Deshalb starrte ich weiter auf das Wasser. Ich war neun Jahre alt, ich wusste, dass es keine bösen Geister und keinen schlammigen, mit Algen behangenen Flussgott gab, der das Wasser bergauf lenken und so den Ball zurückbringen würde. Ich wusste es, aber ich war mir nicht sicher.

Deshalb behielt ich den Fluss im Auge.

Nur für den Fall.

Eine Hand legte sich auf meine Schulter. »Ich möchte dir jemanden vorstellen, mein Kleiner.«

Ich drehte mich zu Tereza um und blickte in ein schwarzes Puppengesicht.

»Das ist Paleiko«, sagte Tereza. »Er ist etwas ganz Besonderes, Phil.«

»Er ist ein Neger.«

»Ein Schwarzer«, verbesserte mich Tereza.

»Neger sind doch schwarz.«

Die Puppe war kleiner als die von Dianne, kleiner und sehr viel älter. Aus dem dunklen Porzellangesicht leuchteten große, weiße Augen, der nackte, geschlechtslose Körper war völlig zerschrammt. Paleiko konnte es in keinerlei Hinsicht mit seinem blonden Widerpart aufnehmen, doch gerade das machte ihn, in meinen Augen, unwiderstehlich und wunderschön. In seine Stirn war ein winziger, rosafarbener Stein eingebettet, ein Korallensplitter oder ein Edelstein, wie ich mir einbildete, der trübe leuchtete.

»Paleiko habe ich von meiner Mama geschenkt bekommen, als ich klein war«, sagte Tereza. »Und die hat ihn von ihrer Mama bekommen, als *sie* klein war. Er ist sehr alt und hat viel gesehen. Manchmal wird er mit dir sprechen und dir Fragen beantworten. Du bist jetzt sein kleiner weißer Freund.«

»Warum heißt er so komisch?«

»Das ist ein Geheimnis«, sagte Tereza, »und die einzige Frage, die man Paleiko niemals stellen darf.«

»Warum nicht?«

»Weil er dann zerspringen wird.«

Ich nahm den negerschwarzen Paleiko an mich, ließ mich auf der Stelle am Flussufer ins Gras plumpsen und drückte seinen Mund an mein Ohr. Auf die Schnelle fiel mir nichts ein, wonach ich ihn fragen konnte, und so war alles, was ich hörte, das Gluckern und Rauschen des nahen Wassers, das Rascheln des Grases zwischen Terezas Waden, als sie zu Glass zurückging, und die abseits geführte Unterhaltung zwischen den beiden.

»Er ist zu alt für eine verdammte Puppe«, sagte Glass.

»Man ist nie zu alt für eine Puppe. Sieh dir doch an, wie er mit Paleiko umgeht. Er liebt ihn jetzt schon.«

»Ich weiß nicht ... Ist das nur ein Klischee oder noch so ein komischer Beweis?«

»Beides und nichts von beidem, meine Angebetete. Dein Sohnemann ist eine kleine Tunte, denk an meine Worte!«

»Gibt es einen Unterschied zwischen einer Tunte und einem Schwulen?«

»Ist das wichtig?«

Eine Minute absoluten Schweigens trat ein.

»Jedenfalls ist er eine hübsche Tunte«, sagte Glass endlich. »Mit sehr hübschen, maßgeschneiderten Ohren.«

»Oh, das ist er zweifellos. Irgendwann werden die Männer ihm zu Füßen liegen.« Ich hörte Tereza erstickt prusten. »Das ist sowieso der einzige Ort, an dem sie gut aufgehoben sind.«

»Ich will auch eine Tunte sein!«

Ich ließ die Puppe sinken und drehte mich um. Dianne, die der ganzen Aktion bisher wortlos, abwechselnd auf einem Stück Kuchen oder ihren langen Haaren herumkauend, zugeschaut und zugehört hatte, hatte sich an Glass gewandt. Puppe und Pipi waren vergessen. In ihren dunklen Augen brannte Neid, und ich gönnte ihn ihr von Herzen. Ich war ein Held, ich war eine Tunte, und ich hatte Paleiko. Zur Heldin konnte Dianne nicht mehr werden, weil der Fußball verschwunden war. Es in den feierlichen Stand einer Tunte zu bringen war ihre einzige Hoffnung, wenn sie ihre charakterlose blonde Puppe gegen ein dunkles Wunder wie Paleiko eintauschen wollte. Und von mir, das wusste sie, würde sie Paleiko nicht kriegen. Sie hatte keinen Finger krummgemacht, um mich vor den Tests zu bewahren.

»Du kannst keine Tunte sein, Schätzchen«, versuchte Glass sie abzuwimmeln.

»Warum?«

»Weil man dazu ein Mann sein muss.«

»Dann will ich ein Mann sein.«

»Dianne, sei nicht albern, das geht natürlich auch nicht.«

»Warum nicht?«

»Zu teuer«, sagte Tereza trocken. Dann warf sie sich, kreischend vor Lachen, auf den Rücken.

»Siehst du, mein kleiner weißer Freund«, flüsterte Paleiko in mein Ohr, »siehst du, so einfach geht das nicht. Der einzige Held hier bist du.«

KAT SCHWANKT. Sie hält mir die Innenflächen ihrer Hände entgegen, sie leuchten weiß. »O Scheiße. Tut mir ... tut mir leid, Phil.«

Ich weiß nicht, was ich davon halten soll, dass Paleiko tot ist. Er hat seit Jahren nicht mehr mit mir geredet. Verdammt, er hat nie mit mir geredet, er war nur ein Spielzeug! Aber er war auch Terezas Spielzeug, und das ist es, was den Anblick der über den Boden verstreuten Scherben so schmerzhaft macht. Nachdem sie ihn mir geschenkt hat – *anvertraut,* flüstert eine Stimme in mir, *sie hat mich dir nur anvertraut* –, hat sie sich nie wieder nach Paleiko erkundigt. Ich muss ihr nicht erzählen, was passiert ist, es könnte ihr nur unnötig wehtun. Und eigene Kinder, an die ich Paleiko weitergeben könnte, werde ich nie haben.

Sie hat mich dir nur anvertraut, und du hast nicht auf mich aufgepasst.

Die Zeit ist völlig aus den Fugen. Aus dem Radio tönt schmeichelnde Musik. Ich krieche über den Boden, weiche den Teelichtern aus, von denen Hitze aufsteigt wie aus einem Glutofen, und suche den rosaroten Stein, der in Paleikos Stirn eingelassen war, suche ihn ewig, ewig, ewig. Er bleibt unauffindbar, vielleicht ist er zwischen eine der Spalten im Parkett gerutscht. Ich setze mich mit dem Rücken gegen die Wand, neben Nicholas, der meiner Suche tatenlos zugesehen hat, und kratze winzige Scherbenstücke aus meinen Handflächen. Kat hat sich keinen Millimeter von der Stelle bewegt.

»Hey.« Nicholas umarmt mich und zieht meinen Kopf an seine Brust. »Nicht weinen, ja? Nicht weinen. Wir kleben ihn einfach wieder zusammen.«

»Okay.«

»Ich hol eine Schaufel und einen Besen.«

»Okay.«

»Wir sammeln jede Scherbe ein, auch die kleinste.«

»Ist gut.«

»Und dann kleben wir ihn wieder zusammen.«

»Mhm.«

»Nicht weinen.«

»Kommt«, sagt Kat, »kommt.«

Sie zieht Nicholas und mich an den Händen vom Boden, legt mir den Kopf auf die Schulter und umfasst Nicholas bei den Hüften. Langsam, erst vorsichtig und schwankend, dann immer sicherer, wiegen wir uns gemeinsam zur Musik, drängen wir uns enger aneinander. Ich schließe die Augen, drehe mich, drehe mich. Wo unsere Körper sich berühren, ist es ein Gefühl, als stürzte ich in ein offenes Feuer. Unter meinen Füßen knirschen und splittern Scherben, wir werden die brennenden Teelichter umstoßen, gleich wird das heiße Wachs sich über den Boden ergießen, wir werden Visible in Brand stecken. Ich spüre Lippen auf meinen Lippen, an meinem Hals, ganz sacht, ich weiß nicht, wem sie gehören, Kat oder Nicholas oder beiden.

Am Sonntag erwache ich um ein Uhr mittags mit einem Gefühl im Kopf, als hätte mein Gehirn sich in die Luftblase im Inneren einer hin- und herkippenden Wasserwaage verwandelt. Ich stolpere aus dem Bett, reiße die Fenster auf und sauge die mir entgegenschwappende kalte Luft ein. Die Welt diesseits und jenseits des Flusses versteckt sich unter einem fein gewobenen, glitzernden Tuch aus Raureif.

Kat und Nicholas sind gegen drei Uhr morgens gegangen. Mein Angebot, in Visible zu bleiben, haben beide abgelehnt, und ich war zu müde, um Überzeugungsarbeit zu leisten. Ich betrachte das Aluminiumgrau der Behältnisse von einhundert ausgebrannten Teelichtern und die Scherben und Splitter, die alles sind, was von Paleiko geblieben ist. Dann ziehe ich Wollsocken an, gehe nach unten in die ungemütlich kalte Küche und brühe starken Kaffee auf. Er ist so heiß, dass ich mir Lippen und Zunge daran verbrenne, aber er bringt die Luftblase in der Wasserwaage in ein erträgliches Gleichgewicht. Ich versuche gar nicht erst, meinen Ofen oder den altersschwachen Heizkessel im Badezimmer anzuwerfen. Stattdessen rufe ich Tereza an, die sich freut, mich zu hören, die den ganzen Nachmittag freihat, weil Pascal für die heutige Eröffnung eines Weihnachtsmarkts noch Bernsteinschmuck herstellen muss, und die mich, wie ich insgeheim gehofft habe, zum Kaffeetrinken einlädt. Paleikos Ableben erwähne ich mit keiner Silbe, und dabei, so nehme ich mir vor, wird es auch bleiben. Doch schon der Klang von Terezas Stimme genügt, um das schlechte Gewissen, das sich bis jetzt in meinem schmerzenden Hinterkopf versteckt gehalten hat, wie einen tollwütigen Hund von der Kette und mit mir davonlaufen zu lassen. Nach dem Telefonat kehre ich die Scherben zusammen und schütte sie in den Mülleimer in der Küche. Es hätte keinen Zweck zu versuchen, sie zusammenzufügen, es sind zu viele. Der rosa Stein aus Paleikos Stirn bleibt unauffindbar. Irgendwann werde ich gründlicher nach ihm suchen.

Sonntags fahren die Busse nur alle zwei Stunden. Ich stehe fast dreißig Minuten zu früh am Marktplatz, der wie ausgestorben in der glitzernden Kälte liegt. Nur dann und wann röhrt ein Auto vorbei, Menschen lassen sich kaum blicken. Hinter zwei, drei Fenstern in den umgebenden Häusern flackern bunte Lichterketten und glimmen Kerzen, mir fällt ein, dass heute der erste Advent ist. Ich trete auf der Stelle und reibe mir die Hände, um meinen Kreislauf in Gang zu halten. Ich werde Tereza fragen, ob ich ihre Dusche, besser noch die Badewanne benutzen darf. Selbst die beiden Soldaten auf dem Marktbrunnen ducken sich unter der Kälte und sehen aus, als könnten sie ihre mit Bajonetten bestückten Gewehre kaum noch in den erfrorenen Händen halten. Händel hat mehr als einmal versucht – in Leserbriefen an die Zeitung, bei Sitzungen des Gemeinderates – darauf aufmerksam zu machen, dass eine aufgeklärte Gesellschaft sich den Anachronismus, mit bewaffneten, heroisch dreinblickenden Soldaten gegen den Krieg zu mahnen, nicht leisten könne, fand aber, wie üblich, kein Gehör. Er muss sich schrecklich unverstanden fühlen, ein einsamer Rufer in der Wüste. Ich frage mich, was einen Mann wie ihn in diese triste Kleinstadt am Ende der Welt verschlagen hat. Vielleicht ein überentwickelter Missionstrieb.

Im Bus schließe ich die Augen, eingelullt von trockener Wärme, in Gedanken bei der vergangenen Nacht. Ich tue Kat Unrecht mit meiner Eifersucht, die vielleicht gar keine Eifersucht ist, sondern bloßer Neid: Neid auf die unbefangene Direktheit, mit der sie auf Menschen zugeht, die ich von ihr gewohnt bin, für die ich sie bewundere und mag, an der es mir selbst aber mangelt.

Scheiße.

Von der Bushaltestelle bis zu Tereza laufe ich fünf Minuten. Die Straße mit den schönen Altbauten liegt ruhig und still. Hinter den Fenstern brennen bedeutend mehr Kerzen, elektrische und echte, als ich sie vorhin auf dem Marktplatz gesehen habe. Im Treppenhaus dringt Weihnachtsmusik durch eine Tür. Pascal öffnet auf mein Klingeln. Sie sieht aus wie immer, mürrisch, zerzaust und nicht richtig wach.

»Gegrüßet seist du, Maria«, brummt sie. Sie tritt beiseite. »Komm rein.«

Ich hänge meinen Mantel in die Garderobe und spähe durch den Flur. »Wo ist Tereza?«

»Gegangen.«

Mein Herz sinkt. »Aber sie hat doch –«

»Sie lässt dir ausrichten, es täte ihr leid, aber irgendein wichtiger Klient hat angerufen, und fort war sie. Sie hat noch versucht dich anzurufen, aber es war niemand zu Hause.«

Nein, ich war auf dem verdammten Marktplatz, wo ich mir in der lausigen Kälte die Beine in den Bauch gestanden habe.

»Wenn du mit mir vorliebnimmst, kannst du gern bleiben. Allerdings muss ich arbeiten und«, Pascal sieht auf ihre Uhr, »in spätestens einer Stunde verschwinden.«

»Ich weiß.«

»Bleibst du trotzdem auf einen Kaffee? Du siehst aus, als

könntest du einen brauchen.« Sie hat sich schon umgedreht und in Richtung Küche in Bewegung gesetzt. »Hast du gefeiert?«

»Ja. Mir ist eher nach einer heißen Dusche.«

»Du kannst beides haben.«

»Noch besser.«

»Der Gast ist König«, ruft Pascal über die Schulter. Es klingt eher so, als fände sie, dass man Gäste unmittelbar nach Betreten der Wohnung erschießen sollte. »Komm in mein Arbeitszimmer, wenn du fertig bist.«

Ich könnte ewig unter der Dusche stehen. Minutenlang lasse ich heißes Wasser auf mich einprasseln, bevor ich den Regler auf kalt stelle und ein kurzer, eisiger Schwall auch die letzten grauen Schleier aus meinem Gehirn vertreibt. Als ich das Badezimmer verlasse, fühle ich mich wie neugeboren. Barfuß und mit nassen Haaren, nur in ein gigantisches Frotteetuch gewickelt, tappe ich über flauschigen Teppich durch die Wohnung. Die Tür zur Küche steht offen, Kaffeeduft zieht in den Flur. Im Vorbeigehen fällt mein Blick auf das an der hinteren Wand angebrachte Pinnbord und die weiße Postkarte, die Tereza vor fünf Jahren von Pascal erhielt.

Mein Herz für Deines.

Ein Leben für ein Leben.

Ich kenne Pascals Arbeitszimmer, ihre kleine Schmuckfabrik, wie sie selbst es nennt. Ich finde, es gleicht eher dem großen Chaos. Auf einer breiten Arbeitsplatte liegen Werkzeuge verstreut, die mich an Miniaturausgaben mittelalterlicher Folterinstrumente erinnern. An den Wänden hängen mit Reißzwecken befestigte Entwurfszeichnungen. Offene Schubladen quellen über von Silberdraht und Nylonschnur. In Schachteln und Kistchen liegt Bernstein in allen Stadien der Bearbeitung, vom groben, trüben Klumpen bis zum fertig bearbeiteten, milchig transparenten Stein, in dessen Gelb die typisch braunroten Flecken eingefangen sind. Pascals Spezialität allerdings sind die kleinen, sorgfältig geschliffenen Splitter, die sie zu offenen Mustern in ihrerseits in Form geschliffene Holzstückchen einsetzt.

Das Durcheinander hat seine eigene Qualität. Von den Schmuckstücken selbst lässt sich das nicht unbedingt behaupten, was keine Gehässigkeit ist, sondern eine Feststellung, die Pascal vermutlich als Erste unterschreiben würde. Jedem der in Silber oder Holz gefassten Bernsteinanhänger an langen Halsketten, jedem der mit dicken Steinen besetzten Ringe ist anzusehen, dass sie nicht mit besonders viel Enthusiasmus hergestellt werden. Vielleicht ist der Eindruck ein anderer, wenn man nur Einzelstücke sieht – Pascal drapiert sie zum Verkauf auf Samt und Brokat –, aber hier liegen die Schmuckstücke herum wie am Fließband gefertigt, auswechselbare Zeugnisse von Lieblosigkeit und schöpferischer Unlust.

»Und«, begrüßt mich Pascal, »wie geht es dir und dem Märchenprinzen? Hat sich euer Aktionsradius inzwischen über das Bett hinaus erweitert?«

»Hat er.«

»Aber ein Problem hast du trotzdem.« Sie beugt sich wieder über das Stück Holz, das sie mit Schleifpapier bearbeitet hat, als ich das Zimmer betrat. »Sonst wärst du nicht hier, oder?«

Nett von ihr, gleich auf den Punkt zu kommen. Ich würde mich lieber mit Tereza unterhalten. Aber ich habe das Gefühl, im Moment nicht wählerisch sein zu können. Außerdem mag Pascal zwar einige Defizite aufweisen – an Taktgefühl genauso wie an Sensibilität im Umgang mit den Gefühlen ihrer Mitmenschen –, aber ein Mangel an praktischer Lebenserfahrung zählt mit Sicherheit nicht dazu. Also hole ich einmal tief Luft, und dann erzähle ich ihr von meinem Neid auf Kat, davon, dass es ihr offensichtlich besser gelingt als mir, Nicholas aus sich herauszulocken.

»Bist du dir da so sicher?« Pascal sieht kurz von ihrer Arbeit auf. »Er mag auf sie anders reagieren als auf dich. Aber das muss nicht heißen, dass er sie deshalb näher an sich heranlässt. Warum fragst du Kat nicht danach?«

»Sie könnte es als Misstrauen auslegen.«

»Das ist es doch auch, oder?«

»Schon, aber –«

Sie winkt ab. »Was willst du von Nicholas, Phil? Was willst du *wirklich* von ihm?«

»Ich weiß es nicht. Mehr Sicherheit, denke ich.«

»Die gibt es in keiner Beziehung.«

»Gut, dann eben, dass er sich nicht dauernd so verschlossen gibt. Er weiß alles von mir, ich stehe völlig nackt vor ihm da, aber von ihm kommt nichts.« Ich ziehe das Badetuch etwas fester um mich und überlege. »Das Komische ist, dass ich ihn trotzdem liebe.«

»Wie romantisch. Wenn du *trotzdem* durch *deshalb* ersetzt, kommst du der Sache vermutlich näher.« Pascal legt Holz und Sandpapier beiseite und kippt ein paar Bernsteinsplitter vor sich auf den Tisch. »Und was ist, wenn sein Schweigen nur bedeutet, dass er nichts zu sagen hat?«

»Das glaube ich nicht.«

»Ja, ja, weil du ihn liebst.« Jetzt greift sie nach einer Lupe, um ein paar Bernsteinsplitter genauer zu betrachten. »Meiner Meinung nach hat es mit Liebe nicht viel zu tun, wenn der eine nur gibt und der andere nur nimmt.«

»Weißt du, was ich an dir nicht leiden kann, Pascal?«, sage ich nach einer kleinen Pause. »Dass du Leuten furchtbar gern sagst, was sie nicht hören wollen.«

»Irgendwer muss es ja tun ...« Ohne die Lupe abzusetzen, wedelt sie mit einer Hand. »Gib mir mal die Pinzette von da drüben.«

Ich sehe ihr dabei zu, wie sie einen der kleinen Splitter vorsichtig mit Klebstoff betupft und in das vorbehandelte Holzstück einsetzt. Auf der Rückseite befestigt sie eine Broschennadel. Eigentlich kaum zu glauben, dass ihre dicken Finger eine so feine Arbeit zu Stande bringen können.

»Besonders hilfreich war das nicht«, sage ich endlich.

»Phil, nun hör mir mal zu.« Pascal legt das fertige Schmuckstück ab und sieht zu mir auf. »Es ist dein Leben, nicht meines, und für deine Probleme bist du selbst zuständig. Ich würde dir einen Rat geben, wenn ich könnte, aber ich kenne mich mit Männern nicht aus und will mich auch nicht mit ihnen auskennen. Okay?«

»Okay.«

»Willst du trotzdem noch Kaffee?«

»Sicher.«

»Dann zieh dir endlich was an.« Pascal steht auf, drängt sich an mir vorbei und zeigt auf das Frotteetuch. »Oder wartest du darauf, dass ich dir das vom Leib reiße und mich auf dich stürze?«

»Würdest du das tun?«

»Oh, wer weiß«, sagt sie trocken. »Was wäre das Leben ohne exotische Abenteuer am Rande der Perversität?«

Sie wartet im Wohnzimmer auf mich, auf dem Tisch stehen Kaffee und buttergelbe Plätzchen.

»Hey«, ich zeige darauf, »sind das die Reste vom Sommer?«

»Die sind frisch, du Idiot! Oder meinst du, ich würde im Sommer Tannenbäume und Glocken ausstanzen?«

Unter ihren misstrauischen Augen esse ich ein paar Plätzchen, nicke ihr begeistert zu – sie schmecken wirklich fantastisch – und merke, wie ihr Blick sich irgendwann verändert und nachdenklich wird.

»Was ist los?«

Pascal räuspert sich unbehaglich. »Also ... eigentlich wollte Tereza dir das heute sagen, aber da sie nicht hier ist ... Wart mal, ja?« Sie verlässt das Zimmer und ist gleich drauf wieder zurück. Ein gefaltetes Blatt Papier landet vor mir auf dem Tisch.

»Lies das. Wir haben eine ganze Sammlung davon.«

Es ist ein Brief, nur wenige Zeilen, hastig dahingekritzelt mit dickem schwarzem Filzstift. Ich weiß nicht, was schlimmer wiegt, die stumpfe Hässlichkeit der Worte, die mir wie mit einem Faustschlag unwillkürlich die Schamröte ins Gesicht treibt, oder die aus ihnen sprechende Brutalität.

»Wer schreibt so was?«

Pascal zuckt die Achseln. »Irgendein Typ, der sich auf die Vorstellung von zwei Lesben, die miteinander vögeln, ausnahmsweise keinen runterholt, sondern sich davon mächtig auf den Schwanz getreten fühlt.« Sie verzieht den Mund, wohl um ihrer Gleichgültigkeit gegenüber diesem Brief Ausdruck zu geben, bringt aber nicht mehr zu Stande als ein groteskes, eckiges Grinsen.

»Und warum ... warum zeigst du mir das?«

»Tja ...« Sie macht diese Handbewegung, mit der sie vergeblich versucht die kurzen Haare hinter die Ohren zurückzustreichen. »Scheiße, ich wünschte, Tereza würde es dir sagen, aber das will sie seit Wochen und bringt es nicht übers Herz. Also ... wir gehen, Phil.«

»Was?«

»Wir haben das tausend Mal durchdacht, aus ebenso vielen

Gründen.« Sie zeigt auf den Brief. »So was da ist nur einer davon.«

Ich habe das irrwitzige Gefühl, dass ich rückgängig machen kann, was sie gesagt hat, wenn ich nur schnell genug aus diesem Zimmer verschwinde. Wenn ich so tue, als wäre ich nie hier gewesen. »Und die anderen?«

»Zum Beispiel, dass ich mich nach meiner Heimat sehne«, sagt Pascal. »Oder danach, wieder in meinem alten Beruf zu arbeiten. Oder dass Tereza die Nase voll hat von Klienten, die keine anderen Probleme kennen als Nachbarsköter, die ihnen den Vorgarten vollkacken.«

Ich starre auf den Brief. »Wann denn?«

»Nächstes Jahr, irgendwann im Frühjahr.«

»Im Frühjahr!« So bald schon. Meine Gedanken stolpern übereinander. »Und was wird aus Glass? Sie wird ihren Job verlieren! Sie wird ausrasten, wenn sie von euren Umzugsplänen erfährt!«

»Sie weiß es schon.«

»Sie weiß es schon! Warum hat sie mir nichts gesagt?«

»Weil sie findet, dass das Terezas Aufgabe ist. Und weil sie selbst recht gelassen darauf reagiert.«

»Gelassen darauf ...« Ich muss damit aufhören, jeden Satz wie eine gesprungene Schallplatte zu wiederholen. »Aber was ist mit ihrem Job?«

»Es gibt Dutzende von Anwälten in der Umgebung«, sagt Pascal ruhig. »Glass ist gut, sie hat Ahnung, sie wird jederzeit eine neue Stelle finden. Sie könnte sogar in Michaels Kanzlei arbeiten.«

»Und Tereza?«

»Hat etwas in Holland aufgespürt. Sie hat sich umgesehen, als wir dort im Urlaub waren. Internationales Recht. Sie wird für ein paar Monate noch mal die Schulbank drücken müssen, aber der Job ist ihr sicher.«

Natürlich hat sie Recht. Holland liegt nicht am anderen Ende der Welt. Wir werden einander besuchen können, wir werden telefonieren. Trotzdem dreht sich mir der Magen um bei der Vorstellung, Tereza nicht mehr in meiner Nähe zu haben.

»Na ja, so viel dazu.« Pascal kippt den letzten Rest Kaffee hinunter, sieht auf ihre Uhr und steht auf. »Ich muss los.«

»Ist schon gut.«

»Du könntest mitkommen und mir beim Aufbauen helfen, wenn du willst.«

»Keine Lust.«

»Dann bleib eben hier. Fühl dich wie zu Hause. Im Kühlschrank müsste noch was zum Aufwärmen stehen. Oh, und räum das Geschirr weg, ja?«

Sie hat schon drei Schritte in Richtung Flur gemacht, als sie stehen bleibt und sich noch einmal zu mir umdreht. »Und was deinen Nicholas angeht ...«

»Ja?«

»Vielleicht würde es dir helfen, wenn du etwas mehr Initiative ergreifst und dafür weniger wie ein unbeteiligter Zuschauer durch die Weltgeschichte stolperst.« Sie grinst. »Das ist nämlich genau das, was ich an *dir* nicht leiden kann.«

Secale cornutum

EINE POSTKARTE TRUDELT EIN, diesmal aus Kapstadt: Gable kündigt sich definitiv für Weihnachten an. Glass nimmt das zum Anlass, sich der generalstabsmäßigen Planung der Weihnachtsfeiertage zu widmen. Tereza und Pascal sind eingeladen; Michaels Anwesenheit wird als selbstverständlich vorausgesetzt.

Ich finde Glass in der Küche, wo sie vor einem Stapel von Kochbüchern und einem Berg vollgekritzelter Zettel am Tisch sitzt und, wie jedes Jahr um diese Zeit, hochkonzentriert über der Zusammenstellung eines mehrgängigen Weihnachtsmenüs brütet. Ich frage mich längst nicht mehr, warum sie so viel Zeit auf etwas verwendet, das über das Planungsstadium nie hinaustreten wird. Glass hat noch nie eines ihrer komischen Menüs hinbekommen. Die Kochbücher hat sie sich nicht selbst zugelegt, sie gehörten Stella. Letzten Endes wird das Weihnachtsdiner, wie jedes von Glass geplante Festessen, doch nur aus einem einzigen Gang bestehen: Huhn in Fertigmarinade mit gebackenen Kartoffeln. Als ich sie auf Terezas Umzugspläne anspreche, sieht sie von ihrem Zettelwust nicht einmal auf.

»Natürlich werde ich sie vermissen, Darling«, murmelt sie.

»Und was wirst du tun?«

»Nicht darüber nachdenken.«

»Ich meine, was wirst du tun, wenn du deinen Job verlierst?«

»Was schon? Ich werde mir einen neuen suchen.«

Glass klappt eines der Kochbücher zu, schlägt das nächste auf und macht sich irgendwelche kryptischen Notizen. Der Kachelofen bollert und erfüllt die Küche mit gemütlicher Wärme. Ich habe mit Blasen an den Händen dafür bezahlt – das Holzschlagen im Schuppen wird bis zum April nächsten Jahres kein Ende nehmen.

»Und glaub nicht, dass ich nicht schon vorher oft mit dem Gedanken gespielt hätte«, fährt Glass fort. »Ich bin schon länger in der Kanzlei als die dienstälteste Topfpflanze. Eigentlich müsste ich Tereza dankbar sein. Wenn sie nicht ginge, bekäme ich nie den Hintern hoch.«

»Wirst du bei Michael anfangen?«

»Natürlich nicht! Ich kann für Michael arbeiten oder ich kann mit ihm schlafen. Beides zusammen kommt absolut nicht in Frage.« Sie schiebt die Zettel beiseite und nimmt sich das nächste Buch vor. »Sag mal, Darling, was hältst du eigentlich von Huhn mit Kartoffeln zu Weihnachten?«

»Großartige Idee.«

»Nicht wahr?« Glass sieht auf, strahlt mich an und beginnt die hundert kleinen Zettel zusammenzuknüllen. »Warum ladet Dianne und du nicht auch eure Freunde ein?«

Dianne hält sich fast nur noch bei Kora oder, gemeinsam mit Kora, bei Mädchen aus deren Bekanntenkreis auf. Als ich sie frage, ob sie ihre Freundin zum Weihnachtsessen nach Visible einladen möchte, schüttelt sie nur abwehrend den Kopf.

»Kora hat Visible nur von weitem gesehen, das hat ihr gereicht. Sie sagt, es hätte etwas Magnetisches. Sie meint, dass sich wahrscheinlich Dutzende von Wasseradern und Energielinien unter den Fundamenten kreuzen.«

»Wasseradern und Energielinien?«

»Sie glaubt eben an solche Dinge.«

»Und du?«

»Könnte doch sein, oder?« Dianne legt den Kopf schräg. »Jedenfalls sagt Kora, Häuser wie Visible würden jeden auffressen, der sie betritt.«

»Ich will dir nicht zu nahe treten, aber das klingt ein bisschen plemplem.«

»Von mir aus. Aber glaub mir, Phil, es gibt niemanden, der einen klareren Kopf hat als Kora.«

Kat zu fragen, ob sie Lust auf Huhn mit Backkartoffeln hat, erübrigt sich, da sie über die Feiertage und Silvester, in Begleitung ihrer Eltern, auf Skiern die Alpen unsicher machen wird.

»Ist das garantiert letzte Mal«, erklärt sie mir über das vorweihnachtliche Schrammen ihrer Geige hinweg, als ich sie zu Hause besuche. »Und dieses Mal werde ich mich auf Teufel komm raus amüsieren, nach der Sommerpleite auf Malta!«

»Spielt dein Herz immer noch Kompass?«

Kat verzieht den Mund. »Was schenkst du Glass und Dianne zu Weihnachten?«

»Wir schenken uns nichts, wir sind pleite.«

»Und Nicholas?«

»Keine Ahnung.«

Mit Ausnahme des Laufens hat er keine Hobbys. Natürlich hat er sein seltsames Museum, aber er könnte es als Vertrauensbruch auslegen, wenn ich Kat davon erzählte. Und offen gestanden erfreut mich der Gedanke, Kat gegenüber dieses Vertrauen als Vorsprung zu haben.

»Wir haben uns für einen kleinen Weihnachtseinkauf verabredet«, sagt sie, ohne die Geige abzusetzen. »Man kann wahnsinnigen Spaß mit ihm haben, findest du nicht?«

»Kommt darauf an.«

»Er findet die Idee übrigens gut.«

»Welche Idee?«

Kat lässt den Bogen der Geige sinken. Ich kann fast hören, wie ihre Mutter irgendwo im Haus die Stoppuhr drückt. »Na, dass ich mir die Haare schwarz färben lasse.«

»Kat!«

Ich beschließe Nicholas eine Vitrine zu zimmern. Es ist ein Vorhaben, das mich völlig überfordert, bis ich kurz entschlossen Michael um Hilfe bitte. Anscheinend gibt es nichts, was er nicht kann. Eines der leeren Zimmer Visibles wird von uns zur Werkstatt auserkoren. Wir plündern den Keller, wo wir gut abgelagertes Holz finden, und in den nächsten Tagen hämmern und feilen und nageln und sägen wir gemeinsam herum, sobald Michael am frühen, öfter noch am späten Abend aus seiner Kanzlei gekommen ist.

»Was hast du eigentlich nach der Schule vor?«, fragt er mich irgendwann.

»Keine Ahnung. Studieren vielleicht, aber frag mich nicht, was. Genauso gut kann ich mir vorstellen, erst mal eine Weile mit Gable durch die Welt zu schippern.«

»Ich bin gespannt darauf, ihn kennenzulernen.« Michael klopft sich ein paar Sägespäne vom Pullover. »Du magst ihn sehr, oder?«

»Als Kind habe ich mir immer gewünscht, dass er mein Vater wäre.«

Worauf Michael mich mit einem Blick bedenkt, der alles und nichts bedeuten kann, vermutlich eher alles. Ich lächele ihm zu und widme mich wieder meiner Arbeit. Falls er und Glass daran denken, zusammenzuziehen, werden sie das noch früh genug verkünden.

Der Streit mit Nicholas kommt so schnell wie ein plötzlich aufziehendes Sommergewitter. Ebenso rasch ist er auch wieder vorüber. Doch wie es einem dieser kurzen Gewitter nur selten gelingt, die Schwüle aus der Luft zu waschen, hinterlässt auch unsere Auseinandersetzung ein Versprechen auf mehr, ein hintergründiges Grollen, das ich noch Tage danach zu hören glaube.

Nicholas kommt zum Haus von Terezas Vater, wo ich ihn erwarte. Er klingelt Sturm. Als ich ihm öffne, poltert er in den Flur, aufgebrachter, als ich ihn je erlebt habe.

»Es wird überall herumerzählt, dass du schwul bist!«

»Von wem?«

»Von Kats Exfreund! Er behauptet, du hättest ihn befummelt, und das drückt es nur milde aus!«

»Hab ich nicht. Ich hab ihn nur geküsst.«

»Du hast *was*?«

Die Temperatur im Raum scheint schlagartig um mehrere Grade zu sinken. Irgendwo in meinem Inneren entsteht ein Loch, durch das all meine Kraft und Energie entweicht.

»Ihn geküsst, damit er mich in Ruhe lässt.«

»Bist du völlig übergeschnappt?« Nicholas hebt die Hände, für einen Augenblick glaube ich tatsächlich, dass er mich schlagen will. »Wie kannst du die Leute auch noch mit Munition versorgen?«

»Lass diesen Idioten doch verbreiten, was er will! Ich könnte genau dasselbe von ihm behaupten. Ich könnte erzählen, er hätte es klasse gefunden.«

»Sei nicht so verdammt naiv! Denkst du überhaupt nicht an Kat?«

»Sie kann froh sein, dass ich ihr die Überzeugungsarbeit abgenommen habe.«

»Worum sie dich nicht gebeten hat!«

Sein Gesicht glüht vor Erregung. Die dunklen Augen funkeln zornig. Ich denke an Schach. Als ich das Spiel zu lernen versuchte, hat Michael mir erklärt, wie man seine eigenen oder die Figuren des Gegners in bestimmte Positionen manövriert. Ich kann mich nicht erinnern, ob es ein Patt war oder ein Remis, bei dem man keinen Zug mehr machen kann, ohne dabei den feindlichen König ins Schach zu setzen. Aber genau so fühle ich mich in diesem Moment: ins Aus gesetzt.

Ich sollte Nicholas fragen, warum er sich hinter Kat versteckt, wenn es doch nur um seine Befürchtung geht, mit mir gesehen zu werden. Ich sollte ihn fragen, warum ich mich vor ihm verteidigen muss, wenn doch offensichtlich er derjenige ist, der ein Problem hat. Aber dazu müsste ich das Zittern in meiner Stimme unterdrücken und mein rasend schlagendes Herz beruhigen können. Mir fehlt der Mut, ihn so offensiv anzugehen, wie Pascal es mir geraten hat. Seit er mit seiner messerscharfen Wut hier eingetreten ist, beherrscht mich die Angst, er könnte gleich gehen und mich allein zurücklassen. Er muss mir diese Angst ansehen, denn plötzlich werden seine Züge weicher.

»Phil …«

Ich wende mich ab, damit er nicht bemerkt, dass ich mit Tränen kämpfe. Er legt von hinten die Arme um mich. Sein Atem streicht über meinen Nacken.

»Phil, es tut mir leid.«

»Ist okay.«

»Ich will keinen Streit mit dir.«

»Ich will auch keinen Streit.«

»Komm mit, komm.«

Später, nachdem wir miteinander geschlafen haben, liegen

wir auf dem Bett, starren gegen die Zimmerdecke und lauschen dem inzwischen vertrauten, leisen Ticken der Heizung. Von draußen drücken Dunkelheit und Wind gegen das Fenster. Ich frage Nicholas, ob er nicht an einem der Weihnachtstage nach Visible kommen möchte.

»Ich kann nicht. Meine Eltern und ich besuchen Verwandte.«

»Warum fährst du mit?«

»Ich kann sie nicht alleinlassen.«

»Wenn es so schrecklich bei euch ist, wird es keinen Unterschied machen, ob du dabei bist oder nicht. Dann sind es statt zwei eben drei Leute, die sich gegenseitig fertigmachen.«

»Du verstehst das nicht.«

Ich drehe mich auf die Seite, zeichne mit den Fingern seine Augenbrauen nach, spiele in seinen Haaren. »Gibt es da irgendein dunkles Familiengeheimnis, das du mir nicht verraten hast?«

»Nein. Es gibt gar nichts.«

»Aber wenn ihr euch gegenseitig zerfleischt, warum fahrt ihr dann gemeinsam zu Verwandten?«

»Wenn du sonst nirgends Halt findest, klammerst du dich eben an alte Rituale.« Nicholas hält meine Hand fest, drückt sie zur Seite und nagelt sie mit seinem festen Griff auf die Matratze. »Dreh dich auf den Bauch.«

»Sei vorsichtig ...«

Von jemandem, der so verschlossen ist wie Nicholas, lässt sich nur schwer behaupten, dass er sich noch weiter in sich selbst zurückzieht. Trotzdem habe ich in den folgenden Tagen den Eindruck, dass seine seltenen Küsse noch seltener werden, seine Berührungen weniger. Nur unser Sex bleibt der gleiche: ein Hunger, den wir nicht stillen können.

Die Meteorologen haben sich nicht getäuscht: Der Winter wird lausig kalt. Bereits Mitte Dezember zieht sich eine dünne, weißblaue Eisdecke über den Teich am Ende des Gartens, den ich seit dem Sommer nicht mehr besucht habe. Ab und zu fällt etwas pulverfeiner Schnee, aber es sind nicht mehr als schnell verwehte, zerrissene Schleier, die ein sibirisch kalter Wind gegen Baumstämme und Häuserwände pustet, wo sie wie Puderzucker kleben bleiben. Alles erstarrt. Frost beißt sich tief in den Boden und versiegelt die Erde mit einem Panzer aus unsichtbarem Eis. Vielleicht ist es die unerträgliche Kälte, die Dianne den Entschluss fassen lässt, ihren eigenen Panzer zu sprengen.

Am Samstagnachmittag sucht sie mich in dem Zimmer auf, das Michael und ich in eine Tischlerwerkstatt verwandelt haben.

»Phil, hast du einen Moment Zeit?«

»Muss es jetzt sein?«

Meine Hände und Klamotten sind mit grüner Farbe bekleckert. Die Vitrine, das Weihnachtsgeschenk für Nicholas, ist endlich fertig geworden und sieht, dank Michaels Hilfe, wirklich nach professioneller Arbeit aus. Ich habe lange überlegt, ob ich das schön gemaserte Holz unbehandelt lassen oder ihm einen Anstrich geben soll. Letztlich habe ich mich für den Anstrich und eine matte Lackierung entschieden.

»Ich kann später noch mal kommen«, sagt Dianne. Sie betrachtet die Vitrine. »Nette Farbe.«

»Anfangs hatte ich noch an Gelb gedacht.«

»Grün ist okay.«

»Grün wie der Lack an Hoffmanns Praxis?«

Sie grinst. »Ja. Ungefähr so.«

Ich nehme meine Arbeit wieder auf. Dianne bleibt in der Tür

stehen und beobachtet mich. Ich mache ein, zwei Striche mit dem Pinsel, dann kapituliere ich und lasse ihn mit einem Seufzer wieder sinken. »Also gut. Worum geht es?«

»Willst du immer noch wissen, warum Glass und ich ein Problem miteinander haben?«

Um ein Haar fällt mir der Pinsel aus der Hand. Ich fühle mich völlig überrumpelt. Auf dieselbe harmlose Art hätte sie mich fragen können, ob ich Kaffee lieber mit oder ohne Milch trinke. Ich kann nur nicken.

»Dann komm mit.«

Eine der Lebensweisheiten, die Glass ihren Kundinnen verkauft wie Pralinen mit wahlweise süßer oder bitterer Füllung, je nach Bedarf, ist die, dass es für alles einen Ort und eine Zeit gibt. Mag sein, dass Dianne diese Weisheit verinnerlicht hat, ich frage sie nicht danach. Meine Neugier ist größer als das Interesse an ihren Motiven. Ich folge ihr durch den Flur und die kalte Eingangshalle, überrascht, dass unser Weg in die Bibliothek führt. Dianne geht zielstrebig an ein Regal, nimmt eines der in Leder gebundenen Herbarien von Terezas Vater heraus und schlägt es auf – muss es kaum aufschlagen, weil die Seiten sich an einer bestimmten Stelle fast von allein öffnen.

Plötzlich kommt es, mit aller Macht – das Gefühl, einen Fehler begangen zu haben, indem ich Dianne hierher gefolgt bin; das Verlangen, auf der Stelle kehrtmachen und davonlaufen zu wollen; das Wissen, dass ich meiner Schwester nie hätte Fragen stellen dürfen, ohne auf die schrecklichste aller Antworten gefasst zu sein. Sie deutet auf fünf schwarzviolette, sehr kleine, nagelförmige Zapfen, die mit einem kaum sichtbaren Klebstreifen auf der Seite befestigt sind.

»Was ist das?«

»*Secale cornutum.* Mutterkorn. Keine richtige Pflanze, sondern ein Pilz. Ich hab immer noch ein fast volles Glas davon.«

»Dianne, ich …« Aber natürlich ist sie nicht mehr aufzuhalten, sind die Worte schon so gut wie gesagt.

»Mutterkorn enthält ein Alkaloid. In niedriger Dosierung bewirkt es Krämpfe, besonders Krämpfe der glatten Muskulatur. Hebammen haben es über Hunderte von Jahren benutzt, um bei Frauen damit Wehen auszulösen oder zu verstärken.«

GLASS VERLOR DAS BABY Ende Januar, fast auf den Tag genau vier Wochen nachdem sie mir auf der Brücke über dem vereisten Fluss offenbart hatte, dass sie schwanger sei. Es geschah nachts, Dianne und ich wurden von ihren Schreien geweckt. Draußen schneite es seit Tagen beständig, die Welt trug Weiß, und es stürmte, nicht allzu heftig, aber stark genug, dass ich später überlegte, die ersten zwei oder drei Schreie von Glass möglicherweise überhört zu haben. Nicht, dass das etwas geändert hätte.

»*Phil! Phiiiiiiillll …!*«

Ich verständigte den Notruf. Nach der Telefonnummer musste ich nicht suchen, Glass hatte sie Dianne und mir schon eingebläut, kaum dass wir das Wort *Telefon* richtig auszusprechen gelernt hatten. Sie hatte uns sogar das Heimlich-Manöver beigebracht, das in Amerika jedes Schulkind beherrschte, eine Art Umklammerungsgriff, mit dem man jemandem, der sich an seinem Essen verschluckt hat, Fremdkörper aus der Speiseröhre entfernen und ihn so vor dem Ersticken retten kann. Glass hatte uns vor Abflussreinigern und Spülmitteln, vor Tabletten, Salben und Pasten, vor bösen Männern, bösen Frauen und vor Messer, Gabel, Schere, Licht gewarnt, alles um uns zu schützen, und jetzt war sie es, für die jeder Schutz zu spät kam.

Erst viel später fiel mir ein, auch Tereza anzurufen. Als sie in Visible eintraf, reflektierten die Wände der Eingangshalle bereits das rotierende Blaulicht des Krankenwagens, der mit laufendem Motor draußen in der Einfahrt stand. Durch die offene Haustür wehte Schnee in die Halle, er wanderte in glitzernden Schlangenlinien über den gekachelten kalten Boden. Ich saß zusammengekauert am Fuß der Treppe und weinte, weil ich dachte, Glass müsse sterben.

»Was ist passiert?«, fragte Tereza, so atemlos, als wäre sie den weiten Weg bis nach Visible gerannt. Sie trug einen altmodischen, rot und grau gestreiften Pyjama, über den sie einen offenen Mantel geworfen hatte. Sie musste gefahren sein wie der Teufel.

»Ihr war schlecht, schon heute Nachmittag.«

»Wo ist Dianne?«

»Oben. Sie macht sauber.«

»Sie macht ...?« Es dauerte einen Moment, bis Tereza begriff. »O mein Gott, Phil ...«

Sie umarmte mich kurz, dann lief sie die Treppen hinauf. Sie zog eisig kalten Wind hinter sich her wie eine unsichtbare Schleppe. Draußen fuhr der Krankenwagen davon. Ich rührte mich nicht von der Stelle. Wenn ich einfach hier sitzen blieb und mich nicht bewegte, dann würde Glass am Leben bleiben. Ich begann wieder zu weinen.

Kurz nachdem Glass am späten Nachmittag über Übelkeit geklagt hatte, hatten die Krämpfe begonnen. Sie waren so plötzlich aufgetreten wie die Kälte, die das Land unmittelbar vor einem Hagelgewitter überfällt. Glass hatte eine Wärmflasche mit heißem Wasser gefüllt und sich damit ins Bett gelegt, und dort war sie stoisch liegen geblieben, auch als die Krämpfe schlimmer wurden und sie die Wärmflasche gegen einen Beutel voller Eiswürfel austauschte, der genauso wenig half. Dieses eine Mal rächte sich ihr Unwille, Hilfe von außen in Anspruch zu nehmen und sofort einen Arzt zu verständigen.

Es dauerte einige Minuten, bis Tereza wieder nach unten kam. Sie glitt langsam die Treppe herab, an einer Hand Dianne, in der anderen ein verknülltes Laken, durch das es an einer Stelle rot hindurchgesickert war. Diannes Lippen waren fest aufeinandergepresst. Ihre Augen waren glasig. Etwas blitzte und strahlte auf: Mit jeder Stufe, die meine Schwester nach unten nahm, schlug der halbmondförmige Anhänger aus Silber, den ich ihr zu Weihnachten geschenkt hatte, gegen ihren grob gestrickten dunklen Pullover.

»Was ist da drin?«, flüsterte ich und deutete auf das Tuch.

»Nichts, was ein Kind kennen muss«, sagte Tereza.

Ich hatte sie nie zuvor so blass gesehen. Gott allein wusste, wie es im Schlafzimmer meiner Mutter aussah, Gott und Glass und Dianne und Tereza.

»Pack ein paar Sachen zusammen, Phil, und du auch, Dianne. Wäsche, Zahnbürste.«

»Was für Wäsche?«

»Irgendwas. Beeilt euch.«

Während des Packens fiel kein Wort zwischen mir und Dianne. Ich war beunruhigt, weil ihre Arme sich auf genau dieselbe mechanische Art und Weise hoben und senkten, wie ich mir die Bewegungen des Blechmannes ohne Herz vorgestellt hatte, wenn Tereza uns früher aus *Der Zauberer von Oz* vorgelesen hatte. Ich wusste, dass Dianne die Männer ablehnte, die Glass besuchen kamen. Darum hatten Glass und ich befürchtet, sie würde auf die Ankündigung eines Babys allergisch reagieren. Erstaunlicherweise aber hatte sie die Ankündigung gelassen hingenommen –

sie war nicht in Freudentränen ausgebrochen, aber auch nicht in ablehnendes Geschrei. Es mochte Wunschdenken von mir gewesen sein, doch ich hatte angenommen, dass sie sich insgeheim sogar auf das Baby gefreut hatte, vielleicht wie auf eine Puppe, denn kurz darauf hatte sie begonnen sich ausgesprochen rührend zu verhalten, Glass die Kissen zurechtzuklopfen, bevor sie sich in das Sofa am Kamin fallen ließ, ihr Unmengen von Tee zu kochen, ihr Frühstück und Abendbrot zuzubereiten.

Die Haustür stand immer noch offen, als wir aus unserem Zimmer zurück in die Eingangshalle kamen. Es war entsetzlich kalt, gemeinsam mit Glass schien auch alle Wärme Visible verlassen zu haben. Tereza saß auf der Treppe, auf derselben Stufe, auf der zuvor ich gesessen hatte. Sie starrte ins Leere und schluchzte trocken. Das rote Laken war verschwunden. Sie verfrachtete Dianne und mich in ihr Auto, nahm uns mit und quartierte uns bei sich ein. Tags darauf bestellte sie telefonisch zwei Männer einer Reinigungsfirma nach Visible.

»Wie lange bleiben wir bei dir?«, fragte ich sie am ersten Abend. Wir saßen zu dritt auf der Schlafcouch, die Tereza im Wohnzimmer für Dianne und mich ausgezogen hatte. Das Licht einer Stehlampe warf lange Schatten gegen die Wände, und Dianne starrte in diese Schatten, als könne sie das Muster schwarzer Konturen mit ihrem glasigen Blick zum Leben erwecken.

»Bis Glass aus dem Krankenhaus entlassen ist«, sagte Tereza. »Vielleicht noch ein wenig länger. Solange ihr möchtet.«

Ich kuschelte mich an sie. Ich wollte nie wieder nach Hause zurückkehren. Ich war fest davon überzeugt, Visible werde über mir zusammenstürzen, weil die Mauern und das Gebälk des Hauses das Unglück nicht ertragen konnten, das über meine Mutter hereingebrochen war. In dieser ersten Nacht träumte ich, ich wäre wieder im alten Keller der Schule. Ich stand vor einem Regal voller gläserner, mit Formalin gefüllter Bottiche. Die Bottiche waren sorgfältig abgestaubt, und in einem von ihnen trieb, wie schwerelos in der schmutzig gelben Flüssigkeit, ein zart geädertes, schlafendes Baby, die winzigen Fäuste vors Gesicht gepresst, die Beinchen angewinkelt. Plötzlich färbte sich die Flüssigkeit rot, das Baby öffnete schreiend die Augen, es hatte die weiten, blauen Augen von Glass.

Dianne schlief neben mir wie ein Stein. Aber Tereza wurde von meinem Weinen angelockt. Sie nahm mich kurzerhand mit in ihr eigenes Bett, wo sie beruhigend auf mich einredete.

»Stell dir das Leben vor wie ein großes Haus mit vielen Zimmern, Phil. Einige dieser Zimmer sind leer, andere voller Gerümpel. Manche sind groß und voller Licht, und wieder andere sind dunkel, sie verbergen Schrecken und Kummer. Und ab und zu – nur ab und zu, hörst du? – öffnet sich die Tür zu einem dieser schrecklichen Zimmer, und du musst hineinsehen, ob du willst oder nicht. Dann bekommst du große Angst, so wie jetzt. Weißt du, was du dann tust?«

Ich schüttelte den Kopf.

»Dann denkst du daran, dass es dein Leben ist – dein Haus, mit deinen Zimmern. Du hast die Schlüssel, Phil. Also schließt du die Tür zu diesem schrecklichen Zimmer einfach zu.«

»Und dann werfe ich den Schlüssel weg!«

»Nein, das darfst du nicht tun, niemals«, erwiderte Tereza ernst. »Denn eines Tages spürst du vielleicht, dass nur durch dieses schreckliche Zimmer der Weg in einen größeren, schöneren Teil des Hauses führt. Und dann brauchst du den Schlüssel. Du kannst deine Angst für eine Weile aussperren, aber irgendwann musst du dich ihr stellen.«

»Wenn ich größer bin?«

»Größer und mutiger, mein Kleiner.« Tereza streichelte mir mit dem Handrücken über die Schläfe. »Und vielleicht auch nicht mehr allein.«

Ich brannte darauf, meine Mutter im Krankenhaus zu besuchen, weil ich mich mit eigenen Augen davon überzeugen wollte, dass sie noch lebte. Aber weil sie viel Blut verloren hatte und außerdem irgendetwas mit ihrem Unterleib nicht stimmte, war Glass absolute Ruhe verordnet worden, so dass während der ersten Tage nur Tereza sie sehen durfte. Und so blieb ich, trotz aller Beteuerungen Terezas, dass das Schlimmste überstanden sei, unruhig. Bisher hatte ich geglaubt, es gebe kaum etwas Schlimmeres, als ein Leben ohne Vater zu führen. Jetzt überfiel mich der Gedanke an den Albtraum eines Lebens ohne Eltern – hätte Glass die Fehlgeburt nicht überlebt, wären Dianne und ich zu Waisen geworden. Etwas wie Dankbarkeit keimte in mir auf. Das Baby, ein Bruder oder eine Schwester, war verloren, aber Glass war immer noch da. Doch bei allem Wissen darum, dass im Falle ihres Todes Tereza Himmel und Hölle in Bewegung gesetzt hätte, um Dianne und mich bei sich zu behalten, erfüllte mich die Vorstellung eines Lebens ohne meine Mutter mit einem Terror, der mich nie wieder ganz verlassen sollte. Noch Wochen nach ihrer Rückkehr entwarf ich Szenarien, in denen Glass auf die unsinnigsten Arten zu Tode kam, und auf geheimnisvolle Art und Weise tauchte in diesen Fantasien immer wieder das Tuch auf, das Tereza die Treppen Visibles herabgetragen hatte, das zerknüllte Laken mit dem leuchtend roten Blutfleck. Ich sah Glass darin eingewickelt wie in eine Toga oder einen Sari, sah sie ganz davon bedeckt wie von einem Leichentuch; ich sah es als entsetzlichen Turban um ihren Kopf geschlungen.

Tereza tat ihr Möglichstes, Dianne und mir die Zeit zu vertreiben. Am dritten oder vierten Tag steckte sie uns frühmorgens ins Auto und nahm die Stunden dauernde Anfahrt in irgendeine große Stadt auf sich, um schließlich mit uns vor den geschlossenen Pforten des Zoos zu stehen, in den sie uns hatte führen wollen.

»Zoos haben im Winter zu«, war Diannes lakonischer Kommentar. Es war der erste Satz, den sie seit der schrecklichen Nacht in Visible von sich gab. Ich atmete erleichtert auf. Bisher war ich mir nicht sicher gewesen, ob ihr einfach die Worte fehlten, sich mir mitzuteilen, oder ob der Schock angesichts der Ereignisse sie der Sprache beraubt hatte. Nur dass Tereza dieser Sprachlosigkeit mit Gelassenheit begegnet war, hatte mich einigermaßen beruhigt.

»Natürlich«, sagte Tereza jetzt und nickte. »Natürlich sind Zoos im Winter geschlossen.« Sie setzte sich auf eine verschneite Bank und brach in Tränen aus.

Ich hätte sie gern getröstet, einen Arm um sie gelegt, schreckte aber instinktiv davor zurück. Etwas in Tereza verweigerte sich jeder Anteilnahme. Glass war für sie mehr als eine Freundin, und Liebe erlischt nie, sie ändert bestenfalls ihre Form. Tereza musste ihren Kummer allein exorzieren. Ich betrachtete ihr traurig herabhängendes rotes Haar, die kleinen Löcher, die ihre Tränen in den Schnee zu ihren Füßen brannten, und dachte an die Gewitternacht, in der wir ihren Vater beerdigt hatten, dachte daran, wie Tereza auf dem nassen, schmutzigen Grabhügel gekniet und ihre Trauer in den Himmel geheult hatte, und ich fühlte einen Klumpen in meiner Kehle aufsteigen. In diesem Augenblick hätte ich ein Königreich gegeben für eine Tüte Gummibärchen.

Als endlich der Tag kam, an dem Dianne und mir ein kurzer Besuch im Krankenhaus gestattet wurde, war ich so außer Rand und Band, dass Tereza damit drohte, eine Hundeleine zu kaufen und sie mir um den Hals zu legen. Aber alles, was nötig war, um mich ruhigzustellen, war der Anblick meiner Mutter. Glass lag matt und blass in ihrem Bett, in einem Zimmer, das mir entschieden zu kalt vorkam und in dem ein aufdringlicher Geruch herrschte, der ungute Erinnerungen in mir wachrief. Sie brachte kaum die Kraft auf, uns auch nur zu begrüßen. Sie war auch schon zu schwach gewesen, Tereza daran zu hindern, sie hier als Privatpatientin anzumelden. Eine Weile saßen Dianne und ich schweigend neben Glass auf dem Bettrand; ich nahm ihre Hand, die überraschend warm war, drückte sie, ohne dass der Druck erwidert wurde, und war dennoch, wenigstens für den Moment, selig. Irgendwann schlief sie ein.

»Wird sie wieder ganz gesund?«, fragte Dianne, als wir mit Tereza das Krankenhaus verließen.

»Ja. Aber das wird eine Weile dauern.«

Es dauerte Monate, bis weit in den Sommer hinein. Körperlich war Glass relativ rasch wiederhergestellt, schon nach zehn Tagen im Krankenhaus kehrte sie nach Visible zurück. Aber auf ihre Seele hatte sich ein schwarzes Tuch gelegt, das sich nur langsam und zögernd wieder entfernte. Als dann der letzte Zipfel sich gelüftet hatte, war Glass augenscheinlich wieder ganz die Alte, doch inzwischen kannte ich sie gut genug, um zu wissen, dass sie lediglich genug Kraft zurückgewonnen hatte, um sich Scheuklappen vor die Augen zu setzen.

Von dem Tag an, als Glass aus dem Krankenhaus entlassen wurde, ging mit Dianne eine sichtbare Verwandlung vor. Sie blühte auf, ein inneres Leuchten ging von ihr aus. In ihr Gesicht, seit Wochen so blass, kehrte zum ersten Mal ein Hauch von Farbe zurück. Sie kümmerte sich liebevoll um Glass. Genau wie vor der

Fehlgeburt verwandelte Dianne sich auch jetzt wieder in die personifizierte Fürsorge, und obendrein war sie nun auch noch eine mustergültige Krankenpflegerin. Geschäftig huschte sie schon am frühen Morgen in die steinkalte Küche, servierte Essen, kochte rund um die Uhr Tee, bereitete im Badezimmer Wundbäder, las Glass aus der Zeitung vor und gab, wenn auch vergebens, ihr Bestes, unsere Mutter aufzuheitern.

Nach kurzem hielt ich sie für einen Engel.

»Ich hab es ihr im Tee verabreicht, in kleinen Dosen, damit sie es nicht schmeckt«, sagt Dianne. »Falls es überhaupt etwas zu schmecken gab. Ich habe es nie probiert.«

Sie klappt das Herbarium zu, stellt es an seinen angestammten Platz ins Regal zurück und bleibt dort stehen. Ich sehe ihren Hinterkopf und ihren Rücken, der leicht gebeugt ist, wie in Erwartung von Schlägen. Ihre Arme sind zu beiden Seiten ausgestreckt, die Hände klammern sich an ein paar Buchrücken.

»So einfach ist das«, höre ich sie leise sagen. »Jetzt weißt du, warum Glass mich hasst.«

»Sie hasst dich nicht.«

Meine eigene Stimme klingt plötzlich wie die eines Fremden. Ich weiß nicht, was mich tiefer getroffen hat, Diannes Geständnis oder die fast nüchterne Beiläufigkeit, mit der sie es abgelegt hat. Ich fühle mich, als hätte man meinen ganzen Körper mit einem Messer ausgehöhlt.

»Doch, Phil, das tut sie.« Dianne dreht sich zu mir um. Ich habe ihre Augen noch nie so dunkel gesehen. »Verstehst du nicht, ich hätte sie umbringen können! Ich hatte keine Ahnung von der richtigen Dosierung!«

»Wie ist sie dahintergekommen?«

»Gar nicht. Jedenfalls nicht von selbst.« Dianne geht langsam zur Flügeltür, gegen die der Wind von außen Schneekristalle treibt. Sie prasseln gegen das Glas wie Hagelkörner. »Irgendwann hatten wir Streit. Du warst mit Gable in Griechenland. Wir kriegten uns schrecklich in die Haare, es ging um ... ach, völlig egal, um was es ging. Jedenfalls gab ein Wort das andere, Glass schrie und tobte. Und ich wusste mir nicht anders zu helfen, als es ihr zu sagen. Es ihr an den Kopf zu werfen.«

»Gott, Dianne ...«

»Mit Gott hat das nichts zu tun.« Sie redet weiter, sehr kühl, als erzähle sie von zwei fremden Menschen. »Danach war der Ofen aus. Sie ließ sich von mir das Herbarium zeigen, dann hat sie monatelang hier in der Bibliothek gehockt und nur diese verdammte Lederschwarte angestiert. Auf hundert Arten habe ich versucht ihr zu zeigen, dass es mir leidtat, aber sie hat sich völlig eingeigelt.«

»Verständlich, oder?«

»Phil, ich bin nicht stolz auf diese Sache, das kannst du mir glauben.«

»Du warst eifersüchtig.«

»Grandios, Watson!« Diannes rechter Mundwinkel zuckt nach oben. »Natürlich war ich eifersüchtig! Und ich war erst zwölf Jahre alt, und ein paar Jahre zuvor hatte Glass mich so weit gebracht, dass ich aufs Dach geklettert bin, nur weil mir nichts Besseres einfiel, wie ich gegen sie protestieren und sie dabei gleichzeitig zu Tode erschrecken konnte, und wahrscheinlich würden mir noch zehn andere Gründe einfallen, um mich selbst zu entschuldigen. Aber es tut mir leid.«

»Du hättest mir das alles viel früher erzählen müssen.«

Ich erhalte keine Antwort.

»Du musst wenigstens mit Glass darüber reden. Dianne, sie wartet darauf! Warum tust du es nicht endlich?«

»Weil ich sie dazu ernst nehmen müsste, und das kann ich nicht. Weißt du noch, was sie uns gepredigt hat, als wir klein waren – ich liebe euch, wie ihr seid? Scheiße, Phil! Wenn sie das ernst gemeint hätte, wäre die ganze Sache nicht passiert.«

»Aber sie hat nur dein Bestes gewollt.«

»Ach, hat sie das? Nun ... das nennt man dann wohl den Fluch der guten Tat.«

Dianne starrt aus dem Fenster, sehr blass, sehr ruhig. Etwas in meinem Inneren dreht langsam durch. Es lässt sich kaum halten und erschüttert mich wie kleine, ungezielte Stromstöße. Meine Augen suchen Halt und finden ihn in den grünen Farbflecken auf meinen Händen.

»Dianne ...? Hast du den Hund auf diesen Jungen gehetzt, neulich Nacht?«

Sie lacht leise auf. »Hältst du mich jetzt auch schon für eine Art Monstrum? So wie Glass es tut? Der Junge wird irgendwelchen Müll wiedergegeben haben, den er irgendwann gehört hat. Wir sind die Hexenkinder, Phil. Es dauert lange, bis diese alten Geschichten vergessen sind.«

»Also warst du es nicht?«

Dianne dreht sich zu mir um. »Sei nicht so ein Arsch! Hast du auch nur ein einziges Mal mit dem Gedanken gespielt, dass ich den Hund zurückgerufen hätte, wenn ich Einfluss auf ihn gehabt hätte, durchgedreht, wie er war, weil der Blutgeruch ihn völlig wahnsinnig gemacht haben muss?«

»Aber früher ...«

»Früher ist vorbei. Es ist vorbei, Phil! So viel habe ich, im Gegensatz zu Glass, längst begriffen.«

Ich weiß nicht, wann sie endlich ging. Ich bleibe in der Bibliothek zurück. Ich sitze lange auf dem Thron, meinem Thron der Geschichten, der nicht mehr ist als ein alter, mit zerschlissenem rotem Stoff bezogener Sessel, und ich betrachte Regale und Wände und die Rücken von Büchern, in einem Raum, der mir nichts mehr zu erzählen hat.

ICH RUFE NICHOLAS gar nicht erst an, sondern mache mich eine Stunde später auf den Weg zu ihm. Er hat in der Bibliothek gearbeitet – wo ich ihn nicht stören und Frau Hebeler nicht die Genugtuung geben wollte, mich so aufgelöst zu sehen – und müsste jetzt zu Hause sein.

Die Straßen sind zu glatt, um mit dem Rad fahren zu können, also gehe ich zu Fuß. Als ich die Brücke zur Stadt überquere, auf der Glass mir erzählt hat, dass sie schwanger ist, steigen mir Tränen in die Augen. Ich brauche eine gute halbe Stunde bis zum Fuchspass, laufe schnell, schneller, das Gesicht im schneidend kalten Wind. Ich hetze über die Treppenstufen aus dunklem Basalt, gehe um das Haus herum, durch den dämmerigen Garten, vorbei an dem Fenster, hinter dem heute niemand sich bewegt, warum auch, wenn man sich überall in diesem Haus mit seinem Spiegelbild unterhalten kann? Vorbei an den vergitterten Fenstern, die das Unglück so wenig in das Haus eindringen, wie sie es daraus entkommen lassen, vorbei an der Terrasse und dem Vogelbad aus Marmor, hin zum Museum der verlorenen Dinge und der erfundenen Geschichten. Ich trete an eines der Fenster, lege die Hände zu einem Guckkasten geformt gegen die Scheibe und blicke durch das Glas.

Selbst wenn man von außen in den Raum hineinsieht, bleibt der Eindruck bestehen, dass er sein eigenes Licht erschafft und es nach draußen sendet. Ein warmes, gelbes Leuchten. Ich habe mich getäuscht, als ich bei meinem ersten Besuch glaubte, dass es die Gegenstände im Regal und in den Vitrinen sind, die dieses Leuchten verursachen. Es muss von Nicholas ausgegangen sein, so wie es auch jetzt von ihm ausgeht, in pulsierenden Strahlen, die sich wie Wellen an meinen Augen brechen. Das Licht steigt von seinem nackten Körper auf, der dort drinnen ausgestreckt auf dem Boden liegt und der noch immer letzte bronzefarbene Spuren von Sommerbräune aufweist. Es strömt wie Wasser über seine leicht gespreizten Beine, über seine sehnigen Arme, die schönen Hände. Es ergießt sich sogar über seine Lippen, ein perlender goldener Schwall, als Nicholas den Mund öffnet, wie zu einem stillen Schrei. Ich ziehe mich von dem Fenster zurück, nicht weil ich Angst habe, gesehen zu werden, sondern weil ich befürchte, dass dort drinnen die Laute hörbar sind, die meine Kehle hinaufkriechen wie schwarze Spinnen, die sich aus einem geplatzten Kokon drängen. Wenn ich könnte, würde ich mit geschlossenen Augen laufen.

Aber selbst als ich längst wieder in Visible bin, als ich die Axt aus dem Holzschuppen geholt habe und damit brüllend auf die für Nicholas gezimmerte Vitrine einschlage, bis alle Kraft meine Arme verlässt und der Boden mit tausend Splittern übersät ist, sehe ich noch immer den gestreckten, durchgebogenen Rücken und den Hinterkopf dieses Mädchens, das rittlings auf Nicholas sitzt und das sich sehr langsam, als wolle es ihn nicht verletzen, mit vorsichtigen, kreisförmigen Bewegungen der Hüften auf und ab bewegt, und ich sehe den in den Nacken geworfenen Kopf mit den schwarzen Haaren, Kats schwarzen Haaren, die gestern noch blond gewesen sind.

»WANN UND WO beginnen die Dinge, meine Damen und Herren? Man glaubt, das Leben folge einem bestimmten Plan, einem irgendwie gearteten Muster, einem offenen oder geheimen Sinn. Warum?«

Wie üblich warf Händel die Frage einfach in den Raum, und wie üblich war sie rein rhetorischer Natur. Ich mochte es, wenn er ohne besonderen Anlass plötzlich abschweifte, einfach drauflosdozierte und dabei – anders, als wenn er Mathematik unterrichtete – keinen Wert darauf legte, dass man seine Fragen beantwortete.

»Wir glauben an einen Sinn, weil wir den Gedanken nicht ertragen können, dass alles dem blinden Zufall unterliegt. Wir glauben an Zeichen, aber glauben Sie mir, es gibt keine Zeichen. Beethoven schuf einige seiner größten Kompositionen, nachdem er ertaubt war: Bedeutende Dinge vollziehen sich im Stillen. Katastrophen ereignen sich, ohne dass sich zuvor der Himmel verdunkelt. Kinder, aus denen einst historische Persönlichkeiten werden, die der Welt ihren Stempel aufdrücken, werden nicht bei Blitz und Donner geboren. Bahnbrechende Entdeckungen werden gemacht, und an keinem Ort der Welt blüht im selben Moment eine besonders schöne Blume auf. Es gibt keine Zeichen, meine Damen und Herren. Es gibt bestenfalls Zufälle. Alles andere ist Aberglaube.«

Manchmal, so wie jetzt, schwieg Händel nach einer längeren Ausführung, tippelte kurz hin und her, sammelte seine Gedanken und sprach dann weiter.

»Irgendwann, nachdem der Mensch den aufrechten Gang und das Feuer zu beherrschen gelernt hatte, meine Damen und Herren, muss er gespürt haben, dass er trotz seiner Artgenossen, die im Widerschein zuckender Flammen mit nassen Erdfarben die

Umrisse von Mammuts und Säbelzahntigern an Höhlenwände malten, allein war und auf sich gestellt. Ah, und was geschah? Diese Erkenntnis ließ ihn verzweifeln! Und auf diese Verzweiflung gründeten sich Religionen, die Trost spendeten in einer Wüste aus Sinnlosigkeit und Schmerz, vielleicht das Einzige, wozu sie wirklich gut sind. Denn Religionen spenden Trost, aber keine Erkenntnis.«

Jemand hob protestierend einen Arm, doch Händel sah einfach darüber hinweg. »Glaube«, zitierte er abschließend irgendeinen Philosophen, »ist eine Beleidigung für die Vernunft.«

Es war eine Bemerkung, die ihn beinahe seine Stelle kostete; zumindest seine Versetzung wurde von der Schulleitung in Erwägung gezogen. Unwillig, wie ich von Kat erfuhr; alle Sympathien galten Händel, und letztlich beschloss ihr Vater, die ganze Sache einfach auszusitzen, allerdings ohne sich dabei zu weit aus dem Fenster zu hängen und seinen besten Mathematiklehrer öffentlich zu verteidigen. Einige Eltern wollten sich auch nach Wochen kaum beruhigen. Die Kleinen Leute waren wackere, aufrechte Christenmenschen. Wenn Gott tot war, wie Händel in seinem inzwischen berüchtigten Vortrag behauptet hatte, so hatte sich diese Neuigkeit jedenfalls noch nicht bis zu ihnen herumgesprochen.

»Vielleicht zu ein paar von den Männern«, räumte Glass ein, als wir gemeinsam in der Küche saßen und den Skandal diskutierten. »Sonst würden manche von ihnen angesichts des zu erwartenden göttlichen Zorns ihre Frauen nicht in schöner Regelmäßigkeit krankenhausreif schlagen.« Sie überlegte. »Wahrscheinlich waren es sogar die Männer, die Gott um die Ecke gebracht haben. Schließlich haben sie ihn auch erfunden, oder?«

»Warum unterhältst du dich nicht mal mit Händel darüber?«

»Oh, der ist mir etwas zu korpulent.«

»Mum!«

Glass lachte. »Weißt du, er hat ganz Recht, dein Händel. Das Leben folgt keinem Sinn. Es verläuft völlig planlos. Es will nicht mehr, als dass man es weitergibt. Und was das angeht, Darling, habe ich meine Pflicht und Schuldigkeit getan.«

Ich hörte ihr zu und sah, wie sich hinter ihr ein Schatten an der Wand erhob, Händels Schatten, der zustimmend nickte. Aber selbst Glass, und vielleicht sogar Händel, hätten zugegeben, dass jeder Mensch in seinem Leben Wegkreuzungen erreicht, die in verschiedene Richtungen weisen und an denen er sich entscheiden muss, welche davon er einschlagen will. Wer in seinem Leben keinen Sinn entdeckt, kann immer noch versuchen, ihm wenigstens ein Ziel zu geben. Wenn er Glück hat, läuft beides irgendwann auf das Gleiche hinaus.

Wann und wo also haben die Dinge begonnen? Vielleicht haben sie begonnen, als vor fast zweihundert Jahren in Asien ein Schmetterling mit den Flügeln klappte und die Luft bewegte, sich darauf in Europa das Wetter änderte und so einem meiner Vorfahren ein Wind ins Gesicht blies, der nach Veränderung schmeckte. Oder als Glass den Entschluss fasste, Amerika zu verlassen, sitzengelassen von meinem mir unbekannten Vater. Vielleicht haben die Dinge begonnen, als Tereza feststellte, dass ich niemals in meinem Leben lernen würde auf zwei Fingern zu pfeifen oder Fußball zu spielen. Als ich ein kleines, bandagiertes Mädchen mit einer Vorliebe für Kirscheis in Halsnasenohren kennenlernte, als ich Nicholas auf der verschneiten Treppe der Kirche sah, unter deren Stufen er meine Schneekugel fand, als Dianne sich auf das von Fledermäusen umschwärmte Dach Visibles flüchtete.

Vielleicht haben die Dinge auch schon begonnen, als vor Jahrmillionen irgendein blinder, gelangweilter Gott in die Finger schnipste und so den Urknall auslöste.

Ja, ganz sicher. So muss es sein.

Teil drei

Die Vertreibung des Winters

Gespenster

DER MONTAG VERGEHT als zeitloses, gesichtsloses Vakuum. Glass und Dianne habe ich erklärt, die Grippe hätte mich erwischt. In mein Zimmer und die schützende Höhle meines Betts zurückgezogen, baue ich meterhohe Gedankentürme aus den immer gleichen Bausteinen, reiße sie Stück um Stück wieder ein oder sehe dabei zu, wie sie von selbst in sich zusammenstürzen. Stundenlang starre ich stumpf gegen die Wand, sehe vor mir Kat und Nicholas, Nicholas und Kat, und drehe dabei die Schneekugel zwischen den Händen wie einen Fetisch, von dem ich nicht weiß, ob er mir Glück oder Unglück bringt. Der Raum ist überheizt. Ich verlasse das Bett nur, um neues Brennholz aus dem Schuppen zu holen.

Ich träume von meinem Teich. Sein Wasser umschließt mich pechschwarz und kalt. Ich sinke tief und immer tiefer, selbst im Traum suchen meine Füße vergebens nach Grund. Es ist ein Gefühl von Bewegung in absoluter Ruhe und absoluter Dunkelheit – freier Fall, ein schwebendes Abwärts, das weder Halt kennt noch Aufschlag.

Am Dienstag ruft mich Kat an.

»Was ist los mit dir?«, tönt es aus der Leitung. »Warum kommst du nicht zur Schule?«

»Grippe.«

»Oh ... Na ja, verpasst hast du nichts. So kurz vor den Ferien läuft ja nichts mehr. Händel hat Kekse mitgebracht und uns die Weihnachtsgeschichte von Dickens vorgelesen. Kerzen auf den Tischen und so, es war echt gemütlich. Hätte dir gefallen.«

»Könntest du mich entschuldigen?«

»Kein Problem. Ich geb's direkt an meinen Dad weiter.«

Eine kurze Pause entsteht, die nur durch ein leises Knacken in der Leitung unterbrochen wird. Ich schließe die Augen.

»Tja, also …«, sagt Kat zögernd. »Ich weiß nicht, ob ich es schaffe, noch mal bei dir reinzusehen. Weihnachtseinkäufe und was weiß ich noch. Packen natürlich. Morgen fahren wir ja schon in Urlaub. Nachmittags.«

»Ist okay. Wir sehen uns nach Silvester.«

»Ja. Dann also …« Jeder von uns lauscht den Worten des anderen nach. »Dann bis nächstes Jahr. Guten Rutsch und so. Und pass auf dich auf.«

»Kat?«, sage ich schnell.

»Ja?«

»Hast du es getan?«

Ich glaube ein zischendes Einatmen zu hören, aber vielleicht täusche ich mich auch.

»Was getan?«

»Dir die Haare gefärbt.«

»Was? Oh, ja, klar! Die sind jetzt schwarz. Du wirst es nicht mögen, oder? Aber ich fühle mich wie ein völlig neuer Mensch.«

Ich heule in mein Kissen, nachdem sie aufgelegt hat.

Die nächsten Stunden sind von fast hellsichtiger Klarheit. Ich blicke auf die kahlen Bäume vor dem Fenster. Wie auf einem Röntgenbild kann ich deutlich die hinter Rinde und Borke verborgenen, erfrorenen Leitbündel in den Stämmen und Ästen erkennen. Das Leben stockt darin in Form winziger, vereister Kristalle. Ich zähle fantastisch gewundene Moleküle und unhörbar leise pulsierende Atome.

Später, irgendwann zwischen Wachen und Schlafen, steht Dianne in meinem Zimmer, wenigstens glaube ich sie dort stehen zu sehen. Draußen regiert die Dämmerung, alles ist unteilbar grau, der Raum, das Licht, Dianne selbst. Nur ihre Augen leuchten so unbarmherzig weiß, wie die Porzellanaugen Paleikos geleuchtet haben, als er noch nicht in tausend Scherben zerbrochen war.

Erwarte nicht, dass ich dir jetzt helfe, Phil.

Nein ... Das kommt davon, dass ich dich alleingelassen habe, oder?

Du hast dich jahrelang einen Scheißdreck um mich gekümmert. Hast du gewollt, dass ich mich in einen Schatten verwandele?

Nein.

Das Wasser im Fluss war so kalt. Und der Mond war so hell, dass sein Licht mir die Augen verbrannte.

Es tut mir leid.

Das sagen nur Menschen, die nichts wissen oder die nichts wissen wollten.

Bleib bei mir.

Das kann ich nicht, Phil.

Nicholas ist wirklicher als Dianne. Und lebendiger – auf eine schlecht fassbare Art wirkt er lebendiger auf mich als je zuvor. Er taucht am Mittwoch auf, am Tag von Kats Abreise in den Urlaub. Er steht in meinem Zimmer, wie von einer Aura aus sprudelndem blauem Sauerstoff umgeben. Glass hat ihn ins Haus gelassen. Die schwarzen Haare glänzen, die dunklen Augen blitzen, sein Gesicht hat die Farbe eines gesunden Apfels. Er trägt teure Handschuhe aus hellbraunem, sehr dünnem Leder, die er nicht auszieht.

»Du siehst fürchterlich aus. Kat sagt, du hättest Grippe?«

»Es geht schon wieder.« Ich könnte ihn fragen, warum er sich seit Tagen nicht gemeldet hat, aber er wird sowieso lügen.

»Ich hab dir was mitgebracht.« Nicholas hebt ein Päckchen hoch. Auf dem glänzenden Geschenkpapier prangen Christbaumkugeln und Kerzen und Kinderspielzeug. »Aber erst Weihnachten aufmachen, versprochen?«

»Sehen wir uns noch mal, bevor du mit deinen Eltern wegfährst?«

»Das wird schwierig.« Er geht zum Regal und legt das Päckchen darauf ab. »Es geht Freitagabend los, und vorher muss ich –«

»Weihnachtseinkäufe erledigen. Und packen natürlich.«

»Genau.« Mein Sarkasmus entgeht ihm. Er schiebt den Ärmel des Mantels hoch und sieht auf die Uhr. »Eigentlich hab ich es jetzt schon ziemlich eilig.«

Ich kann ihn nicht angreifen, weil ich damit beschäftigt bin, mich zu verteidigen. Nicholas setzt sich auf die Bettkante und streicht mir mit einer behandschuhten Hand über die Wange. Ich verbiete mir, an die Hände unter dem weichen hellbraunen Leder zu denken, oder an die Wärme seiner Haut. Dann küsst er mich auf die Stirn. Seine Lippen sind kalt. Ich wappne mich gegen sein Lächeln, indem ich an verstümmelte Körper denke, an die zerrissene, blutrote Hinterlassenschaft irgendeines Krieges.

»Ich möchte dich noch mal sehen, bevor du fährst«, sage ich.

»Hat das nicht Zeit bis nach Weihnachten?«

»Nein.«

Er grinst. »Es ist keine *tödliche* Grippe, oder?«

»Würdest du bei mir bleiben, wenn es so wäre?«

Anstelle einer Antwort steht er auf und glättet mit den Handschuhen die Vorderseite seines Mantels. »Ich muss jetzt wirklich los. Meine Mutter erwartet, dass ich sie zum Einkaufen kutschiere.«

Plötzlich werde ich so wütend, dass ich die Hände unter der Bettdecke zu Fäusten ballen muss, um nicht aufzuspringen und auf ihn einzuschlagen. »Was ist mit morgen?«

Nicholas schüttelt den Kopf.

»Dann übermorgen, am Freitag?«

»Okay. Ich hole dich ab, vormittags.« Er sagt es nicht mit Widerwillen, aber er hat es eilig und mein Zimmer schon so gut wie verlassen. »Falls du bis dahin wieder gesund bist.«

Ich bleibe auf dem Rücken liegen, nachdem er gegangen ist, und versuche Muster im Weiß der Zimmerdecke auszumachen, um die herum ich die rot und violett glühenden Überbleibsel meiner Wut gruppieren kann.

Später steckt Glass den Kopf zur Tür herein. »Was war das noch, das man bei Grippe trinkt – heiße Milch mit Honig oder heißer Rotwein mit Ei?«

»Es ist heißer Zitronensaft.« Ich drehe mich auf die Seite und starre gegen die Wand. »Lass mich in Ruhe. Ich bin müde.«

»Was ist los, Darling? Ärger mit Nick? Er war kaum fünf Minuten hier.«

Früher hätte sie das nie getan, sich nach meinem oder nach Diannes Befinden erkundigt. Früher waren wir Vögel, die das Fliegen allein lernen mussten. Ich gebe ihr keine Antwort.

»Willst du nicht darüber reden?«

»Nein, ich will nicht darüber reden!« Bitterkeit steigt in mir auf wie Galle. »Dafür hast du doch sicher großes Verständnis, oder?« Ich drehe mich nicht zu ihr um. Sie übergeht meine Frage sowieso.

»Ich lasse dir ein heißes Bad ein. Übrigens, Tereza wünscht dir gute Besserung. Und das hier soll ich dir von Pascal geben.«

Ein Umschlag landet auf meinem Bett. Auf der Karte, die er enthält, stehen nur zwei kurze Zeilen. Ich knülle sie wütend zusammen, pfeffere sie ins Zimmer und verfluche in Gedanken Pascal und ihre gottverdammte Intuition.

Eine halbe Stunde später versinke ich bis zum Hals in Hitze und duftendem Schaum. Glass kommt wieder, mit einem frischen Badetuch. Sie setzt sich auf den Rand der Wanne, die Hände auf den Knien, und starrt schweigend an mir vorbei, auf den alten Boiler aus Messing. Ich weiß, dass sie das ewig aushalten kann, genauso macht sie es mit ihren Kundinnen – lässt den Frauen Zeit zum Durchatmen, Zeit, um Worte zu finden, in die sie ihre Gefühle kleiden können. Eine Weile gebe ich mich dem beruhigenden Geruch des Schaumbades hin und genieße, wie meine verhärteten Muskeln sich langsam entknoten. Ich beobachte schläfrig, wie Kondenswasser in Form kleiner, sich überkreuzender Rinnsale an den schwarzweißen Kacheln herabläuft, und denke an Michaels Schachspiel.

»Mum?«

»Hm?«

»Dianne hat es mir erzählt. Du weißt schon, das mit …«

Das Wort *Fehlgeburt* will mir nicht über die Lippen kommen. Glass betrachtet weiter den Boiler. Ihre einzige sichtbare Reaktion ist eine kleine Bewegung mit dem Kopf, die Andeutung eines Nickens. »Geht es dir deshalb so schlecht?«

»Nein.« Unter leisem Knistern zerplatzen vor meinen Augen Tausende von schillernden, winzigen Schaumbläschen. »Doch, deshalb auch.«

»Du fragst dich, warum ich es dir nicht erzählt habe?«

Ich nicke.

»Wenn ich es getan hätte, hättest du dann nicht geglaubt, dass ich dich gegen Dianne einzunehmen versuche?«

»Vielleicht.«

»Nein, ganz sicher.« Glass fährt sich mit einer Hand über die Stirn, auf der winzige Schweißperlen stehen. Der Boiler strahlt eine enorme Hitze ab. »Nachdem sie es mir gesagt hatte, habe ich Dianne gehasst. Als ich endlich zum Einlenken bereit gewesen wäre, hat sie *mich* gehasst. Offen gestanden habe ich keine Ahnung, wie man diesen Teufelskreis durchbrechen soll, wenn sie nicht zum Mitspielen bereit ist.«

Sie legt den Kopf in den Nacken, atmet tief ein und wieder aus. Vielleicht weint sie. Ich kann ihr nicht helfen und nehme auch nicht an, dass sie das von mir erwartet. Ich habe oft genug versucht, zwischen ihr und Dianne zu vermitteln.

»Aber gut ...« Glass zieht geräuschvoll die Nase hoch, ein Zeichen, so gut wie jedes andere, dass dieses Thema damit für sie erledigt ist. »Und was war das nun vorhin zwischen dir und Nick?«

Ich muss es schnell sagen. Wenn ich zögere, werde ich es überhaupt nicht aussprechen. »Er und Kat haben miteinander geschlafen. Sie haben beide keine Ahnung, dass ich es weiß.«

Ob das Folgende sich wirklich abspielt oder ob ich es mir nur einbilde, kann ich im Nachhinein nicht sagen, wie ich auch sonst in diesen Tagen so wenig zwischen Wachen und Träumen zu unterscheiden weiß. Auf meine Worte hin sieht Glass mich an, und die vertrauten Züge ihres Gesichts scheinen sich neu anzuordnen. Stirn und Mundwinkel sacken herab, und in die weit aufgerissenen Augen tritt ein Ausdruck von solcher Bestürzung, dass ich den verrückten Impuls verspüre, laut aufzulachen – ich fühle mich schrecklich, denn die ganze Sache *ist* schrecklich, aber es gibt schlimmere Katastrophen als eine betrogene oder verlorene Liebe, und selbst beides zusammengenommen dürfte nicht Anlass für eine solche Reaktion sein.

Als hätte man dir die Haut vom Fleisch gerissen und dich danach mit Salz eingerieben.

Die Worte drängen in meinen Kopf, stimmlos, tonlos, sprachlos, eher wie die Bildfetzen einer aus Sprache geborenen Erinnerung – eine Erinnerung von Glass. Eine *alte* Erinnerung noch dazu, sie ist abgegriffen, wie es ein vielbetrachtetes Foto an den Rändern ist, und auch die Farben sind verblasst wie auf einem alten Foto, merkwürdig verwaschen und sepiafarben.

»… oder könntest du dir vorstellen, ihn mit Kat zu teilen?«, fragt Glass.

Ich bin mir sicher, dass der erste Teil des Satzes mir entgangen ist, sicher auch, dass mir soeben meine Fantasie oder meine Müdigkeit einen Streich gespielt hat, denn Glass sieht mich immer noch an, und ihr Gesicht zeigt kein Zeichen von Bestürzung oder Betroffenheit. Da ist nur waches Interesse, dahinter eine Spur von Mitgefühl. Auf ihre Frage schüttele ich heftig den Kopf.

»Nein, dumm von mir, wer könnte das schon«, murmelt sie. »Ich dachte nur … Vielleicht ist es das, was Nick will. Es muss nichts zu bedeuten haben, dass er mit Kat geschlafen hat. Es kann eine einmalige Sache zwischen den beiden gewesen sein.«

»Das glaube ich nicht.«

Glass zuckt die Achseln. »Vielleicht ist er gar nicht schwul. Oder vielleicht empfindet er für Männer dasselbe wie für Frauen. Hast du daran schon gedacht?«

»Ja. Und wenn es so wäre, würde ich ihn trotzdem nicht mit Kat teilen wollen. Genauso wenig, wie Kat dazu bereit wäre, ihn mit mir zu teilen. Eher würde die Hölle zufrieren.«

»Gib mir deine Hand, Phil.«

Glass streichelt den wispernden Schaum und die tropfende Nässe von meinem Handrücken. Es ist eine ihrer seltenen körperlichen Zuwendungen, von denen ich früher geglaubt habe, dass Dianne und ich so wenig davon erhielten, weil ihre Liebhaber so viel davon für sich beanspruchten.

»Es ist nicht fair«, flüstere ich.

»Das ist es nie, Darling.«

»Was soll ich tun?«

Wie oft wurde Glass diese Frage schon gestellt – einhundert Mal, zweihundert Mal? Noch öfter? Und wie oft habe ich ihre Antwort auf diese Frage gehört, wenn ich mit Dianne, spätabends oder nachts, unter dem Küchentisch ihre Gespräche mit den Kundinnen belauschte?

»Was bist du dir wert, Phil?«

»Ich weiß nicht.«

»Wen liebst du mehr, dich selbst oder ihn?«

»Ich weiß nicht.«

Glass lässt meine Hand los und steht auf. »Nun, sobald du es weißt, hast du kein Problem mehr.«

»Danke für die großartige Hilfe!«

»Gern geschehen.« Ihr Blick wird weich. »Ich meine es ernst, Phil. Mach dich nicht klein, nur weil du Nicholas nicht verlieren willst.« In der Tür dreht sie sich noch einmal zu mir um. »Und bleib nicht ewig lang in der Wanne sitzen, Darling. Du wirst ganz schrumpelig.«

Ich warte, bis ihre Schritte draußen im Korridor verklungen sind, dann schließe ich die Augen. Ich atme tief ein, halte die Luft an und lasse mich nach unten gleiten. Wasser und Schaum schwappen über mir zusammen. Ich lausche dem vielfach verstärkten, dröhnenden Knarren und Flüstern Visibles, dem metallischen Knacken in den alten Rohrleitungen, höre das pulsierende Rauschen, mit dem das Blut durch meine Adern strömt. Irgendwann drohen meine Lungen zu bersten. Vor meinen Augen beginnen rote Flecken einen wiegenden Tanz.

Auf Pascals Karte steht: *Wie lange willst Du noch den Zuschauer spielen und Dich dabei selbst bemitleiden? Gute Besserung.*

Ich tauche wieder auf, sehr langsam.

Am späten Donnerstagvormittag, als Glass in der Kanzlei und Dianne bei Kora ist, klingelt es an der Haustür. Ich stürze aus meinem Zimmer, stolpere die Treppe hinab in die Eingangshalle, getrieben von der vagen Hoffnung, es sei Nicholas, der den Weg einen Tag früher als geplant hierhergefunden hat.

Kälte schwappt mir entgegen, als ich die Tür öffne. Draußen steht ein Junge ungefähr meines Alters. Er trägt schwarze Jeans und einen dunklen Mantel. Sein Gesicht ist so bleich, dass es mit dem Weiß des hinter ihm leuchtenden Schnees verschmilzt. Ich bemerke kaum wahrnehmbare Sommersprossen, die während des Sommers dunkler gewesen sein müssen. Sein kurzes Haar ist nicht wirklich rot, eher bronzefarben, doch seine Augenbrauen und die Wimpern sind blond, so gut wie unsichtbar. Der Junge ist fast mädchenhaft hübsch. Und leicht verlegen – mir schießt durch den Kopf, dass er, wenn er vor hundert Jahren an derselben Stelle gestanden hätte, wahrscheinlich unschlüssig einen Hut zwischen seinen Händen gedreht hätte.

»Tag.«

»Hallo.«

»Wohnt hier … Hier wohnt doch Dianne, oder?«

»Auch.«

»Kann ich sie … Also, du kennst mich doch?«

Ich überlege. Plötzlich bin ich mir sicher, dass ich ihn kenne. Ich krame in meinem Gedächtnis, aber ich kann dieses blasse Gesicht nicht sofort einordnen, deshalb schüttele ich den Kopf.

»Ich hab hier früher gewohnt. Natürlich nicht in eurem Haus«, fügt er schnell hinzu. Er macht eine Kopfbewegung in Richtung des Flusses. »Auf der anderen Seite, in der Stadt.«

Er sieht mich an, voller Erwartung, den Mund halb geöffnet. Dann greift er in seine rechte Manteltasche und zieht etwas hervor.

Ein Taschenmesser.

Ich schnappe nach Luft, weniger vor Schreck als vor Überraschung. Es gibt nur einen Jungen auf der Welt, der mir dieses Messer entgegenhalten würde. Vielleicht hätte ich ihn sogar eher erkannt, aber damals waren seine Haare noch kürzer gewesen, stoppelig, und sein Gesicht runder, wie jedes Kindergesicht.

»Du bist der Typ, der Dianne mit dem Messer erwischt hat, am Großen … am Fluss!«, sage ich verblüfft.

Er nickt und steckt das Messer wieder ein. Damals hatte Dianne das Messer, nachdem sie es sich aus der Wunde im Schlüsselbein gezogen hatte, in den Fluss fallen lassen. Der Junge muss es sich später wiedergeholt haben. Er sieht mich abwartend an. Er hat sehr helle, grüne Augen. Manchmal, wenn ich von ihm geträumt habe, von ihm und seinem Messer und Diannes Wunde, die unter dem Stich aufgeklafft war wie eine überreife Frucht, habe ich diese Augen studiert. Als Kind glaubte ich, Gemeinheit darin zu entdecken, einen Willen zum Bösen, wenn es so etwas gibt. Aber selbst in meinen Träumen war da mehr gewesen – ich erinnerte mich an das Zögern des Jungen, das dem Messerstich vorausgegangen war und das sich in seiner ganzen Körperhaltung, vor allem aber in seinen Augen ausgedrückt hatte. Dann, irgendwann, hatte ich die Episode so gut wie vergessen. Nachdem der Brocken und der kleine Messerstecher die Stadt verlassen hatten, hatte ich kaum noch an die beiden gedacht. In meiner Erinnerung waren sie zu Phantomen geworden, die in den Schatten verschwanden, die Diannes und meine übergroßen Heldengestalten auf die Welt warfen.

»Was willst du?«, frage ich den Jungen.

»Deine Schwester sehen.«

»Wozu?«

»Um mich bei ihr zu entschuldigen.«

Ich kann nicht anders, ich muss grinsen. »Nach all den Jahren?«

Er sieht wieder zu Boden. Es muss ihn eine Menge Mut gekostet haben, hier aufzutauchen.

»Komm erst mal rein, bevor du erfrierst.« Ich lotse ihn in die Küche. Glass hat am frühen Morgen den Ofen angeworfen, er ist noch warm. Ich stochere in der verbliebenen Glut herum, dann lege ich Holz nach, puste in den Ofen und warte, bis die ersten Flammen aufflackern. Der Junge hat sich an den Tisch gesetzt und sieht sich um. Seinen Mantel hat er nicht ausgezogen.

»Und?«, sage ich.

»Was?«

»Ist es so, wie du erwartet hast? Das Hexenhaus?«

Er entspannt sich. Es ist, als würde ihn nur die Ofenwärme auftauen. Er hat Grübchen, wenn er lacht. »Als Kinder haben wir das wirklich geglaubt – deine Schwester und du, ihr wart der blanke Horror für uns alle.« Er macht eine ausholende Handbewegung. »Jetzt sehe ich nur eine Küche und einen Typen, der ganz nett zu sein scheint.«

»Danke.«

»Vielleicht würde ich es anders sehen, wenn wir hiergeblieben wären, in diesem Loch von Kleinstadt. Die Leute sind hier hundert Jahre hinterher.«

»Mit der Zeit ist es ein bisschen besser geworden«, sage ich. »Ihr seid ziemlich schnell verschwunden damals, nach der Sache am Fluss, oder?«

Der Junge nickt. »Drei Monate später ungefähr. Ich erinnere mich kaum daran. Es war auch eher eine Flucht als ein Umzug. Meine Mutter hat bei Nacht und Nebel ein paar Klamotten gepackt, und das war's. Ab in Richtung Süden, an die Grenze. Der Alte hat in die Röhre geguckt.«

»Wohnt dein Vater noch hier, in der Stadt?«

»Er ist vor zwei Jahren gestorben. Hat sich totgesoffen.«

»Oh.«

»Muss dir nicht leidtun«, sagt der Junge nüchtern. »Der Typ war ein echter Wichser. Saufen, prügeln, weitersaufen. *Mir* tat es auch nicht leid, keinem von uns.«

»Du hast Geschwister?«

»Einen Bruder und eine ältere Schwester.«

Ich setze mich ihm gegenüber an den Tisch. Vielleicht sollte ich ihm Kaffee oder Tee anbieten, aber das Anfeuern des Ofens hat mich meine letzten Energiereserven gekostet. Ich habe tagelang wie tot im Bett gelegen, jetzt bin ich völlig erledigt.

»Hast du deinen Vater noch mal gesehen, nachdem ihr umgezogen wart?«, frage ich.

»Ein einziges Mal. Da war ich zwölf oder dreizehn. Bin sogar abgehauen, um zu ihm zu fahren. Komisch, oder, wo er uns doch das Leben so zur Hölle gemacht hatte?« Er betrachtet seine feingliedrigen Hände, als hätte er ihnen diese Frage gestellt oder als hätten sie etwas mit der Hölle oder seinem Vater zu tun. »Jedenfalls, als ich ankam, da war er so besoffen, dass er mich erst gar nicht erkannt hat. Und irgendwann fing er an zu heulen und schrie rum, meine Mutter sei eine Nutte und so. Und ich hab mich gefragt: Wer will so einen Arsch als Vater?«

Seltsam, dass ich bis jetzt noch nie daran gedacht habe: dass Nummer Drei, wenn ich ihm je begegnet wäre, sich möglicherweise nicht als der ersehnte große Heilsbringer und wunderbare Vater, sondern als Schläger, Trinker oder Vergewaltiger entpuppt hätte, als einer jener Männer also, von denen Glass' Kundinnen in der Regel nur mit leisen Stimmen sprachen wie von schlafenden Ungeheuern, die man allein dadurch zu wecken droht, dass man ihren Namen in den Wind flüsterte.

»Eigentlich müsste ich mich bei deiner Mutter bedanken«, fährt der Junge fort. »Wenn sie nicht gewesen wäre, hätten wir nie den Absprung geschafft.«

»Ich dachte, sie hätte damals nur mit der Mutter vom Brocken geredet.«

»Der Brocken?« Die Stirn über den grünen Augen legt sich in Falten. »Ach, der, ja. So haben ihn manche genannt.«

»Weißt du, was aus ihm geworden ist?«

»Keine Ahnung. Jedenfalls, unsere Mütter, deine und meine, die haben schon miteinander geredet. Sonst wäre es ja nicht so weit gekommen für uns, mit Abhauen und so.«

»Und jetzt hast du extra den langen Weg auf dich genommen, um …«

»Nein.« Der Junge schüttelt den Kopf. »Meine Mutter besucht eine Freundin. Ich bin einfach mitgefahren.«

Ein Schweigen entsteht, das ich mit Fragen füllen würde, wenn mir nur welche einfielen. Aus dem Ofen ertönt leises Knacken und Knistern und das fauchende Geräusch von durch den

Kamin abziehender Wärme. Dem Jungen muss die befremdliche Situation noch unangenehmer sein als mir – ich habe wenigstens den Heimvorteil. Trotzdem atme ich erleichtert auf, als ich das Klappern eines Schlüssels höre und kurz darauf Schritte sich der Küche nähern. Dann steht Dianne in der Tür.

»Du hast Besuch, Dianne. Das ist ...«

Der Junge ist aufgestanden. Plötzlich wirkt er wieder so verlegen wie in dem Moment, als ich ihm die Haustür öffnete. »Dennis«, sagt er.

Dianne kneift die Augen zusammen und steht für einige Sekunden einfach da, den Kopf leicht schräg gelegt, die Wangen gerötet vom Laufen durch die Kälte. Schließlich nickt sie, als hätte sie soeben die Antwort auf eine Frage gefunden, die sie seit Ewigkeiten beschäftigt hat.

»Dennis«, wiederholt sie.

»Ich wollte mich bei –«

»Weißt du was, Dennis?«, unterbricht ihn Dianne. Sie geht auf ihn zu, wirft ihre Tasche auf einen Stuhl und stützt sich mit beiden Händen auf den Tisch. Ihr Gesicht verharrt so nah vor dem des verschreckten Jungen, dass eine winzige weitere Vorwärtsbewegung ausreichen würde, um ihn zu küssen. »Ich hätte dich damals abgestochen, wenn ich mein eigenes Messer dabeigehabt hätte.«

Dianne tritt zurück. Ich sehe Dennis an, und er sieht mich an, aus seinen hellen grünen Augen, und von mir schaut er zu Dianne, und von ihr zurück zu mir. Die Hexenkinder. Und dann brechen wir alle, auch Dianne, in lautes Lachen aus.

Am Freitagvormittag holt Nicholas mich in Visible ab. Er schlägt vor in Richtung Sportplatz zu gehen und ich trotte ihm widerspruchslos nach. Wir überqueren die Brücke zur Stadt, unmittelbar hinter der Brücke, auf der Seite der Kleinen Leute, biegen wir nach links auf einen Spazierweg ab. Der kurvenreiche Weg führt auf fast einem Kilometer Länge am Fluss entlang, er streift Schrebergärten und ein paar einzeln stehende Häuser. Der Himmel ist bedeckt, es ist einer dieser trüben Wintertage, die zwischen Morgengrauen und Abenddämmerung verlorengehen, weil es an ihnen nie richtig hell wird.

Irgendwann verlässt Nicholas den ausgetretenen Pfad und stapft durch das unter Schnee begrabene, abgeknickte Gras. Er erzählt von seiner Verwandtschaft, oberflächliche, unaufgeregte kleine Geschichten, die völlig an mir vorbeigehen. Ich höre ihn neben mir reden, und aus dem Nichts heraus überkommt mich für einen Moment das Gefühl, mich von mir zu lösen und über uns zu schweben, mit all meinen Sinnen die ganze nähere Umgebung zu erfassen – ich spüre die Leere in den nach Kreide riechenden Räumen der Schule, sehe neben dem Kriegerdenkmal am Marktplatz einen Tannenbaum mit einer traurigen, elektrischen Lichterkette emporragen, höre das Rascheln, mit dem das UFO durch ein Fotoalbum blättert, in dem sie Bilder ihres Mannes betrachtet, betaste das Eis, das von beiden Seiten des Flusses aufeinander zu wächst, schmecke den Zucker auf gebrannten Mandeln, die ein Mann an einem Stand vor dem Supermarkt in rosafarbene Papiertüten packt.

»Mit anderen Worten«, schließt Nicholas, »meine ganze Familie besteht aus langweiligen reichen Leuten, die zur Weihnachtszeit zwanghaft aufeinanderhocken und ununterbrochen reden, reden und reden, damit sie nicht Gefahr laufen, sich während all der vielen feiertagsbedingten Mußestunden ihrer Nutzlosigkeit bewusst zu werden.«

»Wenn sie so langweilig sind, warum fährst du sie dann besuchen?«

»Es wird erwartet.«

Der Satz duldet keinen Widerspruch. Mir fällt ein, dass Nicholas, als wir uns vor einigen Wochen stritten, etwas in der Art erwähnt hat, dass er auf seine Eltern aufpassen müsse. Ich spreche ihn nicht noch einmal darauf an.

Wir kommen an Annie Glössers verwaistem Haus vorbei, das seit Jahren langsam verfällt. Es wirkt verwunschen wie das Hexenhäuschen aus einem Märchen. Schnee drückt auf das Dach, zwei Fensterläden stehen offen. Sie hängen schief in den Angeln, die Scheiben dahinter sind zertrümmert. Ich stelle mich vor den Zaun und betrachte den weißen Garten, in dem in jedem Sommer ganze Heerscharen wilder Rosen wuchern, Rosen so rot wie Annies Schuhe. Plötzlich sehne ich mich nach dieser verrückten dicken Frau wie nach nichts sonst auf der Welt. Und von einem auf den anderen Moment erscheint mir nichts leichter, als in ein Taufbecken zu spucken oder Nicholas entgegenzutreten. Es fällt mir nur schwer, ihn dabei anzusehen. Ich versenke die Hände in die Manteltaschen und starre in das Schwarz hinter den eingeschlagenen Fensterscheiben.

»Ich hab gesehen, dass du mit Kat geschlafen hast.«

»Du hast … Was?«

»Ich hab dir nicht nachspioniert«, füge ich schnell hinzu. »Es ist einfach passiert.«

»Dasselbe könnte ich auch sagen.«

»Was?«

»Dass es einfach passiert ist«, sagt Nicholas langsam. »Das zwischen Kat und mir.«

»Liebst du sie?«

»Nein.«

»Liebst du mich?«

Ich wage immer noch nicht, ihn anzusehen. Meine Worte sind einer eigenen, ebenso nüchternen wie unbarmherzigen Logik gefolgt: Sie haben sich zwangsläufig aus den vorangegangenen ergeben. Jetzt sind sie gesagt, hängen mit einem stillen Vibrieren in der Luft und lassen sich nicht mehr zurücknehmen.

»Ich brauche dich«, erwidert Nicholas neben mir. »Aber ich liebe dich nicht.«

»Das ist armselig.«

»Nein, es ist ehrlich.«

»Und überaus praktisch, oder? Beruhigt wahrscheinlich das Gewissen, nachdem man sich an Menschen bedient hat wie an dem Krempel in der Auslage eines Gemischtwarenladens.«

Meine Beine sind weich geworden. Wenn ich mich nicht bewege, werde ich hinfallen oder mich übergeben. Ich drehe mich um und gehe los, folge dem Verlauf der Hecken, deren Nähe Schutz und Sicherheit verspricht. Nicholas stolpert mir nach.

»Was ist der Unterschied zwischen sich lieben und sich brauchen, Phil? Wer sagt dir, dass das, was du für mich empfindest, Liebe ist? Wie kannst du dir so sicher sein? Und verdammt, wie kannst du mich so selbstgerecht verurteilen! Nach allem, was du mir erzählt hast, macht deine Mutter auch nichts anderes als ich.«

»Glass hat ihre Gründe.«

»Jeder hat Gründe für sein Tun.«

Ich wünschte, mich mit dem Gedanken beruhigen zu können, dass er sich nur hinter rhetorischen Spitzfindigkeiten versteckt. Ich wünschte, ihm entgegnen zu können, dass Glass, im Gegensatz zu ihm, über ihre Gründe spricht, doch das hat sie nie getan. Ich fühle mich in die Enge getrieben und gehe schneller.

Nicholas fasst mich am Arm. »Phil, was macht es für einen Unterschied, ob ich dich liebe oder nicht? Ich mag dich. Wir kommen gut miteinander aus. Wir verbringen viel Zeit miteinander. Wir haben guten Sex.«

Ich bleibe stehen und schüttele ihn ab. »Ich will mehr als das.«

»Zum Beispiel?«

»Zum Beispiel, dass du mir vertraust.«

»Das tue ich.«

»Nein, das tust du nicht! Du sprichst nicht über dich, nicht wirklich. Ich weiß nicht, was in dir vorgeht, eigentlich weiß ich gar nichts über dich.«

»Es gibt nichts zu wissen.«

»Tatsächlich? Hast du schon versucht, das Kat zu erklären? Sie wird sich noch weniger als ich damit zufriedengeben, nur mit dir ins Bett zu steigen! Und noch weniger Lust wird sie dazu haben, dich mit mir zu teilen. Früher oder später wirst du dich für einen von uns beiden entscheiden müssen.«

Nicholas schüttelt den Kopf. »Ich mag euch beide. Das ist keine Frage der Entscheidung.«

»Für mich schon. Und wenn du sie nicht treffen kannst, muss ich es eben tun.«

Ich wende mich von ihm ab und stapfe weiter. Rechts von mir weichen die Hecken auseinander und öffnen sich auf eine kleine Wiese. An den Rändern stehen, dicht an dicht, verschneite Obstbäume. Ein Teil der Bäume wurde im Sommer gefällt, am Ende der Wiese ist das Holz zu einem hohen Stoß aufgeschichtet worden. Ich merke erst, dass Nicholas mir nicht mehr folgt, als ich das Geräusch seiner Schritte neben meinen vermisse. Ich drehe mich zu ihm um. Er steht drei Meter von mir entfernt in diesem Nichts von Weiß, eine einsame Insel. Er kommt langsam auf mich zu, vorsichtig, fast so, als befürchte er, der Schnee unter seinen Füßen könnte nachgeben und der Boden ihn verschlucken.

»Wie meinst du das?«, fragt er.

»Nicholas, ich will mich bei dir aufgehoben fühlen! Ist das so schwer zu verstehen? Und ich kann nicht mit jemandem zusammen sein, der behauptet, mich zu brauchen, aber jederzeit bereit ist, mich fallenzulassen. Dafür bin ich mir zu schade.«

»Und was wirst du tun?«

»Gehen. Einfach gehen.«

Er bleibt auf der Stelle stehen. Und da ist es. Für einen kurzen Augenblick öffnet sich der Panzer, mit dem Nicholas sich umgibt. Ich sehe es in seinem Blick, der flattert wie ein aufgescheuchter, völlig verängstigter Vogel. Seine Furcht greift auf mich über, so heftig, dass meine Knie nachzugeben drohen. Das schöne, sonst so unbewegte und beherrschte Gesicht ändert innerhalb von Sekunden mehrfach den Ausdruck, gerade so, als würden von unsichtbarer Hand in rascher Folge die Masken griechischer Tragödienspieler übereinandergelegt – die Angst weicht hilfloser Verzweiflung, kindlichem Erstaunen, flackerndem Hass.

»Nein«, sagt Nicholas.

Und dann ist der Moment vorüber. Nicholas hat sich wieder vollkommen unter Kontrolle. Sein Gesicht glättet sich. Was auch immer es war, das für kurze Zeit an die Oberfläche gekommen ist, es hat sich wieder in die Tiefe zurückgezogen. Aber es hat alles verändert, es hat mein Herz erst aussetzen und dann schneller schlagen lassen, und jetzt drängt es mich, all meine Worte zurückzunehmen. Ich gehe auf Nicholas zu und strecke eine Hand aus.

»Es tut mir leid, ich hab das nicht so –«

Hören und Sehen sind eins. Was ich höre, ist ein trockenes

Knacken, als wäre irgendwo ein Ast unter der Last auf ihm ruhenden Schnees gebrochen. Was ich sehe, ist das rechte Auge von Nicholas, das sich oberhalb der Pupille öffnet, bevor sein Kopf wie von einem unsichtbaren Schlag getroffen zur Seite gerissen wird und er in den Schnee stürzt.

Er schreit. O Gott, er schreit so laut, dass der Himmel davon aufreißen und die Erde sich öffnen müsste. Und über sein Schreien hinweg höre ich Worte, die ich schon einmal gehört habe, vollzieht das Leben einen schrecklichen Zirkelschluss. Plötzlich rieche ich den nahen Fluss, es ist Sommer, die Luft duftet nach Algen und Pestwurz, und irgendwo blitzt und schimmert es rosig und silbern, als eine Regenbogenforelle durch das schäumende Wasser unter dem Großen Auge davonschießt.

»*Der ist …*«

»Ohhh …«

»Weg hier!«

Nicholas liegt im Schnee, er schreit und presst beide Hände vor sein rechtes Auge. Ich falle vor ihm auf die Knie.

»Lass mich das – Nicholas! Nimm die Hände weg!«

»Nahhhh …!«

»Nicholas, *lass mich das sehen*!«

Da ist kaum Blut, nur eine helle, klare Flüssigkeit. Sie klebt auf seinen Handschuhen, sie sickert aus dem, was eben noch ein Auge gewesen ist und was jetzt aussieht wie eine zerdrückte kleine Blume. Nicholas reißt die Hände zurück vor sein Gesicht, krümmt sich zusammen und wälzt sich brüllend im Schnee. Ich registriere eine Bewegung, sehe sie weniger, als dass ich sie fühle. Dann höre ich harsche, schnelle, sich entfernende Schritte. Ich springe auf, wirbele herum und spurte los.

Zehn Meter voraus rieselt Schnee von einigen bis auf die

Wiese herabreichenden Ästen der Obstbäume. Die Äste schlagen gegeneinander, sie schließen sich hinter einem Schatten, der zwischen ihnen verschwunden ist. Da ist der Stoß aus geschlagenem Holz, nassbraun an den Seiten, schneegekrönt und hoch genug, um sich bequem dahinter verstecken zu können. Ich jage um den Stoß herum.

Wolf kauert auf dem Boden und starrt mich an, seine Augen sind schrecklich klar und grau. Er trägt weder Jacke noch Mantel, nur ein viel zu dünnes, gestreiftes Hemd. Die blonden, lockigen Haare fallen schwer in seine Stirn, die sich windet und kräuselt, als wäre sie lebendig. Das Luftgewehr liegt quer in seinen Armen, Wolf wiegt sich damit langsam vor und zurück. Seine Hände sind gefroren, die Venen liegen purpurfarben in der Haut. Sein Mund bewegt sich, und kaum hörbar über die entsetzlichen Schreie von Nicholas flüstern und singen blaue Lippen wieder und wieder dieselben drei Worte über den glitzernden Schnee: »Der arme Läufer, der arme Läufer, der arme Läufer ...«

Wenn ich seinen Namen flüstere, spüre ich Scherben im Mund. Wenn ich sein Bild vor mich befehle, legt sich Eis auf meine Gedanken. Wenn ich mir vorstelle ihn zu streicheln, öffnen Skalpelle mir Finger und Hände.

Er ist in dieselbe Klinik eingeliefert worden, in der Kat und ich uns kennengelernt haben, zwei Autostunden von mir entfernt. Er weigert sich, mich zu sehen oder sich von mir anrufen zu lassen. Er will, dass ich seinen Namen nicht mehr nenne. Ich bin verstoßen, Geschichte. Ich weiß nicht, wie ich Kat in ihrem Urlaubsort erreichen soll. Ich weiß auch nicht, ob ich das wirklich will.

Von seiner Mutter erfahre ich, dass das Auge irreparabel verletzt und damit erblindet ist, dass aber die Kugel aus Wolfs Luftgewehr, die aus dem hinteren Teil der rechten Augenhöhle entfernt werden konnte, keinen darüber hinausgehenden Schaden angerichtet hat. Seine Mutter ist eine sehr unglückliche Frau. Ihre Einsamkeit umgibt sie wie der Gestank von Verwesung. Ich habe mich ihr gegenüber als Schulfreund ihres Sohnes ausgegeben. Seinen Vater lerne ich nicht kennen.

Die Kugel galt mir, geplant war nicht mehr als ein Schreckschuss, wie Thomas bei der Polizei aussagt. Ich erfahre nicht, wie er an Wolf geraten und wie es ihm gelungen ist, ihn für sich einzunehmen. Nachdem er sich einmal in Wolfs Herz und in seinen Kopf geschlichen hat, werden keine größeren Überredungskünste notwendig gewesen sein, um ihn zur willigen Waffe seiner Eifersucht zu machen. Jeden Tag haben sie vor Visible auf mich gewartet, haben ausgeharrt in der Kälte, bis sie mich mit Nicholas davongehen sahen und uns folgten. Thomas konnte nicht ahnen, dass Wolf, als er schließlich schoss, das Gewehr schon von mir abgewendet und damit auf den Jungen neben mir gezielt hatte. Und vielleicht wäre ihm das gleich gewesen.

Eine Unterhaltung mit der Dunkelheit

TAGELANG WILL ES NICHT aufhören zu schneien. Die Menschen jubeln über eine bevorstehende weiße Weihnacht, und Glass hört unablässig den dazu passenden Song von Bing Crosby, der schmachtend von einer uralten Schallplatte Stellas herunterkratzt. Straßen werden kurzfristig unpassierbar, abgelegene Ortschaften unzugänglich. Unter der gewaltigen Last des Schnees brechen ganze Bäume, oder sie neigen sich bedrohlich zur Seite, und ab und an gibt Visibles Dach ein drohendes, protestierendes Knarren von sich.

Zwei Tage vor Heiligabend trifft Gable in Visible ein, und mit seiner Ankunft schlägt das Wetter um. Als er am frühen Mittag mit geschultertem Seesack vor der Tür steht, setzt der Schneefall aus. Fast scheint es, als sei Gable zusammen mit tausend Sternen vom Himmel gestürzt – der Tag ist plötzlich unwirklich hell und klar, die Luft steht reglos, und die Sonne strahlt warm. Die begeisterten Schreie, mit denen Glass Gable begrüßt, dringen bis hinauf in mein Zimmer, wo ich schwarzen Gedanken über Schuld und Sühne, über Liebe und Tod nachhänge. Ich starre seit Stunden die Wand an, als gelte es, mit meinen Blicken ein Loch in Visibles Mauerwerk zu brennen. Vor mir sehe ich eine schreckliche Blume, die sich in endloser, zeitlupenhafter Wiederholung öffnet und schließt und mit jedem vollendeten Zyklus diese klare, gallertartige Flüssigkeit aus ihrem zerstörten Kelch spuckt.

Abgesehen von allgemeinen Bekundungen des Erschreckens und Bedauerns sind die Reaktionen auf das Geschehene unterschiedlich ausgefallen. Glass' Betrachtungsweise war von der ihr eigenen Nüchternheit. Nichts und niemand, meinte sie, sei so wichtig, dass die Welt dafür stehenbleibe; ich solle mich glücklich schätzen, dass der Unfall – man nennt das doch einen Unfall, Darling? – mit Nicholas zu einem Zeitpunkt erfolgt ist, als ich seelisch ohnehin auf dem Zahnfleisch ging. Sie hat mich dezent darauf hingewiesen, dass sie zwar größtes Verständnis dafür hat, wenn ich mich einmal mehr in meinem Zimmer einschließe, um dort mit dem Schicksal zu hadern, ansonsten aber keineswegs gewillt ist, meine trüben Selbstbespiegelungen durch ständige Anlieferungen von Speisen und Getränken zu unterstützen.

Sowohl Michael als auch Tereza haben angeboten, Nicholas vor Gericht zu vertreten, falls er oder seine Eltern sich, wie zu erwarten ist, zu einer Anzeige gegen Thomas entschließen sollten. Ich habe beiden gesagt, dass sie sich direkt an Nicholas wenden müssen, wenn ihnen an dem Fall gelegen ist, und mich ansonsten mit diesem Thema nicht mehr behelligen sollen. Ich war wenig höflich, danach tat mir mein Verhalten leid. Ich entschuldigte mich bei ihnen, danach hasste ich sie für ihr Verständnis.

Pascal hat Minuspunkte von allen Seiten gesammelt mit der Bemerkung, man solle am besten *jedem* Mann ein Gewehr in die Hand drücken, dann wäre die Welt schon bald um ein gewaltiges Problem ärmer. Dianne musste grinsen, als ich ihr davon erzählte. Ansonsten hat meine Schwester, dankenswerterweise, ihre Meinung für sich behalten.

Die lauteste Reaktion ist von der anderen Seite des Flusses gekommen. Es ist grotesk, aber eigentlich hatte ich es kaum anders erwartet: Wider besseres Wissen geben die Kleinen Leute mir die Schuld an dem, was geschehen ist. Thomas hat irgendwelche Schmuddelgeschichten über mich in die Welt gesetzt, und ich musste unwillkürlich an Irene, das unglückliche UFO, und an ihren Peiniger Doktor Hoffmann denken, an das Vertauschen von Opfer und Täter. Ich habe mehrere Briefe erhalten, alle ohne Absender, alle abgestempelt im Ort. Zwei von ihnen sind handgeschrieben. Für den dritten hat sich tatsächlich jemand die Mühe gemacht, die Tageszeitung zu zerschnipseln, einzelne Worte und verschieden große Buchstaben auszuschneiden und sie zu einem Alphabet des Hasses neu zu arrangieren, das mir bisher fremd war, das Tereza und Pascal aber längst auswendig kennen.

Jetzt, als ich Glass herumkrakeelen höre, springe ich aus dem Bett, haste die Treppen hinunter in die Eingangshalle und stürze dabei so unglücklich von der letzten Stufe, dass ich mir den linken Knöchel verstauche. Mein Schmerzensschrei mischt sich mit Gables Lachen, mein Weinen, als endlich, endlich der Damm bricht und ich mich an Gables Brust lehne, in sein beruhigendes Murmeln, das keine Worte benötigt und das klingt, als habe er das Meer mitgebracht. Seine Hände gleiten über meinen Kopf, streicheln meinen Rücken, meine Schultern und Arme. Gable weiß genau, was er tun muss. Unter seinen Berührungen schließen sich zögernd erste Wunden.

Dennoch bleibt Nicholas präsent. Es sind keine konkreten Erinnerungen an ihn, die sich in mein Bewusstsein drängen; das einzige Bild, das immer wieder ganz klar vor mir aufsteigt, ist der Anblick seines schrecklich zerstörten Auges. Ansonsten ist da nur das Gefühl unwiederbringlichen Verlustes. Und die vage Ahnung, nur knapp einer Strafe entgangen zu sein, die nicht nur mir gegolten hat, sondern von der ich auch glaube, sie eher als Nicholas verdient zu haben. Manchmal gelingt es mir, diese Gedanken für kurze Zeit zu verdrängen, doch selbst dann ist Nicholas noch da. Er steht in der dunklen Ecke eines ansonsten hell erleuchteten Zimmers und wartet nur darauf, mit einem Schritt nach vorn aus dem Schatten zu treten. Als mir alles zu viel wird, schließe ich die Tür zu diesem Zimmer, drehe den Schlüssel um und ziehe ihn ab, so wie Tereza es mir vor Jahren beschrieben hat, als Träume von blutbefleckten Bettlaken und die Sorge um Glass mir den Schlaf raubten. Nur weiß ich nicht, wo ich den Schlüssel aufbewahren soll. Er wiegt schwerer als alle Erinnerungen zusammen.

EINER VON GLASS' unerfüllten Wünschen ist es, Visible einmal in ihrem Leben in vollem weihnachtlichem Lichterglanz zu sehen. Sie träumt davon, dass kunterbunte Lichterketten die Haustür und jedes einzelne Fenster einrahmen, sich über Fassade und Dach spannen, die Geländer und Trägerbalken der Veranda umschlingen. Jede kleine Zinne und jedes der mit winzigen Butzenscheiben bestückten Türmchen, aus denen Dianne und ich aus Angst vor dem Dachboden als Kinder nie herausgeschaut haben, sollte geschmückt sein.

»Wenn ich es mir recht überlege, könnte man in die Bäume auch noch welche hängen«, sagt sie zu Michael, während wir im Kaminzimmer zu dritt den Christbaum schmücken. »Ich weiß wirklich nicht, was du an diesen stinkenden Wachskerzen so toll findest. Gefährlich sind sie auch.«

»Bleib mir vom Hals mit deinen amerikanischen Mätzchen«, erwidert Michael von einer wackeligen Holzleiter herab. »An einen echten Baum gehören echte Kerzen!«

»*Ich* habe keinen echten Baum gewollt!«, raunzt Glass. »Mit unserer Plastiktanne sind wir jedes Jahr gut gefahren, oder, Phil? Jetzt steht sie im Keller und –«

»Reich mir das Lametta«, unterbricht Michael sie grinsend. »Ich glaube, du wärst im Stande, unter dem Tannenbaum auch noch Hamburger zu servieren.«

»Es gibt Huhn mit Backkartoffeln«, gibt Glass so würdevoll wie großspurig zurück. Sie reicht Michael das angeforderte Lametta. »Vorausgesetzt, Gable ist im Supermarkt erfolgreich und erwischt noch eins von den Viechern.«

Ich konnte es kaum glauben, als Dianne verkündete, dass sie Gable zum Einkaufen begleitet. Dennoch passt es zu der Veränderung, die mit ihr vorgegangen ist, zu ihrem langsamen Wandel, den ich über die letzten Wochen und Monate beobachten konnte. Dianne ist weicher geworden und leichter zugänglich.

»O Michael, er ist wunderschön!«

Glass strahlt. Früher hätte sie sich niemals so offen gefreut wie jetzt, als der Christbaum, ein wahres Prachtstück von über zwei Meter Höhe, fertig geschmückt ist. Sie kraxelt ebenfalls die Leiter hinauf und drückt Michael einen Kuss auf die Wange.

»Warte nur, bis nachher die Kerzen angezündet sind«, sagt Michael. »Dann werden dir die Augen übergehen. Elektrische Kerzen!« Er schüttelt fassungslos den Kopf.

»Ist ja schon gut!«, sagt Glass. »Phil, legst du noch mal die Schallplatte auf, die mit –«

»Ich weiß.«

Zu den Klängen von *White Christmas* und dem schrägen Gesang von Glass verteile ich Teller voller Weihnachtsgebäck im Zimmer, das Pascal uns gleich büchsenweise gebacken hat. Im Kamin flackert ein kräftiges Feuer. Michael hat Tannenzweige und Orangenschalen davorgelegt, das große Zimmer duftet wie ein Gewürzladen. Das Einzige, was fehlt, sind Geschenke unter dem Christbaum. Wir haben beschlossen, darauf zu verzichten.

Selbst Gable ist diesmal mit leeren Händen nach Visible gekommen, was mir nur recht ist – auf seine Hände bin ich angewiesen. Ich weiß nicht, was es ist und wie er es vollbringt, aber wenn er mich in den Arm nimmt, was er täglich mehrmals tut, wird mir leichter ums Herz. Zum ersten Mal kann ich nachfühlen, was Michael für Glass bedeuten muss.

Als Gable und Dianne vom Einkaufen zurückkommen, schließt Glass sich in der Küche ein – Kommandosache Huhn. Das Resultat ist keine kulinarische Offenbarung, aber es lässt sich durchaus sehen und schmecken.

»Ist gut«, murmelt Michael anerkennend.

»Nur gut?«, fragt Glass misstrauisch über den Tisch hinweg.

»Es ist süperb. Sozusagen das Huhn aller Hühner.«

Er lacht laut auf, als Glass ihn mit einer Kartoffel bewirft. Es würde Michael nie in den Sinn kommen, offen das kleine Weihnachtsmenü zu kritisieren. Er hat einen untrüglichen, beneidenswerten Instinkt für die Grenzen anderer. Ein schmerzhafter Stich durchfährt mich, als ich an Kat denken muss, die in dieser Hinsicht sein genaues Gegenteil darstellt.

Michaels Augen leuchten, als er kurz darauf die Kerzen am Christbaum entzündet. Das Kaminzimmer erstrahlt in warmem Licht, doch das ist nichts gegen das glückliche Strahlen, das Glass umgibt. Sie geht zu Michael und küsst ihn so lange, bis es fast peinlich wird, den beiden dabei zuzusehen. Im Hintergrund dudelt und kratzt *White Christmas*, und ich überlege, wie viel Arten es gibt, Bing Crosby umzubringen.

Dann sitzen wir um den flackernden Kamin, Glass, Michael und Gable auf dem uralten, durchgesessenen Sofa, Dianne und ich auf Küchenstühlen, und wir lauschen Gable, der nicht müde wird zu erzählen: von der Hoffnungslosigkeit, mit der die Menschen in den Slums von Kalkutta leben, von Armut und Hunger in kleinen pazifischen Inselstaaten, deren Namen ich bis dahin nie gehört habe, von dem Entsetzen, das einem Bürgerkrieg in Südostasien gefolgt ist wie die Pest den Ratten. Er berichtet vom Tod ungezählter Kulturen, den Schiffe über Jahrhunderte an jede fremde Küste brachten, die sie ihren europäischen Fürsten und Monarchen neu erschlossen. Es ist das erste Mal, dass ich Gable von solchen Dingen sprechen höre, das erste Mal, dass er zu erkennen gibt, dass mehr zu seinem Leben gehört als die filigrane Schönheit schwarzer Fächerkorallen oder getrockneter Seepferdchen.

Später, als alle zu Bett gegangen sind, hole ich das Päckchen, das Nicholas mir hinterlassen hat, und gehe damit zurück ins Kaminzimmer. In der Feuerstelle häuft sich Glut, hier und dort flackern noch einzelne Flammen daraus hervor. Lametta und Christbaumkugeln reflektieren das düstere Glimmen aus dem Kamin. Das Päckchen wiegt schwer in meinen Händen. Seit Tagen hat mich die Neugier gereizt, mehr als einmal war ich dicht davor, es zu öffnen, aber aus irgendeinem Grund habe ich mich an das Nicholas gegebene Versprechen gehalten, es erst Weihnachten aufzumachen. Jetzt knie ich vor dem Kamin und entferne das Geschenkpapier mit zitternden Fingern.

Es ist ein von Nicholas selbst oder von sonst wem gebundenes Buch mit leerem Einband. Es enthält sechsunddreißig Geschichten, von denen ich zwei bereits kenne. Ich blättere rasch darin herum, überfliege einzelne Sätze, lese die Titel, und das Museum der verlorenen Dinge wird vor meinen Augen lebendig.

Die Flügel des Schmetterlings
Vom Messer, das sich selbst verletzte
Das Schiff ohne –

Ich schlage das Buch zu. Nach kurzem Zögern klappe ich es wieder auf, reiße Blatt um Blatt heraus und füttere damit die zischende Glut im Kamin. Bedächtig lecken Flammenzungen über schwarze Buchstaben und weiße Leerräume. Dann lodern einzelne Seiten plötzlich hell auf und krümmen sich wie unter Schmerzen, bevor das Papier verglüht. Ich zucke zusammen, als hinter mir ein Rascheln ertönt.

»Noch wach?«

»Ja.«

»Ich kann auch nicht schlafen.« Dianne hat sich neben mich geschoben. Sie geht in die Hocke und deutet auf das Feuer, in dem die letzten Seiten des Buches gerade zu Asche zerfallen.

»Was war das?«

»Nicholas.«

»Ein Geschenk für dich?«

Ich schüttele den Kopf. Dianne legt mir einen Arm um die Schulter, ich weine, dann beginne ich zu reden, und so sitzen wir vor dem Kamin, bis auch die letzte Glut erloschen ist.

Am ersten Weihnachtsfeiertag kommen Tereza und Pascal. Sie treffen am frühen Vormittag ein, und binnen Sekunden hallt ganz Visible von ihrem streitenden Geschrei und ihrem kreischenden Lachen wider, als sie eine Weihnachtsgans mit Äpfeln und Rosinen zu präparieren versuchen. Sie verwandeln die Küche in ein Schlachtfeld und zaubern ein fünfgängiges Menü auf den Tisch, das Glass, wohl wissend, dass ihr Huhn mit Backkartoffeln vom Vortag dagegen verblasst, neidlos als fantastisch anerkennt. Dennoch beäugt sie das Geflügel skeptisch.

»Mein Gott, das arme Ding sieht ja fürchterlich aus!« Sie zeigt auf die weit auseinanderklaffenden, mit knusprig brauner Haut überzogenen Gänseschenkel. »So obszön und so tot.«

Etwas Größeres als ein Huhn würde selbst sie niemals zubereiten, weil sie als Kind mit ansehen musste, wie vor Thanksgiving ein Truthahn geschlachtet wurde – ein regelrechtes Blutbad, wenn man ihren Worten Glauben schenken darf.

Pascal zwinkert ihr zu – seit sie Glass bei Michael in festen Händen weiß, hat sich die Lage zwischen den beiden deutlich entspannt – und klappert bereits mit der Tranchierschere. »Es war nur ein Männchen, glaube ich. Also, nicht aufregen.«

Michael und Gable sehen einander an und verdrehen gleichzeitig die Augen. Sie kennen sich erst seit wenigen Tagen, aber sie kommen bereits glänzend miteinander aus, auf diese seltsame, mir unverständliche Art, wie die meisten Männer miteinander auskommen: ohne viele Worte, in einem fraglosen, stillen Einverständnis über Gott und die Welt und wahrscheinlich auch über die Frauen.

»Ich verstehe es genauso wenig wie du«, vertraut Tereza mir in der Küche an, wo wir nach dem Essen gemeinsam Tee und Kaffee kochen. »Steck zwei einander fremde Männer zusammen in ein Zimmer, und sie umkreisen einander kurz und beschnuppern sich wie die Hunde.«

»Und dann?«

»Dann gehen sie sich entweder an die Kehle, oder sie machen die Gegend mit ihrem gemeinsamen Gekläffe unsicher.«

Ich sehe zu, wie sie Tassen und Teller auf ein Tablett stapelt. Auf ihre Umzugspläne habe ich sie noch nicht angesprochen. Jetzt wäre die passende Gelegenheit, aber ich scheue davor zurück – der Kinderglaube, dass nichts geschehen wird, solange man nicht darüber redet, sitzt tief.

»Tereza?«

»Hm?«

»Bist du glücklich mit Pascal?«

»Mal mehr und mal weniger. Aber glücklich genug, um mit ihr nach Holland zu gehen, falls du das – Phil!« Sie macht einen Schritt auf mich zu und nimmt mich in die Arme. »Nicht doch, nicht weinen, mein Kleiner.«

Ich schniefe in ihrer Schulterbeuge herum und bilde mir ein, den Mandelduft zu riechen, den ihre roten Haare früher verströmten. Aber es ist Weihnachten, die ganze Welt riecht nach Mandeln, und Gewohnheiten ändern sich, selbst wenn sich das nur im Wechsel des Shampoos ausdrückt.

Nach dem Kaffeetrinken brechen wir alle zu einem Spaziergang auf. Fast automatisch schlagen wir den Weg ein, der am Fluss entlang zum Großen Auge führt. In kleinen Grüppchen trotten wir hintereinander durch die blendend helle Winterlandschaft: Dianne geht eingehakt zwischen Tereza und Pascal, Glass schlurft Arm in Arm mit Michael durch den Schnee. Gable und ich bilden das Schlusslicht.

»Wann musst du wieder fort?«, frage ich ihn.

»Neujahr. Ich fahre mit dem Zug nach Norden, abends schiffe ich mich ein. Und dann wird das Festland mich für eine Woche nicht sehen.« Er klingt jetzt schon erleichtert, dabei ist nicht einmal die Hälfte seiner Zeit hier um.

»Wohin fährst du?«

»Amerika.« Gable sieht mich von der Seite an – ich nehme an, weil er weiß, wie ich auf dieses Wort reagiere.

»Du könntest mitkommen, Phil. Vorausgesetzt natürlich, du willst.«

Ich bleibe auf der Stelle stehen. Ich kann Gable nur anstarren.

»Ist ein großer Frachter«, fährt er fort, »Autos, elektronische Geräte, was weiß ich. Die Ladung hat mich nie interessiert.«

»Ich könnte … Du meinst, ich könnte einfach so mitfahren?«

»Für ein Paar zusätzliche Hände müsste noch Platz sein.« Gable grinst. »Außerdem kenne ich den Käpten.«

»Was ist mit Schule?«

Er sieht mich an, als hege er Zweifel bezüglich meiner geistigen Gesundheit. »Das ist nicht dein Ernst, oder?«

Ich weiß nicht, wann ich das letzte Mal so begeistert war. Das Herz schlägt mir bis zum Hals, schlägt kräftig und fest wie ein nie ermüdender Motor, und schon denke ich an Schiffe, an mächtige Turbinen und gewaltige, die See aufwirbelnde Schrauben. »Also … Ich denke darüber nach, okay?«

»Lass dir Zeit.«

»Und Glass muss noch nichts davon wissen.«

»Das ist allein deine Sache.«

Auf dem Rückweg sondert Michael sich ab. Er überlässt Glass den anderen Frauen und geht für eine Weile abseits von uns, dicht am Fluss entlang. Er lächelt und sieht dabei gedankenverloren zu Boden, er macht große Schritte, und manchmal kickt er Schnee vor sich her wie ein kleiner Junge. Irgendwann lacht er scheinbar grundlos laut auf, so dass ich mich unwillkürlich frage, wann dieser Mann, den meine Mutter von Tag zu Tag mehr liebt, gelernt hat keine Angst vor dem Alleinsein zu haben.

Zurück in Visible gehe ich in mein Zimmer und betrachte die alte Weltkarte. Ich ziehe alle über die Meere und Kontinente verteilten grünen Nadeln heraus, mehr als zwanzig Stück, und stecke sie auf der Karte Nordamerikas entlang der Ostküste wieder fest. Ich trete zwei Schritte zurück und betrachte das grüne, sich windende Band, das mir entgegenleuchtet wie ein Versprechen. Ich habe öfter davon geträumt, Gable zu begleiten, als ich zählen kann. Aber da war ich Kind gewesen, und der Gedanke an das

Seefahren kaum mehr als der Wunsch, tollkühne Abenteuer zu erleben, die Sehnsucht nach dem ins Unendliche gesteigerten weiten Blick.

Wenn du jetzt gehst, höre ich Paleiko flüstern, *ist das wie Davonlaufen. Eine Flucht.*

Nein, das ist es nicht.

Du denkst, es wäre ein neuer Anfang? Wie kann es das sein, wenn du hier noch längst nicht alles zu Ende gebracht hast?

Gib mir Zeit.

Selbst wenn es eine Flucht wäre, muss ich mir nur Gables Narbe vor Augen rufen, um zu wissen, dass man manchen Dingen nicht entkommen kann. Er hat seine Enttäuschung rund um den Globus getragen, so wie Glass Nummer Drei mit nach Visible gebracht hat. Gables Narbe hat mich immer gestört, weil diese wilde, bewusst am Leben gehaltene Verwucherung Besitz von seinem ganzen Körper und seiner Seele genommen hat. Nur ... Im Laufe dieser Tage habe ich immer wieder versucht einen Blick darauf zu erhaschen. Aber Gable trägt stets langärmelige Pullover oder Hemden, und entgegen seiner Gewohnheit bei früheren Besuchen läuft er auch nicht mehr mit blankem Oberkörper durch das Haus, bevor er das Badezimmer aufsucht. Ich habe das unbestimmte Gefühl, dass er seine Narbe selbst nicht mehr sehen will.

Dinge ändern sich, Paleiko.

So wie Tereza ihr Shampoo gewechselt hat? Du kannst Änderungen nicht erzwingen, mein weißer Freund. Oder würdest du auch gehen, wenn es nicht Amerika wäre, sondern ein anderes Land?

Vielleicht.

Du willst ihn suchen, nicht wahr? Das war das Erste, woran du gedacht hast, als Gable dir das Angebot gemacht hat. Nummer Drei.

Ja.

Hältst du das für eine gute Idee?

Sei endlich still, Paleiko. Du bist tot. Nur weil ich diesen roten Kristallsplitter aus deiner Stirn noch nicht gefunden habe …

Falsch! Ich sterbe nie, Phil. Das ist der Fluch und der Segen von Terezas Geschenk. Ich bin immer bei dir.

Ja, als Wächter. Aber ich kann auf mich selbst aufpassen.

Quod erit demonstrandum. Wer hat das noch gleich gesagt?

Die Entscheidung fällt mir leicht. Ich scheue noch davor zurück, mit Glass darüber zu sprechen, weil ich befürchte, dass sie Einwände erheben und versuchen wird, mir meine Reisepläne auszureden. Aber ich weihe Dianne ein. Auf meine Worte hin kneift sie die Augen zu einem kurzen Blinzeln zusammen, als wäre ihr ein Staubkorn hineingeraten. »Weiß Glass schon davon?«

Ich schüttele den Kopf.

»Es ist eine gute Idee«, sagt Dianne trocken.

»Und das ist alles?«

»Erwartest du, dass ich in Tränen ausbreche?« Sie mustert mich mit einem Blick, von dem ich nicht weiß, ob er Misstrauen oder Sorge entspringt. »Du kommst doch irgendwann wieder, oder?«

»Natürlich.«

»Also. Dann ist das alles.«

Tags darauf gehe ich zu Gable und sage ihm, dass ich sein Angebot annehme. Seine Freude darüber – ein tanzender Reigen von kleinen Funken in seinen Augen, ein Aufleuchten, das über sein Gesicht huscht – ist Balsam auf meiner Seele. Er stürzt sofort ans Telefon, nur eine halbe Stunde später ist die Sache perfekt. Wir werden Visible gemeinsam am ersten Januar verlassen.

»Du kannst es dir immer noch anders überlegen«, sagt Gable und bittet mich gleichzeitig mit seinen Augen, es nicht zu tun.

»Nein, ich komme mit.« Ich sehe ihn an, leicht verunsichert. »Aber ich werde vielleicht eine Weile in Amerika bleiben.«

»Dachte ich mir.« Er legt mir eine Hand auf die Schulter. »Wenn du erledigt hast, was du dir vorgenommen hast, kannst du jederzeit wieder dazustoßen, Phil. Ich zeige dir die Welt.«

»Ja. Die Welt.«

Irgendwann brachte Händel zwei Bilder mit in den Unterricht. Eines davon zeigte eine kraterartige grüne Landschaft, die keiner von uns Schülern identifizieren konnte – die besten Angebote lauteten verwaiste Wiese nach dem Tod dreier Kühe, Meteoreinschläge auf einem fremden Planeten, Regenwald aus der Vogelperspektive. Das zweite Bild zeigte ein Ahornblatt. Das erste Bild war die Vergrößerung eines Ausschnitts des zweiten gewesen. Mag sein, dass ich Händels an diese zwei Bilder geknüpfte Warnung nicht immer beachtet habe, aber vergessen habe ich sie nie: Distanz schafft Klarheit. Und Klarheit ist das, was ich zurzeit mehr als alles andere brauche.

ZWEI TAGE VOR SILVESTER halte ich es nicht mehr aus. Glass, Michael und Gable haben sich am frühen Nachmittag zu einer Fahrt ins Blaue verabschiedet. Dianne und ich hätten mitfahren können, haben aber beide abgelehnt. Ich wollte mit mir allein sein, jetzt fällt mir die Decke auf den Kopf. Dianne kommt zufällig hinzu, als ich mir in der Eingangshalle meine Stiefel anziehe.

»Wohin willst du?«

»In die Klinik, zu Nicholas.«

Sie runzelt die Stirn. »Hat er nicht gesagt, dass er keinen Besuch von dir will?«

»Mir egal. Ich fahre trotzdem.«

Dianne überlegt, dann greift sie kurz entschlossen nach ihrem Mantel. »Gut, dann komme ich mit.«

»In die Klinik?«

»Ja. Aber nicht zu Nicholas«, fügt sie auf meinen irritierten Blick hinzu. »Ich muss dir noch etwas zeigen, bevor du mit Gable verschwindest.«

Mehr ist aus ihr nicht herauszukriegen.

Wir nehmen den Bus. Als ich vom Fahrer zwei Tickets verlange, schiebt Dianne sich neben mich. Ich starre überrascht auf die Monatskarte, die sie gezückt hat und dem Busfahrer entgegenhält. Plötzlich fällt mir der Sommertag ein, an dem Nicholas mich in der Bibliothek angesprochen hatte. Kurz darauf hatte ich Dianne mit Kora auf der Straße diskutieren und dann den Bus besteigen sehen.

»Okay«, seufze ich, als wir uns gesetzt haben. »Sagst du es mir gleich, oder soll ich mich überraschen lassen?«

»Ich würde lieber warten, bis wir dort sind.«

»Ich mag deine Überraschungen nicht.«

»Keine Angst.«

Der Bus ruckelt im Schneckentempo durch die verschneite Landschaft. In jedem Dorf macht er Halt, aber es steigen nur wenige Leute ein oder aus. In den Vorgärten stehen mit Lichterketten geschmückte kleine Tannenbäume. In dicke Mäntel gehüllte Menschen sind unterwegs, Kinder ziehen Schlitten hinter sich her. Der Himmel verspricht weitere Schneefälle. Ich wende den Blick ab und betrachte meine Hände. Ich habe die Zeit zwischen den Jahren nie gemocht, weil ich sie als unwirklich empfinde, als erzwungenes Warten in einem Niemandsland an der Grenze zwischen Gestern und Morgen.

»Ich werde dich vermissen«, sagt Dianne, als wir uns der Stadt nähern.

»Hoffentlich.«

»Das meine ich ernst, Phil.« Sie legt eine Hand auf mein Knie. »Die letzten Jahre sind beschissen zwischen uns gelaufen. Und jetzt, wo ich das Gefühl habe, dass es besser werden könnte, verschwindest du.«

»Wirst du es hier allein aushalten?«

»Ich bin nicht allein. Ich habe Kora, und ich habe Visible und Glass.« Auf meinen überraschten Blick hin winkt sie ab. »Du denkst jetzt, dass mir nicht anderes übrigbleiben wird, als mit ihr zu sprechen, wenn du erst mal fort bist, oder? Weil wir dann aufeinander angewiesen sind oder so etwas.«

Ich nicke.

»Kann sein, dass ich es tue.« Dianne sieht zum Fenster hinaus. »Wie fandest du diesen Dennis?«

»Ganz nett. Attraktiv. Vor allem mutig.«

»Ich auch.« Mit einem Finger malt sie kleine Muster auf die beschlagene Scheibe. »Komisch, oder? Er kommt wieder. In zwei Wochen oder so.«

»Nach Visible?«

Sie nickt.

Am Busbahnhof steigen wir um. Die Klinik liegt außerhalb der Stadt, eingebettet zwischen Hügel, in die sich eine serpentinenreiche Straße schraubt. Je näher wir zu unserem Ziel kommen, desto unruhiger werde ich. Irgendwo in diesem gigantischen Komplex liegt Nicholas. An der Pforte lasse ich mir seine Zimmernummer geben, dann folge ich Dianne. Die verwirrend vielen Korridore und Gänge, die das Krankenhaus durchziehen wie einen Ameisenstock und die mich als Löffelchen so einschüchterten, haben nichts von ihrem labyrinthischen Charakter verloren. Dianne durchquert sie, ohne nach links oder rechts zu schauen. Mit traumwandlerischer Sicherheit findet sie die richtigen Abbiegungen, Treppenaufgänge und Schleusentüren, die sich über unsichtbare Bodenkontakte mit einem leisen Zischen selbsttätig öffnen. Es ist verrückt, aber hinter jeder Ecke rechne ich damit, auf Oberschwester Marthe zu stoßen und ihr erklären zu müssen, dass ihr ehemaliges Löffelchen längst nicht mehr die Nachthemden fremder Mädchen trägt, sondern bestenfalls die Pyjamas anderer Jungen. Ihrem Herrgott würde das nicht gefallen, ganz und gar nicht. Ich schüttele den Kopf und schiebe den Gedanken beiseite.

Irgendwann stehen Dianne und ich vor einer breiten, verschlossenen Tür, in die zwei Glasfenster eingelassen sind. Dianne drückt auf einen Klingelknopf.

»Sind wir hier richtig?« Ich schaue auf das neben der Tür angebrachte Schild. »Intensivstation?«

»Ja. Warte einen Moment.«

Die Tür öffnet sich mit einem kurzen Summen. Dianne tritt ein. Durch die Fenster sehe ich sie in einem kleinen Vorraum mit einer jungen Krankenschwester sprechen, herumgestikulieren und in meine Richtung zeigen. Die Schwester schüttelt entschieden den Kopf. Dianne wird heftig – ich höre ihre Stimme bis hierher, kann aber die Worte nicht verstehen. Ein älterer Arzt kommt hinzu, Dianne gibt ihm die Hand. Die Gesten und die Art der beiden, miteinander zu sprechen, sind von einer Vertrautheit, als würden sie sich seit Jahren kennen. Der Arzt mustert mich kurz durch das Fenster, nickt und verschwindet aus meinem Blickfeld. Sekunden später ertönt erneut das Summen.

»Hier, zieh das an«, empfängt Dianne mich hinter der Tür.

»Vorschrift.« Sie hält mir einen blauen Kittel entgegen, schlüpft in ihren eigenen und bindet ihn hinter ihrem Rücken zu.

Ich stelle mich weniger geschickt an als sie. Wie oft ist Dianne hier gewesen, überlege ich, auf dieser Station, hat einen solchen sterilen Kittel getragen, während ich der Annahme war, dass sie zu Spaziergängen aufgebrochen sei? Mindestens zweimal jede Woche, Dutzende Male innerhalb eines Jahres, und wie viele Jahre waren das? Mein Gott.

»Okay«, sagt Dianne leise. »Komm.«

Die Geräuschkulisse ist gedämpft. Pieptöne aus verschiedenen Monitoren erfüllen den Raum, das pneumatische Zischen mir fremder Maschinen, ein entferntes, sprudelndes Gluckern, alles sehr leise, wie auch die gemurmelten Unterhaltungen zwischen Ärzten und Krankenpflegern. Kein Gegenstand wirft Schatten unter dem kalten Neonlicht, das aus unzähligen Röhren senkrecht von der Decke fällt. Überall stehen weiße Paravents und verhindern neugierige Besucherblicke auf die dahinter verborgenen Patienten.

Das Bett, zu dem Dianne mich führt, steht wie vergessen gleich in der ersten Ecke, es ist am weitesten von allen vom Schwesternzimmer entfernt. Ein Junge liegt darin. Seine Augen sind geschlossen. Die Arme liegen wie dürre Äste nackt auf der Bettdecke.

»Es sieht nicht immer so schlimm aus«, sagt Dianne fast entschuldigend. »Das mit den Schläuchen, meine ich. Es gibt einen zentralen Zugang, aber manchmal …«

Ein mit Heftpflaster an den Lippen befestigter, schwerer Schlauch führt aus dem Mund des Jungen zu einer Maschine, über deren Monitor sich wie in Zeitlupe von links nach rechts grüne Kurven schlängeln. Ein dünnerer Schlauch, transparent und mit einer gelbbraunen Flüssigkeit gefüllt, ist in die Nase des Jungen eingeführt. Der Körper ist so ausgemergelt, dass man dessen kantige Umrisse unter der bis an die Brust reichenden Bettdecke kaum ausmachen kann.

»Das ist Zephyr.« Dianne spricht leise, als habe sie Angst, den Jungen zu wecken. Er sieht tatsächlich so aus, als würde er nur schlafen, selbst seine Wangen sind rosig. Er hat keine sichtbaren Verletzungen. Sein Brustkorb hebt und senkt sich regelmäßig in dem penibel genau eingestellten Rhythmus, den die Maschine vorgibt, die seine Lungen mit Sauerstoff füllt und so ein Ersticken verhindert. Er hat dunkelblondes, sehr kurz geschnittenes Haar und ein Gesicht, dem es an scharfen Konturen fehlt, fast so, als hätte das Koma ihn zum ewigen Kindsein verdammt.

»Zephyr«, wiederhole ich leise. »Das ist nicht sein richtiger Name, oder?«

»Nein. Es gibt ein Gedicht über den Westwind: *Erhebe mich wie eine Welle, trag mich wie Wolken, wie ein Blatt, bevor ich blutend auf des Lebens Dornen niedersinke* … Na ja, klingt ein bisschen kitschig.« Dianne sieht mich an. »Er heißt Jan.«

In irgendeinem entfernten Winkel meines Gedächtnisses hat eine Glocke leisen Alarm geschlagen. Jan – *diesen* Namen habe ich schon einmal gehört, flüchtig, vor langer Zeit.

»Wie … wie ist er hierhergekommen?«

»Er hatte einen Unfall.«

»Nicht kürzlich, oder?«

»Nein.« Dianne ist neben das Bett getreten. »Vor über drei Jahren, im Sommer.«

Sie streckt eine Hand aus und streichelt Zephyr über die Wange. Es liegt so viel Zärtlichkeit in der Geste, dass ich den Blick abwende. Ich müsste eifersüchtig auf diesen Jungen sein, der irgendwo auf der Grenze zwischen Schlaf und Tod dahindämmert. Auf eine bestimmte Art hat er, wenn auch ohne es zu wissen, mir meine Schwester weggenommen.

»Er fuhr mit dem Fahrrad«, sagt Dianne. »Und da war ein Sturm. Er war so heftig, dass es in Visible die Ziegel vom Dach geblasen hat. Glass musste es danach an allen möglichen Stellen abdichten lassen. Hinten im Garten ist sogar eine der alten Statuen umgekippt, ein Engel mit Schwert, kennst du den?«

»Ja.«

Ich betrachte die wenigen Schläuche, die Kanülen, die in die Handrücken des Jungen geschoben sind und doch aussehen wie aus ihnen herausgewachsen; künstliche, an die Oberfläche verlegte Adern und Gefäße, durch die Nährlösungen und Mittel tröpfeln, die das Blut am Gerinnen hindern.

»Er war auf dem Weg zu mir, nach Visible«, sagt Dianne. »Ich hatte ihn erst ein paar Wochen zuvor kennengelernt. Du warst damals gerade mit Gable in Griechenland.«

»Ja, ich erinnere mich.«

»Du warst nicht da, Phil. Du warst einfach nicht da.«

Ich nehme sie in den Arm und drücke sie fest an mich. Sie weint nicht, aber ihr Körper erbebt, als hätte ihr Herzschlag einen Weg nach draußen gefunden und setze sich über ihre Haut fort. Ich war nicht für sie da, weder vor Zephyrs Unfall noch danach. Habe mich von Zypressenduft betäuben lassen, während Dianne sich in die Liebe zu einem Jungen verstrickte, der sie nie wieder ansehen, berühren oder küssen würde. Ich denke an die Briefe, die sie geschrieben hat, all diese Briefe ...

»Ich habe ihn mindestens zweimal pro Woche besucht«, flüstert Dianne an meiner Schulter. »Ich dachte, ohne mich ... Ich dachte, er würde sterben ohne mich. Verrückt, oder?«

»Nein.«

»Es war so leicht, ihn zu lieben. Er konnte sich nicht dagegen wehren. Dabei hatte ich am Ende schon die Farbe seiner Augen vergessen.« Sie löst sich aus meiner Umarmung. »Glass wollte es nicht. Aber dass es aufgehört hat, habe ich Kora zu verdanken. Sie hat mir den Kopf gewaschen.«

»Im Fluss?« Ich grinse, obwohl ich mich schäbig fühle. Schäbig und klein. Klein und verräterisch. »Sieht so aus, als hätte deine Freundin dir besser beigestanden als dein Bruder.«

»Ja.«

Eine Stille tritt ein, die mir peinlich ist. Dianne sieht mich unverwandt an. Ich wünschte, in ihrem Blick lesen zu können, aber dazu haben wir zu lange in verschiedenen Welten gelebt. Schließlich sehe ich verlegen zu Boden. Dass sie mich hierhergebracht hat, ist Vorwurf und Vertrauensbeweis zugleich. Nichts ist verloren, aber wir brauchen viel Zeit. Es wird an mir sein, Briefe an Dianne zu schreiben, Briefe aus allen Ecken der Welt.

»Du willst noch zu Nicholas«, sagt sie endlich.

»Ja.« Ich zögere, dann zeige ich auf Zephyr. »Wird er wieder ... ich meine, besteht eine Chance, dass er irgendwann wieder aufwacht?«

»Nein, er ist tot«, antwortet Dianne nüchtern. »Wenn die Maschine entfernt würde, wäre es vorbei. Aber seine Eltern lassen es nicht zu.«

»Du kennst sie?«

»Sehr gut sogar.«

»Warum lassen sie ihren Sohn an diesem Apparat hängen?«

»Weil sie ihn lieben.«

»Das ist sehr egoistisch.«

Dianne zuckt die Achseln. »Das ist Liebe doch immer, oder?«

Sie bleibt bei Zephyr. Wir werden uns später an der Pforte treffen. Ich verlasse die Intensivstation, und während ich mich durch das scheinbar keiner Logik folgende, verschachtelte System der Krankenhausgänge bewege, denke ich an die Farbe von Nicholas' Augen und überlege, ob es eine gute Idee ist, ihn gegen seinen ausdrücklichen Willen zu besuchen.

WIE ICH ERWARTET HABE, ist Glass wenig begeistert von der Vorstellung, mich in Gables Begleitung nach Amerika davonschippern zu sehen. Sie stellt meine Entscheidung mit keinem Wort in Frage, aber ich kann sehen, wie es hinter ihrer Stirn angestrengt arbeitet. Ich halte ihren vermeintlichen Unwillen für ganz normale mütterliche Besorgnis, aber es steckt mehr dahinter. Bis zum Silvesterabend hält Glass sich zurück. Ich muss mit Blindheit geschlagen sein, weil ich in dieser Zeit nicht bemerke, dass sie, genau wie ich, ständig an Nummer Drei denkt.

Vielleicht verdanke ich meine Blindheit dem Eisregen, der lange vor dem Einbruch der Dunkelheit fällt. Er verzaubert Visible in einen glitzernden Kristallpalast, er legt sich auf das weiße Land wie ein gläsernes Tuch über eine Daunendecke, und er verwandelt die Stadt der Kleinen Leute in ein Floß, das auf einem unwirklich gespiegelten, königsblauen Himmel treibt. Der Eisregen macht auch spiegelglatte Rutschbahnen aus den Straßen; Tereza und Pascal kommen zwei Stunden später als geplant zur Silvesterfeier in Visible an.

»Nur weil du morgen abhaust, sonst hätten wir diese Schlitterpartie nicht auf uns genommen!«, schnaubt Pascal. Sie wirft mir ihren Rucksack entgegen – eine Leihgabe für meine Reise. »Ein Schlafsack steckt auch drin. Aber dass du mir den bloß nicht mit irgendwelchen Typen einsaust, verstanden?«

»Oh, Pascal, halt die Klappe! Komm her, Phil.« Tereza drückt mich fest an sich, dann zieht sie mich an einem Ohr.

»Vorsicht, die sind nur angenäht!«

»Man sollte sie dir trotzdem langziehen! Du hättest uns ruhig früher sagen können, was du vorhast.«

»So früh, wie du mir gesagt hast, dass ihr nach Holland gehen werdet?«

»Ein Punkt für dich.« Tereza lächelt. »Was willst du eigentlich mal werden, wenn du groß bist?«

Der Abend steht ganz im Licht von Gables und meiner bevorstehenden Abreise. Tereza und Pascal haben vorgekocht und gebacken, was das Zeug hält, und nehmen sofort, abwechselnd miteinander lachend und streitend wie immer, die Küche in Beschlag. Glass und Dianne haben den Küchentisch ins Kaminzimmer getragen und mit all dem nicht zueinanderpassenden Geschirr, den Gläsern und Bestecken aus Visibles Küche so festlich gedeckt, als gelte es, irgendein tausendjähriges Jubiläum zu feiern. Michael hat seinen Weinkeller geplündert, und er hat, zur großen Bestürzung von Pascal, golden und silbern funkelnde Papphütchen mitgebracht, die mit Gummibändchen unter dem Kinn befestigt werden.

»Man sieht aus wie ein Idiot mit so einem Ding auf dem Kopf!«, wehrt Pascal ab, als Michael sie am Herd überfällt und versucht, ihr das Hütchen aufzusetzen.

»Ist eine Frage der Gewöhnung«, erwidert Michael. »Oder sind wir etwa eitel?«

Pascal grunzt, greift nach einer Karotte und säbelt sie unter seinen Augen mit einem Messer demonstrativ in zwei Teile. Michael zuckt in gespieltem Entsetzen zusammen. Als Pascal später mit Tereza auftischt – eine Fischsuppe als ersten Gang –, trägt sie das Hütchen noch immer.

Das Essen zieht sich in die Länge. Es ist fantastisch und jede Minute wert. Der Wein dürfte, auch wenn ich das kaum beurteilen kann, selbst einen verwöhnten Genießer vom Schlage Händels zu Oden an die Sonne inspirieren. An die hundert Mal wünscht jeder Gable und mir, vor allem aber mir, alles Gute. Wenn überhaupt möglich, so ist die Stimmung noch harmonischer und gelöster, als sie es schon zu Weihnachten war. Und heute erzählt Gable nur von Schönheit und Wundern, ganz so, als wolle er mich vor dem Beginn unserer Reise nicht noch unnötig verschrecken. Ich nehme mir vor, ihn irgendwann unterwegs nach seiner Narbe zu fragen.

Ich weiß nicht, warum, aber ich schiebe den Zeitpunkt des Packens hinaus. Als ich endlich den Tisch verlasse und, Pascals großen Rucksack im Arm, auf mein Zimmer gehe, ist es bereits nach elf Uhr. Keine Stunde mehr bis zum neuen Jahr. Morgen um diese Zeit werden Gable und ich bereits am ersten Ziel unserer Reise angekommen sein und uns eingeschifft haben. Ich packe nur das Allernötigste. Gable meinte, ich solle daran denken, dass ich den Rucksack möglicherweise tagelang, Kilometer um Kilometer, durch die Gegend schleppe, wenn ich erst in Amerika bin. Ein letztes Mal betrachte ich die beiden Wandkarten: Amerika. Die Welt. Ich gehe zum Regal, streichele die Bonbongläser von Herrn Tröht, Friede seiner liebevollen Asche, und lege meine Hand an den Platz, auf dem jahrelang Paleiko gesessen und von dem aus er mich gleichmütig angestarrt hat. Nach einem letzten Blick aus dem Fenster auf den Fluss und auf die Lichter der Stadt lösche ich das Licht und verlasse das Zimmer. In der Eingangshalle stelle ich den Rucksack ab. Jetzt gibt es nur noch einen Gegenstand, den ich einpacken werde.

Mondlicht fällt, von Schnee und Eis reflektiert, durch die hohen Flügelfenster in die Bibliothek. Mehr Helligkeit brauche ich nicht. Ich gehe an eines der Regale und lasse meine Hand langsam über die Buchrücken gleiten.

»Du würdest nie ohne ein Buch gehen, oder?«, höre ich Glass hinter mir sagen.

»Nein.«

Ich drehe mich langsam zu ihr um. Sie sitzt auf meinem Thron der Geschichten, kaum sichtbar im Halbdunkel. Ihre Hände verschmelzen mit den Armlehnen. Den Kopf hat sie zurückgelehnt, in die tiefsten Schatten. Ich kann ihr Gesicht nicht erkennen.

»Welches nimmst du mit?«

Stella hat nicht viele Bücher hinterlassen, doch es ist eines darunter, das ich schon ein Dutzend Mal gelesen haben muss. Es passt zu der bevorstehenden Schiffsreise, aber ich würde es auch mitnehmen, wenn ich auf den Mond flöge. Ich ziehe es aus dem Regal. »Moby Dick«, sage ich in Richtung des Throns.

»Ist es gut?«

»Ja. Es ist ...«

Ich halte inne. Plötzlich weiß ich, warum Glass mich hier erwartet hat. Meine Hände umklammern das Buch und beginnen zu schwitzen.

»Ich mache dir einen Vorschlag«, sagt Glass. »Du fragst mich, was du wissen willst. Ich werde dir antworten oder auch nicht. Auf Debatten lasse ich mich nicht ein.«

»Einverstanden.« In meinem Kopf wirbelt alles durcheinander. Ich atme tief ein und versuche Ordnung in meine Gedanken zu bringen. »Gut ... Wie heißt er?«

»Nächste Frage.«

»Oh, danke! Ein ermutigender Anfang.«

»Phil ...«

»Schon gut, okay.« Mein Kopf ist wie vernagelt. Ich überlege angestrengt. »Wie war er?«

Glass zögert. Lange Zeit fällt kein Wort. So lange, dass ich schon versucht bin, dieses dumme Spiel abzubrechen, kaum dass es begonnen hat. Dann höre ich Glass tief einatmen.

»Er war wunderbar, Phil. Er war der wunderbarste Mann, den man sich vorstellen kann. Der beste.«

Die Worte treffen mich wie gemeine Schläge. Vor meinen Augen blitzen goldene und blutrote Sterne. »Wenn er so wunderbar war, warum hat er dich dann sitzengelassen?«

»Das hat er nicht«, kommt es aus dem Dunkel. »Dazu hat er mich zu sehr geliebt.«

Meine Wut verklingt, kaum dass sie aufgeflackert ist. Und erst jetzt dämmert mir, dass ich einmal mehr Geister beschworen habe, die ich besser nicht geweckt hätte. Ich erinnere mich an das Brodeln dunkler Luft in jener weit zurückliegenden Nacht, die der Schlacht am Großen Auge folgte. Damals, noch bevor Dianne gestand, sie habe am Fluss mit ihrem Pfeil auf das Herz des Brockens gezielt, hatte ich bereits gefühlt, dass sie etwas sagen würde, das ich nicht hören wollte. Jetzt geht es mir genauso. Wieder ist die Luft dunkel, doch anstelle von Diannes Flüstern ist hier nur der Geruch alter Bücher und die unerbittliche Stimme meiner Mutter.

»Er war so sanft«, höre ich sie sagen. »Wenn er eine Blume berührte, begann sie kurz darauf zu blühen, das schwöre ich dir, Phil. Ich habe es gesehen. Einmal besuchten wir einen Zirkus. Wir gingen an den Käfigen mit den Raubkatzen vorbei, und die Tiere, die eben noch gebrüllt hatten und auf und ab gelaufen waren, legten sich ganz ruhig hin, kaum dass wir in ihre Nähe kamen. Dein Vater griff durch die Gitterstäbe und streichelte den Kopf eines Löwen. Er hatte keine Angst.«

Meine Brust ist zu eng für mein jagendes Herz.

»Dianne war genau wie er«, sagt die Dunkelheit. »Genauso sensibel. Als sie klein war, konnte sie hören, wie die Welt atmet, genau wie euer Vater. Deshalb hielt ich sie für genauso verletzlich. Deshalb wollte ich sie schützen.«

Meine Hände schließen sich noch fester um das Buch, so fest, dass meine Fingernägel sich tief in den Einband graben. »Wie ging es weiter?«, flüstere ich.

»Ich wurde schwanger. Von diesem Moment an hat euer Vater mich nicht nur geliebt, er hat mich vergöttert. Er freute sich wie ein kleines Kind und plante unsere Zukunft. Er wollte mich heiraten. Er wollte uns ein Haus bauen. Und all das hätte er getan.«

»Was ist passiert?«

»Er hatte einen Freund, einen besten Freund. Gordon machte mir den Hof, und ich war so verrückt nach ihm, dass ich mich wie betrunken fühlte, wenn ich nur daran dachte, dass er mich anfasst. Ich konnte nicht genug Liebe bekommen, egal von wem. Ich war so verdammt dankbar dafür, dass mir beim bloßen Gedanken daran jetzt noch schlecht wird. Ich hätte jeden Mann genommen. Später habe ich das dann auch ausreichend getan.«

Glass lacht auf, ein kleines, bitteres Geräusch. Ich senke den Kopf. Das Parkett zu meinen Füßen schimmert. Früher haben Dianne und ich hier Himmel und Hölle gespielt. Irgendwo in den Ritzen zwischen den einzelnen Dielen und Bohlen lagert uralter, weißer Kreidestaub. Ich erinnere mich daran, wie der trockene Staub aufleuchtete und glänzte, wenn er im aufgefächerten Licht der Gottesfinger träge durch die Luft schwebte.

»Phil?«

»Ja?«

»Sieh mich an.«

Ich hebe den Kopf. Glass hat sich nach vorn gebeugt. Ihr Gesicht gleicht einer geisterhaften Maske. Die Lippen sind dünne, schwarze Striche.

»Ich habe mich wie eine Hure benommen.«

»Nicht, Mum. Bitte …«

»Dein Vater hat uns erwischt. Seine schwangere Freundin, im Bett mit seinem besten Freund. Danach konnte ich ihm nicht mehr in die Augen sehen.« Glass lächelt schwach. In ihren Pupillen tanzen winzige Lichtpunkte. »Wenigstens bei dir will ich das können.«

»Mum, so etwas darfst du nicht sagen.« Mein ganzer Körper fühlt sich an wie gelähmt. »Es stimmt einfach nicht.«

»Ich weiß. Aber ich habe es jahrelang geglaubt. Und einmal wollte ich es wenigstens aussprechen.« Glass lehnt sich wieder zurück, in den Schutz der Schatten. »Wie auch immer, ich entschied mich zu gehen. Erst wusste ich nicht, wohin; schließlich dachte ich an Stella. Dein Vater hat … er hat mich auf den Knien angefleht ihn nicht zu verlassen. Er hat die Finger in den Boden geschlagen und sie sich blutig gekratzt. Mein Gott, er hat sich so vor mir gedemütigt. Und ich habe mich so geschämt, Phil.«

»Du hättest bei ihm bleiben können.«

»Nein. Ich konnte nicht garantieren, dass dasselbe nicht noch einmal passieren würde. Und noch einmal, und noch einmal. Ich hätte ihn immer wieder verletzt. Das hatte er nicht verdient. Niemand hat so etwas verdient.«

Eine Hand löst sich von der Armlehne des Throns und verschwindet in den Schatten. Ich weiß nicht, wann Glass angefangen hat zu weinen. Vielleicht hat sie gerade daran denken müssen, wie mein Vater sich fühlte, als sie ihn verließ. Er muss es ihr gesagt haben: Als hätte man ihm die Haut abgezogen und ihn danach mit Salz eingerieben.

»Konntest du nicht zu … dem anderen?«

»Gordon war an einer schwangeren Frau nicht interessiert«, kommt die knappe Antwort. »Und ich auf Dauer nicht an ihm. Wir waren Kinder, Phil. Er wollte seine Freiheit, ich wollte meine.«

Die Ironie der Geschichte entgeht mir nicht. Jahrelang haben all meine Gedanken Nummer Drei gegolten. Doch der eigentliche Grund dafür, dass ich meinen Vater nie kennenlernen durfte, ist Nummer Vier – der Mann, dessen Name auf der Liste eine Zeile weiter unten steht. Nein, korrigiere ich mich, auch das ist falsch. Der eigentliche Grund ist Glass selbst, die sich Liebe nahm oder das, was sie dafür hielt, wann und wo immer sie konnte. Und wenn ich erst damit beginne, den Grund für *ihr* Verhalten zu suchen, so sind wir damit, oh, so sind wir damit wieder bei den Leidenschaften und bei der Frage nach dem Wann und Wo des Beginns aller Dinge. Halten wir uns also, meine Damen und Herren, lieber an das Ende der Geschichte, wenn wir nicht durchdrehen wollen.

»Warum hast du es Dianne und mir nie erzählt?«, frage ich in die Dunkelheit. »Warum hast du ein so großes Geheimnis daraus gemacht?«

»Wegen Tereza, Darling.«

»Ich verstehe nicht –«

»Ich log sie an«, unterbricht mich Glass. »Als sie mich zum ersten Mal nach eurem Vater fragte, sagte ich ihr, er hätte mich sitzengelassen und so verletzt, dass ich nie wieder darüber reden wollte. Tereza akzeptierte das und sprach mich nie wieder darauf an. Stattdessen hat sie mir geholfen und mich auf die Beine gestellt. Ohne Tereza gäbe es weder dich noch Dianne, und es gäbe auch Visible nicht. Es gäbe gar nichts.«

»Du hättest es ihr später erklären können. Sie hätte Verständnis dafür gehabt.«

»Vielleicht ... Aber ich schob es vor mir her, und jeder Tag, der verging, bestätigte mich darin, das Richtige getan zu haben. Mich als Opfer darzustellen machte viele Dinge leichter. Was ich habe und was ich bin, beruht auf dieser einen Lüge. Später begann sie schwerer und schwerer zu wiegen. Aber anfangs erschien sie mir als kein hoher Preis.«

Stille liegt auf der Bibliothek. Es ist, als würde Visible jedem Wort von Glass angestrengt nachlauschen. Ich horche in mich hinein. Ich kann Glass nicht hassen. Wir haben alle für ihre Lüge bezahlt, Dianne teurer als ich. Doch Glass ist die Einzige, die sich selbst ihr Leben lang für diese Lüge bestraft hat, mit jedem Eintrag in ihre Liste, um so sich selbst und anderen zu bestätigen, dass sie die Bezeichnung verdiente, die sie sich selbst gab und die irgendein Jenseitiger ihr eines Tages auch prompt in den Lack ihres Wagens kratzte.

»Du hast Michael davon erzählt, oder?«

»Ja, er weiß es ... Es kann sein, dass er nach Visible zieht«, fügt sie nach einer Weile hinzu.

»Das ist gut.«

»Vielleicht.«

Meine Finger können das Buch nicht mehr halten. Ich stelle es zurück in das Regal. Meine Hand streift eines der Herbarien, und ich reiße sie zurück, als hätte ich einen elektrischen Schlag erhalten.

»Mum?«

»Ja?«

»Wie sah er aus?«

»Dianne sieht ihm ähnlich. Ein bisschen. Sie hat seine Haare.«

Zwei offene Handflächen schieben sich in einer Geste des Bedauerns aus der Dunkelheit. »Es ist verrückt, aber an den Rest kann ich mich kaum erinnern.«

»Wie heißt er?«

Die Hände sinken herab. »Nein, Phil.«

»Mum, bitte! Ich könnte es versuchen!«

»Das ist keine gute Idee. Er könnte inzwischen verheiratet sein, eine Frau und Kinder haben, was weiß ich. Würdest du ihm das kaputt machen wollen?«

»Das muss nicht so sein.«

»Nein, natürlich nicht. Er könnte auch in irgendeiner Ecke hocken und dort immer noch auf ein Wunder warten. Er würde dir einen Schrein errichten. Er würde dich so vergöttern, wie er mich vergöttert hat. Willst du das?«

Ich senke den Kopf. Alles ist gesagt, die Audienz beendet. Als ich wieder aufblicke, hat Glass sich aus dem Thron erhoben. Sie geht zur Tür, sehr aufrecht, und öffnet sie. Aus dem Flur fällt Licht in die Bibliothek.

Ich sehe Glass an, und ich kann nicht anders: Ich muss grinsen.

Sie schaut verständnislos an sich herab, dann stützt sie eine Hand in die Hüfte. »Was ist los?«

»Mum, wie … wie hast du mir all das sagen können, während wir beide diese dämlichen Papphütchen trugen?«

Glass fasst unter ihr Kinn. Sie zieht das goldene Hütchen ab, und noch während sie es verwundert betrachtet wie einen Fremdkörper, wie einen kleinen Außerirdischen, der ihren Kopf als Notlandeplatz erkoren hat, brechen wir beide in lautes Lachen aus. Dem Lachen folgen Tränen, den Tränen folgt Ernüchterung. Nichts scheint sich verändert zu haben, und doch ist alles anders als zuvor. Meine Knie sind weich. Nichts ist einfach.

»Ach, und das hier«, schnieft Glass, »sollte ich wohl nicht vergessen.« Sie zieht einen Umschlag aus der Hosentasche und hält ihn mir entgegen. »Ein glückliches neues Jahr, Darling!«

Ich öffne den Umschlag, sehe hinein und schnappe nach Luft. »Du bist wahnsinnig, Glass! Woher hast du ...?«

Ich stürme an ihr vorbei in die Küche. Der Tisch steht noch immer im Kaminzimmer, aus dem das Lachen der anderen dringt. Mit schnellen Blicken suche ich Regale und Borde ab.

»Sie ist tot«, sagt Glass. Sie steht in der Küchentür und lässt das goldene Hütchen an seinem Gummiband um ihren Zeigefinger rotieren.

»Du hast Rosella geschlachtet?«

»Oh, es ging ganz schnell«, erwidert Glass. »Ich kann dir versichern, dass sie nicht gelitten hat.«

»Ich kann das Geld nicht annehmen! Es gehört dir.«

»Bilde dir nur nichts ein, Darling.« Glass setzt sich das Hütchen zurück auf den Kopf. »Ich bin schließlich nicht die Wohlfahrt. Das Geld ist gedrittelt, ein Teil für mich, ein Teil für Dianne, einer für dich.«

»Mum ...«

»Ein Nein lasse ich nicht durchgehen, verstanden?« Ihre Stimme ist zu einem Flüstern herabgesunken. »Ich bin damals mit nichts gekommen, Phil. Nur mit euch, mit einem kleinen Koffer und mit jeder Menge verdammter Angst.«

Jetzt erst löst sich die Anspannung, die mich bisher aufrecht gehalten hat. Ich habe das Gefühl zu schwanken und befürchte, im nächsten Augenblick zu stürzen. Glass hat mir mit ihrer Geschichte über Nummer Drei den Boden unter den Füßen fortgerissen. Ich weiß nicht, wohin mit meiner Verwirrung, mit der Enttäuschung, die, wenigstens im Moment noch, größer ist als das zögernd aufkommende Verständnis für meine Mutter. Ich weiß nur, dass es gut ist, mit Gable zu gehen, Abstand von Visible zu gewinnen und von meinem Leben, das mir an allen Ecken und Enden nur noch wie Stückwerk erscheint und über das ich langsam den Überblick verliere.

»Komm her«, sagt Glass. Sie schließt mich in die Arme und hält mich fest. Eine Weile stehen wir so, eng umschlungen wie ein Liebespaar, aneinandergeklammert wie kleine Kinder, die sich vor der Dunkelheit fürchten. »Versprich mir, dass du auf dich aufpasst, Darling.«

»Cross my heart and –«

»Pssst, sag das nicht.« Glass löst unsere Umarmung, legt mir ihre Hände auf die Schultern und sieht mich intensiv an. »Ich hab dich angelogen. Ich kann mich gut an ihn erinnern. Dianne hat seine Haare, aber du hast seine Augen. Und seinen Mund.«

»Hatte ich auch seine Ohren?«

»Nein, selbstverständlich nicht.« Sie rümpft die Nase. »Solche Ohren hatte nur Dumbo. Und der sah damit bedeutend besser aus als du.«

Um ihre Mundwinkel erscheinen winzige Grübchen. Ich warte. Langsam beugt Glass sich vor. Sie stellt sich auf die Zehenspitzen. Ich schließe die Augen und warte auf ihren Abschiedskuss. Dann spüre ich ihre Lippen dicht neben meinem Ohr, fühle, wie sie sich öffnen und schließen.

Sie flüstern seinen Namen.

Die letzte Minute des alten Jahres bricht an. Wir stürmen alle nach draußen und versammeln uns auf der Veranda, wo wir laut die verbleibenden Sekunden rückwärts zählen. Dann erschüttert das klingende Dröhnen der Kirchenglocken die Luft, erste Raketen steigen nach oben in den sternenklaren Nachthimmel und zerplatzen, regenbogenfarbene Fontänen stürzen der Erde entgegen. Wir fallen einander jubelnd in die Arme. Korken ploppen, Sekt sprudelt aus eiskalten Flaschen, Gläser werden klirrend gegeneinandergestoßen. Glass stimmt die ersten Takte von *Should Auld Acquaintance Be Forgot* an, und wir alle, Gable mit tiefem Bass voran, fallen ein. Der Himmel über Visible zerbirst unter einem Feuerwerk, das immer gewaltiger und immer herrlicher wird. Es macht die Winternacht zum Tag, und es spiegelt sich, verschwommen und seltsam vergrößert, auf dem vereisten Land und dem zugefrorenen Fluss. Michael hat Knallfrösche und Kanonenschläge gekauft, ihr Lärm soll die Geister des alten Jahres vertreiben, und wir begleiten jede Explosion mit lautem Geschrei.

Später toben Pascal und Tereza ausgelassen im vereisten Schnee, der unter ihren Schritten splitternd zerbricht wie feines Glas. Dianne hat mir versprochen, sich um die Zypresse zu kümmern. Sie nippt an ihrem Sekt und nickt unentwegt, während Gable leise auf sie einspricht. Ab und zu lachen die beiden laut auf. Glass und Michael wiegen sich eng umschlungen im Halbdunkel der Veranda zu alten Songs von Billie Holiday. Ich stehe in der Auffahrt, blicke an den Mauern Visibles empor und wünsche mir, das Haus umarmen zu können. Noch immer glaube ich, den Boden unter meinen Füßen schwanken zu spüren, aber ich habe keine Angst mehr davor, zu stürzen. Es ist ein schönes Gefühl. Es ist das Gefühl von Leben in Bewegung.

Epilog

Phil

ICH BEUGE MICH über die Reling dieses unvorstellbar großen Schiffes und starre an der Bordwand hinab, die mit breiten Rostschlieren bedeckt ist. Gestern war es stürmisch und so kalt, dass niemand an Deck ging, der nicht unbedingt musste. Heute ist die Luft mild. Der Himmel kennt weder Anfang noch Ende, er ist von einem türkisfarbenen Blau, und der auf dem breiten Rücken des Meeres reitende Wind trägt einen süßen Geruch. Vielleicht bringt er ihn von Nomoneas mit sich, von Semisopochnoi oder von Tongatapu. Seit Tagen schmecke ich Salz auf den Lippen. Irgendwo in meinem Herzen regt sich ein kleiner Funke Glück.

Ich wusste, dass ich die richtige Entscheidung getroffen hatte, als ich Nicholas in der Klinik sah. Seine Eltern hatten dafür gesorgt, dass er in einem Einzelzimmer lag. Er schlief, als ich die Tür öffnete und vor sein Bett trat, und er trug – womit ich nicht wirklich gerechnet hatte – tatsächlich eine dieser an Piraten oder Karneval erinnernden schwarzen Augenklappen. Die Decke war lose bis über seine Brust gezogen, seine Arme lagen seitlich ausgestreckt. Ich bemühte mich, seine Hände nicht zu betrachten. Ich hätte ihn wecken oder darauf warten können, dass er aufwachte. Das Problem war, dass ich nicht wusste, worüber ich mit ihm reden sollte. Zwischen uns war alles gesagt, oder wenigstens das, was ausgesprochen werden konnte. Der Wunsch, mich von Nicholas zu verabschieden und ihm mitzuteilen, dass ich nach

Amerika gehen würde, war einzig und allein der törichten Hoffnung entsprungen, dass er mich bitten würde zu bleiben. Ein einziges Wort von ihm hätte genügt, mich all meine Pläne über den Haufen werfen zu lassen, so wie es ein einziges Wort von ihm gewesen war, das mich diese Pläne hatte fassen lassen.

Wie er dort lag, erinnerte Nicholas mich nicht von ungefähr an Zephyr und an die mit Vernunft nicht zu erklärende Art, wie Dianne diesen Jungen jahrelang geliebt hatte. Nicholas zu lieben war genauso unmöglich. Ich sah ihn auf diesem Bett, ein weißes Gesicht in einem weißen Kissen, der Sammler von Verlorenem, jetzt selbst verloren, ein Geschichtenerzähler ohne eigene Geschichte. Und plötzlich sah ich nicht mehr Nicholas, sondern ein leeres Blatt Papier, das darauf wartete, beschrieben zu werden. Ich wusste, dass ich das unmöglich würde leisten können, nicht hier und nicht jetzt. Ich schloss die Augen und sah Nicholas über das Rot der Aschenbahn laufen, den Blick konzentriert und starr geradeaus gerichtet, nicht im Gleichklang mit der Welt und sich selbst, wie ich einmal geglaubt habe, sondern auf der Suche danach. Vielleicht hätte ich ihm schon am ersten Tag auf dem Sportplatz entgegentreten, ihn umarmen, festhalten und am Weiterlaufen hindern sollen. Aber was wusste ich damals schon? Und eigentlich bin ich mir sicher, dass Nicholas sich von nichts und niemandem hätte halten lassen.

Kat wird, falls sich zwischen den beiden etwas Längerfristiges entwickelt, mit dieser Haltung Probleme haben. Sie mag es nicht, wenn man sich ihr entzieht. Dass ich gegangen bin, wird sie treffen wie ein Schock. Weiter kann ich über Kat noch nicht nachdenken. Es tut zu weh. Ich vermisse sie schon jetzt. Ich wünsche ihr die Pest an den Hals, und ich liebe sie.

Das habe ich gelernt: Liebe ist ein Wort, das du nur mit blutroter Tinte schreiben solltest. Liebe treibt dich dazu, die seltsamsten Dinge zu tun. Sie lässt dich regenbogenfarbene Bonbons verteilen, sie lässt dich in roten Schuhen durch die Straßen tanzen, und sie schreckt nicht davor zurück, dich nachts mit blutenden Händen Gräber in paradiesische Gärten hacken zu lassen. Liebe schlägt dir tiefe Wunden, aber auf eine ihr eigene Art heilt sie auch deine Narben, vorausgesetzt, du vertraust ihr und gibst ihr die Zeit dazu. Meine Narben werde ich nicht anrühren. Ich werde neue Wunden davontragen, noch ehe die alten verheilt sind, und ich werde anderen Menschen Wunden zufügen. Jeder von uns trägt ein Messer.

So sind die Regeln, Paleiko.

Die See ist unruhig. Kleine, grünblaue Wellen schwappen auf, sie brechen sich schäumend in der Schneise, die das Schiff bei voller Fahrt ins aufgewühlte Meer schneidet, und klatschen scheinbar wahllos, in Wirklichkeit aber irgendwelchen physikalischen Gesetzen folgend, übereinander zusammen. Nichts ist, was es zu sein scheint. Wahrheiten sind so zerbrechlich wie die Menschen, die sie erschaffen. Das Wasser hat hier eine Tiefe von mehreren Kilometern. Es sieht aus wie unbelebt. Doch irgendwo in der unergründlichen Schwärze unter mir wimmeln grotesk gestaltete, phosphoreszierende Fische. Gable sagt, es sei ein Wunder, wie diese Phantome der Tiefe dem unglaublichen Druck standhalten, den der Ozean auf sie ausübt, ein wahrhaftes Wunder. Er hat zum Guten wie zum Schlechten nie verlernt, die Welt mit den Augen eines Kindes zu sehen.

Wenn ich meinen Blick nach links wende, schaue ich in die Richtung, in der, nur noch einen halben Tag entfernt, Amerika liegt. Nummer Drei auf diesem Kontinent ausfindig zu machen wird so schwierig werden und, das befürchte ich, ebenso erfolglos bleiben wie die Suche nach der berühmten Stecknadel im Heuhaufen. Aber ich kenne seinen Namen. Was vor mir liegt, worin ich verstrickt bin, ist eine Suche, keine Flucht. Es gibt nichts, wovor ich mich fürchten müsste. Und deshalb werde ich irgendwann, ganz gleich, ob ich meinen Vater gefunden habe oder nicht, nach Hause zurückkehren. Wenn genug Zeit vergangen ist. Wenn ich das Wort vor mir hersage wie ein Gebet: *Visible, Visible, Visible* …

Ich schlage den Kragen meiner Windjacke hoch, wandere über Deck und drehe das schwere Metallrad, um die Tür zum Frachtraum zu öffnen. Dahinter wartet Arbeit auf mich.

Seltsam, aber ich vermisse Händel.

Danksagung

Ich liebe Danksagungen.

Einer meiner geheimsten Träume war immer, Regisseur zu werden, nur um einen Oscar zu gewinnen und Tom Cruise oder Sean Connery bei meiner Dankesrede in Tränen ausbrechen zu sehen. Und sie anschließend zu trösten.

Ich danke:

Der Stiftung Preußische Seehandlung, Berlin, die durch ein großzügiges Stipendium die Arbeit an diesem Roman gefördert hat.

Donner und Ackermann, die Ohren und Uhren für mich öffneten, und Almut Gebhard für Nachhilfestunden in Pharmakologie.

Dr. Friedbert Stohner, Ursula Heckel und Cornelia Berger für wahlweise verlegerischen oder redaktionellen, immer aber freundschaftlichen Beistand.

Klaus Humann und Cordula Duffe, deren große Begeisterung und noch größerer Einsatz mir Antrieb und Ermutigung waren.

Meiner Familie: Hiltrud, Dirk und Björn – ihr seid meine Mitte der Welt.

Tiger. Jede Aufzählung wäre zu kurz. Ich liebe dich. *(Match this, Tom and Sean!)*

Zuletzt muss ich die Muse des Erzählens um Verzeihung bitten. Ich habe sie in eine schwarze Puppe verwandelt, und in dem aus ihrem Namen entstandenen Anagramm fehlt ein Buchstabe. Ich hoffe, wir bleiben trotzdem Partner.

Wiedersehen mit Visible

Die Wahrheit hinter der Fiktion

Irgendwann macht vermutlich jeder Schriftsteller eine faszinierende Entdeckung: Er kann sich die absurdesten Geschichten ausdenken, er kann seiner Fantasie derart freien Lauf lassen, dass sie über die nächsten drei grünen Hügelketten davongaloppiert und er sie kaum wieder einzufangen vermag … und seine Leser werden ihm nach getaner Jagd unterstellen, was er da zu Papier gebracht habe, müsse ja wohl auf jeden Fall autobiografisch belegt sein, irgendwie. Verfasst jedoch nämlicher Autor eine durch eigenes Erleben bezeugte Geschichte, werden ihm dieselben Leser mit nachsichtigem Kopfschütteln eine zweifellos hübsch blühende, aber doch etwas zu üppige Fantasie bescheinigen: *Wissen Sie, was Sie da in Ihrem letzten Buch verzapft haben, war zwar ganz nett, aber nächstes Mal bleiben Sie doch bitte wieder bei den Storys, die Sie selber erlebt haben.*

Wann immer ich Lesern der *Mitte der Welt* erkläre, die Handlung des Romans sei frei erfunden, dass ich mich also weder einer der Haupt- noch der Nebenfiguren autobiografisch verbunden fühle, reagieren sie in der Regel enttäuscht. Sie *wollen,* dass die erzählte Geschichte sich so oder wenigstens ähnlich ereignet hat, sie *wollen,* dass Visible mit seinen ungezählten Zimmern genauso existiert wie dessen exzentrische Bewohner. Sind also

Glass, Dianne und Phil, jede und jeder für sich, ein *Alter Ego* ihres Autors?

Natürlich entwickelt keine Romanfigur glaubhaftes Leben, wenn sie ihrem Autor nicht ein wenig ähnelt. Tatsächlich würde ich so weit gehen, die Schöpfungen von uns Schreiberlingen als von Natur aus vampirische Wesen zu bezeichnen. Sie entstehen aus und sie ernähren sich von dem Unterbewusstein ihrer Väter und Mütter, und sie benutzen unsere Hände und Computermonitore, um sich einen Weg nach draußen schreiben zu lassen in die wirkliche Welt ... falls es so etwas wie eine wirkliche Welt da draußen gibt. Und kein Autor ist nur eine Figur. Wie jeder andere Mensch, so sind auch wir viele. Wir dividieren lediglich den vermeintlichen Gleichklang der in uns flüsternden, schmeichelnden und drohenden Stimmen wieder, so gut es uns gelingt, auseinander.

Was nach solchen Rechenspielchen unter dem Strich herauskommt, sind keine Menschen, sondern vielmehr deren idealisierte Verkörperungen, im Positiven wie im Negativen. Es ist der emotionale Gehalt unserer Geschichten, es ist die Wahrhaftigkeit, nicht die Wahrscheinlichkeit der sie tragenden Figuren, durch die wir Autoren uns ausdrücken. Wir sind Illusionisten, wir überhöhen die Realität, steigern sie bis ins Absurde, um sie greifbar und begreiflich zu machen. Mit eigenem Erleben auf einer konkreten, materiellen Ebene hat daher eine von uns erzählte Handlung als solche wenig zu tun. Wer unter dieser Prämisse ein Buch wie *Die Mitte der Welt* liest, die Geschichte also an Kriterien wie Realitätsgehalt oder Wahrscheinlichkeit misst, wird dem Roman nichts abgewinnen können. Wer sich auf die Fiktion, im Zweifelsfall sogar auf das bewusst eingesetzte Klischee einlässt, umso mehr.

Nicht wenige Leser äußern sich enttäuscht über das Ende des Romans – entweder, weil der nach 450 Seiten nun mal unabänderlich vorbei ist, vor allem aber, weil ihnen der Abschluss der Story in der vorliegenden Form einfach nicht passt. Eigentlich, erklingt manchmal die vorwurfsvolle Klage, fange die Geschichte doch erst am Ende des Buches richtig an. Dann versuche ich weise zu nicken und so tiefgründig dreinzuschauen, wie man das von uns Autoren erwartet, und sage: *Stimmt genau. Und ob du's glaubst oder nicht, das ist reine Absicht.*

Man kann *Die Mitte der Welt*, wie viele ihrer Leser es denn auch getan haben, wohl am ehesten als Bildungsroman begreifen (das Buch als Initiationsgeschichte zu bezeichnen griffe zu kurz, es gar als Coming-out-Roman abzustempeln völlig daneben). Phil ist alles andere als ein Held im klassischen, im archetypischen Sinne. Was wir bis zum Ende des Romans durch seine Augen erlebt haben, ist lediglich die – stellenweise schmerzhafte – *Vorgeschichte* eines Prozesses, der aus diesem Jungen einen erwachsenen, gereiften Menschen machen wird. Tatsächlich, und tatsächlich absichtlich, beginnt die eigentliche Weltfahrt, die ein jeder Held bestehen muss, um sich zu bewähren, für Phil erst auf den letzten Seiten des Romans; ernsthaft wird sie für ihn sogar erst in dem Moment anfangen, in dem er einen Fuß auf ebenjenen Kontinent setzt, den Glass zu Beginn des Buches verlassen hat.

Es war diese erzählerische Klammer, die mich interessierte und die ich um jeden Preis setzen wollte: Da geht einer, fährt davon auf einem Schiff, wie viele Jahre zuvor eine andere gekommen ist. Doch Phil tritt seine Reise unter gänzlich anderen Maßgaben an als seine Mutter. Denn Glass, die ihre außerordentliche Zerbrechlichkeit hinter einer stählernen Fassade verbirgt und sich selbst als gescheitert begreift, ist in Wirklichkeit etwas Erstaunliches gelungen: Sie hat ihren Sohn mit dem ausgerüstet, was, wie ein Kritiker treffend bemerkte, ihn »unrettbar heilen« wird.

Während ich das Buch schrieb, erschien mir diese Herangehensweise als Risiko: Wer schreibt schon einen 450 Seiten starken Prolog? Erst im Nachhinein erfuhr ich die Bestätigung, dass man als Autor mit der Erwartungshaltung seiner an klassischen Heldengeschichten geschulten Leser durchaus brechen darf. Man sollte nur einigermaßen charmant dabei bleiben. Und diesen Lesern ruhig zumuten, die Geschichte selber fortzuschreiben ... mit sich selbst als Hauptfigur. Es gibt jede Menge Bücher, die rund und in sich abgeschlossen sind, viele davon liebe ich sehr. Noch mehr aber liebe ich jene Geschichten, die mich nicht loslassen nach dem Lesen, die mich über ihr Ende hinaus gedanklich beschäftigen. Eine solche Geschichte wollte ich schreiben. Mit etwas Glück begibt sich, wer *Die Mitte der Welt* zu Ende gelesen hat, gemeinsam mit Phil auf eine Reise, die ihn weit über die letzten Seiten des Buches hinaustransportiert. Und deren Ende und Ergebnis ich, der Autor, nicht mehr zu verantworten habe. In dieser Hinsicht ähnelt das Lesen dem Leben: Beides erfolgt auf eigene Gefahr.

Welche Schublade?

Nach Erscheinen des Romans bei Carlsen, einem Verlag also, der ausgewiesen Kinder- und Jugendbücher publiziert, stellte sich rasch heraus, dass *Die Mitte der Welt* mitnichten nur von Jugendlichen gelesen wurde. Das Buch fand rasch seinen Weg in die Belletristik und schwirrt dort heute noch herum. Die älteste

Leserin, die mir geschrieben hat, ist neunundsiebzig Jahre alt. Ich gebe offen zu, dass mich Schubladendenken nicht sonderlich interessiert, schon deshalb nicht, weil man diese Dinger zuschieben und abschließen kann und womöglich den Schlüssel verliert. Da aber offensichtlich viele Leser bzw. Kritiker die Frage beschäftigt, ob der Roman denn nun als Jugendbuch oder aber als Buch für Erwachsene zu lesen ist, sei an dieser Stelle ein kurzer Exkurs erlaubt.

Was kennzeichnet ein Jugendbuch? Eine recht schlichte, für unsere Zwecke aber ausreichende Definition besagt, ein Jugendbuch sei als solches zu bezeichnen, wenn sich seine Hauptfiguren aus Jugendlichen rekrutieren. Das Draußen und das Neue, ein jeweils daran geknüpftes Empfinden, ein sich womöglich daraus entwickelnder Protest: All das betrachtet das Jugendbuch aus Sicht heranwachsender Menschen, die sich entweder freiwillig auf die Suche nach ihrem Platz in der Welt begeben oder die (wie es eher die Regel ist) aufgrund äußerer und innerer Veränderungen dazu gezwungen werden.

Obwohl von mir entlang dieser Kriterien konzipiert, bemerkte ich schon beim Schreiben, dass *Die Mitte der Welt* den Rahmen des klassischen Jugendbuches zwangsläufig sprengen würde. Was weniger daran lag, dass die Geschichte auch das Schicksal erwachsener Figuren schilderte (allen voran Glass), sondern viel mehr daran, dass so gut wie alle dieser erwachsenen Figuren (mit Ausnahme vor allem Terezas und Händels, die als Phils Mentoren fungieren) ein jugendliches, bisweilen sogar kindliches Verhalten an den Tag legten. Was niemanden weiter verwundern sollte. Es ist ein fataler Irrglaube, dass wir mit dem Eintritt in ein bestimmtes Lebensalter erwachsen werden – was nichts anderes bedeutet, als dass wir endgültig für jede unserer Entscheidungen, für all unser Handeln auch die Konsequenzen tragen. Denn manche Menschen tun das nie. Sie mögen erwachsene, also machtvolle Entscheidungen treffen, benehmen sich aber angesichts des damit womöglich angezettelten Unheils plötzlich wieder wie ein Kind, das die Hände vor die Augen schlägt, weil es etwas Dummes angerichtet hat: Was ich nicht sehe, existiert nicht, und wenn ich keinem davon erzähle, kann mir nichts passieren. Der gegen alle Unsicherheiten gefeite Erwachsene lebt wie eine Auster in einer fest verschweißten Schale, weil er irgendwann gelernt hat – von wem eigentlich? – von anderen Austern? –, dass er sich Zweifel und Angst nicht anmerken lassen darf. Wenn das diejenigen Menschen sind, die von Phil die *Kleinen Leute* genannt werden, dann mag Visible für ein buntes Korallenriff stehen, an dem stürmisch anbrandende Wellen erst für Leben sorgen und sich so mancher exotische Fisch einfindet … aber ganz sicher keine Muscheln.

Gebrochene Götter

Der Autor, der die Trickkiste seiner Ideen öffnet, um aus seiner Werkstatt zu berichten, läuft immer Gefahr, als eitel gescholten zu werden: *Guckt mal, was ich Tolles gemacht habe! Keiner hat es so richtig gesehen, geschweige denn zu würdigen gewusst, also schaut gefälligst her, wie schlau ich bin!*

Nun, sei es drum. Die folgenden Passagen sollen jenen zahlreichen Lesern einen Ansatzpunkt zum Weiterforschen bieten, die sich mit der Frage beschäftigt haben, warum ich *Die Mitte der Welt* geschrieben und woher ich die Ideen dazu bezogen habe. (Teilweise erfolgt diese Beschäftigung unfreiwillig. Das Buch zählt inzwischen zur Schullektüre. Ich kann nichts dafür, versichere aber allen betroffenen Schülern mein ausdrückliches Mitgefühl.) Ein wenig sollen diese Erläuterungen auch beantworten, *was der Autor mit dem Buch sagen will* – auch wenn ich von diesem offenbar nicht totzukriegenden Ansatz zur Interpretation eines Textes nicht sonderlich viel halte. Was der Autor (oder der Maler, der Musiker, der Bildhauer, der Regisseur, kurz also: jeder bildende Künstler) mir sagen will, war mir persönlich schon immer reichlich egal. Ungleich wichtiger ist, was ein Text, ein Gemälde, eine Noten- oder Bilderfolge *mit mir macht.* Das kann unter Umständen weit entfernt liegen von der Intention des Künstlers ... wenn der denn überhaupt je eine andere hatte, als seinen Lebensunterhalt zu bestreiten oder sich, ausschließlich um seiner selbst willen, auszudrücken; der also nur zufällig in den Rang erhoben wird, dass er Menschen, die ähnlich wie er selbst fühlen, aber keinen gültigen Ausdruck dafür finden, eine Stimme gegeben hat.

Die mir sympathischste aus einer ganzen Reihe von Definitionen des Begriffes der literarischen Postmoderne besagt Folgendes: Alle Bücher sind geschrieben, jede Geschichte ist erzählt. Die Literatur ist in ihren Themen und Darstellungsformen erschöpft und am Ende, rechtmäßig müssten deren Autoren also verstummen.

Viele Schriftsteller, wiewohl von deren Richtigkeit überzeugt, wollten es bei dieser Aussage nicht einfach bewenden lassen. Einige von ihnen setzten sich auf kunstvoll-akademische (und dabei überraschend unterhaltsame) Weise mit ihrem Dilemma sofort schriftlich auseinander ... wie auch anders. Sie spielten mit althergebrachten literarischen Konstruktionsmechanismen, jonglierten mit der eigenen Funktion als Erzähler, traten dem gemütlich auf dem Sofa lagernden Leser in den Hintern und zogen ihn aktiv in die Textgestaltung ein, brachen also traditionelle Erzähl- und Rezeptionsformen radikal auf und erschufen so etwas literarisch ganz und gar Neues.

Andere suchten ihr Heil im Zitat. Sie klapperten die abendländische Geistesgeschichte ab, pickten hier etwas aus dem Fundus und dort und setzten es zu einem ebenso gigantischen wie vergnüglichen Bildungsbürgerpuzzle zusammen. So gossen sie alten Wein in neue, von ihren Lesern begeistert an den Hals gesetzte Schläuche: Umberto Ecos *Der Name der Rose* steht als wohl mustergültigstes und meisterhaftestes Beispiel für einen solchen Text, den der Leser genießen kann, ohne auch nur den Schimmer einer Ahnung davon zu haben, was sich unter dessen Oberfläche verbirgt. Wobei die Lektüre sich als umso faszinierender erweist, je mehr es sozusagen schimmert, und den größten Spaß an solchen Werken in jedem Fall ihre Verfasser haben.

Wieder andere Autoren begannen damit, bereits Erzähltes auf bisher nicht da gewesene Weise *neu* zu erzählen, indem sie sich auf die ältesten uns bekannten Geschichten konzentrierten: auf Märchen und Mythen. Derlei archetypische Geschichten haben uns immer begleitet. Sie mögen uns hundertmal dasselbe erzählen, aber wir werden es dennoch nicht müde, sie zu hören: Denn jede Geschichte erzählt uns von uns selbst. Wir erkennen uns lustvoll darin wieder in dem Bewusstsein, dass es ohne Wiedererkennen keine Erkenntnis gibt. Deshalb lauschen wir als Kind, unter die Decke gekuschelt, zum ersten Mal – und dann immer wieder – der Geschichte von Rotkäppchen, wohlig erschauernd im instinktiven Wissen, dass die Kleine, indem sie alle mütterlichen Warnungen in den Wind schießt und in den Wald ausbüxt, damit den ganz dicken Hammer auf sich herabbeschwört. Den rechten Pfad zu verlassen, das lernen wir, kann verheerende Folgen haben, und mit diesem Wissen gerüstet beginnen wir unseren eigenen Weg durch die Welt.

Erwachsene Gehirne arbeiten etwas komplizierter als kindliche (komplexer sind sie deshalb noch lange nicht). Viele von uns haben, entgegen allen Warnungen, den rechten Weg irgendwann trotzdem verlassen. Wir sind dem Wolf *mit purer Absicht* begegnet … manche unter uns tun es immer wieder … und ganz gleich, ob wir damit ins Dunkel oder ans Licht finden: Immer wieder, und damit immer noch Kind, lauschen wir begeistert den Berichten anderer Überlebender. Deshalb lieben wir Geschichten.

Persönlich hat jener zuletzt erwähnte Ansatz – das Wiederaufgreifen von Mythen und Märchen, das Spiel mit den sich darin ausdrückenden menschlichen Archetypen – mich immer am meisten fasziniert. *Die Mitte der Welt* war mein erklärter Versuch, daran teilzuhaben, als Fundus für die einzubindenden Versatzstücke wählte ich die griechische Mythologie.

Trickkiste auf:

In außerehelicher Vereinigung zeugt der Göttervater Zeus mit der Titanentochter Latona ein Zwillingspaar, den Apollon und die jungfräuliche Artemis. Um sich vor dem eifersüchtigen Zorn der Gattin des Zeus zu retten, muss die schwangere Latona flüchten. Zeus ist ihr keine große Hilfe, denn der hat inzwischen eine neue Liebhaberin auserkoren; in Gestalt eines mächtigen Adlers verfolgt er Latonas Schwester Asteria, die Sternenkönigin. Diese verwandelt sich in eine Wachtel, stürzt sich aus dem Flug ins Mittelmeer, versinkt darin wie ein Stein, taucht aber als die Insel Delos wieder auf. Latona findet dort Zuflucht und kann endlich gefahrlos ihre Kinder gebären.

Nun ist *delos* das griechische Wort für *sichtbar,* zu Englisch also *visible.* Einer der griechischen Beinamen des Apollon (der die Toten übrigens die ›winzigen Leute‹ nennt) ist Philippus, und das römische Pendant zur Artemis ist die Jagdgöttin Diana. Aus Asteria wurde Stella (lat. Stern), Tereza zollte der gerechtigkeitsliebenden Pallas Athene Tribut, indem sie Anwältin wurde, und Gable erblickte (nach einer zugegeben waghalsigen linguistischen Mutation) als vages Abbild des Meeresgottes Poseidon das Licht der Welt.

Immer wieder greift *Die Mitte der Welt* auf die sich um die Götter rankenden Geschichten zurück. Diana verwandelt den Jäger Aktäon, als der sie und ihre Gefährtinnen verbotenerweise beim Baden beobachtet, in einen Hirsch. Aktäon wird daraufhin von seinen eigenen Hunden zu Tode gehetzt. Ganz so drastisch geht die Sache für den Jungen, der Dianne und Kora nachts beobachtet, dann zwar nicht aus, im Kern aber folgt sie dem Mythos. Apollon bestraft den bis dahin weiß gefiederten Raben wegen einer Falschaussage, indem er ihm die Federn für alle Zeiten schwarz färbt: Kat, die Phil mit Nicholas betrügt, färbt sich die Haare von Blond zu Schwarz. Niobe, eine Mutter von sieben Töchtern und sieben Söhnen, schmäht und beleidigt Latona und deren Zwillinge. Latona lässt zur Strafe alle vierzehn Kinder der Niobe von Apollon und Diana mit Pfeil und Bogen töten. In abgewandelter Form ist dies die Geschichte der Schlacht am Großen Auge.

Und so geht es lustig weiter, kreuz und quer durch den mythologischen Gemüsegarten. Mögen das Buch erneut lesende Feldforscher sich aufgefordert fühlen ihn umzugraben. Der Roman wimmelt von solchen Bezügen.

Trickkiste zu.

Nun ist es selbstverständlich nicht damit getan, Versatzstücke der griechischen Mythologie in unsere Gegenwart zu verpflanzen und nachzuerzählen. Zwar wird dem Mythos *per definitionem* eine allgemeine und unabrückbare Gültigkeit attestiert, doch dieses Prinzip ließ ich nur an einer zentralen Stelle gelten: Visibles Mauern erheben sich ganz bewusst im Irgendwann und Irgendwo. *Die Mitte der Welt* sollte, so weit das überhaupt möglich war, eine allgemeingültige und, damit geradezu zwangsläufig, zeitlose und ortlose Geschichte erzählen. (Im Endeffekt war es dann recht lustig, die verzweifelten Bemühungen einiger Kritiker zu beobachten, die den Roman zeitlich und örtlich einzuordnen versuchten. Visible steht inzwischen wahlweise in England, Irland, Frankreich, der Schweiz, den Niederlanden, Italien, Schweden und Polen und, last but not least, in Deutschland. Ohne klare geografische Positionierung scheinen einige Menschen keinen Standpunkt beziehen zu können.) Davon abgesehen jedoch wollte ich einen Schritt weiter gehen und mit vielen der verarbeiteten Mythen ganz bewusst brechen. Das für mich – neben Phils Vatersuche – zentrale Thema des Romans, der Ausbruch nämlich aus einer auf vielen Ebenen stattfindenden Kommunikationslosigkeit, wäre sonst zum Scheitern verurteilt gewesen. Determinismus war noch nie meine Sache, viel eher glaube ich daran, dass uns, sobald wir um unsere vermeintlich schicksalhafte Bestimmung wissen, damit auch schon die Tür geöffnet ist, ihr zu entkommen.

Um es an einem Beispiel zu verdeutlichen: Dianne erkennt, in was für eine ungesunde, weil sie in ihrer Entwicklung hemmende Liebe zu dem komatösen Zephyr sie sich geflüchtet hat. Und indem sie sich infolge dieser Erkenntnis jenem Jungen öffnet, der sich mit seinem Besuch in Visible als derjenige offenbart, der sie einst am Großen Auge mit dem Messer verletzte, kann sie dem

Schicksal ihres göttlichen Vorbilds entkommen: Diana, die keusche Jungfrau, ist und bleibt eine Kindfrau. Aber wer will schon Nacht für Nacht mit Pfeil und Bogen durch die Weltgeschichte rennen? Mythen zeigen sich uns bisweilen als bedrohlich wirkende, statische Momentaufnahmen menschlichen Daseins. Auffordern wollen sie uns zu etwas anderem: zu einem Leben in Bewegung. Denn das vermittelt uns, wie Phil nicht von ungefähr erkennt, ein schönes Gefühl.

Strukturelles

In einem der ersten Entwürfe des Romans existierte Phil noch nicht als Ich-Erzähler. Zwar blieb ich ihm als Autor dicht auf den Fersen und erzählte ausschließlich aus seiner Sicht, also personal ... doch irgendwie blieb dieser merkwürdige Junge mir fremd. Um es offen zu sagen: Er ging mir gewaltig auf den Geist. Was war das für ein Typ, der die Welt und das Leben lieber von außen beobachtete, als daran teilzuhaben, der sich darin herumschubsen ließ, sich in Bücher flüchtete?

Antwort: Dieser Junge war, zu einem guten Teil, ich selbst. Zumindest verhielt er sich so, wie ich mich als Kind, als Jugendlicher verhalten habe und manchmal noch heute verhalte. Nun gibt es kaum etwas Langweiligeres als Autoren, die über sich selber und ihr Leben schreiben. Ich musste mich also von Phil entfernen. So paradox es klingen mag: Das gelang nur dadurch, dass ich mich ihm noch mehr näherte, ihn mir überstülpte wie eine zweite Haut. Überraschenderweise gewann damit endlich auch Nicholas an Kontur, der, sosehr ich mir auch Gedanken um ihn gemacht hatte, bisher merkwürdig unscharf geblieben war, nur eine Ahnung. Aus Nicholas wurde ein Blender (wie Kat ihn nennt), viel mehr als das aber wurde er zu dem weißen Blatt Papier, als das Phil ihn schließlich erkennt, zu einem verletzten Kind, das sich im Dunkeln eingerichtet hat und sich weigert, es zu verlassen: Phils düsterer Zwilling. Wenn Nicholas, der von fremden Geschichten lebt und seine eigene damit verleugnet oder wenigstens unterdrückt, der sich im übertragenen Sinne also weigert, mit offenen Augen durch die Welt zu gehen, gegen Ende des Romans schließlich konsequent eines Auges beraubt wird, so ist das ein Schicksal, das ich anfangs Phil zugedacht hatte ... weil der auf Seite 300 des Manuskripts den Hintern immer noch nicht hochgekriegt hatte, seine Beobachterposition zu verlassen und sein Leben aktiv zu gestalten. *Nerds, beware ...*

(Randbemerkung zu einer häufig gestellten Frage: Dass Phil schwul ist, hat nur zwei Gründe. Erstens bin ich es selber, weshalb ich glaubte, eine Liebesgeschichte zwischen zwei Jungen würde mir authentischer gelingen als der Klassiker *boy meets girl.* Blödsinn, stellte sich heraus, da schwule Beziehungsmuster sich von heterosexuellen nur wenig unterscheiden. Zum anderen wollte ich die Außenseiterposition, die Phil und seine Familie gegenüber den Kleinen Leuten einnehmen, damit verstärken. Das war alles. Als Problemthema der Jugendliteratur sollten Schwulsein bzw. Coming-out inzwischen abgehakt sein. Es gibt ausreichend hervorragende Bücher, die sich damit auseinandersetzen. *Die Mitte der Welt* war auch der Versuch, einen Schritt weiter zu gehen in Richtung eines neuen Selbstverständnisses schwuler jugendlicher Romanfiguren.)

Phil schleckt, neben Kat sitzend, Vanilleeis und denkt dabei an Halsnasenohren zurück, wo er seine Freundin kennenlernte. Phil holt sich einen runter, und die Geschichte wendet sich, um Jahre rückwärtsspringend, Annie Glösser zu, die ihm handgreiflich beibrachte, wie man sich ein schönes Gefühl macht: An zahlreichen Stellen des Romans wird Phils Gegenwart durch ihr jeweils entsprechende Einflüsse oder Erlebnisse in seiner Vergangenheit bebildert. Das Buch folgt damit einem sich nach außen hin recht einfach darstellenden Assoziationsprinzip. Das ich wie selbstverständlich wählte, weil ich glaubte (und immer noch glaube), dass, psychologisch betrachtet, kein Leben und kein Erinnern wirklich linear verläuft.

Vom erzähltechnischen Standpunkt aus betrachtet, entwickelte diese Art der Konstruktion sich zu einem ausgemachten Albtraum. Wann gibt man dem Leser welche Information? Wie bindet man diese Information derart in den laufenden Text ein, dass sie a) nicht wie purer Selbstzweck wirkt und b) dem Leser noch präsent ist, wenn der damit eingeleitete Knalleffekt endlich zündet? Zwischen der Verkündung von Glass' Schwangerschaft und deren erschreckendem Ende, beispielsweise, liegen 280 Seiten Lektüre. Bis dahin ist im Text keine Rede mehr davon. Dafür gibt es aber die zwischenzeitlich an vielen Stellen eingestreuten Hinweise auf Diannes (letztlich fatale) Begeisterung für Botanik. Und wenn Dianne die von ihr unbeabsichtigt, aber schuldig herbeigeführte Abtreibung endlich gesteht, wissen wir längst, wie es um das Verhältnis zwischen ihr und ihrer Mutter steht. In jeder anderen erzählerischen Variante hätte dieser Teil der Geschichte nicht so funktioniert, wie ich es wollte. *Bis* er endlich funktionierte, vom Wissen also um diese Hürden bis zu deren Überwindung, vergingen viereinhalb Jahre des Schreibens. Das Buch wuchs langsam, die Erkenntnis rasch: Ich bin zu langsam für diese Welt …

... und es klappte bei aller Zeit, die ich mir genommen hatte, irgendwie trotzdem nicht: Das Manuskript war fertig, die Geschichte rund – und doch funktionierte sie nicht. Etwas fehlte. Die Suche nach dem *Was?* kostete mich mehrere schlaflose Nächte.

Ich erwähnte bereits, dass Phil mir ein wenig auf die Nerven ging. Zwar hatte ich ihn mir, indem ich ihm eine eigene Stimme gab, ein Stück weit vom Hals geschafft, ihn unter beträchtlichen Mühen auch endlich auf das Schiff verfrachtet, das nach Amerika auslief ... aber verdient, fand ich, wirklich verdient hatte dieser Typ das nicht. Naivität mag, wenn sie dich anstarrt wie ein knopfäugiger knuddeliger Teddybär, etwas vorübergehend Charmantes an sich haben. Langfristig betrachtet, bringt sie dich allerdings um genau den Verstand, der dem Teddy fehlt. Und das, entschied ich, war das Problem: Phil war einfach zu naiv.

In Paleiko fand ich den passenden Ausgleich, den Beleg dafür, dass Phil längst nicht so blind und taub gegen das ist, was um ihn herum und in ihm vorgeht, wie es scheint. Das kleine schwarze Negerpüppchen, Terezas Geschenk, wurde zum Sprecher von Phils Unterbewusstsein. Paleiko ist Phils Warner und Mahner oder, wenn man so will, das Sprachrohr des entschieden rationalen Teils seines Selbst. (Dass jeder Autor von Haus aus ebenfalls immer auch Mahner ist, macht Paleiko, wie die griechische Muse, der er seinen Namen verdankt, zu einem perfekten Geschichtenerzähler; doch das nur nebenbei.)

Dessen ungeachtet – und damit wären wir wieder beim beliebten *Was will der Autor uns damit sagen?* – ist Paleiko auch eine stinknormale Puppe. Seine Funktion folgt manchmal keiner Logik, und schwarz könnte er sein, weil an dem Tag, als ich ihn erfand, der Himmel dunkel war ... was aber wiederum nicht bedeuten soll, dass es nicht vielleicht doch tiefere Gründe für Paleikos Schwarzsein gibt, die mir selbst verborgen sind und es immer bleiben werden.

Paleiko in den fertigen Text einzubauen erschien mir erst wahnsinnig, etwa so, als ribbelte man einen fertig gestrickten Pullover auf, um eine weitere Farbe ins Gewebe zu stricken und dabei gleichzeitig auch noch die Passform zu ändern. Doch die Arbeit ging unvermutet rasch von der Hand. Es schien fast so, als wäre Paleiko die ganze Zeit schon da gewesen. Er hatte nur geduldig gewartet.

Die Mitte der Welt

Wer oder was ist sie denn nun, die Mitte der Welt? Eine mögliche Antwort auf diese erstaunlich häufig gestellte Frage wird explizit im Text genannt: Für Phil bildet Visibles Bibliothek die Mitte der Welt, jener Ort also, »an dem Geschichten beginnen und enden«. Es hat Spaß gemacht, beim Schreiben mit diesen Begrifflichkeiten zu spielen: erlebte, biografische Geschichte und erzählte Geschichte, wie sie sich in ihrer manchmal schwer zu entwirrenden Verknotung am ehesten in Nicholas manifestieren.

Zweiter Ansatz: Für Phil, wie wohl für die meisten Menschen, steht die Familie im Kern des eigenen Fühlens, Denkens und Handelns. Es ist keine Neuigkeit, dass wir alle geprägt sind durch unsere Erziehung, die sich für uns, an vorderster Stelle, immer noch im Umfeld zwischen Vater, Mutter und Geschwistern oder aber in allen erdenklichen davon abgeleiteten Variationen abspielt. Phil hat Glück gehabt mit seiner Familie. Er verlässt sie, um wiederkommen zu können. Manchmal ist das so.

Dritte Variante: Zeus sandte zwei Adler aus in die Welt, einen nach Westen, den anderen nach Osten. An der Stelle, an der sich die beiden Vögel wieder trafen, ließ der Göttervater einen großen Stein zur Erde fallen, den Omphalos, um so die Mitte der Welt zu markieren. Um den Stein herum entstand der Apollontempel von Delphi, das berühmte antike Heiligtum, in dem die Pythia ihre Orakelsprüche verkündete. Heute ist der Tempel zerfallen. Früher stand über seinem Eingang geschrieben: *gnothi seauton*. Übersetzt heißt das: Erkenne dich selbst.